洗 脑：

毛泽东和后毛时代的中国与世界

Brainwashing in Mao's China and Beyond

宋永毅　夏明　编

Edited by

Yongyi Song　Ming Xia

美国华忆出版社

Remembering Publishing, LLC

Copyright © 2023 by Remembering Publishing, LLC. USA

ISBN: 978-1-68560-074-7 (Softcover)
         978-1-68560-075-4 (Hardcover)
         978-1-68560-076-1 (eBook)

Remembering Publishing, LLC
RememPub@gmail.com

Brainwashing in Mao's China and Beyond

Yongyi Song   Ming Xia

洗脑：毛泽东和后毛时代的中国与世界

宋永毅　夏明　编

出　　版：美国华忆出版社
版　　次：2023 年 7 月 第一版，第一次印刷
字　　数：334 千字

目　录

III 从毛泽东到习近平：中共洗脑的新发展

IV 国际视野下的极权和洗脑

导论：

洗脑和中共——研究的新突破和新开端

宋永毅

英文中的"洗脑"（Brainwashing）一词，在中文中又被称为再教育（reeducation）、强行说服（coercive persuasion）、思想改造（thought reform）等等[1]。有关"洗脑"的奠基性的经典著作，几乎都和中共的思想改造密切相关[2]。由此，中共毫无疑问有着关于"洗脑"的专利权。然而，自爱德华•亨特第一次在他的开拓性的著作中使用洗脑理论以来，西方学者很少使用这一理论来分析中共的历史和政治运动。一个典型的案例是：哈佛著名学者马若德教授（Roderick MacFarquhar）在他三卷本的研究文革的权威著作《文化大革命的起源》[3] 中就从来没有运用过"洗脑"的理论。而由毛泽东发动的文化大革命中，却无处无时都充斥着对中国民众的"洗脑"实践。这不能不说是当下西方学界对当代中国研究的一大缺憾。

这一空白在最近美国内华达州的拉斯维加斯举行的一个名为《洗脑：毛泽东和后毛时代的中国与世界》的学术研讨会打破了。该会于 2023 年 5 月 29 日至 6 月 1 日，由纽约城市大学研究生院、劳改研究基金会、华盛顿大学东亚图书馆以及加州现代中国研究中心联合主办，计有二十多位学者专家参加。

这次会议的成功，首先表现在它从理论的源起和研究回顾上确立了洗脑理论作为研究极权政治的重要工具的地位。美国宾州约克学院的周泽浩博士的论文题名为〈爱德华·亨特与洗脑的起源〉[4]。他介绍了这位阅历广泛富于传奇的美国记者和作家，如何以他在1950年首次在报纸上提及"洗脑"这一新词和他在1951年出版的《红色中国的洗脑：对人的思想的有计划破坏》一书[5]中首次使用了"洗脑"一词，并以把这个概念介绍给大众而闻名于世。周泽浩指出：亨特的特殊贡献论证了"洗脑"这个词"来自中国人民的痛苦。他们承受着微妙和粗暴的精神和身体压力和折磨并因此发现了一种模式并称之为洗脑……亨特显然觉得他负有强烈和特别的使命感要把一个他所熟知的而大众却毫无知晓而极权政府又竭力想掩盖的一个真相揭露出来"。简言之，亨特的独特点是他建立了这种洗脑手段和共产主义红色政权的直接关系。

纽约城市大学的夏明教授的论文题为〈洗脑理论研究：肇始、流变和新视野〉。他以五十多本洗脑经典著作的回顾研究、总结了洗脑及其研究在近百年的演变，归纳出三种不同的模式：1）古典洗脑；2）现代洗脑，和3）二十一世纪高科技下的洗脑。作为全球最大的极权体的中共正试图向外输出它的高技术极权主义模式，洗脑全世界。普林斯顿中国学社的陈奎德博士，以〈洗脑：一个思想史的追踪〉为题从政治哲学与思想史的视角讨论洗脑的精神渊源。他指出，"洗脑"一词起源于共产中国。然而"洗脑"的精神和思想渊源却可以追溯更远。除马克思之外，他主要梳理了德国哲学家尼采，意大利哲学家葛兰西的文化霸权理论以及法国哲学家福柯的"唯权主义"对洗脑的思想影响。

值得一提的是：陈文中对当今社会中泛滥的"泛洗脑主义"的现象发出了警讯，即"洗脑无是非，所有人和群体都在洗脑和被洗脑。洗脑与人类社会一直就存在的'教育、传播和宣传'这些行业行为并没有根本区别。"他认为："和宣传不同，洗脑具有垄断性、强制性、长期性和不对称性，即组织被游说者解除对立的信息，也就是封锁信息。封闭社会是洗脑的必要条件和核心要素。社会是否存在公开的反对意见，则是洗脑与否的判别标准。"在许多学者的论文中，对此也提出了思考缜密的见解。如夏明教授补充说："'洗脑'和'教育''说服''灌输'尽管都是试图改变人们观念看法的行为，但它们在使用强制手段上存在量的差异，在是否服务于受众的利益上存在着质的差异"，这里的关键区别是：受害者没有选择退出的自由。"洗脑不同于宗教转宗。教会传教士会不断招募新的信徒，但也有老的信徒不断流失退出。邪教组织与正常宗教不同，从信徒层面来看，个人一旦接受洗脑，可能丧失自由意志，也就失去了自由选择；但在民主国家里，家人和同事朋友还有自由与警方、新闻媒体或社会福利机构联系，进行救助。从家庭和社会层面来看，脱离洗脑的黑手控制还是有可能。但在一个极权国家，除去合法和非法的移民（机率甚小），居民没有迁徙自由和退出自由。"对思想改造有系统研究的民运理论家胡平在他的论文〈从思想改造到"不准妄议"〉中指出："严格的思想控制应该包括两个必要条件。1、控制者要能够控制不同思想和信息的传播。2、控制者要对不接受控制的人施加暴力惩罚。按照这种严格的定义，我们就可以把洗脑和一般的政治宣传、商业广告、宗教修行、社交媒体以及诸如此类区别开来。"加州圣玛丽学院的徐贲教授也在他的〈当今中国后真相社会的专家宣传和洗脑〉指出："宣传和洗脑不是同一个概念，但在中国这样的社会环境里却是紧紧地联系在一切，难解难分。宣传原本并没有贬义，是散播信息，广而告之，通常是为了争取对自己的好感。在言论自由的环境里，你对我宣传，我也可以对你宣传，不允许所谓的'强制性说服'（coercive persuasion）。但在一个专制国家里，政府宣传的目的是强制性说服，而涉及政治和意识形态的时候，就会成为企图改变人们世界观、价值观和思维方式的洗脑。"

　　除了对洗脑的理论和观念的澄清，会议的另一个重要贡献便是具体地联系中共发动的历次政治运动来形象地阐释洗脑在极权统治中的作用。论及中共的洗脑，一般的读者会联想到它们都发生在中共在全中国执政以后。但原上海财经大学文学院院长，中共党史研究专家裴毅然在他的论文〈从"洗礼"到"洗脑"——延安整风的历史定位〉里揭露：所谓的"延安整风"运动，并不是对来参加抗日的数万知识青年的革命洗礼，而是一场残酷的洗脑运动。这甚至在当时共产国际驻延安的代表弗拉基米洛夫日记中就已经用"洗脑"来进行描述了。具体到分析为什么中共在其执政后的思想改造运动能够在中国自由派知识分子中——如朱光潜、冯友兰、萧乾、费孝通、潘光旦、吴景超等—能获得如此的成功，一般的研究都认为是江山易代，山河变色给他们带来的"不理解而信从"的外在的历史压力。与此不同的是：洛杉矶加州州立大学荣休教授宋永毅的论文〈为什么"思想改造运动"对知识分子的洗脑能够成功？〉还揭示了他们在改朝换代之际主动向中共乃至毛泽东本人输诚效忠，企图走"由士而仕"的追逐传统功名道路的潜意识。在中共的所谓"土地改革"中，这些知识分子又积极参与"斗地主"，成为共产大军中的迫害者群体的成员，交出了参加共产革命的"投名状"。而在土改中流行的中国知识分子对农民的盲目崇拜，其实质是中共以反智主义和民粹主义的愚昧来治国治民，刻意制造知识分子农民化和非知识化的异化过程。最终在"思想改造运动"中，来自外在的强制便会通过持续不断的斗争和"检讨"转化为他们内心的自觉。这还不仅仅使他们的道德急速蜕化，还使他们最终或成为当权者的疯狂的帮凶，或成为政治运动中麻木的帮闲。如果说宋文从中国知识分子内因的角度分析了他们缺乏抵抗中共的思想体系，那么纽约佩斯大学李榭熙、周翠珊博士的论文〈毛泽东治下对基督教的洗脑〉却提供了另一幅颇具暖色的历史图景。中共在1950年代推行的"三自爱国运动"，但是已在中国生根的基督教组织及领袖们进行了不屈的抵抗。他们为了保全对信仰体系的忠贞和维护个人独立自主的精神世界，尽力使教会群体在政治无孔不入的现实中依然反照纯洁无瑕的团体生命。他们中后来还出现了不少林昭、倪柝声那样的反抗思想改造而至死不渝的英雄。论及中共用洗脑来达到社会控制的政治运动，人们比较熟悉的恐怕还是上世纪五十年代初的"思想改造运动"，文化大革命中的"斗私批修"和"接受再教育"运动等。对于发生在1958年初到1959年中的"向党交心"运动，恐怕知之者不会太多。作为物理学博士，却又是中共党史研究专家的丁抒教授填补了这一历史空白。他的论文揭示了毛泽东亲自发动的对全国知识分子、民主党派和民族资产阶级人士又一场新的残酷的阶级斗争。其要害是强制上述人士向中共坦白出他们在反右斗争里没有做或没有说的"与党不一致"的思想，达到对其"诛心"的目的。这次运动发动时，虽然中共信誓旦旦地郑重承诺："对于自动交出有过反党反社会主义言行的人不按右派分子处理。"但最后这场"交心运动"还是成了大规模的"反右补课"，把至少十多万坦诚却幼稚的"向党交心者"打成了右派分子。

除了反证中共洗脑的历史性，这次会议的论文还具有鲜明的当代性和挑战性。从毛泽东到习近平，中共的极权制度和其洗脑操作，不仅有延续还有新发展。加州克莱蒙学院讲座教授裴敏欣的论文〈中国监控体系的现状和历史衍变〉以其严谨查证，揭示了习近平时代就公安干警的人数到达了200万（不含武警）。就预算而言，比毛时代涨了足足24倍！而中国公安系统的"特情"和"耳目"至少扩充到了100万。澳门大学教授郝志东的论文提名为〈1949年以后中小学教科书洗脑内容、方式与功能简析〉。一方面，他揭示了70年以来中共的教科书的内容一直向中共的政策认同。另一方面，他又指出2012年习近平上台以后强调"核心教材传授什么内容、倡导什么价值，体现国家意志"。意识形态和党的领导被强调到了一个更高的层次。尤其是表现在对领袖的个人崇拜上更有过之而无不及，如吹捧毛主席是"大救星"，习总书记是"定盘星"等等。美国华忆出版社主编乔晞华博士的论文〈洗脑、宣传和电影——以传播学和文本挖掘视角析〉从电影的视角对近年来中共的大外宣电影《长津湖》《战狼2》等进行了别开生面的分析。他认为：如果仅从互联网和影视剧看，中国现在无疑是最有血性的时代。不少人一开口就是民族的生存、国家的安危与世界的格局。网络上总是热血沸腾，今天灭日本，明天干美帝。但一触碰到现实，一走出电影院，一离开互联网，面对眼前的社会，中国人就怂了。这是极度的精神分裂，这种分裂不仅是导演和整个制作团队的问题，也是中国国民现状的一种反映。打着爱国主义的旗帜，其实是民族主义的心态。民族主义的崛起是因为长期以来中国一直陷于一种民族自卑。如果是一个非常自信的民族，它就不需要用这种方式强调自己牛逼。越是强调自己牛逼的，都是内心非常深刻的无法摆脱的自卑。

关于习近平洗脑的新发展，在中国大陆内外广受欢迎的启蒙作家和自由思想者徐贲教授还指出：与毛泽东时代一切听从"最高指示"的命令式宣传相比，后毛时代的官方宣传明显地加强了对政权合法性和正当性的宣传。今天的政治宣传更是已经从毛时代工农"毛泽东思想宣传队"的初级形态，变化和发展成为由专家、教授为主打的政策、制度和政治文化宣传。这是极权主义宣传的一种更高级形态："专家宣传"——包括他们发挥的智囊、智库、谋士、顾问、教授、学者、网络大V等"正能量"角色功能。他们除了在最高层打造出各种"划时代"的执政合法性理论——三个代表、科学发展观、中国特色的社会主义等等——之外，更多地是在驭民政策和专制文化方面贡献"专家见解"和"专业知识"，对公众施展诱导、说服和蒙骗的影响作用。与上述横向的截面研究不同，斯坦福大学的吴国光教授在他的论文〈从洗脑到认知战：试析中共的宣传大战略〉中采取了在长阶段历史（the longue durée）上着眼宏观制度研究的视角，把中共在不同时代所形成的宣传大战略分别概括为：毛时代的洗脑、后毛时代的精致宣传和习近平时代的认知战。但是这三个阶段也有着始终如一的特点，即灌、骗、战，是中共宣传大战略的必备因素，从洗脑到认知战莫不如此；只是，毛式洗脑重在灌，后毛精致宣传重在骗，习近平的认知战重在战。以多元反抗"灌",以真实反抗"骗",以独立自由反抗"战",方能破解中共政权对我们大脑的改造、控制和摧毁。只有当这样的破解奏效时,中国人才能恢复为大脑功能正常的人,中国才有希望。

历史的发展总是变幻莫测。曾几何时,文革结束以后,中共在痛定思痛中亦有所改观。不幸的是:在习近平 2012 年上台以来,毛时代的意识形态和政治政策都发生了大规模的复辟回潮。中共在对中国社会大规模的"洗脑"中使用的工具,不仅有原教旨的马列主义-毛泽东思想,更有疯狂的民粹主义和民族主义。这一不幸的回潮不仅发生毛后的中国,还具有当代性和世界性的。2022 年 2 月由普京发动的俄国侵乌战争中,竟然出现了俄民众中有 80%以上支持侵略战争的现象。即使在民主世界的美国,导致企图推翻合法选举结果和民主政府的阴谋论和民粹主义思潮至今还很有市场。在这些非理性的政治运动的背后,我们也不难发现或由政府、或由宗教、政党进行的"洗脑"的痕迹。面对这样一个世界性的现象,参加这次会议的学者,也尽力进行了有益的探讨。

近年来活跃于网络的独立学者郭伊萍的论文题为〈意识形态因素在苏联后俄国民主转型失败中所起的重要作用〉。她指出:俄国民主的失败是一种很经典的失败,因为俄国民主是不自由的民主。在哈耶克主义自由观的影响下,叶利钦开始了他在苏联解体后的俄国所进行的体制改造,改革的重点被放在了推行经济私有化上,所谓"最大自由",重点在于给予资本主义以无限自由,如何改造权力腐败泛滥的苏联式政治体制问题被严重忽略。普京时代的俄国,社会上犯罪率明显下降,普京禁止了街上的黑帮,自己却用黑帮手段统治俄国。在意识形态上,普京用保守主义替代了苏联时代的共产主义,他的保守主义思想核心是一种基督教、民族主义和传统帝国意识的混合物。俄国民主改革失败经验给我们带来的一个重要教训是:民主政治所需要的自由绝不等同于市场自由或资本主义自由。追求民主自由单凭一腔热情是远远不够的，民主是一个人类理想，也是一门科学，是一项系统工程，建设民主需要领导者有高超的思想和智慧、有考虑周全的科学性制度设计和法律建设，还需要有来自政府和民间，尤其是政治精英和社会精英们的共同努力，才可能完成。威斯康星大学郭建教授的论文题名为〈阴谋论与觉醒文化：殊途同归的美国两极政治〉，直面于近年来众说纷纭的美国政治。他事先说明：根据我们的亲身经历和由此而来的通常理解，在政治意义上的"洗脑"是自上而下的、强制性的政府行为，而我要讨论的美国社会的"洗脑"——一个连官方媒体都不允许存在的国家的"洗脑"——并非强制性的政府行为，而是在民主体制下仍然能够出现的蛊惑人心的宣传与教化，是某些个人或群体推销政治商品的行为，目标在于影响民意，或以自身的政见和意识形态同化大众（尤其是年轻人）的头脑。他进一步指出：川普本人是一个没有任何政治立场和意识形态的、自我膨胀到不断有妄想溢出的商人，以至于政治上的"左"与"右"对他来说并没有任何意义。他与右翼势力联手，靠右翼势力当选和执政，不过是一种偶然。而他搞民粹、蛊惑群众的本领却是地道的右翼政客望尘莫及的，以至于共和党为得到选票而被川普绑架至今。另一方面，郭文也没有放弃对美国极左派的"觉醒文化"即以肤色为标志的压迫者/受害者两分法、历史修正主义、政治正确论等等的批判。尽管左右两极在意识形态上针锋相对，却从各自不同的途径走向现代民主的反面，在颠覆理性、客观、宽容、自由等民主社会的基本价值方面，两者是一致的。而且，两者从各自不同的侧面折射出极权政治的特色。这种相似匪夷所思，却又十分真切。二十世纪左右两极的历史教训应该能够成为对当下两极分化的美国和国际社会的警示。在会议这方面的论文中，美国特拉华州立大学历史教授程映虹的论文〈法西斯主义新人与共产主义新人：探讨思想改造的新视角〉和纽约州尤蒂卡大学政治学教授权准泽博士与人合作的论文〈金正恩的偶像化〉都不仅提供了全新的研究角度，还提供了国际政治领域的全新知识。

这次会议致力于从国际的格局中来透视和剖析极权政权的洗脑活动，其中一个别开生面又令人兴趣盎然的报告当属余茂春教授的〈国际外交中的中共洗脑宣传〉。余教授曾担任美国前国务卿蓬佩奥的首席中国政策和规划顾问，现已回归学界任海军学院中国史教授并兼任智库哈德逊研究所中国中心主任。余的演讲指出：共产党洗脑的意识形态根源存在于经典的马克思主义理论中。在世界历史上，思想改造最成功的典范，就是中国共产党，而且中共的洗脑运动比奥威尔的警示还要早得多。中共对于国际洗脑并不因为其暴力管辖的范围而加以放弃，反而是投入更大的资本和人力，采取完全不同的手段，其中主要的方式方法是统一战线和大外宣。其手法也数不胜数。第一、是"精英抓捕"（Elite Capture）。以美国为例，中共统战部门对大批美国前政府官员下了非常大的功夫。正是这一群人，成了中共在美国政界，财界，甚至军界的代言人。他们为一己私利替中国政府和中国国营公司做说客，影响美国的对华政策，长期以来对美国的国家利益造成了严重的伤害。第二，中国政府不遗余力地在全世界煽动蛊惑，把世界上所有重大问题都描绘成美国所为，为人类公敌。其目的是想欺骗世界舆论，把中美关系中因为政治制度和价值观的冲突而带来的双边关系的冷却全部归罪于美国，而忽略一个最根本的事实，那就是，有关中国的问题，根本就不是中国和美国两个国家之间的问题，而是中国这个独裁专制的统治模式与全世界所有的自由民主制度之间的根本冲突。第三、最近十几年来，中共输出自己统治模式的一个很重要的方式就是在世界各国设立所谓的孔子学院，借儒学之名搞渗透和国际洗脑，美其名曰占领国际舆论高地和控制"话语权"（The Discourse Power）。美国人对东方社会尤其是中国社会缺乏整体的深层了解也是对中共的洗脑式掉以轻心的原因之一。第四、在国际交流中利用翻译来为全世界进行思想改造。第五、在其大外宣中向世界隐瞒中国仍然是一个不折不扣的马克思列宁主义的共产主义政权这个基本现实。余教授总结道，美国自尼克松总统以来的对华政策基本上是失败的。具有讽刺意味的是，在 1972 年尼克松重新制定美国对华政策的时候，也说过同样的话，他认为以前的几十年来，美国对华政策也是不对的，需要改变。更具有讽刺意味的是，1948 年美国国务院发表了上千页的《中国问题白皮书》，其中心思想也是说美国到那个时候为止的对华政策也是错误的。所以总的来讲，在 2016 年以前，美国对华政策基本上都是错来错去的。这是一个非常悲惨的历史。

由于时间、财政等等方面的限制，这次突破性的学术会议只持续了两天就只能结束了。然而，意犹未尽与会者都坚信它绝不是这个有意义的课题探讨的结束，相反是它的一个更有意义的开端而已。

注释：

1　Wikipedia: en.wikipedia.org/wiki/Brainwashing

2　如 Edward Hunter. *Brain-Washing in Red China: The Calculated Destruction of Men's Minds*. New York: Vanguard Press, 1951。又如 Robert Jay Lifton. *Thought Reform and the Psychology of Totalism: A Study of "Brainwashing" in China.* New York: Norton, 1961.

3　Roderick MacFarquhar. *The Origins of the Cultural Revolution, I-III*, New York: Columbia University Press; 1974-1999.

4　本文中所引用的所有论文，都包含在本书中。下面的引用亦完全相同，故不再另做注。

5　Edward Hunter, *Brainwashing in Red China*. New York: Vanguard Press, 1951。

代序：

洗脑和洗嘴之间

林培瑞

感谢宋永毅先生，夏明先生，和加州当代中国研究中心、劳改研究基金会、华盛顿大学东亚图书馆和纽约城市大学研究生院共同举办次题名"Brainwashing in Mao's Era of China and Beyond"的研究会议。

什么叫"洗脑"？本来，一个人的脑袋影响另一个人的脑袋是正常的，影响一群人的思想也无可厚非。人群里交换意见，互相影响，是健康的活动，也是民主社会的基础。所谓的 groupthink（群体思维）也不一定是洗脑。Groupthink 常常只是赶时髦，为了保护自己的安全感而配合主流思想。

"洗脑"的意思是一个站在众人上面的权威，为了自己的某种利益，往下强加概念和价值观，惩罚出轨者。前苏联和东欧是明显的例子。斯大林说作家是"灵魂的工程师"，前提是政治权威能塑造人的思想。纳粹化的德国，波尔波特的柬埔寨也是例子。历史上有许多例子。古今中外的邪教也很会洗脑。

中国共产党的洗脑工程是历史上规模最大的，而且侵入人们的意识比苏联的还厉害，甚至能够比肩邪教。

洗脑的途径和手法大致两类：吸引人的和吓唬人的。吸引类常常是预测一个美好的未来：元代的红巾起义，清代的白莲教起义都预测弥勒佛的到来，洪秀全的太平天国说保证信徒死后会上天堂，马列主义预告理想共产社会实现，习近平的中国梦宣布中华民族的伟大复兴的来临。这些诺言尽管多么不同但有两点是相同的：1）奖励要等到将来，和2）必须服从的指示是现在的。

吓唬人的工具还更多，更有效。你不服从，我们给你警告。你不听警告，惩罚就来，你越不听惩罚越厉害：侮辱，隔离，监督，窃听，软禁，解雇，威胁家人，绑架，失踪，殴打，坐监，劳改，酷刑，一直到死刑。这些惩罚都不是秘密。人人事先都清楚，都有理由怕。洗脑的关键不是惩罚本身，是对惩罚的恐惧。恐惧对思维的影响是最大的。

在信息时代里，与害怕相辅相成的一个很重要的洗脑工具是愚民措施。到加州大学来念书的中国大陆本科生很多不知道大跃进，文化大革命，"六四"屠杀是怎么回事，没听说过刘宾雁是谁，对今日在新疆的危害人类罪根本没意识到。应该说是不允许意识到。

但毕竟，人脑是很复杂的东西，有很多层面。外在的权威，从上往下洗，究竟能洗百分之多少？没洗的层面还在那儿。不一定十分正常，甚至矛盾分裂，可是还在那儿。

今日的许多中国人有意识分裂现象。这也能理解。在当前的环境里，意识分裂是很正常的现象。比如晚上跟朋友吃饭喝酒，讲故事说笑话骂习近平是"习禁评"，不亦乐乎，但第二天上班做国家机器的零件。意识分裂是很明显的，而不只是老百姓或知识分子这样，国家干部，一直到高级干部的位置，恐怕也常常分裂。

从自己的经验里，我就能举不少例子。比如，大约是2002年，清华大学派了一位副校长和一位汉办主任到普林斯顿大学访问，研究学术交流的前景。我和普大的几位高级官员跟他们在"教授俱乐部"吃了一顿雅致的午餐以后，两个客人问能否到我自己的办公室去进一步谈语言教学问题，是否能够安排普大本科生到清华来进修。我当然同意。谈了可能半个钟头以后，有一位说要上厕所，问我在哪儿。我说出门向左，右侧第二个门就是。他走了。刚一出门，第二位客人问我"有没有天安门文件？"说的是我前一年和黎安友合编的极其"敏感"的 *The Tiananmen Papers*。我书架子上有几本，拿了一本准备送给他，打开准备签字，他心急地说"不必不必，有信封吗？"我拿了个大信封，把书塞在里面，递给他。过几分钟，上过厕所的朋友回来了。要是这位去了，那位留了，会不会发生同样的事情？不知道。但我相信两个人的脑子都有矛盾分裂的"层面"。

毫无疑问，在今天的中国社会里，甚至在海外华人社会里，意识分层面现象相当明显。外面的表层是洗脑工程的产品，外表底下很可能藏着一些别的念头和价值观。但我们不能说那层外表只是假的，骗人的东西。从洗脑制度的角度来看，外表常常是最重要的层面。外表标志你服不服从外面的权威。下面举两个例子说明。

张爱玲的小说《赤地之恋》里，有一位年轻妇女在一场批斗会上受到很严厉的谩骂之后，悄悄离去，在暗地里痛哭。别人发现她，指责她刚才接受群众的批评是装的。她反应快，登时说，不，群众那么关心我，那样鼓励我进步，哭的是感恩泪。这么一句聪明话能帮她逃脱困境吗？能，但并不是因为别人看不穿她的谎言，而是因为她说这句话等同于说"我向组织低头，我接受我的卑下地位"。在洗脑者的角度看来，这句话就够了。表层比内心重要。你服从我是我的目标，你自己怎么想是次要的。

第二个例子是我的一个很好的中国朋友，住在海外，跟我合写了一篇文章，到出版时，他问能否用笔名？我没意见，出版社也答应，可是我不明白为什么需要笔名。我们合写这篇文章并不是秘密。很多人已经知道，难道北京的有关部门蒙在鼓里吗？朋友解释，笔名的关键作用不是保密而是跟对方保持一种默契。你知道我在批评你，我知道你不喜欢我的批评，你知道我知道你不喜欢，等等。谁不骗谁。但我不用真名挑战你，撕破你的脸皮。我"考虑"你，也希望你考虑我，睁一只眼闭一只眼，照旧允许我回国。这个例子也够清楚，官方的主要目标是控制一个人的外表，内心如何是另一个问题。与其说是"洗脑"倒不如说是"洗嘴"。

宋永毅先生给我的题目是比较毛时代与习时代的崇拜偶像现象。这里的确有很重要的不同。毛时代的洗脑更进入了内心。毛对年轻红卫兵说"炮打司令部"，"灵魂深处干革命"真点燃了他们火热的内心。当然，毛时代里也有很多外表和内心不同的例子，但到了习时代，几乎一切都在外表。我请问，今天的"习近平新时代中国特色社会主义思想"点燃了多少内心的热火？从外面看，毛和习都达到了"思想统一"的目标，但相对地来说，毛的成就是更实质的，习统一的是语言表层。

刘晓波 2002 年写了一篇〈法轮功与人权意识的普及〉的论说文，把毛时代的"强迫统一"和 2002 年对待法轮功的强迫统一做比较。表面上看是一样的：报纸上，电视上，学校里，会议里骂法轮功是完全一样的，甚至用词一模一样，让晓波联想到文革的语言。但进一步想，他意识到 02 年与文革有一点是很不一样的。在毛时代里，喊疯狂口号的人一般都相信自己喊的内容。思想统一是真统一。但 02 年的统一是为了保护自己的安全而说的配套话。话起作用就行，信不信是次要的。必要的话，向自己的良心说谎也都可以。在文章结尾晓波问：哪种"统一"是更可怕的？思想的统一？还是对良心说谎的统一？然后他更进一步地问：哪种政权更可怕？要求思想一致的政权？还是要求人们对良心说谎的政权？

有没有办法逃脱中国共产党的洗脑制度？我说有。这个庞大的工程，尽管存在了几十年，还没有能彻底消除人们的正常认识和正常价值观。人的基本价值观是人性的产物，不容易改变。中共践踏了人性几十年没能把它扑灭。在我看来，精神分裂不是最糟糕的局面。精神要是没分两个层面，那就更糟了。

I

洗脑的理论源起与研究回顾

爱德华·亨特与洗脑的起源

周泽浩

爱德华·亨特（Edward Hunter）于 1902 年出生于纽约。是一位阅历广泛富于传奇的美国记者和作家。他以他在 1950 年首次在报纸上提及"洗脑"这一新词和他在 1951 年出版的《红色中国的洗脑：对人的思想的有计划破坏》一书[1]中首次使用了"洗脑"一词并把这个概念介绍给大众而闻名于世。亨特在职业生涯初期曾担任报人和国际新闻社的外国通讯员。熟悉满洲地理的他报道了许多人认为是第二次世界大战真正开始的日本在 1931 年对满洲的入侵，并且首次揭示了日本意欲无限期地驻留在满洲的意图。他就这个问题向《纽约太阳报》联合通讯社发出的报道与日方当时在日内瓦召开的国联发表的安抚性声明形成了如此鲜明的对比，以至于他的那份报道被记录在国联的档案中。其后他在西班牙度过了五年的时间报道了西班牙内战。他还在纽瓦克，新奥尔良以及他的家乡纽约等地不同报社中任记者。

在第二次世界大战期间，亨特加入了中央情报局的前身战略情报局任宣传员和心理战分析人员。二战后，他担任杂志《战术》的出版商和编辑，该杂志是一份对当前事件进行分析，并评估心理战发展的月刊。这个经历使得他对心理战有了进一步的了解和接触。亨特二战后重操旧业继续担任国际记者，广泛地在亚洲地区旅行，并报道了中国内战和朝鲜战争等事件。五十年代初他还一度被美国空军聘请为研究对抗洗脑的顾问。亨特是一个中国通，具有广泛的国际视野和由多年记者职业而获得的对各种社会阶层和政治制度的深度接触，对冷战前后的共产国家和制度了解尤为深刻。

虽然韩战的爆发是使洗脑这个新的词汇的出现并广泛进入英语的大众以及学术语言的主要原因，但是亨特对洗脑的研究却先于韩战的爆发。他第一本关于洗脑的书名就表明红色中国的洗脑是这本书的主要内容，事实也确实是如此。1949 年中共建政以后，在东亚和东南亚，尤其是香港和新加坡作为记者的他开始采访大量的从中国大陆逃离的中国的难民和被释放后返回自由世界的西方侨民并倾听了这些人讲述他们在红色政权下经历的磨难。除此之外，他还采访了从西伯利亚的战俘营回来，唱着共产主义歌曲，喊着红色口号，举起握紧的拳头敬礼的显然是被洗脑的而一年后又从狂热中恢复过来日本战俘。通过这些目击者的描述以及他在中国多年从事各种工作而积累的丰富个人经验和知识，亨特得一个结论。他认为共产党是通过采用一种独特的他称之为"洗脑"的方式在统治这个他们刚刚获得的新政权和管理他们治下的臣民。他早年在中国工作的时候从一个德国出生的能流利地讲现代汉语和古代汉语汉学家马克斯·佩尔伯格那儿学到的洗脑这个概念的，佩尔伯格告诉他这个术语很可能来自佛教用语"洗心"。亨特觉得用这个中国词汇来表达他所观察到的情况更确切[2]。

一

虽然亨特在中共建政初期的 1950-1951 年期间才逐渐推出洗脑这个用语，但是他认为洗脑作为实践起码可以追溯到苏联苏维埃政权早期，并大量讲述了生理学家和心理学家巴甫洛夫在苏俄初期和苏维埃政权在洗脑手段产生过程中的渊源关系。他认为在朝鲜战争之前自由世界就陆陆续续地见证了他书中描述的类似强制控制的洗脑做法。其中最引人注目的两个例子分别是苏俄革命家布哈林和匈牙利的敏真谛红衣主教的命运。前者是一个举世公认的坚定不移的革命家，而后者是一个虔诚的牧师和宗教领袖。然而两者都做出来让人匪夷所思的坦白和认罪。布哈林在 1938 年对他的审判中做了多项认罪供述。这些供述包括承认从事反革命活动、从事间谍活动，密谋反对苏维埃政府以及和与外国势力勾结。这些认罪供述显然是在布哈林受到了严重的心理压力、威胁和折磨等极端的威逼后获得的。匈牙利的敏真谛红衣主教在监禁期间受到了各种折磨，包括被剥夺睡眠，肉体虐待，和在狭小黑暗的牢房中长时间单独禁闭。这些折磨的目的是为了击垮他的意志，迫使他做出虚假的供词，并削弱他对共产主义政权的抵抗。敏真谛最初在 1949 年的公开审判中被迫作了一份认罪书，宣称放弃了他的信仰。

亨特自己也在书中对洗脑的早期实践做了阐述："洗脑最早是在1936 年的红色清洗审判中首次亮相，当时全世界都被在莫斯科的'老布尔什维克'被告上法庭的景象吓坏了，他们宣称自己是叛徒，背叛了他们为苏维埃夺取政权而奋斗的布尔什维主义信仰。他们是苏维埃夺取政权的主要人物。现在，他们却在自我谴责中称自己反苏。随后，其他大型审判也在短时间内接踵而至，每个审判都为世界提供了一场自我指控的令人费解的表演，坚称个人有罪，并乞求死刑。这些人行为像是被附体了一样。在占领匈牙利等国家并将其吸收入共产主义轨道后，像主教敏真谛这样敏锐的大脑也在同样明显但未被证明的情况下崩溃了。这给了全世界的共产主义者和反共产主义者们看似不可辩驳的证据：莫斯科所声称的一切都是正确的。这些男女已经承认了。还能要求什么？"[3] 在亨特看来，这些似乎让世人令人费解的现象真正的原因毫无疑问的就是洗脑的结果。

韩战的爆发无疑是使洗脑这个新的词汇广泛进入英语乃至全球的大众以及学术语言的直接原因。在韩战期间，令人震惊的是许多美国战俘开始与他们的共产主义囚禁者合作，并公开作出了美国政府在韩战中使用了细菌战等虚假指控。甚至有少数战俘在朝鲜战争结束后拒绝返回美国。虽然有一万四千名"志愿军"士兵选择投奔自由世界而仅仅21名美国士兵叛逃到中华人民共和国，这还是让美国公众感到惊恐和震惊[4]。他们不明白为何在这样一个富裕、成熟的国家享受着地球上前所未有的最高生活水准的美国公民却选择留在一个极度落后和极度贫困的国家。这个事态发展引起了爱德华•亨特的特别注意。他开始一一采访大量回到自由世界的美军战俘，听这些人讲述他们在红色囚禁者下经历的苦难和折磨。通过这些目击者的描述以及他在中国多年从事各种工作而积累的丰富个人经验和知识，亨特得一个结论。他认为红色政权是通过采用一种独特的"洗脑"的方式导致了那些战俘提供了让人难以置信的供词和与共产主义者的合作。与此同时，这个美国战俘选择留在大陆政权下的中国让美国大众觉得匪夷所思的行为也大大地提高了美国大众、政府和军队对亨特推出的洗脑这个迄今为止还没有被广泛接受的词汇的兴趣。洗脑这个概念从此到处流行。

二

亨特也对洗脑这个词语的迅速传播做出了他自己的解释。在他的1956年出版的《洗脑：它的历史；极权共产主义政权对其的使用；以及反抗它的美国和英国士兵和俘虏的故事》一书中，他开宗明义地做了以下有力的论述：新词洗脑在极短的时间内进入了我们的思想和字典。这个词被迅速接受的原因是它不仅仅是一个对已知事物的巧妙同义词，而是描述了一种尚未被命名的策略。语言上存在了一个真空。没有一个词能够将构成共产党人期望创造其"苏维埃新人"的过程中而使用的各种策略联系在一起。这个词来自中国人民的痛苦。他们承受着微妙和粗暴的精神和身体压力和折磨并因此发现了一种模式并称之为洗脑。共产党人希望人们相信这个概念可以被某些熟悉的表述，如教育、公共关系、和劝说，或一些误导性的术语，如思想改造和再教育。但是，没有这类表述可以定义洗脑，因为它远远超出了任何一个单独的定义。中国人知道他们所经历的不仅仅是教育或劝说。更为严重与医学治疗在许多特殊方式上有相似之处的事情发生在他们身上。他们经历的更像是巫术，带有咒语、恍惚、毒药和药剂，同时又伴随着奇怪的科学特质。共产主义领导层更希望人们相信洗脑是不存在的。只要他们能够保持它的隐秘性，不给它起名，反对它的力量就会分散无效[5]。综上所述，亨特显然觉得他负有强烈和特别的使命感要把一个他所熟知的，而大众却毫无知晓，而极权政府又竭力想掩盖的一个真相揭露出来。

亨特确实也身体力行不遗余力地通过各种渠道进行有关洗脑的启蒙教育——白宫玫瑰园、国会、五角大楼、退伍军人协会、学校等等，无处没有他的足迹和声音。

从 1950 年他第一次在报刊上公开使用洗脑这个词语到二十世纪六十年代初，亨特写了大量的和洗脑有关的书和报刊文章。他的成名作是 1951 年韩战初期年出版的《红色中国的洗脑：对人的思想的有计划破坏》。有兴趣的读者可以去 Internet Archives (archive.org) 上去直接阅读。这本书主要描述对象是从中国大陆逃出来的受过迫害的中国人和在中国生活和工作的外籍人士。随后他又陆陆续续写了几个关于战俘抗御洗脑和巴甫洛夫和心理战的关系等的单行本。本文将在下面介绍亨特在他在 1956 年出版的《洗脑：它的历史；极权共产主义政权对其的使用；以及反抗它的美国和英国士兵和俘虏的故事》一书中提出的主要论点，他所描绘的洗脑技术，以及他在洗脑研究领域的主要贡献。内容主要基于他书中介绍洗脑作为一个新词的第一章和介绍以及洗脑过程和要素的第八章和若干其他相关资料。此书的特点是综合了他在此之前出版的各种题材，如战俘，巴甫洛夫和心理战，以及如何从教育，家庭，教会着手抵御洗脑等论述。读者如果想看一本有助于全面了解亨特关于洗脑的观点的书的话，这本书应该是一个最佳选择。

　　亨特在他的书中把洗脑叙述成是由两个过程组成的。一个是主要用于控制目的的调节或软化过程。另一个是用于转化目的的教育或说服过程。两者可以同时进行，也可以先后进行。他认为共产党人对此非常冷静，实际会根据他们的目标来调整方法。对他们来说，只有结果才重要。如果他们寻求的只是宣传或某些直接目标的宣誓声明，如广播讲话或法庭证据，只要使用第一个过程，即软化，就能够获取，他们就不会浪费时间和精力进行洗脑。他举了在布拉格被捕的美国记者威廉·奥提斯为例。当奥提斯要求阅读斯大林主义文献以作为一种对对方的意识形态感兴趣的一种姿态时，他惊讶地发现管理人员拒绝了他！他们想从奥提斯那里得到的只是为了一个非常具体的目的，即提供认罪书。当这个目标达到后，他就失去了利用价值[6]。

　　反之，另一个用于转化目的的教育或说服过程的洗脑过程就会被启动。爱德华·亨特对洗脑的定义为："洗脑是一种混淆人的大脑，使其陷入接受原本对他来说是令人憎恶的事物的一个诱惑系统。在洗脑过程中，迷雾笼罩着患者的思维，直到他与现实脱离联系。事实和幻想纷乱交织，引发幻觉……洗脑是一种与人类本性背道而驰、与共产主义紧密相连的新事物。洗脑不再仅仅是灌输。"[7] 其后的把洗脑收入到其词汇中的《牛津英语大词典》对洗脑则有一个更简洁的定义："通过一种系统而常常强制性的做法从一个人的思想中消除所有既定的观念，特别是政治观念，以便用其他一套观念取而代之；这个过程被视为某些极权主义国家对政治异见者进行的一种强制性转变的形式。"[8] 这个洗脑的定义和亨特的定义有类似之处，即通过特定强制手段以一种观念来替换另一个观念。亨特的独特点是他建立了这种洗脑手段和共产主义红色政权的直接关系。

　　亨特在书中用大量的篇幅对两种被用于洗脑程序的他称之为"元素"的做法逐一做了详尽介绍和描述，并举了详尽的具体例子来佐证。这些元素包括饥饿、疲劳、紧张、威胁、暴力。而在更严重的情况下，药物和催眠也被使用。而所谓的"学习"和"坦白"被广泛用来作为实行贯彻这些洗脑元素的方式。特别值得指出的是亨特对洗脑者把科学应用在实施这些洗脑方法的做法做了详尽的观察和描述。比如洗脑者的策略是提供足够的食物以维持生存，但不足以让一个人的大脑充分发挥作用。于是营养师被赋予了一个全新的颠倒的角色。这个职业是由自由世界发展出来的，目的是给人们提供均衡的饮食。在共产主义下，它却将食品配额调整到政治压力的目的上。同样，作者认为疲劳像饥饿一样也是经过科学计算和巧妙应用的。他引用乔治·华盛顿大学医学院的劳夫林博士研究结果表明，"受过睡眠剥夺的个体更容易接受暗示。他更有可能执行那些要求他进行某些特定行为的人的要求，并且他更不可能对权威人士的要求提出反抗。"[9]

特别值得一提的是药物和催眠术的使用。亨特认为它们的使用是和共产主义这样残酷无情的唯物主义意识形态和自身的哲学是一致的。当意志力特别强以至于在普通的洗脑策略之前就被证明是无效的时候，药物和催眠术就会被使用。药物可以被用来破坏个人的自然警觉性和坚强性格，催眠术则可以用来解除被洗脑者的抵制。作者认为药物和催眠术就是被用于不容易轻易洗脑的敏真谛大主教的。他认为苏俄在这方面比中国的新政权所运用的更娴熟，但是中国的红色洗脑者也在这方面迎头赶上。一个生动的例子就是一位生于中国的美国律师罗伯特·布莱恩。在他直截了当地拒绝了这个要求他承认自己是间谍后，就被吊到一张桌子上，一根皮下注射针刺入了他的脊椎。第二天他在牢房里醒来时感到头晕目眩。之后，有人向他展示了一份由他签名的手写文件，虽然他不记得这个文件。他确定他们一定是在他服药期间口授给他的。狱方终于看到了他们寻求的最后供词[10]。由此可见药物和催眠术是洗脑的过程中的"保留节目"。在其他方法的尝试都失败后，药物和催眠术就登场了。

三

爱德华·亨特对洗脑的研究贡献诸多。首先，洗脑一词是他富有创意之作。在介绍和推行中国新概念的时候，他遇到了种种阻碍。当这个术语第一次出现在香港的报纸上时，他的同行们反应非常强烈。恐惧、不信和怀疑是所有人初次接触这个术语时的典型反应。人们对"洗脑"视而不见，有些学者对洗脑这种做法感兴趣，但因为觉得有关资料不足而放弃深入研究。也有记者同行嘲讽他，认为这种事不可能发生，并问他是否在写小说。更有报社因为使用他洗脑一词而受到严厉指责的。然而亨特却力排众议，锲而不舍地采访了大量的从红色政权中逃出来或者放出来的受害者，并收集了大量其他有关资料。终于写出大量文字报道使洗脑一词在今天既被广泛接受为通俗用语也是研究领域的常用语。与其他类似表达（如心灵控制、心灵杀戮、强制劝说、思维控制、思想改造）相比，洗脑一词在专业文献和公众讨论中使用得远远更广泛。洗脑也在社会学，心理学，政治学，传播学，宗教学等学术领域广泛使用。连心理学最权威的DSM-5（"精神障碍诊断与统计手册第五版）也把洗脑作为一个专业词条列入其中。此外，在学术研究中广泛使用的谷歌图书和谷歌学术两个网站上洗脑的出现率也比同类词汇多出几十甚至数百倍。在此，亨特的贡献功不可没。

值得一提的是把洗脑成为一个家喻户晓的以洗脑为题材的电影《满洲候选人》是一部1962年上映的政治惊悚片，故事围绕美国士兵雷蒙德·肖展开，他作为战争英雄从朝鲜战争归来。然而肖在满洲俘虏期间受到共产主义组织的洗脑。电影探讨了政治操控和心理战的概念。可以说没有爱德华·亨特就不会有这部极为成功的电影。

亨特关于洗脑的著作在普及大众对各国尤其是北京的新极权实行的尚不为外界所知的专制措施的了解起了极大的作用。美国退伍军人协会在其全美范围内推荐的图书清单中，列出了12本与共产主

10

义相关的书籍，其中包括亨特的《红色中国的洗脑》。这份书单在1952年5月1日由当时的参议员、后来的副总统理查德·尼克松在国会中提出的这份阅读书单，然后将其纳入国会记录。美国非美活动委员会邀请他作为顾问帮助解释洗脑。不少书评也对此书予以正面评价。认为"它对公众产生了良好的影响，因为它成功地提醒了公众对受专制政府控制下的专业心理学家操纵人类思维的警惕。"[11]《先驱论坛报》在1951年末的年度书评专栏中，将这本书列为当年最杰出的书籍之一。他的书被评为当时在香港可能是英语书籍中关于中国写得最好的一本，其销售量比其它任何一本书都多。因为这本书是"对今天红色中国的'灌输和学习'系统的第一部详细记述。"[12]

亨特的另一贡献是把洗脑和科学做法紧密结合起来了。如前所述，他把药物使用和催眠等科学手段在洗脑过程中的使用介绍给了读者。不独如此，他还对苏俄早期的将诺贝尔奖获得者巴甫洛夫的研究被红色政权用于洗脑做了研究和分析。值得一提的是他对洗脑对象的研究并不局限于在韩战中被俘的美军，而是对苏军洗脑的日本关东军被俘人员，被俘的英军人员，中国大陆出来的学生，牧师，军人，学者，商人等各行各业的人都做了广泛深入的采访和调查。尤其值得一提的是，他还专门在书中写了一章关于红色管理人员是如何在黑人美军士兵中下功夫，让他们从种族歧视的角度来攻击美国做法和制度，却遭到了黑人士兵的成功的抵制，从而遭遇了出乎异常的失败。这些黑人士兵公开展示了他们的反抗，组建了反共主义的"黄金十字会"，他们在耳垂上戴着一个小十字架或用稻草代替，特意穿孔用于此目的，把信仰作为武器，成了最为坚决和成功的抵抗洗脑的人群。

作者也专门写了一章，提供了对抗洗脑的办法和反洗脑的各种成功案例，并特别以他接触到了一些坚定地拒绝回到共产主义中国的联合国战俘营中的1.4万名中国人军人为例子。虽然这些士兵在极端困难的情况下凭着不屈不挠的毅力直面最狡猾、最强大的压力成功地抗衡了那些试图将他们逼回共产主义怀抱的种种阴谋尝试。

作者的另一大贡献就是把洗脑这个秘密公布于世了。他认为共产主义俄国通过对信息的彻底控制，使苏联内的每个人和机构都成为一座孤岛，从而能够保持洗脑的秘密。除非通过经过批准的渠道，否则任何个人或机构都不敢与任何其他人或机构进行通信。当中国大陆沦陷于共产主义者之手时，洗脑开始以一种草率和野蛮的方式被用作全民的国家政策。在这种草率、不熟练的大规模使用中，安全被牺牲了。莫斯科在欧洲大门处成功守卫的秘密从中国的后门溜了出去。但是这个秘密没有亨特的不懈的努力，也未必会如此快捷地为世人所知。

四

亨特在书中特意指出洗脑这个词来自中国人民的痛苦，可见他对中国人在新政权下遭受的苦难的深度认识和同情。他的努力不但使乔治·奥威尔的《1984》在出版仅仅两年后就变为现实，而他和奥威尔都是对极权政府的做法有很强预见性的开创性的作家、极权主义观察者和自由思想的倡导者。在中国的文化大革命期间，洗脑达到了登峰造极的程度，而且很多做法和亨特对洗脑的分析不但相似而且还有变异发展。在文化大革命期间使用的一些亨特描述过的洗脑方法及类似的例子包括，政治学习会，挑动群众斗群众，相互怀疑，举报和揭发，坦白，斗私批修，批评与自我批评，思想灌输，关牛棚，暴力殴打，强制劳动，五七干校，不一而足。其中有的已经超越了亨特的描述和想象了。如果布哈林和敏真谛大主教的所谓坦白交代是因为监禁和胁迫等原因造成的话，那么无数的像老舍这样的文革时的受害者在自杀、甚至于被枪毙的时候，还要书写或者高呼"毛主席万岁！"的人，则是超过亨特想象力的案例了。

亨特对极权社会的深刻认识对今天的中国也有现实意义。他指出洗脑的成功基本上取决于被洗脑者对其的无知。当被识别后，红色实验室所能产生的最可怕的效果都可以被自由人的人格挫败。当共产主义洗脑的技术成为常识时，这个体系要么会被完全粉碎，要么会变得如此困难和昂贵，以至于对红色洗脑人员而言已经不值得一试了。揭露真相，建立人格，这就是促进民主的志士仁人今天要做的功课的一部分。

总之，此书提醒公众对专制政府操纵人类思维的行为的警惕。是一本研究红色政权洗脑的起源、发展、概念、手段和意义的值得推荐的专著。

注释：

1　Edward Hunter, *Brainwashing in Red China*. New York: Vanguard Press, 1951。

2　Edward Hunter, *Brainwashing: Its History; Use by Totalitarian Communist Regimes; and Stories of American and British Soldiers and Captives Who Defied It.* n.p.: Pantianos Classics, 1956,6.

3　Ibid., p.9.

4　Joel E Dimsdale, *Dark Persuasion: A History of Brainwashing from Pavlov to Social Media.* New Haven and London: Yale University Press, 2021, p.72.

5　Edward Hunter, *Brainwashing: Its History; Use by Totalitarian Communist Regimes; and Stories of American and British Soldiers and Captives Who Defied It.* n.p.: Pantianos Classics, 1956, p.6.

6　Ibid., p.136.

7　Ibid., p.138.

8　Oxford English Dictionary, s.v. "brainwashing," accessed June 18, 2023, https://www.oed.com/view/Entry/276425?rskey=bzNz2U&result=1&isAdvanced=false#eid.

9　Ibid., p.140.

10　Ibid., p.160.

11　Vincent P. Wilber, "Review of 'Brainwashing in Red China' by Edward Hunter". *World Affairs,* Winter 1952.

12　Varloy Sandra *South China Morning Post* 1952.

洗脑理论研究：
肇始、流变和新视野

夏 明

　　东、西方文化共同强调的文明基础或是文明特征在于心性对肉体的掌控。基督教相信人与动物的区别在于人有灵魂，并对大脑施予命令控制；印度教和佛教把人体比喻为一驾马车：身体是车舆，欲望是奔腾的马，大脑的心性是驾驭马的车夫。但人类在进入 21 世纪第三个十年时，却被一个恐惧所缠绕：人类社会是否失去了对大脑/心性的主权控制，肉体/肉欲奔腾之马有脱缰之虞，身心都被"恶魔的使臣们"[1]引上了一条邪路？某些国家或机构对肉体的操控、折磨和扭曲是否已经永久地改变了某些人群的根本思维能力和思维模式？而这种被操控的思维模式和信念是否已经危害了思想主体的根本利益，却在服务一个邪恶的第三方？至少自从笛卡尔的"我思，故我在"引领人类文明追求个人思想主权自由独立以来，任何摧毁思想自由的手法必然引起人们的担忧、警惕、甚至恐惧。这是过去一个世纪"洗脑"/"脑控"一直成为世人关注的主要原因。

　　无所不在的"洗脑"/"脑控"凸显成为当下人类生存的重大危机，是因为下面一系列原因：中、俄回归到极权/集权主义道路并复兴和提升了洗脑手段在国内和国际上的广泛使用；计算机、互联网带来的信息通讯、监控技术和大数据、人工智能、脑神经研究的结合催生了"电子人"（Cyborg）；现代企业广泛运用监控技术、精确算法塑造人们的审美价值和诱导人们的市场消费选择；世界主要国家，甚至包括美国这样的民主大国，都见证了一批民粹主义的政客信奉或推行虚无主义、犬儒主义、相对主义、反科学反理性政见，以致假信息和谎言把世界带进了一个"后真相"时代。在经历 2020 年全球新冠大危机带来的多元危机（Polycrisis，经济、政治、国际战争、社会动荡、气候生态、食品等危机）后，人类受创伤的集体心理陷入更易受暗示、催眠和操控的状态，人类社会如何避免走进黑暗深处、集体走出深重的阴影并构建一个自由、民主、开放、多元、和平的世界秩序就必须从重建理性人和理性的价值开始。"洗脑/脑控"就是吞噬人类理性的癌症。对它的研究认识必须成为当下知识界的重中之重。作为"洗脑"专用名词滥觞之地的中国，也是人类历史上受到洗脑伤害范围最广、持续时间最长、受害程度最深的国度，对洗脑的研究不仅应该成为一项显学，也是现在或过去生活在这个洗脑体制下的人群集体脱魔和个人重生的必经之门。在洗脑专题上，推动西方学术界理论研究贡献与中国问题研究的交叉互动，一定会帮助我们更深地认识中共极权主义思想意识形态、政治制度构建、国家对社会控制和权力的真实运作。

　　本文的主要目的是对过去一百年有关洗脑理论的诞生、发展和最新进展进行一个概括梳理和评析批判。尽管人们可以把洗脑历史上溯千年，但洗脑的最大危害是作为一种国家行为或国家鼓励的工程，因此，1919 年巴甫洛夫和列宁的关键会面成为我界定洗脑百年史的起点，而三年的全球新冠大危机和它引发的政治、经济、社会多重危机是百年回顾的终程。由于在洗脑国家对洗脑理论的研究要么是国家机密、要么对国民来说是禁区，所以，涉入洗脑研究就是踏入雷区（中国第一部专著《洗脑的历史》和作者傅志彬 2014 年的牢狱之灾就是例子[2]）。有鉴于此，在国际学术界中国研究的语境下，本文的重点是介绍、评论中国本土以外的重要理论研究，以推动国际学术与中国案例的结合互补。

　　从时间线上，本文分为三个阶段：（1）20 世纪初期世界大战和极权主义兴起推动的宣传（对外战争宣传或对内政治宣传）出现，以俄国为中心并运用巴甫洛夫心理学构建的共产主义政权引发人们对专制制度扩展、民主自由丧失的担忧。在这样的大背景下，三部"反面乌托邦"（Dystopia 或 anti-utopia，作家康正果译之为"歹托邦"[3]）文学著作在欧洲的出现引导 20 世纪思想界对思想灌输、强制洗脑的早期关注[4]。（2）20 世纪中期（冷战期间），在第二次世界大战结束不久，又爆发韩战，中共政权对在华西方文教人员和韩战战俘的"思想改造"引起美国对这一现象的高度重视，并明确提出了"洗脑"的概念，在理论上对"洗脑"的手段方法、机制原理、危害后果以及反制洗脑等都提出了重要的概念和研究方法。（3）冷战结束后，尤其在 21 世纪随着电脑、互联网、大数据、人工智能的兴起，数码专制主义/技术极权主义可以表现在某个国家或者生活、生产的某个面向（也就是说民主国家也不能免灾）；与此同时，从 20 世纪 70 年代开始，邪教或者新兴宗教的兴起，都给人类的自由民主未来蒙上阴影。法国哲学家福柯提出的"生物政治权力"对人类从毛细血管到大脑的深层控制从猜想变成可能。人们对新的一轮洗脑的恐惧表现在"反面乌托邦"文学，尤其是科幻文学作品和给青少年阅读的文学作品（代表作为《饥饿游戏》系列小说）受到了极大的影响。如何认识在社交媒体、高科技环境下的洗脑，如何防止被洗脑、避免成为洗脑的牺牲品，成为文学、生理学、心理学/心理分析、生物医学、哲学、宗教学、社会学、犯罪学、大众传媒研究、广告学、语言学、政治学等多学科共同关注的焦点。

　　在文章后面将要评点的一部最新著作是精神分析专家、加利福尼亚大学圣迭戈分校荣退教授乔尔·蒂姆斯达尔（Joel E. Dimsdale）的重要贡献：《暗黑说服：从巴甫洛夫到社交媒体的洗脑历史》。作者在本书提出了一个 20 世纪洗脑历史的历史框架。为了便于读者跟踪本文的叙述脉络，我先把这个历史框架放在前面（见图表一）。

图表一：20 世纪洗脑演变时间线

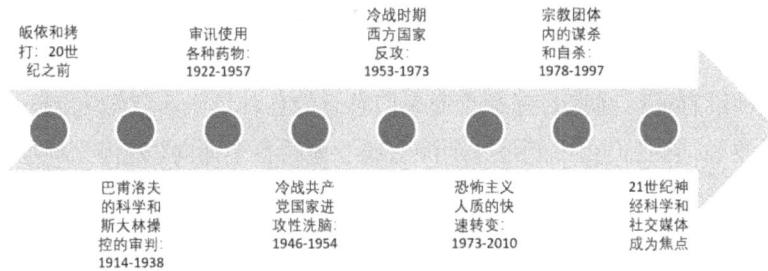

资料来源：Joel Dimsdale, *Dark Persuasion: A History of Brainwashing from Pavlov to Social Media*, New Haven, CT: Yale University Press, 2021, p. xi.

如果过去百年三段主要历史构成本章的时间脉络，具体在每一个时期讨论重要代表作时，作者都会聚焦下面一系列重大问题：洗脑的内容和实质，洗脑的主体和客体（洗脑者和被洗脑者），洗脑产生的环境，洗脑的主要手段和机制，洗脑的后果，以及如何反制洗脑和从洗脑创伤中治愈。

定义：什么叫洗脑？

"洗脑"是一个被过度使用的词，其概念内涵也被随意扩展，在使用时也经常掺杂着情绪、情感和价值判断。有人把它滥用为一个语言进攻的标签，只要是自己抵触的信息传递统统被归为洗脑。有人把它用在国家行为层面、正式组织行为层面（监狱、警察、精神病院、学校等）、或者非正式组织层面（市场营销、邪教、新兴宗教团体、黑帮、青少年帮派等）。也有女权主义者用性别差异来透视男权对女性的洗脑。那么，什么是"洗脑"？根据《大英百科全书》，"洗脑是一种旨在说服非信徒接受某种忠诚、命令或教义的系统努力。它更普遍地适用于任何旨在操纵人类思想或行动以违背个人的愿望、意

17

志或知识的技巧手段。"[5] 牛津大学生理/解剖/遗传系科学家泰勒（Kathleen Taylor）给出了一个较新也较完整的定义："洗脑是由记者/中央情报局特工爱德华·亨特在 1950 年造出的一个词，用来描述中共完全彻底改变美国被囚人士信仰的手段。以后又被常用来描述各种没有征得同意的有意改变人们思想的各种场景。我把它们分为两类（尽管它们更可能是一个深层统一体的各个面向，任何一种场景都可能包含两方面的因素）：第一类，用强力洗脑，更快捷、更强烈，是一种用强制甚至酷刑来击垮受害者的抵抗。第二类，隐形洗脑，较慢、较低强度，主要依赖不大为人所察觉的方法，所以不易激发立即的反抗。"[6]

"洗脑"和"教育""说服""灌输"尽管都是试图改变人们观念看法的行为，但它们在使用强制手段上存在量的差异，在是否服务于受众的利益上存在着质的差异。但鉴别是否涉嫌洗脑的另一个重要试金石是"极权主义""全权主义"思想的存在。极权国家的一系列配套的洗脑制度、程序、方法都是服务于独裁领导或权力小集团实现对全民的完全控制，是反对个人自由的；而在民主国家，多元、开放、自由、道德等因素使得全权主义难以生存、扩展，教育是为个人实现自立和自由服务的；涉及强制手段的心理治疗机构、监狱等也是在维护个人生命和自由、同时维护社会秩序和自由的目标下设计管理的。"教育"是在普遍的社会规范的约束下，由受教育对象或其监管人主动志愿接受的活动，其主要目的是赋予受教育者，尤其是未成年人，健康自立生活和有参与工作的能力。尽管义务教育具有强制性，但因为它是公权代表了公益做出的立法，它具有权利和义务的双重性。"说服"是一种用来影响人们的信念和态度的技巧，它会使用逻辑、推理和其他形式的论证来劝说人们接受特定的观点。一般来说，它不具备有明确的和暗里的强迫性。"灌输"是一种更微妙的操纵形式，它主要使用宣传、教育和其他形式的说服来影响人们的信仰和态度，尽管受众并没有完全失去可以离开的自由，但通常因为环境的压力，团体或组织影响或通过成员同辈压力（Peer pressure），可以对受众形成一定的心理和社会压力。"洗脑"是一种通过使用武力、胁迫或其他形式的压力来改变人们的信仰和态度的手段方法。武力、胁迫的使用通常是在人们被俘虏或无自由选择离开的情况下使用，而且通常是用于描述以国家暴力为后盾，加之与监狱、劳改营、劳教中心、精神病院而系统推行的公开官方行为。尽管绑匪或恐怖分子可以对人质或受害者进行洗脑，并带来个人或少数人的心理创伤而导致的心理改变（例如"斯德哥尔摩综合症"），但本文论述的重点不是心理个案，而是政治现象，而这种政治现象是基于政治心理学的，更多是国家和制度的行为。另外一个重要区别是，洗脑不同于宗教转宗。教会传教士会不断招募新的信徒，但也有老的信徒不断流失退出。邪教组织与正常宗教不同，从信徒层面来看，个人一旦接受洗脑，可能丧失自由意志，也就失去了自由选择；但在民主国家里，家人和同事朋友还有自由与警方、新闻媒体或社会福利机构联系，进行救助。从家庭和社会层面来看，脱离洗脑的黑手控制还是有可能。但在一个极权国家，除去合法和非法的移民（机率甚小），居民没有迁徙自由和退出自由。洗脑的终极目的是要消灭"内心迁移"（inner migration）、"乘道德而飘游"，所以极权国家是洗脑的最大渊薮。蒂姆斯达尔强调，"关键是有没有进出集团的自由。在洗脑的案例中没有这项自由。"[7] 所以，本章重点倾向于把"洗脑"与专制政体（尤其是极权主义）和民主政体下反自由的政策联系在一起。

因为"洗脑"不是一个科学专用名词，而且具有大众宣传的情绪性，人们在使用时经常把它作为一个解释某种神秘现象的最后手段，洗脑似乎成为一个不言而喻、不证自明的独立变量。其实，洗脑是一个复杂的现象和手段，它本身作为一个应变量，需要心理学、社会学、政治学、宗教学、语言学、教育学、犯罪学、生物学、药理学等多学科解释。心理学家罗伯特·利夫顿（Robert Jay Lifton）在他的《思想改造与全能主义心理》（*Thought Reform and the Psychology of*

Totalism）中减少使用"洗脑"一词，更喜欢使用"思想改造"[8]。美国著名记者白修德（Theodore H. White）在他的回忆录《寻找历史》（*In Search of History*, 1979）中提到他在 1941 年听到中共领导人阐述"提高觉悟"（consciousness-raising），这算是西方较早接触到的中共的洗脑—思想改造工程[9]。美国另一位荷兰裔心理学家米尔卢发明了"心智屠杀"（menticide）一词，认为，"洗脑是进行系统灌输、转化和自己认罪的精细程式，目的是把非共产党人转化为党的驯服的跟随者。（洗脑和心智屠杀）两个词汇都是把折磨变得更变态的细化，把它放在了似乎更能被接受的层面。但其实它们是上千倍的坏，对审讯人来说是上千倍的有用。"他继续写道："心智屠杀是心理干预和司法变态造就的有组织犯罪，通过它，审讯者可以把他的机会主义的想法刻印在他想摧毁的人们的心上。被恐吓的被牺牲者被强迫表达他们对暴君愿望的完全顺从。"[10]

美籍华裔哲学家胡平在他的研究中把思想改造称为"人的驯化"，"从某种角度讲，共产党统治的兴衰史，就是人的驯化、躲避和反叛的历史"[11]。在胡平看来，不仅"洗脑"一词属于中共的发明，就连整个思想改造运动也应视为中共的一大创造。他写道："第一，和一般的控制人心的手段不同，思想改造不仅意味着要输入一套观念，它首先是要改变一套既有的观念。因此，思想改造势必包含着相当自觉，相当明确的观念与观念之间的冲突。第二，严格地讲，思想改造必须限制人们的自由选择，因而它只有在一个封闭社会中方可实行。第三，从另一方面讲，思想改造又唯有经过被改造者的某种自愿才名副其实。"[12] 他继续写道："灌输是灌输，改造是改造，两者不是一回事。灌输只是假定了对方预先并没有一套正确的无产阶级世界观，改造却是假定了对方预先就已经具有一套错误的资产阶级世界观。"[13]

心理学家蒂姆斯达尔在总结酷刑和洗脑的共通性时，发现了如下一系列共同特征：恐怖，剥夺睡眠，强制写日记和坦白书，与家庭和朋友隔绝，审讯员具有耐心，审讯员在仁慈和残忍之间互换，秘密，无司法保护[14]。他还通过 20 世纪重大政治、战争、宗教、恐怖主义等案例总结出洗脑的四个重要共同特征（见图表二）。

图表二："洗脑"的四个特征

经典例子	胁迫/操控	故意诡秘	无视牺牲者利益	睡眠剥夺
斯大林操控的审判	+++	++	+++	+++
匈牙利敏真谛主教审判	+++	++	++	+++
朝鲜战争被中朝俘房战俘	+++	+	++	++
中情报局超级"心控"研究	+++	+++	+++	+++
斯德哥尔摩综合症	+++		+	++
帕特里夏•赫斯特绑架案	+++	+	++	++
圭亚那琼斯城集体自杀	+++	+	+++	++
加州天堂门邪教集体自杀	+	+	+++	+

资料来源：Dimsdale, *Dark Persuasion*, 2021, p. 208.
+表示强烈程度，从低到高三等：低（+）、中（++）、高（+++）。

洗脑的古老起源

米尔卢认为，"强奸心智和阴险心智控制是在人类历史最古老的罪恶榜上有名的。他们可能可以回溯到史前期，当人类第一次发现他可以利用人性的同情心和理智力而对他的同胞行使权力。"[15] 从古希腊算起，柏拉图在《理想国》里讨论的"洞穴的囚徒"和"墙壁上的幻影"已经提出了洗脑的根本理念：把虚幻植入人的意识中，让他接受并相信这是真实，从而最终拒绝真实和仇视传播真实的人。亚里士多德在《政治学》一说中所说的，"人是天生的政治动物"，强调人的社会性，也揭示了人和社会环境的紧密关系，而把人与社会割离，也是洗脑的重要手段。人的天然的社会动物、政治动物、语言动物，都成为洗脑操控者利用的入口。《圣经》也和洗脑联系在一起。有作者挑战《圣经》作为真理和权威的来源，指责它是洗脑工具。例如，著名的无神论者和生物学家理查德·道金斯(Richard Dawkins)的《上帝的错觉》(*The God Delusion*)，指出，《圣经》充满了矛盾和暴行，对上帝的信仰是不合理和有害的。《圣经》学者和不可知论者巴特·埃尔曼(Bart Ehrman)的《误引耶稣》的书，声称《圣经》随着时间的推移已被抄写员篡改，我们不能相信它的原始信息。把它奉为经典也是教会和牧师的一种洗脑。从《创世纪》开始，以蛇的诱惑、夏娃/亚当都吃智慧果和被惩罚为例、《圣经》在洗脑吗？女人最初由男人的一根肋骨造成，女权主义者有理由问：这是夫/父权主义在洗脑吗？西班牙16世纪的宗教裁判所对异教的迫害和酷刑，并用心理干预手段来强迫人们认罪忏悔、灵魂拯救、宗教转宗为后来的洗脑留下许多负面启发。在宗教史上，天主教和新教冲突、泛神论挑战教会权威，都出现过教权对异端学说、异教徒的迫害[16]。

洗脑研究百年三个阶段：1919 到现在

俄国生理学家巴甫洛夫（1849-1936）一般被认为是"脑控开山鼻祖"。作为俄国第一个诺贝尔奖获得者（1904），他创立了条件反射理论。通过对狗的实验，他发现了超限抑制(Trans Marginal Inhibition, TMI)的不同阶段：大脑皮层活动的等价阶段（所有不同强度的刺激都只产生同量反应）、悖论阶段（强刺激只会增加保护性抑制状态，而弱刺激能产生积极反应）、超悖论阶段（反应变得与以前的所有条件反射相反，比如喜欢和恐惧对调）。巴甫洛夫在研究中把狗区分出四种基本气质："胆汁质"(choleric)/"暴躁强兴奋型""多血质"(sanguine)/"乐观活泼型""黏液质"(phlegmatic)

/"平静的、不受干扰的""抑郁质"(melancholic)/"弱抑制型"。面对压力，"乐观活泼型""平静型"不易崩溃，"暴躁强兴奋型"和"弱抑制型"则易崩溃。巴甫洛夫的发现和 1924 年列宁格勒水灾有点关系：巴甫洛夫的实验室被水淹，实验室的狗受到惊恐，有的狗忘记了过去的心理条件训练，过去温顺的狗变得狂躁，过去狂躁的狗变得沉默，有的对过去喜欢的主人变得凶狠，等等[17]。我们可以猜测，"洗脑"词语和原理可能和狗被洪水洗掉记忆有关系。

1919 年列宁访问了巴甫洛夫主持的实验医学研究所，对巴甫洛夫的实验非常感兴趣，认为这一理论发现可以帮助苏维埃政权。1921年，列宁邀请巴甫洛夫在克里姆林宫和他见面，巴甫洛夫小住在克里姆林宫，写出并留下 400 页的"密卷"，帮助列宁制造苏维埃"新人"，实现了巴甫洛夫和列宁的"魔鬼拥抱"。狗和人一样、还是不一样？巴甫洛夫的理论在政治上找到应用：人和狗、生理与心理的关系、压力引发心理崩溃点、条件反射的遗忘和重新培养，这些都成为后来斯大林审判反对派和清洗党内异己的手段，巴甫洛夫也因"科学与政治"的复杂关系而变成富有争议的历史人物。或许，他是一个与魔鬼签约的浮士德？

巴甫洛夫的重要性还表现在他与一切洗脑理论和实践、历史和未来纠缠在一起！他生活的国家有着俄国沙皇专制/酷刑传统，它的秘密警察（Okhrana）就以滥施酷刑臭名远扬。神父的儿子巴甫洛夫对酷刑的宗教源流也不会陌生：天主教会、宗教裁判所都留下了酷刑/洗脑最黑暗的一页。巴甫洛夫的研究涉及生理学、心理学，并在脑神经科学上进行了卓有远见的预测，比如他猜测脑神经活跃会产生光亮等。他和俄国/苏维埃政权、列宁、斯大林（他和巴甫洛夫一样人生早期都是受的东正教宗教教育）合作，并开始对人体做实验：人和狗成为实验品。他也试验药物（Bromides 溴化物）观察对狗的行为的改变[18]。他的研究也为军队服务。以后，苏联向中国/朝鲜/匈牙利等共产党国家输出理论。1953 年九月郭沫若在北京主持的巴甫洛夫大会，号召中国生理学家、心理学家和医务界人士"把巴甫洛夫的理论贯彻进实践"[19]，中国洗脑的理论和实践也和巴甫洛夫密不可分。

洗脑研究的重要作家亨特、米尔卢（Meerloo）、温恩（Denise Winn）、萨甘特、斯特里特菲尔德（Streatfeild）、泰勒、蒂姆斯达尔都在研究洗脑时找到了巴甫洛夫。在 20 世纪，心理战成为酷刑以外的改变人们思想行为的新武器！

三部"歹托邦"（反面乌托邦）经典著作与洗脑的早期描述

文学经常可以帮助人们提早和深刻认识政治发展，因为创造力和想象力是天才的必备素质，而文学家是不乏天才人物的。20 世纪早期，苏联作家扎米亚京就敏锐地感受到极权主义对个人的威胁，集体主义消灭个人主义。如米哈伊尔·巴枯宁(Mikhail Bakunin)在 1866年写给他的朋友尼古拉·奥加列夫(Nikolay Ogarev)的一封信所说："我不想成为我，我想成为我们。我不想过我的生活，我想过我们的生活，所有为我们的共同事业而奋斗、为之受苦和牺牲的人的生活。我不想有任何个人利益，任何个人感受，任何个人想法；我希望所有这些都融入我们所有人的共同兴趣、共同感受、共同思想中。"[20]正是在俄国思想界吹起共产主义风潮的大背景下，反面乌托邦的杰作《我们》诞生了。

1.扎米亚京（1884—1937）：《我们》（1921）

亲眼目睹布尔什维克带来的红色恐怖，扎米亚京，一个海洋工程师、数学家看到了未来更大的恐怖场景：二百年战争造就"所有人战胜个人、整体战胜局部的胜利"，一个消灭个体、集体主义的"壹国"（One State, 又译为"单一国"），在"恩人"的领导下，人们在"气桶"（Gas Bell/Gas Room）里做了"大脑想象力切除术"："根除想象力。手术是唯一的答案……除了手术，别无他策！"[21]，那里的人只有编号、没有家庭婚姻、领取"粉红单"（Pink Ticket）走婚、生育交给"育孩工厂"，人们生活在"有韵律的、泰罗制化的幸福囚笼里"[22]；在这里，"灵魂是一种疾病，""自我意识是一种疾病"，在墙内，人们享受"没有自由的幸福"；而越过"绿墙"，墙外生活的是野蛮人、"荒蛮的国家叫自由"。因为扎米亚京和巴甫洛夫生活在同一时代，前者对后者的观察是近距离的和第一时间的。作为最早的一批苏联共产主义政权的反叛者，扎米亚京预言了一个荒唐的反面乌托邦时代的降临，并直接影响了后面两位作家：赫胥黎和奥威尔。

2. 赫胥黎（1894—1963）：《美丽新世界》（1932）

阿道斯·赫胥黎是英国著名生物学家、达尔文的支持者托马斯·亨利·赫胥黎的孙子。出生于这样一个科学意义上的革命的家庭，赫胥黎敏锐地感觉到科学可能给人类带来的灾难。他的《美丽新世界》一书描述了优生学、巴甫洛夫实验室、试管婴儿工厂、培育出生的五个标准同质的种姓等级、迷幻药（Soma）消除一切烦恼，在"世界统领"（World Controller，世界控制者）穆斯塔法的指引下，福特主义和泰罗制带来的大机器化生产线建设出"福利加暴政的乌托邦"，实现"社区、认同、稳定"的治理理念。赫胥黎警告人类："当下实施的洗脑，是一项混合手段，它的有效性部分靠系统使用暴力，部分靠娴熟运用心理操控。"[23] 他描绘了"睡眠教学法"，把各种"世界统领"的教条传送进人们的大脑。赫胥黎在伊顿公学任教，应该教授过奥威尔，奥威尔指责赫胥黎没有公开承认受到扎米亚京的影响，滑向了剽窃；而奥威尔自己也承认他的著作受到《我们》的影响[24]。

3. 奥威尔（1903—1950）：《一九八四》（1948）

英国作家奥威尔的《1984》和《动物农庄》（1945）都是讽刺洗脑的经典名著。在《1984》里，"老大哥"统治下的大洋国有思想警察、思想罪、电幕、告密、两分钟仇恨时刻、永无止境的战争喧嚣、实施酷刑和洗脑的"101房"、强制劳改营、"真理部"消除/篡改历史的"记忆洞"、新语、双面语、双重思维，内核党和外围党统治着"无产阶级"，国家格言是："战争即和平，自由即奴役，无知即力量！"奥威尔的一个重要贡献是看到语言与洗脑的密切关系。如果说人是社会动物，是语言动物，那对人的控制的一项有效武器就是控制语言。

奥威尔还强调了"思想罪"的危害性。行刑人奥布莱恩对主人翁温斯顿解释为何要把他带进101室，说："不（是惩罚）！不只是要获得你的供词，也不是要惩罚你。要我告诉你为什么把你带到这儿来吗？要疗愈你！要让你清醒！温斯顿，没有人被我们带到这里会不被治愈而离开我们手掌，你能明白吗？我们对你犯下的愚蠢的罪行不感兴趣。党对你的公开行动不感兴趣，我们只关心思想。我们不仅只消灭我们的敌人，我们改造他们。"[25]

美国研究中共洗脑的两位最重要作者和他们的三部著作

美国资深新闻记者（主要外住报道国际事务，尤其是亚洲、中国）爱德华·亨特在1951年发表《红色中国的洗脑》一书，副标题是："蓄意破坏人类心智"。出版社介绍说，这本书"第一次揭秘把整个国家置于催眠控制的恐怖手段，解释无辜者自愿供认的背后谜团"，是奥威尔《1984》的现实版。据他在1958年的一次作证中透露，在第二次世界大战时他曾为美国战略情报局（Office of Strategic Services，中央情报局的前生）服务两年，担任"宣传专家"（Propaganda

26

Specialist）。在 1950-1951 两年间他在东亚（远东）和东南亚收集情报、采访完成该书。该书从"思想改造""自我批评会""小组民主讨论"开始，向西方介绍"洗脑""转化脑子"和"思想斗争"[26]。他明确地说，"实际上，发现宣传指令就像破解一个国家的密码一样。"[27] 破解洗脑宣传，很大程度上就是破解中共统治密码。

《红色中国的洗脑》主要分为两大部分：前部分采访了十来位人士，受访人有清华、北大、上海交大的毕业生、旅华犹太人、记者、海关雇员、国民党军人、公司主管等。作者也深入马来亚丛林采访那里受中共支持的华侨游击队。第二部分主要是文献、出版物和戏剧分析，从话剧、漫画、连环画、民间说书、教科书、历史、文学、科学和调查研究来分析"文学必须为政治服务"，洗脑在各个领域（尤其针对年轻人）是如何精心贯彻执行的。中共洗脑的一个重要组成部分是"艺术必须服务于政治"[28]。在谈到出版物时，亨特描述了中共是如何笼络和控制艺术家、作家的："这方面不要有误解；这些艺术家更想要什么，像所有艺术家一样，无论好坏，最重要的是观众。共产党人不仅提供了观众，而是广大观众。因此，红军不费吹灰之力就抓住了中国的艺术家为自己的事业服务，就像他们俘获了大部分作家一样。共产党在这方面的成功，就像他们在军事上的成功一样，不是基于他们自己的功绩，而是主要基于利用敌人的愚蠢和盲目。"[29] 本书的第一个采访和最后一篇附录都突出了中共著名哲学家艾思奇在洗脑理论和实践的作用。和美国的精神病院治疗病人相比，中国似乎成了一个大精神病院，只是它是修理正常人的。前者行精神病学，后者行精神病江湖骗术[30]。亨特还把中共洗脑和福音派宣教相比较，是一种扭曲的福音传播：冷血和算计[31]。他写道："中国人创造的短语'洗脑'和'转化脑子'是再对不过了。两者之间还是有区别的：洗脑就是灌输，程序相对简单；但转换脑子过程却险恶复杂无比。而你只需要进行一次大脑清洗就可以摆脱'帝国主义流毒'，为了让你换脑必须清空你心中的旧观念和记忆。"[32] 亨特认为中国在向苏联学习，但还有一定差距；同时，"中共的帝国主义扩张"也在东南亚："显然，在换脑过程中，一个人生命中过去特定的一段时期的回忆被抹去，就像它们从未发生过一样。然后，为了填补记忆中的这些空白，当局把想要这个人该记住的想法放进他的大脑。催眠术、药物和狡猾的压力折磨着身体，但不一定需要明显的身体暴力，这些都是改变大脑所必需的。中国显然还没有那么'先进'。她正在使用洗脑，当它不起作用时，求助于更简单的清洗系统。但很快地她也会使用换脑过程。"[33] 这些"控制大脑"的全新做法发生在 20 世纪中叶，就像原子弹爆炸一样令人震惊，冷战的实质就是心理战，就是用非常规的武器进行战争，比如用传单、催眠师的各种指令，或者是"红色中国的自我批评会议"[34]。亨特采访的一位西化的所谓白中国人是这样描述"学习班"的恐惧的：因为他担心接受采访带来的麻烦，亨特问他：

"他们会对你做什么？把你扔进监狱？揍你？"

"哦，不，他们可能不会那样做，"他回答道。"如果那是他们所做的一切，我不介意。"

"嗯？"我很困惑。

"不，他们会做的是送我去学习。我会被洗脑。哦，我再也不想经历那样的事了。"[35]

尽管中共一直冒用民主的牌号，但亨特观察到，"我了解到，民主讨论是同意已经决定的事情的特权，但没有不同意的权利。自我批评会也一样。"[36] 洗脑的实质就是："共产主义与背叛和暴力结盟。它倾向于催眠人类，相信错就是对。"[37] 在分析中共对教育的控制、用谎言充斥教科书时，亨特评论说："巧妙地植入这些不成熟的头脑中的想法和观点因此生根发芽。随着年龄的增长，学生们形成了自己看待历史的方式——党的方式。他们的大脑得到了净化，因此无论呈现给他们的是什么事实，都在这个框架中得到检验，他们只能在这个狭窄的框架内为自己思考。"[38] 他还观察到："党很清楚，中国人民是在一所苦难学校里受教的，这所学校教他们读懂字里行间，并怀疑他们被告知的有自私的、有偏见的动机。但是党也知道，通过不断的重复，即使是那些表示怀疑的人也会吸收一部分宣传，并且通过更多的重复，这一部分人会不断增加。共产主义等级制度像林肯一样清楚，你只能在某些时候愚弄所有人。但在强权政治的算计中，如果人们能被愚弄足够的时间让党能实现其目标，那就足够了。没有必要更多。"[39] 在谈到台湾的大陆籍军人，他们不愿透露姓名、害怕身份被公开、他们的亲人会被大陆"人民政府"动手动脚，亨特提出了"遥控的折磨"和"遥控的灌输"，"实际上，共产党人已经实现了一个结合二者的战略，并且还在继续。"[40] 通过研究、解释"思想诱导师"(thought-seduction worker)、"神经战"(war of nerves)、"脑袋"(brain pocket)、"检查思想"(inspection of ideas)，"思想总结"(Thought conclusion)，"积极分子"(positive elements)/"落后分子"(backward elements, lagging-behind elements)，亨特把这些词汇介绍到西方，同时给当今的中国人一个反思荒谬的机会。

在 1951 年的特定历史时期，因为中华人民共和国刚建立，中美在朝鲜半岛兵戎相见，反美（包括虚构"细菌战"）和种族主义仇视成为中共洗脑宣传的重要内容。亨特注意到："在共产主义掀起这场仇恨运动中，没有任何东西可以卑鄙到编造和攻击美国人的指控；因为它是如此极端和令人反感，我们忽视了它。我们假装这种恶毒的指责自然没有效果，只要我们闭上眼睛就行了。这种自以为是的态度对共产党人来说正是小菜一碟。"[41] 谈到朝鲜战争，亨特说，"美国的最大的敌人不是共产党军队。美国最大的敌人是一厢情愿。"[42] "过度乐观"和"极度悲观"，在二者轮回，是美国在朝鲜战争上犯的错误，"这其实也是心理战。但我们是牺牲品。"[43] 在亨特看来，美国士兵/战俘在朝鲜战场上的经历是一种"中国疗法"（the China treatment）[44]。七十多年以后，我们会发现，无论在研究中共极权体制还是中美关系，亨特的第一部有关洗脑的著作都还有现实意义。

　　继第一步书的成功后，爱德华•亨特五年后发表了又一部有关中共洗脑的著作：《洗脑：那些成功挑战洗脑的人的故事》（1956）[45]。由于朝鲜战争后交战方交换俘虏，有 23 名（后减到 21 名）美军士兵决定不返回美国，许多战俘（包括空军军官，有名的海军陆战队 Schwable 上校案）认罪坦白、甚至"供认"美国使用"细菌战"，回国的被俘士兵许多人表现出古怪言行，战俘高死亡率、大量士兵受到军法处置，所有这些都让美国政界、军界和美国社会震惊。亨特的第二部洗脑著作也是以采访为主，主要是采访朝鲜战争归来的战俘和拒绝回到中国的志愿军战俘，同时利用医疗诊断书作为原始材料，目的就是要解释背后的原因，最后试图总结哪些人、他们的哪些素质在成功抵制洗脑中表现突出。亨特向美国和西方再次介绍他翻译的新词"洗脑"，据说来自孟子"修四心"的思想和佛教的修心思想—"洗心革面"（Heart Washing）[46]。本书揭示肉体酷刑和心灵拷打的各种手段和谎言，揭露了"细菌战"的谎言，宣布宣传战（心理战、脑战，针对、破坏和控制大脑）成为热战的一个重要部分[47]。他还详细描述了洗脑的两个阶段：感化/软化阶段，灌输/转化阶段；也细致描述了洗脑组成内容：饥饿、疲乏、紧张、压力、无休止小组学习讨论、恐吓、暴力、审讯、关单间、酷刑、孤独、用药、催眠、坦白交代。亨特做出一个重要结论："心灵战是全面战争。"[48]

　　和他的前面一本书相比较，《洗脑：那些成功挑战洗脑的人的故事》如他的副标题强调的，他试图强调精神生存训练—精神生存内力，总结如何成功应对洗脑。亨特写到："总结所有被洗脑人的经历，得出一个面对精神压力切实可行而令人满意的生存模式。这种生存知识最终可以从内部和外部两方面摧毁共产主义。这些要点可以明确列举出来。它们是：信仰，信念，心明，关闭心灵，保持内心活跃，自信，骗术，打闹，适应力，征服精神，团体精神，保持自我。"[49]

　　1954-1955 年，精神病学家罗伯特•利夫顿在香港进行采访，主要从心理分析的角度研究在镇压反革命和朝鲜战争中受迫害的西方人士以及逃离大陆的中国人。五年后，他完成了《思想改造与极权主义心理》(*Thought Reform and the Psychology of Totalism*)(1961)[50]。这是一项基于 40 位朝鲜战争战俘、被关押的西方神职人员、留学生的采访实录分析（其中 15 位中国知识分子，25 位西方人士）。利夫顿在耶鲁大学、后来在纽约城市大学任教。他作为弗洛伊德精神分析理论大潮下成长的心理学家，受到发展心理学大师埃里克·埃里克森（Erik Erikson）、人类学大师玛格丽特·米德、汉学家史华慈（Benjamin Schwartz）、费正清的帮助，他的这部著作是研究中共洗脑和思想改造最早和最重要的西方政治心理学学术专著。

在利夫顿看来，"洗脑"一词最初用于中国场景，后来运用到苏联和一切共产党国家，再后来用到了美国家庭（父母洗脑、家暴下的精神操控等等）。有人把它描述成了一种心控的"神秘的东方手段"。利夫顿写道："在这样的语词混乱的迷网后面，'洗脑'呈现出了一个全能、不可抗拒、无法看透、能够全面控制人类心灵的魔法。当然这都是不实的。这种随意的使用的词成了恐惧、反感、屈服的冲动、为失败解套、好不负责的指控、以及一系列极端情绪的动员令。"[51]根据中共的"思想改造"，利夫顿认为它有两个要件："坦白"和"再教育"，前者指揭露和抛弃过去及现在的"罪恶"，后者指以共产党的形象再造新人。它是宣教加强力控制，前者总是以暴力为后盾的。思想改造就是一种意识形态的全权主义。在书中，他提出了影响极大的"鉴定思想改造的八项指标"：1. 环境控制。控制、截断个人与外部环境（尤其是家庭和多元信息）的沟通，控制对现实的认知和判断。2. 神秘操纵。剥夺个人的表达自由和独立行为是要以自发和自愿的方式进行，所以就需要某种神话、天选的人群、历史的使命、人类的目标等来把极端的操控掩饰为天命。3. 要求纯洁性。一个先锋队、优秀的阶级等必须保持自己的纯洁性，防止被外族、他人集团污染，大清洗/种族屠杀也可以成为保持纯洁的手段。4. 忏悔。公开坦白、揭露自己的罪恶，包括思想犯罪，完全没有隐私保护，维持一种"有罪"/"羞耻"的环境压力。5. 神圣科学。把意识形态及其教条上升成为一种不容怀疑挑战的绝对正确的科学，强化权威的地位。6. 加载（滥用）语言。把复杂的思想压缩为简短、明确、朗朗上口的口号、词语，制造"终止思考的陈词滥调"。7. 教条凌驾人之上。思想，观念和教条比人的经验、真实感受更真实、正确。8. 生杀予夺随意。不仅控制生命的质量，甚至生命的本身、个人或者集体的命运[52]。

利夫顿把思想改造看作是极权体制下的"生死存亡剧"。他写道："环境的心理压力深入到每一个个人的内心感情是思想改造中明显的心灵特征。环境带给囚徒一系列强大压力，同时只允许非常有限的选择方案去适应。在人与环境的互动中，一系列的步骤或运作——混杂了操控和对应——产生了。所有这些步骤围绕着两项政策和两个要求：在打压/宽大和坦白/接受再教育之间波动。肉体和情绪的攻击带来象征意义上的死亡；宽大和坦白是死亡和重生的桥梁；再教育过程和最后坦白一起造就出重生的体验。"[53] 在这种洗脑案例中使用的一系列程序，包括：1. 侵犯身份：伤害和击垮人的根本身份价值和认同，把人变成半人、把成人变成孩童。2. 内疚。在一种无人会犯错/"伟光正"的气氛下提出各种指控，增加个人的罪恶感、愧疚感。3. 自我背叛。强迫出卖家人、同事、朋友，被迫放弃自己的信仰、组织和价值标准，接受或寻求来自审讯人的帮助。4. 断点/崩溃。内心的极度矛盾冲突、恐惧，带来绝望、彻底被消灭的害怕，完全背叛自己寻求"医治"/"拯救"。5. 宽大处理。受害者一旦认罪，审讯者会表现出特有的仁慈和宽大，给予再次和外部世界建立和谐的机会，避免了灭顶之灾，受害人会感激/感恩，把行刑人当作朋友。6、被迫认罪。严厉和宽大迫使受害者坦白寻求脱离苦难的机会，成为一个悔过的罪人。7. 罪恶感。思想改造后的认知框架引导受害者把自己过去的行为（即便是善良慷慨的）重新看作是罪恶，陷入一种新的虚假逻辑体系，认清自己的罪恶和羞耻，寻求改过。8. 接受再教育：逻辑上的自毁荣誉。释放罪恶感，而后认识到共产党的教条、主义和思维方法帮助自己认清自身的丑恶、低俗、脆弱等等，从而力图寻求新生。9. 发展与和谐。受害者与外部环境重建和谐，从外部环境吸取养料重新成长，他可能被重新接受，被认定为"进步人士"，而且会被用来做表演、供宣传使用。10. 最后的告白/坦白。指控变成了自控和忏悔，坦白变成了内心的信念。11. 重生。重生并不一定意味着过去的自我被完全替代，也可以是一种基本改变，也就是思想、行为和性格会让人感觉到巨大反差。12. 释放：转型和模糊地带。对在中国关押的西方人士，审判、定罪、认罪、送劳改或驱逐出境是最后一道程序。回到西方世界后，有人会出现新的认同危机，尤其是监禁期间的改变无法让他们再度完全适应新环境。"在他的个人灰色地带，他无法在两者任何一处感到'安全'（或'整体感'），相反，他会感到被两个世界欺骗了。"[54]

冷战时期重要洗脑研究

冷战时期对洗脑/脑控的研究在西方得到重视，尤其是美国政府通过大量经费资助，甚至通过中央情报局的各种运作，资助知名心理学家，在大学建立了重要的研究基地（比如康奈尔大学），从正反两个方面，都产出许多重要研究成果。下面几部著作值得提起：米尔卢的《心灵的强奸：思想控制、心灵屠杀和洗脑的心理学》[55]，萨甘特的《思想之战：皈依和洗脑的生理学——传教士、精神病学家、政治家和医学家如何改变你的信仰和行为》[56]，西恩的《强制说服：中共对美国平民囚犯"洗脑"的社会心理分析》[57]，温恩的《被操纵的思想：洗脑、条件反射和灌输》[58]，安东尼·普拉卡尼斯和埃利奥特·阿伦森的《宣传时代：说服的日常使用和滥用》[59]。在这里，我主要集中介绍米尔卢和萨甘特的著作，因为他们在更宽阔的地理空间、历史长河对政治层面的洗脑提供了宏观的政治心理分析。温恩的著作较好地总结了冷战期间有关洗脑（从政治到邪教再到个人消费者）的研究，我也会做简要介绍。

荷兰精神分析学家米尔卢（Joost A. M. Meerloo）在纳粹德国入侵他的祖国时被俘，亲身目睹和经历纳粹极权的宣传、监狱中的酷刑和审讯，后来他逃到英国，成为荷兰军队心理部主任，帮助英军审讯战俘。二战后移居美国，也参与了治疗和研究朝鲜战争归来的战俘的工作。1956 年他发表了"洗脑"研究的经典著作：《心灵的强奸：思想控制、心灵屠杀和洗脑的心理学》，提出了专用名词"心智屠杀"（menticide），来描述洗脑、心控这个特定的犯罪，并特定为"攻击心智的冷战"，是把"恐怖作为武器的心理战"。他认为，把人变成机器人、自动化的动物，这种对灵魂的毁灭可以与原子弹对人类肉体毁灭的危害性相比。米尔卢的著作主要集中在解释强迫个人服从和集体服从的心理机制和各种手段（包括巴甫洛夫的条件反射心理学、美国中央情报局的药物实验、宣传灌输、技术伤害、官僚心态和行政控制等等）、以及抵御洗脑的各种应对。

在米尔卢构建的"极权国"（Totalitaria）或"利维坦"理论模型有一个重要前提："没有极权主义的思维，就没有洗脑的可能。"[60]在这样一个神奇的国家，心理手段可以给全国人洗脑，把他们的公民降低到无心智的机器人必成生活常态。他说，"极权国是任何一个这样的国家：政治理念堕落到无意义的格式，只为宣传目的服务。在任何一个这样的国家，一个左翼或右翼小集团获得绝对权力，变成全知全能；那里意见分歧和差异是犯罪，完全的附和是生活的代价。"[61]它有如下特征：人机器人化，文化气质倾向极权主义（例如东方理想的人是和家庭、祖国、宇宙一体的，儿童被培养成对权威的服从，与西方的个人主义不同），极权主义的专制领导人是具有无限权力、变态的恐惧、扭曲心态、恐惧被审判和"病态天才"的病人，整个国家也表现出病态，机器人的最后投降（人格丧失、羊群效应、集体癫狂、集体狂热主义、精神分裂），从现实集体退出（精神分裂导致负面态度、对世界的敌视和死亡态度/紧张症：catatonia），退缩到全自动化状态（人与人缺乏互动交流而像胎儿一样活在机械化的子宫），子宫国家（the womb state，出世前的控制命令的秩序统治一切，服从带来和平与安宁）、极权思维对人的全面入侵（恐怖战略、清洗仪式、肆意指控和滥施魔法、抓间谍狂、泛罪犯化和对文明反抗、谎言统治和言辞治国、词语混乱模糊、扼杀逻辑、标签狂/口号狂、离经叛道罪等等）。总之，"思考，甚至大脑本身，都变得多余，那都只是保留给精英们的。人必须放弃他的独特性、个性，必须把自己融入一体化和标准化的平等匀质化的模式中。"[62]

米尔卢的第一个重要结论是：所有的人都可能坦白，我们每一个人都可能成为叛徒。心理的压力带来精神的混乱能够"击破具有勇气的人的精神和意志"。他的这一重要结论主要针对在麦卡锡主义的大背景下，部分保守政客支持对变节的美国军人进行审判和严处。他的结论看到了"英雄主义的局限性"，与亨特的结论也是不一样的。他还引用心理学家斯威夫特（Stephen K. Swift）的研究，列出洗脑/心智屠杀的三个典型阶段：第一，强索坦白/（虚假的）供词；第二，训练受害者自己接受假供词，犹如动物被驯化成接受各种操控一样；第三，被指控者完全被控制从而接受被强加的罪名，并成为构陷他人的证人。他说，"心智屠杀的计谋的核心是剥夺所有的希望、所有的期盼、对未来的所有信心。它破坏所有使心灵存活的要素。被害者处于完全的孤独状态！"[63] 酷刑、监禁、心理压力会导致"铁丝网病症"（the barbed-wire disease），让俘虏陷入麻木和绝望，最后放弃一切，接受僵尸一样的物理机械式的存在，并完全依附于环境。他们不再对行刑者有任何怀疑，相反却会对他们的同事、牢友产生怀疑和背叛，出现群体性的被迫害妄想狂[64]，也会出现受迫害者和迫害人之间"神秘的受虐狂的契约"（mysterious masochistic pact），也是后来70年代发现的斯德哥尔摩综合症。专制主义的行刑者也用药物和生物战争来麻醉和征服："饥饿和毒瘾是他们最宝贵的战略手段。"[65] 他的例子有世界卫生组织揭露的（1954年）中共使用鸦片并在泰国推行鸦片配合共产主义扩张的例子[66]。其他手段也包括催眠、注射（也有所谓的注射/服用"吐真水"—"truth serum"）和脑部切除手术。

米尔卢总结出洗脑/心智屠杀的四个心理过程：第一，人为制造崩溃和消除过去的心理条件/状态；第二，服从和积极认同行刑者/敌人的灌输，包括自我催眠；第三，重新进入新的心理定位和条件反射状态；第四，从极权魔咒下解脱：一旦被洗脑者回到自由民主的氛围，催眠的魔咒就会破除[67]。他发现，尽管洗脑会给人们带来严重后果，一个成年人会回复到孤独的婴孩似的依附状态。但是一旦他们回复到正常环境，他们的敏锐和活跃在两到三天后就会恢复。但长期的战争和对神经的摧毁会导致极少数人变得紧张、麻木或形同僵尸[68]。为了抵制洗脑，米尔卢强调预先教育和对洗脑认识的重要性，他可以给人们提供一层保护。同时，我们的精神脆弱可以由天生的内在力量和社会的各项教育巩固。以军队为例，我们可以通过一系列手段加强集体士气和纪律教育，强化我们"精神的脊梁"。他说，"精神脊梁和道德勇气比知识更重要。坚强不是体质或智力特征，而是我们得之于摇篮、我们父母的行为一贯、他们的理念和信仰。而在一个价值观变化和信仰缺失的世界，它变得愈发稀有了。"[69] 一个简单而又永恒的破除洗脑的应对方法："爱和笑冲破所有的僵化条件作用。"[70] 最重要的结论是："自由是我们的精神脊梁。"[71]

在米尔卢书籍出版的第二年，威廉·萨甘特（William Sargant 1907—1988）的《思想之战》也出版了。他在书中也注意到米尔卢的著作。萨甘特是英国著名心理分析师，据说是英国军情五处（MI5）的心理学家，也长期为美国、加拿大政府提供咨询[72]。在本书中，他研究和解释巴甫洛夫的理论如何导致不同性格的人在压力下出现崩溃点：环境和心理组成二者相互作用，为此可利用的四个方法：增加压力/暗示，延长时间，正向/反向（奖惩）手段交替使用带来混乱，施加手段引致疲乏、缺少睡眠、肠胃紊乱和发烧等生理反应促使崩溃点到来[73]。作为一个来自强烈宗教氛围家庭的学者，萨甘特最显著的贡献是研究政治—宗教在招募/转宗之间的共同点，尤其回溯原始社会宗教的实践和以英美的卫理公会为案例，解释"狗和人"具有相通的机理："脑活动不同阶段—从增加的兴奋到情绪的耗尽和最终陷入麻木—都可以由心理学的方法诱导出，或者使用药物、电疗/休克疗法、或者用注射胰岛素人为降低血糖等。在脑神经和心理疾病的心理分析治疗中诱导出的'保护性抑制'可以产生出最佳效果：一些新的不正常的模式可以被稀释，一些健康的行为模式可以恢复或者新的模式可以被植入脑中。"[74] 他说，"在大脑功能受到足够的刺激，被有意或无意地导入恐惧、愤怒和激动后，各种信念是可以被植入许多人的。"[75] 所以我们看到宗教和政治场合会利用舞蹈、歌唱、大型集会、巫术/魔法等来诱导身体运动、癫狂（群体癫狂）、群体压力（羊群效应）、恐惧、内疚/罪恶感、来增加大众的接受心理暗示的机会。

萨甘特也引述理查德•沃尔克（Richard Walker）在《共产主义下的中国》一书中观察到的共产党在苏联、中国以及东南亚进行洗脑培训的六个重要因素：培训在特殊的与家庭或与世隔绝的营地进行；疲劳训练；加压/紧张；不确定性/甚至有人失踪；使用恶毒语言；整个过程充满严肃性—"禁止幽默"[76]。小组讨论贯穿培训，安插的告密者分布在每一个小组。在几个月的体力训练后，再开始思想学习，身心双重疲乏后，分出先进和落后分子，开展"割尾巴"活动，与过去/旧社会/旧思想/旧习惯告别，制造出崩溃点，然后继续巩固提高，突然觉悟和接受党的教条/理论/纲领等等。以后也有监督、告密、户籍警等不断督促，防止"思想滑边"，挽救灵魂罪人，"铸造新中国灵魂"[77]。针对极权国家的僵化、教条的洗脑模式，萨甘特找到了一个破解招："自由世界的安全似乎有赖于不仅要培育勇气、道德美德和逻辑，而且还有幽默。幽默可以产生一个良好平衡的状态，用笑来把情感的极端表现作为丑陋和垃圾驱走。"[78]

萨甘特也批评了英美政客和军队首领认为适当的爱国主义教育

可以抵制来自法西斯或共产党或其他犯罪集团的心理精神打击。战争或和平时期的经验告诉我们，期盼个人意志力来成功抵抗长时间的生理和心理压力缺乏科学支持。我们不应骗自己，而是看到，除了绝少数的人以外，大部分人都无法坚持到底而毫无动摇（这对亨特和米尔卢的观察和结论做了某些修正）。对此我们知识上的对酷刑和洗脑的理解，也没有多少帮助。他也反对用灌输训练英美军人以作好应对、抵抗洗脑。但他发现，"和狗一样，人如果完全拒绝面对问题或挑战，或者拒绝给破坏自己心理平衡一个机会，就可以不崩溃。谁拒绝在任何转宗或洗脑手段中合作，不对传教人或审讯人给予关注，努力把心思集中在一些不同的事情上，就可以坚持最久。"[79] 英、美国军队给战俘的培训是，除了给出自己的姓名、军阶、军队服务编号、生日以外，拒绝回答任何问题。"关于与敌人合作的合法数量/程度的任何不确定性，都只会带来更多的麻烦和崩溃。"[80] 他在书的结尾写道："尽管人不是狗，但他们应该谦虚地记住，在大脑功能上他们和狗很相像，不要把自己吹嘘为半神。他们有宗教和社会理解的天赋，他们也被赋予理智思考力；但所有这些禀赋都是生理上由大脑来承担的。因此，大脑不应该被滥用，不该被各种宗教或政治的神思阻碍理性的发展，也不该用各种粗俗的理性主义阻碍宗教的感觉。"[81]

就冷战时期的研究成果，英国科普作家、《今日心理学》（Psychology Today，英国版）前主编丹妮丝·温恩的《被操纵的思想：洗脑、条件反射和灌输》做了涵盖面很广的简明总结，几乎收罗了冷战期间主要的研究成果。书中总结的加利福尼亚大学（伯克利）神经学教授玛格丽特·辛格（Margaret Singer）的成果值得我们注意。通过研究邪教，尤其是文成明的统一教会，辛格注意到洗脑/灌输的五个要点（5Ds）：依附性（Dependency）：脱离家庭亲友，感到离开组织就无法生存；畏惧（Dread）：担心失去组织的认可、喜爱或做错事；削弱（Debilitation），忙碌、疲劳使得组织成员无法思考；欺骗（Deception）：尤其对于要招募的外人，使用各种花言巧语欺骗、引诱；脱敏（De-sensitization）：对他们的行为和后果失去正常的感觉，比如剥削弱势者[82]。在讨论如何抵制洗脑时，温恩强调了"学来的无助/绝望"（learned helplessness）是洗脑施行者的重要手段，而要保持希望存活下去，她说："所有研究在朝鲜战争中美国战俘的成果都表明，那些具有稳定、统一的人格的人们是最不易屈服于共产党的宣传。重要的是要对生命/生活有一个平衡的视角。"[83] 就这一点，著名心理学家维克多•弗兰克尔（Viktor Frankl）在他的名著《人对意义的追求》观察到纳粹集中营幸存者的心理素质是一致的。作为中国研究的学者，我认为她的著作在多处提示我们，中共广泛应用洗脑技术和西方洗脑研究形成了某种互动共生现象：中共是洗脑许多实践和灵感的原创者，同时我们可以感觉中共也在暗中秘密注意、吸收和反用西方的心理学、神经学、药物学、催眠术等各种研究成果。或者这样说，当西方国家的学术研究揭秘人类的许多心理和脑神经病理后，目的是要帮助每一个个人脱魔；但中共却经常反其道而行之，用暗黑手段强化对人民的洗脑和控制。比如，建立语言的条件反射、搞乱/破坏符号的常规意义、引导坦白-愧疚综合症、利用"武器效应"（比如天安门镇压）、角色表演（文革和现在的政治表演）、剥夺视觉/触觉（比如戴黑头套、关黑屋子）、疲劳加隔离（大学生军训）、奖励政府认定的正确行为（社会信用评分体系）、催眠刺客执行任务（过去的海外神秘死亡和刺杀案子已有多起）、战争影片宣传给全民集体脱敏，等等。当然，我们不必过高估计中共洗脑的创造力和原创性。事实上，中国的许多洗脑技术都是早被滥用过或已被识破的，只是中共不惜自己人民的生命、肆无忌惮地把邪恶推向极限、突破底线而已。

21 世纪对洗脑/暗黑心理学/强制说服的重要研究成果

"洗脑"的核心威胁是带来人们对丧失自由意志、个人能动性/

独特性/创造力的恐惧。20世纪出现的报纸、收音机、电视带来的宣传、广告的突飞猛进，加之毒气室、原子弹等大规模杀伤武器使得国家变得更为可怕。工业社会/后工业社会一方面加强了全社会的动员，另一方面也制造出"孤独的人群"[84]"组织人"[85]（Whyte）、"反文化"、异化绝望、狂热主义、暴民心态、民粹主义，等等。法西斯思潮（意大利、德国、日本等）和共产主义政权（苏联、中国、古巴、北朝鲜等）利用了这样特定的历史条件，大规模推行灌输和洗脑（内容可以是种族主义、军国主义、民族主义、集体主义或共产主义，也可以是末日审判或千年王国/天堂临近、准备战争/斗争等）。在1989年弗朗西斯·福山发表了《历史的终结》一文，1991年随着苏联的解体和东欧共产主义政权的全面崩溃，极权主义思想和洗脑威胁似乎可能成为历史。但历史进入21世纪，却出现了一系列的新发展，洗脑的威胁再次笼罩在各国社会和个人层面。首先，苏联的解体和苏东共产主义的崩溃导致的结果如有人所说：杀死了大红龙，放出了一堆毒蛇。恐怖主义、种族屠杀、狂热主义就是毒蛇。第二，电脑/信息通讯技术的发展，互联网、智能手机的出现、机器人技术/人工智能/大数据/监控渗透到工作和生活，以此为技术基础的全球化深化、广告策略个性化，人们对外部和内心世界都有一种失控感，这种失控感和各种变化带来的不确定性，使人们陷入焦虑。第三，基因技术、脑神经医学、药物技术的突破加强了人们对失去自由意志的恐惧。第四，新自由主义指导下的全球化遭遇2008年金融风暴、2020-2023新冠大疫情/政治经济社会危机（乌克兰战争、美国国会山暴动、川普主义等）加重了人类的危机意识。第五，专制极权的中国恶性崛起，对全球自由民主体系和普世价值发起全方位的攻击，并明确再次使用各种经典和改进版的洗脑策略，把洗脑威胁凸显出来。在这样的大背景下，继50年代的直线上升后，人们对洗脑的关注在进入21世纪后再次突然增加并进入一个稳定的高峰平台（见图表四）。

关于洗脑研究，在学术界存有争议。部分学者认为这是冷战的产物，因为有中央情报局卷入，所以不是严肃的学术、科研话题。欧洲有学者认为，这是美国在冷战时期，尤其是 50-60 年代制造的一个话题[86]；在日本 1995 年奥姆真理教在东京地铁投放毒气事件后，洗脑，尤其是邪教的洗脑研究引起日本注意，洗脑研究而后输出到日本[87]。

图表三：谷歌 Ngram 查看器：
"洗脑"（Google Ngram Viewer: Brainwashing）

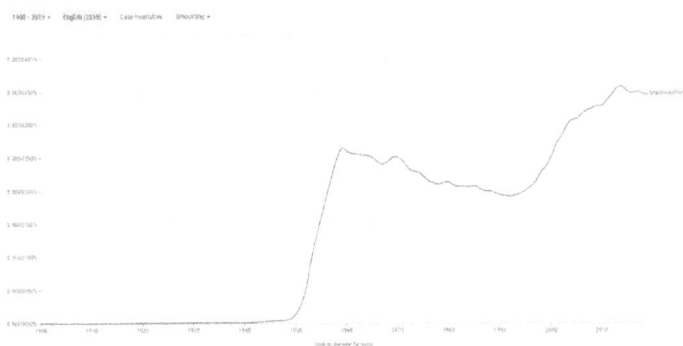

谷歌查看器显示每年出版的英文书籍使用"Brainwashing"的频率，从 1950 年以后开始急剧飘升；进入 21 世纪还有继续上升的势头。
资料来源：作者检测。

心理学家蒂姆斯达尔注意到，在美国医学界，"洗脑"研究不仅登堂入室，而且在进入 21 世纪后，它引起的科学关注波浪式上升（见图表）。更为引人注目的是，美国精神医学学会最新的《精神障碍与诊断统计手册，第五版》（DSM-5，2013，中文 2015）在描述心理性分离障碍病症时还专门提到"洗脑"作为一个病因："由于长期的和强烈的胁迫性说服所致的身份紊乱：个体一直受到强烈的胁迫性说服（例如，洗脑、思想改造、当俘虏时被教化、酷刑、长期的政治性监禁、被教派/邪教或恐怖组织招募），可以表现为长期的身份改变或有意识地质疑自己的身份。"[88] 在这本最权威的美国心理病理手册中，"洗脑"被作为一个特定的词汇使用，显示美国心理专业已经接受它的价值。

图表四：美国国家医学图书馆（National Library of Medicine）生物医学期刊索引：1948-2018 年"Brainwashing"的引用数

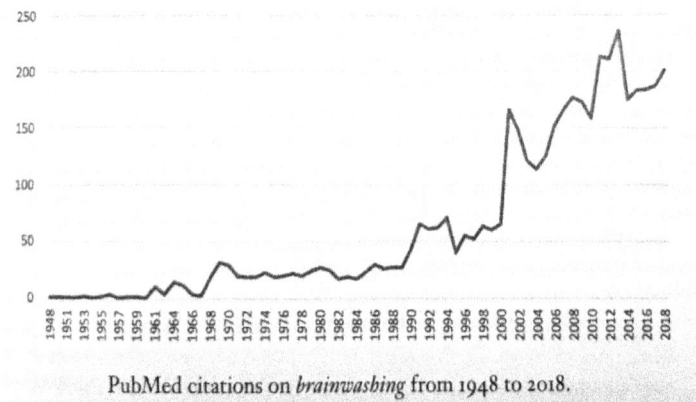

PubMed citations on *brainwashing* from 1948 to 2018.

资料来源：Dimsdale, Joel E., *Dark Persuasion: A History of Brainwashing from Pavlov to Social Media*, New Haven, CT: Yale University Press, 2021 p. 212.

在总结和评述 21 世纪西方对洗脑的研究时，和冷战时期的研究做个对比，可以明显感到，冷战时期的洗脑研究具有浓厚的意识形态、尤其是反共色彩；而 21 世纪，心理学不仅有了长足进步，还和脑神经研究结合，洗脑研究的文献从心理学家、心理分析师的个人/群体采访和案例分析更多进入到科学解剖和实验室研究[89]。21 世纪前二十年出版的重要著作有：谢泼德的《神经战》[90]，泰勒的《洗脑：思想控制科学》[91]，琼斯等的《改变行为：心理学国家的兴起》[92]，史密斯的《被禁止的精神控制技术被释放：学习催眠、操纵、欺骗、说服、洗脑和人类心理学的黑暗秘密》[93]，斯特里特菲尔德（Streatfeild）的《洗脑：心控的秘密史》[94]，恰尔蒂尼的《影响力：说服心理学》[新的和扩展版][95]，和蒂姆斯达尔的《黑暗劝说：从巴甫洛夫到社交媒体的洗脑史》[96]。

由于本章主要侧重国家层面的政治洗脑，也由于篇幅的限制，我在这里主要评介两部重要著作：牛津大学的生理/解剖/遗传系神经科学家和生理学家科学家泰勒的《洗脑：思想控制科学》和加利福尼亚大学（圣迭戈分校）精神病学系荣誉退休教授蒂姆斯达尔的《黑暗劝说：从巴甫洛夫到社交媒体的洗脑史》，这也是一部最新研究洗脑的学术专著。因为泰勒把大脑看作"认知场景"（Cognitive Landscape，它是包括人储存信息和进行思想活动的精神环境，可以说是大脑地貌），她和其他神经学专家都会叙述到大脑结构，所以我附上一张大脑结构图（见图表五），帮助我们认识大脑的复杂和脆弱。它的脆弱使得洗脑专家/宣传干事/影响技工（influence technician）/推销员等可以找到各种入侵点，但它的复杂又使得任何对大脑进行脑控的企图变得困难。

图表五：大脑结构图

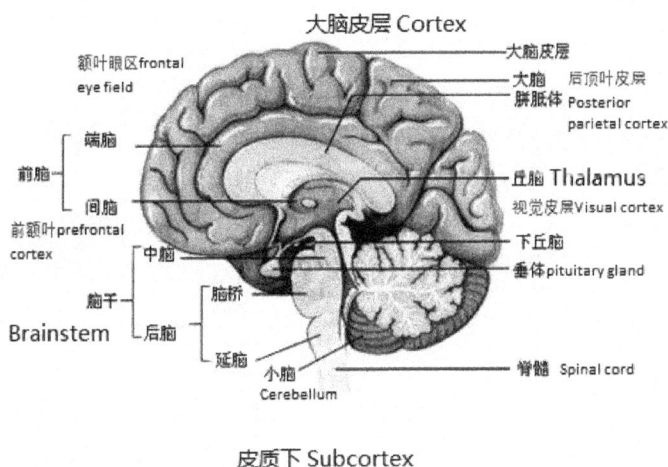

说明：本图是基于 Kathleen Taylor, *Brainwashing* (第 114 和 171 页)的图和中文网络(https://zhuanlan.zhihu.com/p/386734111)下载图片综合而成。

泰勒教授在《洗脑》一书中从亨特的洗脑、利夫顿的思想改造研究讲起，在第一部分总结了洗脑研究发展、酷刑/洗脑/说服在政治、战争、教育、心理学、司法惩戒、广告、邪教和恐怖组织等领域不同的表现形式和运用，并将洗脑分为强力、隐蔽和技术三个不同的手段[97]。在作者看来，"如果广告是侵蚀，强力洗脑就是地震或者是彗星撞击：对我们内心世界的爆炸性干预。"[98]而教育的目的是使个人自由并实现接受教育者的个人选择。作者强调，洗脑的目的是要控制人们的思想和行动，最理想的是能直接进入被瞄准目标的人的大脑。书的第二部分是主题，进入人的头颅，集中在脑科学、脑神经细胞等科学层面。她在书中这样写道：

> 既然洗脑必然牵涉大脑，我们也进入了神经科学、心理学和哲学，用一个更灵活、复杂的组合体替代了过时的笛卡尔的（坚固的）"钻石心"。我们已经知道大脑和它们的各种理念会随时发生突然或缓慢的变化。当强烈的情绪产生的能量涌入认知网络，把一个概念作为密码输入，并把它从一个观点强化为深层的信念。缓慢的变化可能以不被察觉的进度出现，就像我们习惯的养成。我们也看到大脑记录下了在它的世界里什么能做、什么不能做。这种可变性的信号提供了我们有自由感觉的基础，也提供了它的对立面—反感的基础。反感警告我们自由面临着威胁，这是任何施加影响力的技工们（influence technicians）都会感觉到的最大挑战。当我们感到我们被操控了，反感就启动了"停步-思考"机制，这是我们对操控企图产生反感的前额叶基础。一个突变如果力量足够大，比如强力洗脑产生的情绪攻击，可以击垮这种抵抗；同时隐蔽的洗脑带来缓慢的变化可以用各种更具欺骗性的方法来规避我们对操控的察觉。[99]

洗脑可以在三个层面上进行：改变人的信念、改变认知网络（Cogweb，是由想法、概念、希望、欲望、行动计划等组成的精神客体的一个连贯网络，可以是活跃或非活跃的）、改变人所处的环境。人的大脑的状态决定了是否易于受到洗脑，而这也和人的基因有关。研究发现，基因极大地影响着前额叶的功能。她说，"如果你忽略了你的神经元，未能刺激神经元的突触，顽固拒绝新的体验，或者用刺激物（药物、酒精）、剥夺睡眠、情绪狂喜狂悲或长期压力来干扰你的前额叶，你就很容易被下一个你遇到的具有超凡魅力的人的全权主义所迷住。"她还发现，"低教育层次、教条主义、压力和许多其他影响前额叶的因素会导致简单化、非黑即白的思维。"[100] 为了直接改变人的大脑，可以有两种方法：直接的大脑手术或对大脑环境进行改变。泰勒写道：

> 神经元，也就是说大脑，是电化学的存在体。它们可以同时被各种分子和电刺激（也包括电磁场）影响。实践中，改变大脑的影响可以细分为无数的种类，反映出传统的科学划分法。物理性的影响包括辐射，电磁波辐射（包括影像、温度变化、磁场，等等），最近人们还提出了量子效应。技术上来说也是物理性的、但人们通常把它们分开来的还有机械的和有机的影响方式：手术、伤害和疾病。后面的两项经常不是容易区分的：比如，脑肿瘤通过改变化学物质的不同程度，或者其成长器质性地挤压神经元，或者二者合一，都会带来灾难。化学的影响方式包括神经递质（neurotransmitter）、荷尔蒙、食物、药品（但是这些东西经常重合）。这些动因有的可以直接作用于神经元，有的可以在人体内转换成各种活跃方式。有些会影响神经元的内脏和它们浸泡其中的接触脑脊液（cerebrospinal fluid，CSF）之间的电力平衡，有的会影响细胞膜，有的能够穿透细胞膜并改变神经元的内部机理。如果这些内部机理包括神经元基因，这些有关的动因又可以被归为遗传影响。最后还有社会影响，这是一个涵盖了语言、文化、个人关系等的大概念。[101]

影响大脑的方式如此众多，随着科学的突飞猛进，不仅我们已经看到脑电图、基因干预和改造、药物消除记忆等已被运用，而且虚拟现实的出现和把我们包裹其中，大规模监控出现（甚至秘密植入到人体），客观的自由和人们感受到的主观自由的分离，都可能给人类文明和自由带来灾难。但心理学有巴甫洛夫的条件反射学派，可以为专制政权服务驯化民众，也有弗洛伊德、弗洛姆、弗兰克尔的分析心理学服务于个人、帮助个人走出心理疾病。同样的，科学可以服务于暴政，也可以服务于自由。对此，泰勒并不认同当下许多反面乌托邦著作的极度悲观主义。她说，"我们是人杰地灵，我们是脏兮兮、功能不全、难缠的人类。我们捉摸不定的神秘将在未来很长一段时间击败最厉害的心术大师。"[102] 如何做到这一点？我们如何抵制洗脑，保护我们个人和社会的自由？泰勒列出了一个模型"FACET"（我猜测发明者是希望我们 Face It：直面应对洗脑战略）——自由（Freedom）、能动性（Agency）、复杂性（Complexity）、目的不是手段（End not means）和思考（Thinking）——她认为这可以用来抵消洗脑技术的影响。她写道："因为我们知道通过改变信念我们能改变自己和他人，因为我们知道观点最好和其他观点碰撞，我们应该公开地辩论、教导和珍惜反极权主义的各种意识形态的优势，同时抵制各种恶性的意识形态。我们应该赞颂人类的自由和能动性、人类是目的而绝不是手段的理念、学会思考和有效分析信息的重要性、以及人类经历和我们珍惜的价值有无法消除和不可替代的复杂性。"[103] 而这五项内容都是针对利夫顿总结的"思想改造"的八项内容，并可以一一破解他们[104]。

蒂姆斯达尔的《黑暗劝说：从巴甫洛夫到社交媒体的洗脑史》总结了我们前面已经叙述的多项研究，重点值得一提的是：第一，本书对美国政府和西方国家对共产党国家洗脑战进行的反击战有详细描述和总结。他披露了中央情报局资助的"MKUltra"（超级心控，来自德文 Mind Kontrolle）项目，加拿大科学家卡麦隆（Ewin Cameron）在蒙特利尔麦吉尔大学建立的"精神病学研究所"，以及中央情报局资助的科学家违反研究规范道德的非法研究、和研究带来的各种事故问题，并最终导致美国政府终止了这些研究。就这一部分，斯特里特菲尔德的《洗脑：心控的秘密史》还有更详细的深度描述。第二，蒂姆斯达尔展望了在脑神经科学和社交媒体发展下的洗脑。他指出，"人们可以猜测在研究洗脑上科学可能走的两个方向：如何运用脑神经科学对记忆、认知、愉悦、痛感的研究成果来强化使用胁迫；如何利用社交媒体的能力来强化胁迫。"[105] 他警告我们，社交媒体的发展已经把过去我们担忧的"高度机械化的乌托邦"转化到了"反面乌托邦的媒体武器化"[106]。在《饥饿游戏》一书中，作家苏珊·柯林斯描绘了洗脑的炉火纯青的境界：游戏的控制人受制于总统，而总统又受制于无形的控制。谁是最后的、最深层的操盘手，人们不得而知[107]。对此，意大利精神分析学家马拉兹蒂（Donatella Marazziti）也警告我们社交媒体可能带来的洗脑后果：

> 我们是否意识到或应该更加意识到广告使用明显的元素、但也可能包含隐藏的元素来对我们的选择施加压力？根据蒂姆斯达尔（2021）的说法，这个过程被称为洗脑或暗黑说服。我们相信，这是一个可预见的真实风险，即过度使用、信任和依赖涉及我们所有人的社交媒体。行为的同质性往往与思维的同质性相关联。下一个关键问题如下：当前独特思维是否面临风险？我的回答是肯定的，如果我们牢记通过互联网的社交媒体可能会导致我们的大脑结构发生真正的改变，因为神经非凡的可塑性可能会把大脑引向黑暗。人类历史上充满了过去和最近的例子，说明人类是多么容易受到影响，在主导（独特）思维下并可以通过公开或微妙的灌输手段改变他们的观点、政治或宗教信仰，并成为受控的个体，甚至可能犯下令人发指的行为。的确，思想同质化的最终结果可能是独裁。[108]

显然，洗脑作为一个既古老又时新的话题，不仅需要我们挖掘历史，也需要我们关注当下的快速发展。如果我们把西方的洗脑的理论进展引进到中国问题研究，还会发现更多的未开垦的学术处女地。尤其值得注意的是，如果我们把中文世界的动态和英文比较，我们可以看到中文书籍对洗脑的关注比英文世界滞后10年，但在过去十年里，中文世界对洗脑的关注度升温速度超过了英文世界（参见图表六）。对此，我们或许可以有两种猜测：第一，越来越多的中国人开始关注洗脑现象和问题。这可能和中国学者的思考有关，也可能和西方的研究引起了中国互动有关，也可能是由于中国的新兴宗教兴起和大众传媒、广告业的重要性激发中国人对洗脑关注。第二，假如我们可以想象中国人在自我觉醒中强化了对洗脑想象的认识，我们同样有理由假设，中共政权也在强化自身对洗脑的研究和运用，同时也会对西方的反洗脑做出"反-反洗脑"的回应。而中共把自身的罪恶投射在它的民主国家对手身上，是它洗脑传统的屡试不怠的战略。总之，我们必须意识到，21世纪中共下的中国和西方的冷战已经以心理战/认知战/脑战/心智战的方式展开。这是一场竞赛，决定自由、民主、多元、科学、人道是否可以战胜奴役、专制、极权、教条、残忍。

图表六：谷歌 Ngram 查看器：
"洗脑" Google Ngram Viewer：简体中文"洗脑"

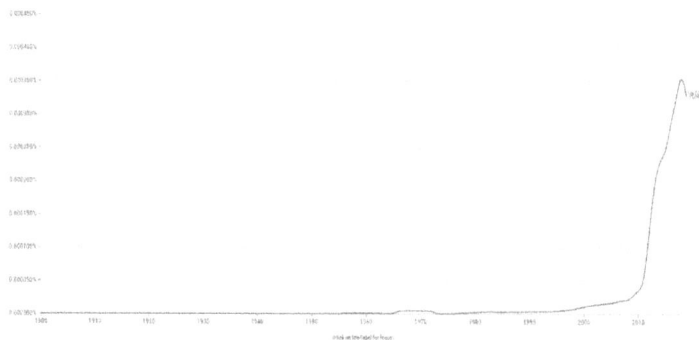

谷歌查看器显示每年出版的简体中文书籍使用"洗脑"的频率，从2000年以后开始急剧上升；近十年上升的势头迅猛。

结论

总结洗脑在历史上、尤其是近百年的演变，我们可以归纳出三种不同的模式：1. 古典洗脑：从古代、中世纪我们都看到暴力、酷刑的使用来达到改变人们思想、信仰的目的。这种手法至今还是可以看到残留（例如中国政府对异议人士的迫害、在新疆和西藏的洗脑配以酷刑等）。2. 现代洗脑：主要是通过控制人的环境（远离家庭亲人、封闭、集中营、学习小组、社会动员、宣传、监控等）以改变人的心理、

48

性格和行为模式，迫使个人或群体服从和接受全权主义思想或极权体制。3. 二十一世纪信息科学、电脑技术、脑神经科学、生物医药化学等突破带来的高科技下的洗脑，以及利用社交媒体的出现通过炮制、传播假信息、深度谎言（通过 Deepfake 来编造影像）来误导舆论、影响舆情[109]。

当下正值百年一遇的新冠大疫情肆虐三年，并带来全球社会、政治、经济和地缘战略的大动荡，全权主义思维模式正在威胁着西方民主国家。在实行极权主义的中国，中共也试图向外输出它的高技术极权主义模式，并通过对海外华人、留学生、外住机构的控制，对国际组织和世界各国的渗透，试图把对中国国民的洗脑扩展到全世界。中国研究不仅涉及中国未来是否会走向民主化的问题，也涉及如何在中国和中国渗透的虚拟空间捍卫自由民主的问题。这也是过去三百年间蒙昧主义和启蒙运动较量的继续。我希望，当我们把西方洗脑研究的理论成果运用到中国现实政治中，跨学科的交流和嫁接会催生更多的学术成果，加深我们对当下中共洗脑理论和实践的了解，抵制和解构 21 世纪的蒙昧主义，推动和深化中国人在"五四运动"以后掀起的启蒙运动，建立一个崇尚民主、科学、自由的文明国度。

注释:

1   William Sargant, *Battle for the Mind: A Physiology of Conversion and Brainwashing - How Evangelists, Psychiatrists, Politicians, and Medicine Men Can Change Your Beliefs and Behavior,* San Jose, CA: Malor Books, 2015 [1957, 1997], p. xviii.

2   傅志彬《洗脑的历史》一书由台湾达观出版社于 2014 年 7 月 1 日出版，江西省南昌青山湖区法院以"非法经营罪"判处傅志彬有期徒刑 1 年 10 个月。

3   康正果：《毛泽东与乌托邦》，台北：秀威，2017 年。

4　也参见：徐贲：〈美国的洗脑理论〉，2020 年 7 月 2 日。
hx.cnd.org/2020/07/02/%E5%BE%90%E8%B4%B2%EF%BC%9A%E7%BE%8E%E5%
9B%BD%E7%9A%84%E6%B4%97%E8%84%91%E7%90%86%E8%AE%BA/。

5　参见：Brainwashing | Britannica. At: www.britannica.com/topic/brainwashing,
accessed 4/8/2023.

6　Kathleen Taylor, *Brainwashing: The Science of Thought Control,* New York:
Oxford University Press, 2004, pp. 301-302。

7　Joel E. Dimsdale, *Dark Persuasion: A History of Brainwashing from Pavlov to
social media,* New Haven, CT: Yale University Press, 2021, p. 8.

8　Robert Jay Lifton, *Thought Reform and the Psychology of Totalism: A Study of
Brainwashing,* London: Victor Gollancz, 1961; reprinted Chapel Hill and
London: University of North Carolina Press, 1989.

9　William Safire, *Safire's Political Dictionary,* Updated and Expanded Edition,
New York: Oxford University Press, 2008, pp. 78-79.

10　Joost A. M. Meerloo, *The Rape of the Mind: The Psychology of Thought
Control, Menticide, and Brainwashing,* Palm Desert, CA: Progressive Press,
2009 [1956], pp. 27-28.

11　胡平：《人的驯化、躲避与反叛》，香港：亚洲科学出版社，1999；电子版
2007 年，页 7，
docs.google.com/viewer?a=v&pid=sites&srcid=ZGVmYXVsd
GRvbWFpbnxodXBpbmd3ZW5qaXxneDo3MWI4ZGNlZjM2NDM1MjM1,
2023.04.20。也可参考他的英文著作：Hu Ping, *The Thought Remolding
Campaign of the Chinese Communist Party-State,* translated by Philip F.
Williams and Yenna Wu, Amsterdam: Amsterdam University Press, 2012.

12　同上，页 10。

13　同上，页 12。

14　Dimsdale, *Dark Persuasion,* p. 6.

15　Meerloo, 2009, *The Rape of the Mind,* p. 13.

16　Dimsdale, *Dark Persuasion,* pp. 1-4

17　Ivan Petrovich Pavlov, *Conditioned Reflexes: An Investigation of the
Physiological Activity of the Cerebral Cortex,* New York: Dover Publications,
1960; Ivan Petrovitch Pavlov, *Conditioned Reflexes and Psychiatry - Lectures
on Conditioned Reflexes,* Vol., London: Cullen Press, 2011.

18　Dimsdale, *Dark Persuasion,* p. 18.

19　Edward Hunter, *Brainwashing: The Story of Men Who Defied It,* New York:
Farrar, Straus and Cudahy Hunter, 1956, p. 242.

20 Taylor, *Brainwashing*, 2004, p. 222；Conversation with Bing, 5/26/2023.

21 Yevgeny Zamyatin, *We*, New York: Penguin Books, 1993, p. 88.

22 Ibid., p. 44.

23 Aldous Huxley, *Brave New World and Brave New World Revisited*, New York: Harper Perennial, 2005, p. 294.

24 Christopher Hitchens in Huxley, *Brave New World and Brave New World Revisited*, 2005, pp. viii-ix.

25 George Orwell, *Nineteen Eighty-Four*, centennial edition, New York: Harcourt Brace, 2003, p. 261.

26 Edward Hunter, *Brain-washing in Red China: The Calculated Destruction of Men's Minds*, New York: Vanguard Press, 1951, pp. 4-5，p. 38.

27 Ibid., p.211.

28 Ibid., p.212.

29 Ibid., p.207.

30 Ibid., p.35.

31 Ibid., p.116.

32 Ibid., p.10.

33 Ibid., p.10-11.

34 Ibid., p.12.

35 Ibid., p.73.

36 Ibid., p.65.

37 Ibid., p.98.

38 Ibid., p.264.

39 Ibid., p.146.

40 Ibid., p.150.

41 Ibid., p.231.

42 Ibid., p.298.

43 Ibid., p.301.

44 Ibid., p.299.

45 Hunter, *Brainwashing,* 1956.

46 Ibid., p.6.

47 Ibid., p.47.

48 Ibid., p.286.

49 Ibid., p.249.

50 Lifton, *Thought Reform*, 1961.

51 Ibid., p. 4.

52 Ibid., p. 419-437.

53 Ibid., p.66.

54 Ibid., p.85.

55 Joost A. M. Meerloo, *The Rape of the Mind: The Psychology of Thought Control, Menticide, and Brainwashing,* 1956: Reprint: Progressive Press, 2009。

56 William Sargant, *Battle for the Mind: A Physiology of Conversion and Brainwashing - How Evangelists, Psychiatrists, Politicians, and Medicine Men Can Change Your Beliefs and Behavior,* 1957, 1997, 2015, Malor Books.

57 Edgar H. Schein, with Inge Schneier and Curtis H. Barker, *Coercive Persuasion: A Socio-Psychological Analysis of the "Brainwashing" of American Civilian Prisoners by the Chinese Communists,* New York: W. W. Norton & Company, Inc., 1971.

58 Denise Winn, *The Manipulated Mind: Brainwashing, Conditioning and Indoctrination,* London: Octagon Press, 1983.

59 Anthony Pratkanis and Eliot Aronson, *The Age of Propaganda: The Everyday Use and Abuse of Persuasion,* New York: Freeman 1992.

60 Meerloo, 2009, p. 106.

61 Ibid., p. 106.

62 Ibid., p. 124.

63 Ibid., p. 30.

64 Ibid., p. 74, p. 79.

65 Ibid., p. 60.

66 Ibid., p. 59.

67 Ibid., p. 90-92.

68 Ibid., p. 75.

69 Ibid., p. 281.

70 Ibid., p. 54.

71 Ibid., p. 294.

72 Dimsdale, *Dark Persuasion,* p. 9.

73 Sargant, *Battle for the Mind,* pp. 9-10.

74 Ibid., p. 19.

75 Ibid., p. 151.

76 Ibid., p. 180-181.

77 Ibid., p. 179-190.

78 Ibid., p. 264.

79 Ibid., p. 262.

80 Ibid., p. 263.

81 Ibid., p. 274.

82 Winn, *The Manipulated Mind, 161-2.*

83 Ibid., p. 211.

84 Riesman, David, Nathan Glazer, *The Lonely Crowd: A Study of the Changing American Character,* Doubleday Anchor Books, 1953; Veritas Paperbacks Abridged, Yale University Press, 2020.

85 William Whyte, *The Organization Man,* New York: Simon & Schuster, 1956.

86 Buckman, J., "Brainwashing, LSD, and CIA: historical and ethical perspective," *International Journal of Social Psychiatry,* 1977 Spring; 23(1): 8-19, doi: 10.1177/002076407702300103; Richardson, James T., *Massimo Introvigne, "Brainwashing" Theories in European Parliamentary and Administrative Reports on "Cults" and "Sects",* December 2002, Journal for the Scientific Study of Religion (JSSR) , https://doi.org/10.1111/0021-8294.00046.

87 [日]苫米地英人：《现代洗脑手册》，新北，台湾：远足文化事业，2019；Rin Ushiyama, Discursive opportunities and the transnational diffusion of ideas: 'brainwashing' and 'mind control' in Japan after the Aum Affair, September 2019 https://doi.org/10.1111/1468-4446.12705.

88 美国精神医学学会：《精神障碍与诊断统计手册，第五版》(DSM-5, 2013, 中文)，北京：北京大学出版社，2015年，p. 298.

89 一个典型的例子是：Baron-Cohen, Simon, *The Science of Evil: On Empathy and the Origins of Cruelty*, New York: Basic Books, 2011。

90 Ben Shephard, *A War of Nerves*, London: Pimlico, 2000.

91 Kathleen Taylor, *Brainwashing: The Science of Thought Control*, New York: Oxford University Press, 2004.

92 Rhys Jones, Jessic Pykett, Mark Whitehead, *Changing Behaviours: On the Rise of the Psychological State*, Northampton, MA: Edward Elgar, 2013.

93 Smith, Daniel, *Banned Mind Control Techniques Unleashed: Learn the Dark Secrets of Hypnosis, Manipulation, Deception, Persuasion, Brainwashing and Human Psychology*, Scotts Valley, CA: CreateSpace Independent Publishing Platform, 2014.

94 Dominic Streatfeild, *Brainwashing: The Secret History of Mind Control*, New York: Picador, 2007.

95 Robert B. Cialdini, *Influence: The Psychology of Persuasion*, New and Expanded, New York: Harper Business, 2021.

96 Joel E. Dimsdale, *Dark Persuasion: A History of Brainwashing from Pavlov to Social Media*, New Haven, CT: Yale University Press, 2021.

97 Taylor, *Brainwashing*, p. 251.

98 Ibid., p. 125.

99 Ibid., p. 207.

100 Ibid., p. 215.

101 Ibid., p. 234-235.

102 Ibid., p. 244。

103 Ibid., p. 261.

104 Ibid., p. 262-267.

105 Ibid., p. 212.

106 Ibid., p. 226.

107 Susan Collins, *The Hunger Games Trilogy*, New York: Scholastic, 2008.

108 Marazziti D., "Brainwashing by Social Media: A Threat to Freedom, a Risk for Dictatorship." In *Clinic Neuropsychiatry*, 2022 Oct; 19(5):277-279. doi: 10.36131/cnfioritieditore20220502.

109 参见 Taylor, *Brainwashing*, p. 252.

洗脑：一个思想史的追踪

陈奎德

一、洗脑：语义的泛化

泛洗脑主义

当今世界，"洗脑"已成为相当流行的一个词，无论在政界，商界，还是学界，无论是精英文化还是流行文化领域。

这是一个令人相当诧异的语言现象。

实际上，"洗脑"的流行，是伴随着其语义的泛化同时发生的。

人们经常听到如下各种表述，诸如：

台湾中天主持人黄智贤在台湾《中国时报》发表评论称："大陆对台湾，从来就没有敌意。一直以来，是台湾民意被台独和美国洗脑、挟持，而不断对大陆有敌意"[1]。

笔者曾在一个学术会议上听有传媒学者声称：北京的中央电视台 CCTV 和美国的 CNN，FOX 都一样，大家都在洗脑。双方的地位是对称的。是公平对等的竞争关系云云。

基于洗脑（brainwash）该词的形象性与生动性，它在一些美国媒体中也流行起来。在他们看来，不仅共产主义的政治宣传是洗脑，资本主义的商业广告也是一种洗脑。甚至《纽约客》杂志还刊登过丈夫被妻子洗脑、孩子被父母洗脑的漫画。

作家高德的结论是："洗脑是所有公司不愿意承认，却是真实存在的公司潜规则。它不仅普遍存在，而且无孔不入。"[2]

上述对"洗脑"这一词语的使用实际上隐含着一个前提，即：洗脑无是非，所有人和群体都在洗脑和被洗脑。洗脑与人类社会一直就存在的，"教育、传播和宣传"这些行业行为并没有根本区别。

这就是本文所谓"洗脑"的语义泛化。推到彻底，实际上它是说，人与人之间的任何精神交流活动，都是洗脑，更准确地说，都是相互洗脑。也就是说，"洗脑"这个词，已经高度普遍化了。洗脑已成为人类一切教育、交流、对话的代词。

在这种一切皆为洗脑的泛洗脑主义的语境下，人类社会过去所论及的区别：一切关于是与非、善与恶、真理与谬误、自由与奴役、正义与非正义、极权制度与民主制度、正教与邪教……，所有这些概念，都丧失了意义。这些成对出现的相反概念，都变得没有差别。这就是一个《1984 年》的世界，彻底相对主义的混沌世界，"大同世界"。

因此，虽然"洗脑"这个词在 20 世纪 50 年代初期几乎专门用于极权主义政权，但是之后其使用范围却极度扩张，跨越了心理学、生理学、社会学、政治学和哲学诸种领域，其含义不断膨胀。在当代，洗脑这个词涵括了说服、灌输、传播、教育、话语、对话、交流、宣传……等诸种意义。浏览各国媒体、学界、政界的纸面文献与语音载体，"洗脑"的语义已经远远地离开了其原点，变得面目全非，甚至截然相反了。

本文主要从政治哲学的视角讨论洗脑的精神渊源，追溯其思想史踪迹。

"洗脑"的词源

事实上，就"洗脑 Brainwash"这个词本身而言，其历史并不悠久，不过七十多年。它起源于共产中国，发扬于西方，而又"出口转内销"再回归中国。

在五十年代初的朝鲜战争（韩战）中，联合国部队惊异地发现，有些被共产党俘虏的士兵，突然信仰了共产主义和毛泽东思想，竟纷纷诋毁自己的祖国。一个中国人私下说，这是因为共产党的"思想改造"给战俘洗脑了。美国记者爱德华·亨特（Edward Hunter）听到后，将这两个中国字翻译成了英文 Brainwash。

1961 年，美国精神病学家罗伯特·利夫顿（Robert Jay Lifton）出版著作《思想改造和极权主义心理学：中国的洗脑研究》（*Thought Reform and the Psychology of Totalism: A Study of "Brainwashing" in China*），正式为洗脑下了一个定义。

这是洗脑这个词的来源。

二、"洗脑"的精神渊源

虽然从词源看，"洗脑"的历史不长，然而它的精神和思想渊源却可以追溯很远。如果刨根究底，这一发展有一个绵长的意识形态脉络，可以追溯到尼采的"上帝之死"，追溯到德国第三帝国宣传部的真理与谎言的等价位阶，追溯到前苏联斯大林主义的封闭式单一意识形态灌输，追溯到西方马克思主义鼻祖葛兰西的文化霸权理论以及泛滥于哲学家福柯思想体系中的"唯权主义"，溯源于 1968 年前后喧嚣于北京和巴黎的左翼激进主义狂欢。

尼采：上帝已死，重审价值

德国哲学家弗里德里希·威廉·尼采（Friedrich Wilhelm Nietzsche，1844 年 10 月 15 日—1900 年 8 月 25 日），曾经断言："上帝已死"。这一命题不仅对人、对宇宙或物质秩序失去信心，更令人否定绝对价值——不再相信一种普世价值和客观道德法律，把每个个体都包括在内。它直接冲击的，是自"摩西十诫（Moses' Ten Commandments）"以降直至康德的"道德的绝对命令（categorical imperative）"。不少人注意到了，这种绝对道德观的丧失，就是虚无主义的开端。

尼采的虚无主义声称，世界上没有客观的秩序或结构，除非人们赋予它。透过支持信念的外表，虚无主义者发现所有的价值观都是毫无根据的，理性是无能为力的。

但尼采相信，大部分人都不认同"上帝已死"这种观念，因为他们内心深处都有深层的恐惧或愤怒。所以，当这种虚无被广泛认识时，他们会觉得十分痛苦，然后虚无主义变得猖獗，而且相对主义会在人类社会中成为法律——所有事情都是被许可的。既然上帝已死，所有价值皆应重审；既然上帝已死，凡事皆可为。他写道："一切都是虚假的！干什么都行！"[3]

与尼采的权力意志思路相平行，马克思的共产主义也在十九世纪与二十世纪之交大张其势，二者的思想、政治、军事、经济后果是两类极权主义国家的出现：一是希特勒式第三帝国和墨索里尼的意大利，二是斯大林式的苏联和毛泽东式的中华人民共和国。

葛兰西的文化霸权论

安东尼奥·葛兰西（Antonio Gramsci，1891 年 1 月 23 日—1937 年 4 月 27 日），意大利哲学家，西方马克思主义的重要代表，他的文化霸权（cultural hegemony）论，对于建构洗脑的理论与实践有十分关键的贡献。文化霸权论为共产国家的"洗脑""思想改造"的实践提供了直接的理论支撑。

葛兰西认为，资本主义不仅依靠暴力或政治和经济强制来统治，也依赖其意识形态，取得人民的积极同意。所以说，一个团体主导力量是表现在"统治（Domination）"和"心智与道德的领导权（Intellectual and Moral Leadership）"这两方面。上述第一种统治指的是直接强制，透过军队、警察等方式强制人民顺从；而第二种——心智与道德的领导——则是指让人民认为某些哲学与道德是理所当然的，进而积极地去同意、捍卫这些思维。

葛兰西认为，夺取文化霸权，是夺取权力的基础。若要成功革命，便需要推翻既有的文化霸权，建立工人阶级的霸权来引领整个社会。在葛兰西看来，在现代社会，一个阶级不能仅仅通过狭隘的经济手段来支配社会，也不能纯粹通过强制和暴力。它必须实行知识与道德的领导，与其他力量广泛合作和妥协。

如所周知，20世纪马克思主义有一个方向性的转变，就是从原教旨式的经济批判转向了文化批判。此一转向首先是源于马克思的《资本论》式的经济学已经在主流经济学界丧失了声誉，遭遇到毁灭性的反驳，因此其"经济基础决定上层建筑"之类的历史唯物论教条也基本无人理睬了；其次，则是苏联斯大林式的马克思主义的悲剧性实验导致西方左翼知识界的幻灭感，于是，新马克思主义者（如法兰克福学派等）转向了对资本主义的文化批判。安东尼奥·葛兰西的文化霸权理论应运而生。他可以说是新马文化批判的重要开创者之一。

这种文化霸权论也就是中共所谓的"话语权"理论的重要来源。葛兰西这里的"知识与道德的领导"，就是在共产国家发生的大规模的"洗脑"工程。虽然那时"洗脑"这个词并未诞生，但是已经在前苏联史无前例地大规模地实践了。

福柯的唯权主义

在当代思想界影响很大的法国哲学家福柯（Michel Foucault，1926年10月15日—1984年6月25日），其理论的核心概念是权力（power），是普遍化的权力。他几乎把人世间的一切关系都化约为权力关系。福柯挑战了传统的权力观。他认为之前的权力理论总是落入"法律必须是权力的形式和权力应该总是以法律的形式行事"的窠臼。他用一句俏皮话犀利地指出："在政治思想与分析中，人们一直没有砍去国王的脑袋。"⁴他所谓"国王的脑袋"，就是"主权—法律的权力观"。在福柯的眼界里，权力除了以一种与法律相关的方式，即"主权—法律的权力观"的方式运作之外，还具有更多更巧妙的运作方式。

在福柯的词典中，权力被理解为一种力量（force）关系。力量是影响其他力量或被其他力量所影响的能力。这就意味着不能将权力理解为可被占有的具有实体性质的东西，而纯粹是一种关系、状态。这就大大地扩张了"权力"这个词的外延。

在福柯眼中，知识与权力总是成对出现。它不仅仅意味着知识是因为对权力有用才被权力利用，更重要的是能够表明在权力谋划中，知识总是权力的一部分：知识是权力的知识，权力也是知识的权力。于是，与尼采一样，福柯的权力理论也是一种对"真理意志"的批判。对福柯来说，不仅知识即权力，更重要的是，权力即知识。因此，他继承了尼采的重要主题：不存在超然独立的真理，从而颠覆性地取消了真理这一概念。福柯指出："几个世纪以来，我们一直在徒劳地等待这个词（the Word）⁵。这个大写的'词'，就是上帝的判决，就是终极真理。然而，等待是徒劳的，因为上帝已死。福柯在此已与尼采合流。他进一步断言，"真理"是运用权力的结果。而人只不过是使用权力的工具。不同的人运用权力，就必定产生不同的"真理"。在此基地上，其权力论也就取消了客观性这一概念。同时，它也与马克思主义的"真理的阶级性"产生了共鸣，虽然福柯本人并不大愿意提及马克思。

在福柯的理论框架下，区别被别人用枪或暴力驱使你做一件事和被人用道理或情感说服你去一件事是没有意义的。二者无差别，都是按照别人的权力要求去做了某件事。即是说，无论是在暴力的胁迫下还是在话语的说服下，总之你服从了对方的意志，或说放弃了自己的意志去做了某事。这就是权力所导致的，无论是硬权力还是软权力，都是权力的运用。福柯既不抛弃权力的支配效应，又能够阐释权力更加微妙精细的运作，产生某种"润物细无声"的非直接支配式的权力效果。正如葛兰西的文化霸权理论一样，权力的效果不仅不能被一眼看出，反而被理所应当地接受下来。

这种貌似深刻的唯权主义在相当长一段时间内俘获了部分人的心智，声势咄咄逼人。甚至风行于目前学术界和舆论界的术语——"话语权"，亦可说是葛兰西和福柯思想的流风余韵。

福柯说，那些被称作合理的事物实际上不过是意识形态的作用。什么是合理的，什么是不合理的，完全取决于我们的意识形态。但如果我们反问，福柯的这一思想本身是否合理呢？是否也不过是另一种意识形态的产物呢。这样就导致逻辑上无穷后退。如果他称自己的思想是否合理不取决于意识形态，那么就一定会有一些事情超越于意识形态，这也就导致其理论的自我否定。

在福柯这种视角下，无论美欧国家以自由、民主、法治、人权为立国的价值核心，还是前苏联及中国以马克思的共产主义相标榜，在他看来，都是双方各自领导人物的权力运用、意识形态运用或文化霸权，这种双方话语权的竞争，无所谓善恶对错，无所谓客观性，不存在据以判断的众所公认的中立标准。

再进一步，福柯把尼采的"上帝之死"推进到了"人的死亡"。他在《事物的秩序》中指出，"人仅仅是呈现于两种语言模式之间的一种形象而已。……人只是近代的一个发明，而其命数到今日可能也将面临终结了。……我们可以确定地说，人，正如刻画在海边沙滩上的一张脸一样，终究会被历史的浪涛冲刷以去。"[6] 既如此，自文艺复兴、启蒙运动以来被置于至高地位的赋有主体性和作为目的的"人""普遍人性""人道主义"，在福柯的话语中，成为历史上行将湮灭的脸型沙丘，不再赋有永恒性与普遍性了。

福柯这一貌似惊悚的"人的死亡"之谶语，实际上并未造成多大思想震撼，甚至也遭致与自己相近思路学人的广泛批评，行之未远，渐次偃旗息鼓了。这一论调的命运，恰好可用他自己所说的"人"来描绘，是"海边沙滩上的一张脸"，很快被思想史抹去了。

"人"之不存，"普遍人性"将焉附？"真"将焉附，"善"将焉附，"美"将焉附？

在精神的版图中，"基点""原点"或转动思想之门的"轴"，恐怕还是必要的。否则，思想就变成漂浮游动的流沙和过眼烟云了。

总起来说，福柯是在更深的层次上，在泛权论的框架中为"洗脑"的理论与实践提供哲学基地。

但是，虽然如此，我们还是必须注意，福柯在理论上与实践上是分裂的。虽然他在左翼理论上激进而彻底，但他在实际的社会活动中，却并非如其理论般脱离常识，其实际的政治直觉仍压倒了其极端主张。虽然他基本上对现存的政治权力持批评态度，但在1981年弗朗索瓦·密特朗赢得选举胜利后，福柯对其法国社会党政府表示了谨慎支持。然而在1982年，波兰共产党当局镇压由团结工会策划的示威游行，而法国社会党拒绝谴责，福柯即改变了对社会党的支持，并谴责密特朗的无所作为。他的政治直觉并没有误导他的实践。

三、洗脑 —— 二十世纪的特殊产物

然而，在洗脑的问题上，果然是"彼亦一是非，此亦一是非"？这种泛洗脑论的相对主义能为极权政权做充分的辩护吗？

我们注意到，前述作为"洗脑"的精神渊源的尼采、葛兰西和福柯这几位哲学家都活跃于二十世纪，除了马克思以外，他们也与二十世纪两种极权主义国家——法西斯国家与共产党国家——的出现有某种精神关联。这两种国家，一是希特勒式第三帝国和墨索里尼的意大利，二是斯大林式的苏联和毛泽东式的中华人民共和国。它们为制度性的洗脑提供了模板。因此简略看看它们的运作或许会有启发作用。

简言之，在这两种极权主义国家，政府都专门设有宣传部，制度

性洗脑的前提是信息被政府高度控制和封锁，在国内外之间筑起信息柏林墙，没有言论自由和新闻自由。当权者透过全权控制媒体，控制学校和研究机构，透过日常生活中的灌输，从严格审查而播放的电视、电影、网络、表演等，配合教育系统的灌输，如水银泻地一样对全民实施洗脑。如对历史以及教科书的篡改，删除所有对自身不利的历史课题，以达到隐恶扬善的政治目的，从而为执政当局带来更自如以及容易控制的政治，维持其统治合法性。

在这类国家，国民没有选择的权利，加上揣测圣意的艰难，形成了该国独特的语境。批评什么，赞美什么，都是一种统治阶层甚至独裁者一人意志的体现。绝不准许个人作出独立判断。极权体制下，全国只需要一个大脑，就是独裁者的大脑。全体臣民只需要复制粘贴圣语、圣意，除此之外，任何独立思考都是非法，都是危险的。

仔细观察比较一百年来法西斯国家与共产党国家的洗脑历史，就无孔不入的彻底性而言，共产党国家洗脑强于法西斯国家；而毛泽东式的洗脑又强于斯大林式的洗脑，尤其是中国文化革命时期，堪称迄今为止国家洗脑的巅峰。

极权国家的这类洗脑，人类历史上还未曾见过。严格说，洗脑是二十世纪兴起的一桩特殊的现象。除了这些国家的政治领袖之外，洗脑的最重要的思想渊源和精神资源是马克思、尼采、葛兰西、福柯。

洗脑的消毒剂

认为洗脑古已有之，洗脑与正常国家的"教育、传播、广告和宣传"这些行业行为并无区别，大家都在互相洗脑。这种泛洗脑论，有违事实，大错特错。

诚然，正常国家内的"教育、传播、广告和宣传"的行业行为策略与极权国家的洗脑或许有些相似的方面。譬如，会传布一些不实信息和意识形态，宣传一种宗教。传播一种信仰，运用一些夸张或遮蔽的策略，推销自己的思想、主张、产品。

然而，二者最关键的最根本的区别在于：正常国家没有垄断信息，执政当局不能垄断真理，它不可能建造国内外之间的信息柏林墙，它不能闭关锁国。因此，那里存在多元的思想与言论，多元的相互竞争的媒体，那是一个思想的市场，有各式各样的竞争对手。在一个有基本言论自由的正常国家，一切对他人洗脑的企图，都一定会有其他人出来反制，从而相互抵消或补充。因此，无论是什么样的思想言论信条，总会有其他思想言论来批判反驳。它不可能成为万马齐喑的一言堂。在正常国家。正如亚伯拉罕·林肯断言的，"你可以在所有的时间欺骗一部分人，也可以在一段时间欺骗所有的人，但你不可能在所有的时间欺骗所有的人。"[7] 而极权国家的洗脑，念兹在兹的正是"在所有的时间欺骗所有的人。"这只是在有国家暴力支撑的高度封闭的国家才可能办到。

洗脑是指通过各种手段来改变一个或一群人的信仰或行为。和宣传不同，洗脑具有垄断性、强制性、长期性和不对称性，即组织被游说者解除对立的信息，也就是封锁信息。

封闭社会是洗脑的必要条件和核心要素。

社会是否存在公开的反对意见，则是洗脑与否的判别标准。

言论、思想自由的开放式社会，是洗脑的消毒剂。

拆墙：第一推动力

在共产意识形态日益衰微的今天，人们常问，什么东西是维持共产政权最核心的要素，离开了它，就不成其为共产政权？

定义共产政权的著作，已经汗牛充栋。诸如：一党垄断政治权力（党国一体）、（共产）意识形态统治、阶级斗争治国、（国有制）计划经济、缺乏普选制度、反对权力分立……等等。这些当然不错。然而，回顾历史，当共产主义已经开始式微，各个共产政权纷纷被迫改革之际，人们见到了尝试市场经济的共产党国家，见到了在意识形态上已不提马恩列斯毛主义的共产国家，见到了试验部分选举的共产党国家，见到了实验类似国会制度的共产党国家，甚至也见到了在外交上结交民主国家以抗拒另一个同类共产国家的共产党国家，等等……。但是，我们曾经见过一个真正实施思想言论自由，即允许私人办刊、办报、办电视广播网站的共产党国家吗？我们见过一个没有当局垄断"真理"、没有全面洗脑的共产国家吗？没有，一个也没有。

的确，是有从共产国家转变为实行言论自由的国家的先例，不过，那已经不再是共产国家而是宪政民主国家了。譬如，捷克，波兰，立陶宛、拉脱维亚……诸如此类。

所以，言论出版自由，新闻自由，这才是共产党的"阿里斯之踵"，是共产政权的命脉所系，是其最薄弱处，"点到即死"。因此他们基于其利益，在"言论自由"问题上决不松口，在"洗脑"问题上绝不放手，半步也不能退，是极权政治中核心的核心。

自邓小平实施改革开放以来，中国很多领域都发生了重要变化。经济自不必说，就是在社会生活层面，也与毛时代面目全非。但是，万变之中，有其不变，那就是：新闻出版领域，几乎原地踏步。进入习近平时代，甚至大幅倒退。当下中国，洗脑之烈已经直逼毛泽东时代的高度"舆论一律"，已经是盛产中国式民意五毛和粉红的"动物庄园"了。

国际主流社会目前对习近平政权破坏国际秩序，对内蔑视人权镇压民间社会，对外咄咄逼人霸陵扩张，深为忧虑，视之为文明人类的心腹大患；然而更令人惊诧的是，当局还声称它是得到中国民意广泛支持的。证诸现状，似乎此言不虚。

确实，国际社会都见识过中共洗脑的巨大威力，浏览中国国内网络，粉红一片，遍地五毛，铺天盖地的辱骂凌空而来；光天化日之下砸车施暴的义和团式野蛮，镌刻进了世人头脑，挥之不去。至今国际社会还瑟瑟颤抖于中国式洗脑的恐怖成果。这些均变成北京手中恫吓外国的一张王牌。既如此，众多观察家深为担忧，忧虑人们对中国向文明转型的期待恐怕将落空，以致在不少国家中弥漫着一股绝望的悲凉之气。

中国民意果然如斯，对西方同仇敌忾？洗脑真是如此法力无边，无远弗届？

其实，所有人都承认，中国的"民意"是北京长期洗脑的结果。北京对此民意很有自信？如果有，它何须七十多年如一日，严厉封锁言路，惨淡经营洗脑，未曾有一天稍事休歇呢？众所周知，中共国家的言禁网禁之严酷，全球排名高居榜首。这样一个武装到牙齿却成天提心吊胆的当局，它究竟害怕什么？

其实，它最害怕的正是它自信地宣称支持它的臣民，这点毋庸置疑。倘若自信，可立即拆毁防火柏林墙。它敢吗？

是的，洗脑的后果很可怕，它有严重的后遗症。正如专门研究洗脑的凯瑟琳·泰勒博士所说的："发生在韩战中的洗脑，是一种带来创伤的过程，并且有可能影响一个人很久。据研究，接受过洗脑思想改造的美国老兵，在战争结束后得精神疾病的概率很高。"[8]

但洗脑后遗症并非不可逆，它不是不可治愈的。回想白纸抗议运动的年轻学子，不少人在两三年前还是粉红，但面临不堪忍受的镇压和侮辱时，他们豁然清醒，站起来了。

第一次冷战的史诗式终结，对于洗脑制度而言，是毁灭性的。回溯那一犹如神灵降临的历史瞬间，经历七十多年系统洗脑的前苏联及东欧前社会主义国家的"社会主义新人"，在没有坦克枪炮威逼的和平环境下，竟会在戈巴乔夫的为时甚短的"公开化""透明化"的开放年代，迅速变成了"非社会主义者"。"竟无一人是男儿（没有死硬共产党员）"？七十多年洗脑竟然无能抵御两三年的"公开化""透明化"，不由令人慨叹，早先洗脑那种神乎其神的精神控制力到哪里去了？

二十世纪冷战的这种出乎意料的一边倒，是对共产国家洗脑实践的无情嘲弄，同时，也是对洗脑的精神教父——尼采、葛兰西、福柯——及其"上帝之死""文化霸权理论"以及"唯权主义"的全面拒斥。遗憾的是，当二十世纪史诗性的剧变发生时，这三位思想家已经不在人世了。否则，笔者是有兴致聆听他们的心理和学术反应的。

不能说三位思想家没有想象力，其犀利的思想确实对二十世纪产生了影响。但是，他们走得太远了。他们的世界是纯粹"本文"化、"语言"化的，"本文之外无他物"，根本不存在可与"本文"相比照的"客观事物"，不存在所谓"真相"。因此，所有的那些意识形态论争，都不过是各种"本文"之争，都不过是"discourse"之争，都不过是各种"话语权"之间的竞争。谈不上可供参照的"客观事物"和判别标准，因而也就谈不上是非与善恶，无所谓客观真理了。

笔者想象，倘若，1989 年和 1991 年他们躬逢其盛，目睹了柏林墙倏然倒塌和苏东波风生水起，是否会认为这一切仍不过是一种"话语"、一纸"本文"呢？

自 1949 年以来，反智主义的北京政权迷信丛林法则，迷恋它所谓话语权的强大洗脑能力，而且痴迷地相信，只要投入巨大的金钱，只要传播的声音足够大，足够远，遍及世界的各个角落，"说好中国故事"，中共的话语权就无往不胜、无远弗届。而西方各国政府用于这方面的金钱相比北京，简直是九牛一毛，微不足道。然而，北京的效果如何呢？何以最近些年，北京的大外宣越猖獗，战狼声音越激越，在各国民意测试中反而越低落，其朋友反而越稀少，变成门庭冷落的孤家寡人，茕茕孑立、形影相吊呢？

显然，只要你不能完全封锁，无论说一千道一万，黑仍是黑，白仍是白。是非是存在的。真假是存在的。"上帝"并没有死亡。超越性的真理，不以尧存，不以桀亡。只要话语空间是开放的，普天之下，仍是朗朗乾坤。

七十多年来，封闭中国的言论空间，堵塞中国的信息通道，禁绝中国的思想市场，一直是北京的通灵宝玉，须臾不可或缺。

无疑义的是，拆墙——解开言禁，是第一推动力。它推动纯粹话语的竞争达致彼岸——真相。

就今日而言，拆墙和战争，二者之间何者效果显赫而代价较小？答案是不言而喻的。

诚然，对于只听得懂实力语言的唯物主义者而言，民主国度加强军事力量以作为实力后盾永远是必要的。然而，从根本上考察，"话语"的优势具有恒久性。但据笔者观察，主要民主国家的政治领袖，今天对于"破禁拆墙"的关键性决定作用，理解甚少，重视不够。实质上，无论从法理上，从根本功效上，还是从可行性上，这都是一桩值得立即实施的历史性功业。它将在很短的时间内，化解抵抗文明潮流的当代义和团于无形。这才是真正的不战而屈人之兵。

中国也已签署的联合国《世界人权宣言》第十九条非常清楚载明，"所有国家的人民都有寻求、接受和传递消息的权利，而且不受国界、国籍、地域和媒介的限制。"所以，在法理上，北京政权没有任何封锁信息、封锁网络、禁止民营媒体的权利，更没有所谓网络主权。违反宣言者必须得到纠正。如果用葛兰西的语言，这应当是堂堂正正地剥夺北京的话语权。

简单结语

"洗脑"一词，就词源而言，历史并不悠久，不过七十多年，它起源于共产中国。

然而"洗脑"的精神和思想渊源却可以追溯较远。本文主要从政治哲学与思想史的视角讨论洗脑的精神渊源，从德国尼采的"上帝之死"和权力意志，到西方马克思主义鼻祖意大利葛兰西的文化霸权理论以及法国哲学家福柯的"唯权主义"。这几位哲学家都活跃于二十世纪，除了马克思以外，他们也与二十世纪两种极权主义国家——法西斯国家与共产党国家——的出现有某种精神关联。这两种国家，一是希特勒式第三帝国和墨索里尼的意大利，二是斯大林式的苏联和毛泽东式的中华人民共和国。

从基本脉络看，洗脑是二十世纪的特殊产物。它划然有别于人类历史上源远流长的"教育、宗教、传播、宣传……"等行为。现代有一种把人类一切话语交流都归结为"洗脑"的泛洗脑主义，它将泯灭一切是非、善恶、真假……的差异，造成一个价值混乱的世界，《1984年》的世界，需要高度警惕。

洗脑，是高度封闭的极权社会的产物，贻害至今。而言论、思想自由的开放式社会，则是洗脑的消毒剂。

注释：

1　〈台湾前总统马英九访问大陆 两岸的批评与肯定〉，BBC News 2023 年 3 月 29 日。www.bbc.com/zhongwen/simp/chinese-news-65098250

2　高德：《洗脑术：怎样有逻辑地说服他人》，江苏文艺出版社，南京 2013 年 3 月，页 6。

3　弗里德里希.尼采：《权力意志》，北京：商务印书馆，1996 年，页 116。

4　米歇尔·福柯：《性经验史》，畲碧平译，上海人民出版社，2002 年，页 117。

5　Hubert L. Dreyfus and Paul Rabinow, Michel Foucault: *Beyond Structuralism and Hermeneutics,* University of Chicago Press, p. xvii.

6　Michel Foucault, *The Order of Things,* Trans. Alan Sheridan. New York: Tavistock, 1980), pp. 386-387.

7　http://m.news.xixik.com/content/e59f449bc3180929/

8　Taylor Kathleen. *Brainwashing: The Science of Thought Control.* Oxford University Press, 2004. https://chinadigitaltimes.net/chinese/185141.html

从思想改造到"不准妄议"

胡 平

一、思想改造即人的驯化

思想改造运动是中共实施的精神暴政。思想改造并非中共首创，而是来自苏联，但是唯有在中国，思想改造被提升到制度层面，成为中国特色的极权制度的灵魂。思想改造运动固然不像其他一些政治运动那样充满对人的肉体的残害，但是它对人的灵魂的残害却可以造成更为严重的精神创伤。

我先前写过一本书讲思想改造问题，书名叫《人的驯化、躲避和反叛》（香港，亚洲科学出版社，1999 年）。我把中共的思想改造运动称之为人的驯化；从某种角度讲，共产党统治的兴衰史，就是人的驯化、躲避与反叛的历史。

二、对"洗脑"一词的一点说明

思想改造，又称洗脑。不少人以为，中文的"洗脑"是个外来词，是从英文的"Brainwashing"翻译过来的；其实，英文的"Brainwashing"倒是从中文的"洗脑"翻过来的。1951 年，美国记者爱德华·亨特（Edward Hunter）写了一本书，名叫《红色中国的洗脑》（*Brainwashing in Red China: The Calculated Destruction of Men's*

Minds）。亨特说，他自创的英文词"Brainwashing"一词正是来自中国，来自中国人的一个口头语"hsi nao"或"xi nao"[1]，指的就是思想改造。不过也有人说，亨特未必是最早使用"Brainwashing"这个词的人。1950 年 1 月 3 日英国《卫报》（*The Guardian*）发表了一篇 Robert Guillain 撰写的有关中国的政治再教育计划的文章，其中就写到"washing one's brains。"[2] 1956 年，亨特又出了本书《洗脑》（*Brainwashing: The Story of Men Who Defied It*）。1969 年，美国心理学家罗伯特.利夫顿（Robert Jay Lifton）在他的《思想改造与极权主义心理学——对中国洗脑的研究》（*Thought Reform and the Psychology of Totalism——A Study of "Brainwashing" in China*）一书中，也多次用到"brainwashing"一词[3]。不错，在中共正式文件、文章和讲话中我们都还没有见到过"洗脑"这个词，但类似的说法大家都很熟悉。例如"洗澡"的说法，在上世纪 50 年代就很流行。杨绛有本写 50 年代初期知识分子思想改造的书，书名就叫《洗澡》[4]。在 60 年代的"四清"运动中，又有"干部上楼，洗手洗澡"的说法。可以推测，"洗脑"便是产生于思想改造运动的一个不载之于文件、但流行于口头的词汇。如此说来，"洗脑"一词并不是进口货，而是出口转内销。

洗脑一词来自思想改造，洗脑本来是思想改造的同义词。但是伴随洗脑一词的流行，其含义就变得比思想改造更宽泛。比如，我们可以说习近平在搞洗脑，但是我们不会说习近平在搞思想改造。在大多数语境下，洗脑是思想控制的同义词。

采取种种手段，对人的思想实行某种操纵乃至控制，这件事可能和人类文明一样古老，也和人类文明一样普遍。举凡原始部落的许多仪式和禁忌、各种宗教的修行和戒规、以及政治宣传、商业广告、精神分析学派的心理治疗，或多或少、或强或弱地具有此项功能。然而，如果我们把上述种种都叫作洗脑，那就把洗脑这一概念大大地稀释了，泛化了。按照这种被稀释、被泛化的洗脑概念，共产党在搞洗脑，民主国家的政党也在搞洗脑，宗教团体、商业公司、社交媒体，乃至传销，也都在搞洗脑。共产专制国家有洗脑，自由民主国家也有洗脑。彼此彼此，半斤八两，充其量是五十步笑百步，只有程度上的差异，没有性质上的不同。这只会模糊人们对真正的洗脑的认识，无形中替真正的洗脑开脱了罪责。

我认为，严格的思想控制应该包括两个必要条件。1、控制者要能够控制不同思想和信息的传播。2、控制者要对不接受控制的人施加暴力惩罚。按照这种严格的定义，我们就可以把洗脑和一般的政治宣传、商业广告、宗教修行、社交媒体以及诸如此类区别开来。

三、思想改造运动有狭义与广义之分

思想改造运动有狭义与广义之分。狭义的思想改造运动，一是以思想改造冠其名，二是以特定社会群体为改造对象。

狭义的思想改造运动有两场。

第一场发生在 1951 年秋季到 1952 年秋季。1951 年 9 月 29 日，周恩来总理受中央委托，向北京、天津两市高校教师学习会作了〈关于知识分子的改造问题〉的报告。同年 11 月 30 日，中共中央发出〈关于在学校中进行思想改造和组织清理的指示〉。这场运动基本上结束于 1952 年秋季。

第二场发生于文化革命的中后期。1968 年 9 月 12 日，《人民日报》、《红旗》杂志评论员文章〈关于知识分子再教育问题〉。同年 12 月 22 日，毛泽东发出指示："知识青年到农村去，接受贫下中农的再教育，很有必要。要说服城里干部和其他人，把自己初中、高中、大学毕业的子女，送到乡下去，来一个动员。"[5] 这场运动随着文革的结束而结束（知识青年上山下乡运动直到 1978 年 10 月的全国知识青年上山下乡工作会议才宣布停止）。

　　这两场运动有三个不同点：一是作为改造对象的知识分子的含义有所不同，二是要求思想改造的理由有所不同，三是改造的方式有所不同。

　　在第一场知识分子思想改造运动中，作为改造对象的知识分子，是指那些"从旧社会过来的知识分子"，也包括"新解放区的大批青年学生，以及许多接受旧式教育或西方教育的知识分子"[6]。此前就参加了革命的知识分子不在其内；例如，从延安来的知识分子大体上就不在其内。在第二场运动中，作为再教育对象即思想改造对象的知识分子，是指"过去大量的高等及中等学校毕业生早已从事工作及现正从事工作的人们"，"这不仅涉及学校，而且涉及我们文教战线及干部队伍中广大的知识分子"[7]，还包括初中、高中和大学毕业的学生。——这几乎把所有的知识分子都一锅煮了。

　　在第一场知识分子思想改造运动中，进行思想改造的理由是，作为改造对象的知识分子是来自旧社会，曾经为旧社会服务，接受的是旧式的或西方教育，大部分又是出身剥削阶级，现在人虽然进了新社会，但是思想还不可能一下子转变过来，因此需要进行改造。第二场思想改造的对象包括了新社会成长起来的知识分子，但是过去17年的教育是资产阶级的教育，因此需要接受无产阶级的再一次教育，过去是在修正主义路线毒害下，接受资产阶级知识分子的教育，现在则需要在毛主席革命路线指引下，由工农兵给他们以再一次教育。

　　在第一场知识分子思想改造运动中，进行改造的主要方式是密集的政治学习，批评与自我批评，还有参观土改，参观工厂农村，接触工农兵；同时继续从事教育、文化、科学、技术等知识分子的工作。第二场知识分子思想改造运动也包含政治学习和批评与自我批评，但主要是到农村到厂矿或者到干校，直接从事工人、农民一样的体力劳动。

　　关于知识青年下农村，有必要多说两句。早在50年代，毛泽东就号召过知识青年到农村去。1955年，毛泽东说："全国合作化，需要几百万人当会计，到哪里去找呢？其实人是有的，可以动员大批高小毕业生和中学毕业生去做这个工作。""一切可能到农村中去工作的知识分子，应当高兴地到那里去。农村是一个广阔的天地，在那里是可以大有作为的。"[8] 在那时，毛泽东号召知识分子到农村去，着眼于知识分子可以发挥有知识的长处，促进农业生产和农村建设。这就和1968年毛泽东号召知识青年下农村有所不同。后者着眼的不是知识青年发挥有知识的长处推动农村发展，而是接受再教育，改造思想。当然，毛泽东在1968年号召知识青年到农村去有多种目的，所谓接受再教育只是目的之一，在很大程度上只是个名义。我这里无非是指出，文革中后期的知识青年下乡和50年代的知识青年下乡不是一回事。近些年来，中共当局又在号召和鼓励知识分子到农村到边疆。但这一次下农村到边疆，是着眼于农村和边疆的发展与建设，其性质和上世纪50年代那次知青下乡运动比较类似，而和文革中的知青下乡运动很不一样，不再有接受再教育即思想改造的意义。

以上讲到了两场狭义的思想改造运动。广义的思想改造运动则贯穿于整个毛时代，例如57年的反右运动，例如文革前的社会主义教育运动、文艺革命、教育革命，其中都有思想改造的成份。

四、延安整风与思想改造运动的区别

在很多方面，中共建政前的延安整风运动都和中共建政后的知识分子思想改造运动相当类似。我们可以说，延安整风是知识分子思想改造运动的先声。不过两者也有重大区别。延安整风是针对党内、革命队伍内的知识分子，49年后的知识分子思想改造运动是针对社会上的知识分子，或者是不分党内党外的。

我们知道，很多宗教团体、革命团体都热衷于在内部搞净化思想的集体活动。人们被要求当众检讨忏悔，其中少不了对自己的过错上纲上线痛加谴责。尽管在这种活动中，不少人也搞得灰头土脸，尊严扫地，在团体内部备受歧视，但是作为一种特殊群体的成员，他们仍然感到自己高人一等，高出那些他们这个天选群体之外的芸芸众生。

韦君宜在《思痛录》里就写到了这一点。作为投奔延安的知识青年，韦君宜和她的丈夫杨述都在整风运动中遭受精神伤害，但是等到革命胜利了，他们作为胜利者之一员进了城，立刻就有了很强的优越感。韦君宜写到："我们这些从老解放区来的知识分子，也一下子摆脱了长期受歧视的境遇，一变而为'老干部'"；"当时真是以新社会的代表者自居，信心十足的"[9]。而在"解放后"思想改造运动中的知识分子就无法有这种高人一等的骄傲了。这是因为前者能够以自己属于"革命队伍"而傲视其他大量的非革命队伍的人，后者却失去了这种对比与衬托：党高高在上，工农大众天然更革命，知识分子位于"人民"的最边缘。在这种巨大的精神压力下，知识分子又怎么抬得起头来呢？

五、三种改造与两种新人

在 1957 年 3 月中国共产党全国宣传工作会议上，毛泽东说："如果认为社会主义改造只是要改造别人，改造地主、资本家，改造个体生产者，不要改造知识分子，那就错误了。知识分子也要改造，不仅那些基本立场还没有转过来的人要改造，而且所有的人都应该学习，都应该改造。我说所有的人，我们这些人也在内。情况是在不断地变化，要使自己的思想适应新的情况，就得学习。即使是对于马克思主义已经了解得比较多的人，无产阶级立场比较坚定的人，也还是要再学习，要接受新事物，要研究新问题。"[10]

按照毛泽东的这段话，所有人都要改造，从阶级敌人到知识分子到工人、农民、共产党人。但略加思索便可发现，虽然说所有人都要思想改造，但是对于不同种类的人，改造的含义显然是不同的。改造至少有三种：地主、资本家以及罪犯的改造是一种改造，知识分子的改造则是另一种改造，工人、农民以及共产党人的改造又是一种改造。阶级敌人的改造，是改造成人民一分子；知识分子本来就属于人民，知识分子的改造，是改造成工人阶级一分子；工人本来就属于工人阶级了，工人的改造，是改造成工人阶级的先锋战士，是改造成社会主义新人、共产主义新人。

这种区别在毛泽东另外的讲话中可以看得很清楚。毛泽东在文革期间说，知识分子、知识青年要接受工农兵的再教育。毛泽东没说工农兵也要接受谁谁谁的再教育；换言之，工农兵不存在接受再教育的问题，工农兵不需要接受再教育。既然再教育的意思就是思想改造，那么毛泽东等于说工农兵不需要思想改造，这和前面毛说的工人、农民也要思想改造不矛盾吗？不矛盾。因为这两处说的改造不是一个意思。工人、农民不需要知识分子那种改造，工人、农民需要的改造是另一种改造。或者进一步说，工人、农民不需要思想改造。

关于新人，新人也有两种。剥削阶级份子通过劳动改造思想，成为自食其力的新人；工人、农民、共产党人通过不断的学习改造，成为社会主义新人、共产主义新人。前一种新人无非是成为人民一分子，后一种新人却是超凡入圣。这两种新人显然不是一回事。

由此我们可以得出一个结论，尽管在毛时代的中共论述中，思想改造一词出现的场合很多，次数频繁，其含义也很不一致，但是就这个词汇的本来的、严格的意义来说，它是专指知识分子的，它是专指对知识分子的思想改造。

修建古拉格，把阶级敌人关进劳改营，这是苏联及其他共产国家也做过的事。和中国树立雷锋这样的社会主义新人共产主义新人一样，苏联和其他共产国家也树立过自己的社会主义新人共产主义新人。但是，对知识分子这个群体长期实行一套名叫思想改造的政策，这却是其他共产国家都罕见，因而是极富"中国特色"的。

六、 思想改造不是正常的思想发展或思想演变

人的思想常常会发生变化,在大变动的时代尤其如此。这种正常的,人皆有之的思想发展或曰思想演变,和所谓思想改造根本不是一回事。正常的思想发展或思想演变,始终是一个独立自主的思想过程,事先并没有一套预定的结论。在整个思想发展过程中,一个人的各种具体观点可能发生重大的改变,但他始终是通过自己的独立思考,进而得出判断,什么是对的,什么是错。梁启超素以思想多变著称,他将之称为"今我"与"昔我"的交战,虽有今昔之别,但贯穿于其中的仍是同一个"我"。换言之,思想发展或思想演变的过程乃是一个独立思考的过程。

思想改造却与之不同。思想改造意味着对独立思考的否定。我们都还记得,在1957年的反右运动中,有不少人仅仅是提倡独立思考就被打成右派。所谓思想改造,要求一个人从一开始就承认党的思想、领袖的思想是对的。如果我的思想和党的思想、领袖的思想不一致,那必定是我错了,我必须按照党的思想、领袖的思想来改变自己的思想。因此它正好是思想发展或思想演变的反面。

七、 思想改造不同于儒家的修养和基督徒的忏悔

不少人把思想改造等同于儒家的修养或基督徒的忏悔。从表面上看,两者确有相似之处。例如中共提出的一些简单口号,破私立公,斗私批修,狠斗私字一闪念,确实和儒家提的"存天理去人欲"和基督徒的忏悔很相似。其实两者有根本的区别。儒家"存天理去人欲"中的人欲,基督教的原罪,都是指先天的、与生俱来的,因而也是每一个人都有的。而思想改造要求改掉的所谓资产阶级世界观却是后天的,是由某种特定的社会存在和所受的特定的教育形成的,因此只是某一类人有、而不是每一个人都有的。这再次说明,严格意

上的思想改造并不是针对所有人的，而只是针对某些特定的群体。

还要指出的是，改造不是塑造，再教育不是教育也不是继续教育，洗脑不只是把一套思想灌输进脑子里，而且是把脑子里原来有的脏东西清洗掉。中共从幼儿园就开始对国人灌输它那套思想。这叫塑造，叫教育，叫灌输，但不叫改造，不叫再教育，严格说来也不应叫洗脑。自改革开放伊始，中共就宣布知识分子是工人阶级的一部分，知识分子也是社会主义劳动者，从此不再提对知识分子思想改造。但是中共并没有放弃对国人进行意识形态灌输。很多人把这种思想灌输也叫作洗脑。按照我们先前所说，洗脑本来是思想改造的同义词，它是以设定被改造者接受过资产阶级教育，脑子里有资产阶级世界观这样的脏东西为前提，如今的中共已经放弃了这样的设定，因此中共现在的做法就不应该再叫洗脑了，正如我们都不再把它叫思想改造。只是因为很多人把中共现在的做法叫洗脑已经叫开了叫惯了，也就只好听任了，况且洗脑这个词汇本来就不是什么规范性的概念。不过我们在这里提醒这一区别还是必要的。

八、思想改造的几宗罪

思想改造运动的第一宗罪，是它迫使知识分子背上沉重的负罪感。它让知识分子感到，单单是因为你的知识分子身份，你就有原罪。

1987 年 4 月 17 日，巴金在致冰心的信中说：我"有时忽发奇想，以为从此自己可以摘掉知识分子的帽子，空欢喜一阵子。可是想来想去，还不是一场大梦？！不管有没有'知识'，我脸上给打上了知识分子的金印，一辈子也洗刷不掉了。可悲的是一提到知识分子，我就仿佛看见了我家的小包弟（巴金的爱犬——引者注）。它不断地作揖摇尾，结果还是给送进了解剖室"[11]。

请注意，巴金这封信是写于 1987 年。此时的知识分子早已脱帽加冕，脱掉了"资产阶级知识分子""臭老九"的帽子，被加冕为"工人阶级的一部分"，"同工人、农民一样是建设社会主义的重要依靠力量"；此时的巴金身兼全国政协副主席和中国作家协会主席，作为非党员知识分子，在中共体制内的地位已经达到顶端；可是他仍然难以摆脱毛时代的可怕梦魇，可见当年的思想改造运动把他的心灵糟践和扭曲到了何种地步，可见在当年，知识分子这个头衔是何等的不光彩。

思想改造运动的第二宗罪，是它打掉了知识分子的人格尊严。

思想改造的一堂必修课就是批评与自我批评。在共产党那里，所谓批评与自我批评就是：我批评，你自我批评。在批评过程中，共产党故意使用一些十分粗野的语言。例如它把当众暴露错误思想以便得到帮助改造这件事称为"脱裤子割尾巴"。这本身就表现出发话者对受话者的支配地位，就是对受话者人格尊严的公然嘲弄和侵犯。

在批评过程中，你的大事小事、公事私事，包括和亲友同学的闲谈，包括私人间书信往来，包括你的全部家庭背景历史背景以及你纯个人的生活习惯，无一不受到公开盘查和追究，无一不被揭发和要求作出交代。这就使你产生一种当众被剥光衣服的困窘与羞辱之感。索尔仁尼琴在《古拉格群岛》中写道，当政治犯们被押至劳改营时，第一件事就是当众剥光衣服全身搜查。其实在这里，搜查是假，羞辱是真。你对当众脱光衣服感到不安，有抵触吗？那正好证明你有"资产阶级"的虚荣心，知识分子的"死要面子"；那正好证明你尤其需要思想改造。党要你"亮私不怕丑，斗私不怕痛"，也就是要你彻底放弃你的人格尊严。

批评与自我批评旨在摧毁人的尊严，摧毁人的耻感。既然人人皆有耻感，那么，人们又如何会接受那旨在否定耻感的当众自我揭发、自我批判呢？原来，共产党在这里还巧妙地利用了人的耻感。它是利用耻感去摧毁耻感。

共产党宣布，广大知识分子的世界观都是资产阶级的或基本上是资产阶级的。这就预先把知识分子摆到了一个不那么光彩、不那么体面的位置上。由于共产党一手遮天，它很容易让自己的声音变成所谓社会舆论。我们知道，耻感具有他律性，也就是具有从众性。耻感强的人往往最在意周围舆论的评价，一旦"四面楚歌"，他就忍不住要"弃旧图新"了。本来，没有人愿意否定自己，可是在现在，否定自己倒成了肯定自己的必要方式。你只有承认自己落后才能证明你自己先进，而且还是越承认自己落后便越证明自己先进。不顾羞耻反而会赢得称许，反而会觉得光荣。这样一来，耻感非但没有成为自我揭发自我批评的阻力，反而倒成了它的动力。

在那些不肯自我揭发、自我批判的人方面，许多人也会困惑起来。当他们看到周围那么多人都在争先恐后地当众谴责自己，免不了会怀疑自己原先的厌恶心理是不是真的不对头。既然众人都讲出了许多坏思想，大概我自己也好不到哪里去。杨绛小说《洗澡》里写到，在目睹了一番群众性的自我揭发、自我批判之后，那个天真老实的知识分子许彦成真诚地说道："我常看到别人这样不好那样不好，自己却是顶美的。现在听了许多自我检讨和群众的批判，才看到别人和我一样的自以为是，也就是说，我正和别人一样地这样不好那样不对。我得客观地好好检查自己，希望能得到群众的帮助。"[12] 耻感既是他律的，因此大家都丢脸就似乎等于大家都不丢脸。正好像大家都脱光衣服，你就不再为自己赤身裸体而那么觉得不好意思一样。但是，耻辱终究是耻辱。假如说在知识分子之中大家还以为彼此彼此的话，那么在社会其他人的心目中，知识分子的形象则一溃千里，其社会地位一落千丈，而党的形象和权威则由此大大地增加了。

思想改造的第三宗罪是，它使得知识分子失去了道德良知，或者说，是失去了对固有良知的信赖。

良知，即道德感。这里的感是心灵之感而非感官之感。人因其具有普遍而超越性的道德感而成其为人。人心中的这种道德感既是显明的，又是暧昧的。一事当前，我们心中会产生一种特殊的感觉，觉得这件事是好还是坏，是善还是恶。我们认为别人也应该和我们具有相同的感觉。我们的这种感觉虽然是独立发生的，但倘若不和别人交流而获得他人的共鸣，它就只能是模糊的，它就难以获得清晰、获得确认。假如周围的人都异口同声地表示他们对这件事的感觉和我自己的感觉不一致甚至截然相反，我们就会感到困惑，我们就会对自己的感觉没把握、没信心，原本显明的感觉就会变得暧昧起来。

共产党一手遮天，它很容易造成舆论一律的假象，从而使得我们对自己的不同感觉惶惑不安。共产党又引入阶级的概念、立场的概念。它强调，真理是有阶级性的，是非善恶是有阶级性的。获得正确的认识和判断的前提是，你必须站在正确的无产阶级的立场。可是，立场并不是地理位置而是思想状态、思想境界，所以它不是你想站对就能站对的，不是你以为你站对了就站对了。你主观上想站在无产阶级立场上，可是由于你水平不高，觉悟有限，世界观还没彻底改造好，因而到头来你很可能还是站在资产阶级的立场上去了。

依据这样的逻辑，我们简直无法对自己出于道德感而生成的价值判断具有任何信心。从这里甚至可以引出一种颠倒的思考模式。既然由于我们的立场有问题，因此我们自以为是对的实际上很可能是错的，那么把它颠倒过来，我们把我们以为是对的说成是错的，负负得正，这不就对了吗？还真有人采取这种态度。文革初期，血统论横行。我读到遇罗克写的《出身论》，深以为然。我把《出身论》给一位很聪明的也是出身黑五类的同学，殊不料他一看就说是大毒草。多年之后我问他当时何以有这样的看法。他回答说，正因为我心底里认为《出身论》很有道理，考虑到我的出身有问题，因此立场也可能有问题，我以为是对的大概很可能是错的，所以我就说《出身论》是错的。

像上面这位同学那么走极端的人也许不多，但对大多数知识分子来说，他们至少是对自己出于良知的判断失去了信赖，再加上巨大的政治压力，于是他们就只好选择随大流，跟党走，放弃了社会良心的角色。而一旦知识分子对自己出自道德良知的独立的判断失去了信心，一旦知识分子放弃了社会良心的角色，作为一个群体的知识分子就不复存在了。思想改造摧毁的绝不只是知识分子，它摧毁的是人类的道德良知，摧毁的是人类的精神。

九、思想改造为何能够实行

思想改造有三大要件：封闭的社会，单方面的意识形态灌输和因人的思想、言论定罪。在这三大要件中，因言治罪是最关键的一条。

思想改造是在中共政治高压下进行的。恐怖是"新中国"政治舞台上唯一持续不变的背景，恐惧则是弥漫全社会的共同心态。

应当指出的是，这种恐惧感远比乍一看去的要广泛得多。一件事足以为证。假如你在非正式的场合向一位你信赖的长者——父母、老师或领导干部——交流思想，你谈到你对党、对领袖的理论、政策持有某种不同意见，或者仅仅是有所怀疑，对方常常不是心平气和地和你讨论，而是十分紧张地警告你"你这种思想很危险！"我们都明白，这里所说的危险，不是说你这种思想一旦付诸实施会给他人或给社会带来什么灾难，而是说你这种思想倘若公之于世必将给你个人造成极大的损害。在这里，你的观点并非由于错误因而危险，而是因为危险所以错误；对方不是站在是非的角度反驳你，而是站在利害的角度劝阻你。可见一般人之所以拒绝非正统的思想，首先是出于恐惧，出于对受惩罚的恐惧。

恐惧感当然来自被强制。不过有趣的是，当恐惧感强化到一定程度，当强制持续到一定阶段，我们常常会在自觉的意识层面上忘掉恐惧和强制的存在。人心都有趋利避害的习惯。一旦我们意识到某种思想是被严格禁止的，我们就常常会置之脑后，不再去思考它。于是，被动的强制就和主动的放弃互相结合。既然我们出于恐惧而不敢涉入禁区，那么由于我们不涉入禁区因而就不再感到恐惧。这一点在

"六四"之后的近几十年表现得尤为突出。"六四"屠杀给国人造成了强烈的恐惧,出于恐惧,多数人不得不远离政治;而一旦远离政治,他们就不再感到压迫的存在,因此他们就自以为生活得自在而潇洒。这时候,你要是提醒他们说他们实际上生活在恐惧之下,许多人大概还会不承认呢。

想当年,我们都信仰过毛泽东,但是我们的信仰往往不是批判性思考的产物,而是因为我们不曾怀疑。不曾怀疑的原因则是我们下意识地懂得怀疑会招致可怕的后果。也就是说,我们由于不敢怀疑而不去怀疑,由于不去怀疑而没有怀疑,到头来连我们自己都以为我们真是百分之百的信仰了。

乍一看去,既然共产党对知识分子如此猜忌,如此恶劣,那岂不会把知识分子推向对立面?那倒未必。一般人只知道迫害会导致反叛,他们不知道有时候迫害也会强化忠诚。因为受害者为了证明自己的清白,往往会表现得格外忠诚。正因为大多数知识分子本来并不是"反党反革命",当党指责他们"反党反革命",他们为了表明自己不反党不反革命,往往会表现得格外拥护党、格外拥护革命。

人的观点、态度可以影响人的行为;反过来,人的行为也可以影响人的观点和态度。起初,你是想反抗而不能反抗,不敢反抗,所以你没有反抗。然后你就会努力说服自己不必反抗,不值得反抗。人常常有一种把自身行为合理化的倾向。这就是强权能够扭曲人性、改造人心的原因。强权控制了你的外部行为,然后你就会改变内心的态度以便和自己的外部行为相一致。

十、为什么很多人都无法抵抗洗脑

在毛时代,我们看到,大部分知识分子都在思想改造运动中打了败仗。其间原因何在?

简单说来就是:面对一个庞大的、靠武力取胜的独占性权力,面对一场场残酷的杀一儆百、杀鸡吓猴的政治运动，面对当年一度席卷了小半个世界的红色浪潮，面对共产党那套包罗万象、以最新科学自命的意识形态以及众口一词、众口铄金的"舆论一律"，绝大多数知识分子不只是缺少勇气，而且缺少底气，即缺少单独的立场，缺少独立的、足以和官方相抗衡的精神资源或曰精神支柱，因而到头来自己都以为自己真是"错误的、反动的"，至少也是陷入迷茫，陷入自我怀疑，失去了自信。美国码头工人思想家、《狂热分子》一书作者埃利克·霍弗指出：当个人面对巨大的压力时，如果他只是孤零零的个人，那是不能抵抗的。"他力量唯一的源泉在于，他不只是他自己，他乃是某种强大的、光荣的、不可战胜的东西的一部分"。"在这里，信念问题首先是个认同的问题"[13]。 如果你在打击面前深信自己与主同在，与神同在，与人民同在，与历史同在，你感到自己有巨大的靠山，你就会有力量感。反过来，要是你无法相信这种种"同在"，你就会发现自己极其软弱无力。因为在这时，你感到你已经"从那构成生命本质的每一样事物中孤立了出来"（布哈林语）。

好在这种情况已经成为过去。国际共产阵营早已土崩瓦解，共产党那套意识形态早已彻底破产。在今天，一个异议人士可能迫于外部压力而不得不放弃公开抗争，但是他不会在内心放弃对自由理念的认同。他或许缺少足够的勇气公开表达自己的理念，但是他有足够的底气相信他秉持的理念乃普世价值。他或许怀疑自己坚持的理念能否在有生之年实现，但是他不怀疑这套理念必将取得最终的胜利。

十一、从"树立无产阶级世界观"到"不准妄议"

中共说，思想改造的目的，是为了让人们树立无产阶级世界观，用马克思主义、毛泽东思想武装头脑。但问题是，任何思想体系都可以引出不同的解读而人言人殊。一个自以为树立了无产阶级世界观，用马克思主义、毛泽东思想武装了头脑的人，完全有可能根据他理解的无产阶级世界观和马克思主义、毛泽东思想，去批判、去反对现实中的共产党政权乃至伟大领袖本人。文革一代应该记得，在当年，党一方面号召我们学理论，但另一方面对那些认真学理论的人又特别猜忌、特别不放心，因为党发现这种人很容易变成"反党反革命"。事实上，党要求知识分子思想改造，其目的绝不是要使大家树立无产阶级世界观，用马克思主义、毛泽东思想武装头脑。党的真正目的是使人们顺从，使人们驯化。思想改造运动，从它所标榜的那个似乎有些理想化的，复杂的，包含有内在歧义性的"树立无产阶级世界观"这一神圣目的，必须直接兑现为高度现实的，极为简单的，毫无争议余地的"和党中央保持一致"这一政治要求。用今天习近平时代的话，就叫"不准妄议"。在今天，思想改造那一套早已放弃，但是政治学习又被重新强化，个人崇拜死灰复燃。中共责令国人的最重要的一点就是"不准妄议"。这和当年的思想改造是一脉相承的。

注释：

1　Edward Hunter, *Brainwashing in Red China: The Calculated Destruction of Men's Minds.* New York, The Vanguard Press, 1951.

2　"Edward Hunter and the Origins of 'Brainwashing'". www7.bbk.ac.uk/hiddenpersuaders/blog/hunter-origins-of-brainwashing/

3　Edward Hunter, *Brainwashing: The Story of Men Who Defied It.* New York: Farrar, Straus & Cudahy,1956. Robert Jay Lifton, *Thought Reform and the Psychology of Totalism——A Study of "Brainwashing" in China.* New York: Norton, 1969.

4　杨绛：《洗澡》，香港：三联书店，1988 年。

5　1968 年 12 月 22 日《人民日报》，第一版，最高指示。

6　知识分子的思想改造运动，中共中央党史和文献研究院。 www.dswxyjy.org.cn/n1/2016/0122/c244520-28077377.html

7　《人民日报》、《红旗》杂志评论员：〈关于知识分子再教育问题〉，《人民日报》，1968 年 9 月 12 日。

8 毛泽东：〈《中国农村的社会主义高潮》的按语〉，1955 年 9 月、12 月。
   www.marxists.org/chinese/maozedong/marxist.org-chinese-mao-195509a.htm
9 韦君宜：《思痛录》，北京十月文艺出版社，1998 年，页 21。
10 毛泽东：《在中国共产党全国宣传工作会议上的讲话》，1957 年 3 月。
   www.marxists.org/chinese/maozedong/marxist.org-chinese-mao-19570312.htm
11 巴金：〈致冰心的信〉，1987 年 4 月 17 日
   difangwenge.org/forum.php?mod=viewthread&tid=21313&extra=page%3D1
12 杨绛：《洗澡》，页 207。
13 埃利克·霍弗，《狂热分子》，广西师范大学出版社，2008 年，页 57。

II

洗脑在中共政治运动中的实践

从"洗礼"到"洗脑"
——延安整风的历史定位

裴毅然

延安整风（1941 年 5 月～1945 年 5 月）乃中共经典"党故"（出思想出人才）[1]，前中宣部长邓力群（1915～2015）认为其："为中国革命的前进和胜利，奠定了不可逆转的基础。"[2] 延安整风也是毛泽东权谋的经典之作。共产国际驻延安联络员弗拉基米洛夫（1905～1958），1942 年 5 月一到延安就发现："整风运动无疑是想掩盖某些非常严重而毛泽东又十分需要的事情，正是他发起了这场运动。"[3] 中共一路宣扬延安整风为"全党思想洗礼"[4]，而我们则定义为"洗脑"，一字之差，史评逆转。

其实在 1944 年 2 月 22 日，弗拉基米洛夫日记中已出现"洗脑"一词：

> 整风的目的之一就是要对参加即将召开的党的七大的代表进行"洗脑筋"。代表们将要在党和全世界的面前赞同毛泽东的政治路线。[5]

意识形态乃制定法律的"法律"，为各种"主义"各种学说提供合法性（价值合理性）。"洗脑"的反动实质是：反理性、反常识，指非为是、指虚为实、颠倒价值序列、更换裁量标准、党性取代人性、阶级性取代自然性、没收党徒是非判断权，要求立场先于判断，忠诚高于是非。清华女生韦君宜（1917～2002），是 1936 年入共党、1939 年赴延安的老党员，她后来反思道："参加革命就准备好了牺牲一切，但是没想到要牺牲的还有自己的良心。"[6]

一、红色耶路撒冷

中共从成立起就悬帜"民主自由"。1931 年 11 月 7 日江西苏区《中华苏维埃共和国宪法大纲》第十条："有言论出版、集会结社的自由。"[7] 延安时期，中共继续向国府索要"民主自由"。1936 年 2 月陕北窑洞，毛泽东谓《大公报》记者范长江：

> 共产党希望中国走上宪政民主之路……为实现民主政治，共产党当可放弃土地革命、苏维埃和红军的名义；中国将来当然会成为资产阶级的民主政治。[8]

延安一时成为"中国的耶路撒冷"。1940 年代初投身赤营的燕京生李慎之（1923～2003），六十年后证实：

> 共产党高举抗日和民主的大旗。我们是带着自由、民主、解放的理想奔向共产党的。[9]

中共很清楚赴延青年这一心理。1942 年 5 月中共高层会议，毛泽东说：

> 和我们合作的知识分子不但是抗日的，而且是有民主思想的、倾向于民主的。没有民主思想，他们根本就不会来。[10]

但幻觉无法成为现实，1941 年 12 月 13 日赴延女知青赵文藻谓萧军：

外面有什么，此地有什么；古有什么，今有什么；不过换换样而已。[11]

1938 年 1 月，中共前上海临时中央局军委代书记王世英（1905～1968）调延安，很快感到别扭，向刘少奇吐槽：

回到延安，我感觉学了一些坏东西，自己不愿做的不愿说的，也得去做去说。不如此，人家就不高兴，感觉没有在秘密工作时期那样纯洁。[12]

屈从政治功利，倒置价值序列，延安士林背离五四方向的关键一步，也是之所以顺从接受中共"洗脑"的前提。

二、倒置贤愚

1942 年初，中共约有 80 万党员，"七七"事变后新党员占 90%[13]。如何卸载他们的五四理念换植"党性"，毛泽东很敏感，1937 年 9 月发表〈反对自由主义〉，列示 11 种"自由主义"[14]。《剑桥中华民国史》认为："在整风运动中，五四文学的两个特征——个人主义与主观主义，由肯定的价值变成了否定的价值。"[15] 自由成了负面的"自由主义"。一面挂幌"自由民主"，一面批判"自由主义"，方向已然悖反。自由乃民主的价值地基，没了"自由"，还需要"民主"吗？〈反对自由主义〉列入整风 22 个必读文件，每份文件翻来覆去学两三个月，"四到"——眼到（精读）、心到（深思）、手到（笔记）、口到（讨论）[16]。《解放日报》刊出学习心得："整风文件比我父母还亲"[17]。

中共以思想起家，一向重视"思想"，完全临摹赤俄。"当时的党中央都靠本本，就是马列的书本和共产国际的文件。拿本本来，是当时的话。"[18] 首先自我洗脑，再"洗脑"民众，左翼文学即"洗脑

91

文学"——推销阶级斗争。延安各校本就思想训练为主，抗大一期（四个月）课程：辩证法、列宁主义、中国革命史、统一战线理论、日本帝国主义分析、游击战和军事训练战术[19]。"七七"前，毛泽东每周二、四上午到抗大讲课，每次四小时，下午参加学员讨论[20]。1939年2月辟设中央干部教育部，部长张闻天（"总负责"兼中宣部长）[21]。

整风尚在酝酿，毛泽东已开始给延安知识分子"洗脑"。1939年9月25日延安大会，毛泽东说：

> 世界上最有学问的人，第一是工人、农民，"万般皆下品，惟有读书高"的观点是不对的，应当改为"万般皆下品，唯有劳动高。"[22]

毛泽东另一延安名言："许多所谓知识分子，其实是比较地最无知识的，工农分子的知识有时倒比他们多一点。"[23] 知识分子翻成"最无知识"，工农一跃成为至尊。倒置贤愚，露出共运反智化的狼尾。奈何延安士林迷醉共产幻景而接受阶级论，同时迫于抗日军情，未察觉此处原则性的"大事不妙"。

马列主义也不香了，原先争抢的马列书籍扔出窑洞。1938年赴延安的何方（1922～2017）忆曰：

> 整风一开始，马克思主义就不香了。整风期间不只是不学马克思主义理论，过去学过的，特别是搞理论工作的还纷纷检讨，似乎没学过理论的人倒还干净些，起码不用检讨……甚至有些老干部，如时任中办副主任的王首道，为了表示和教条主义决绝，竟将一些马列著作扔到了窑洞门外……原来人们感到很缺的马列著作，有些人又感到无用而多余，于是就拿到南门外新市场当废纸论斤卖了。[24]

"仓廪实而知礼节"（《管子·牧民》），先温饱才可能"知礼节"，富人必然先于穷人拥有文化，此乃财富与文化的天然函数。"阶级论"倒过来，文盲工农天然优越，有文化反而不干不净，得脱胎换骨"改造思想",接受工农再教育。可祖先经验只能通过文字承传,文盲工农如何继承?如何贤于文化人?

三、"初心"即歪

人性人权乃现代人文价值轴心,集体权利乃个人权利之合成。延安最隐蔽、最凶险的阴影——"无私",即原点之谬。1937年采访延安四个月的海伦·斯诺(1907~1997),对此感受强烈:"在延安,清教徒主义、禁欲主义以及斯巴达主义的哲学是绝对的。"[25]1946年,张家口华北联大文学系女生田赐未婚先孕,肚子日隆,投井自杀[26]。1947~48年冀中根据地,有不正当男女关系者拉出游街[27]。

中共规定投奔者必须接受"洗脑"(改造思想),因为你来自私欲汹汹的"旧社会",延安乃无私"新社会",须经改造才能融入。个人权利成了肮脏的"自私",人们失去保护自身权益的理论合法性、失去是非辨别资格,成了必须接受领袖牧养的"羔羊"。灭私抑欲,逻辑起点的哲学错误,"初心"即歪。

1942年5月延安文艺座谈会,贬低文艺价值(无非搬演工农兵),拉出永远无法达标的横杆——与工农相结合,利用宋明理学的"向内用力"(减欲入圣),赤徒们的自我崇高中成为信仰的跪奴(脱裤子、割尾巴)[28],以自辱免他辱,"自我贬损正在成为延安一般生活的特点"[29]。黄钢(1917~1993)说:"恨不得有时把自己拆散,然后再根据文件把自己重新建造起来。"[30]

中共还倒置一系列价值逻辑,1941年7月1日颁布〈增加党性的决定〉,狠批独立主义、个人主义,规定四大服从——个人服从组织,少数服从多数,下级服从上级,全党服从中央[31]。单极强调党员义务,回避相应权利,将奴性论证成崇高党性,以集中没收民主。〈决定〉发布后,延安热气骤散,许多活动减少或消失(此前遍地歌声、集会游行、纪念会、联欢会等);等级制、保密制、警卫制明显加强[32]。

陆定一还提出红色新闻学口号："把尊重事实与革命立场结合起来。"[33] 赤裸裸否定客观真实的唯一性，凿通真实二元论——当客观事实与革命立场发生冲突，事实要为立场让路，新闻要为政治服务。如忽略可触可感的"局部真实"（延安阴暗面），得以无法感知的"整体真实"为准。新闻政治化立场化，"政治第一"大大拦低延安人文视野，以政治功效检验文化，一切知识必须附属政治，否则便是"脱离实际"。

四、整风拐向

1941 年 9 月 10 日～10 月 22 日中共政治局会议拉开整风帷幕，王明、博古、张闻天、王稼祥等"国际派"受批判。1942 年 1 月，总负责张闻天因"很难在中央书记处继续工作……主动要求到农村去做调查研究"，让席毛泽东，以便毛部署整风[34]。毛泽东之所以发动整风，旨在追责第五次反围剿失败，逼迫王明"国际派"检讨，兼而打压周恩来"经验派"（1943 年 7 月召回周恩来，挨批六周）[35]，向全党宣示自己的"正确路线"，确立教主地位。不料，途中王实味、丁玲"跳出来"抢台，毛顺势将高层政斗的整风推向基层，以"路线斗争教育"整顿全党思想，从理论上没收全党的思想自由。

1942 年 2 月正式发文"整风"，号召向"主观主义、教条主义、宗派主义"开火[36]，树靶"党八股""本本主义"，剑锋明确指向"国际派"。延安一度出现类似 1957 年春天的"鸣放"，3 月中旬～4 月上旬，《解放日报》陆续发表一批杂文：丁玲〈三八节有感〉、王实味〈野百合花〉、艾青〈了解作家，尊重作家〉、罗烽〈还是杂文的时代〉、萧军〈论同志之"爱"与"耐"〉。毛泽东读到〈野百合花〉，怒拍于桌："这是王实味挂帅，还是马克思挂帅？"[37] 整风批评之火不是烧向王明教条主义"国际派"而是烧向当权派自身了。4 月初，毛召集高干学习会（文艺界仅周扬、丁玲出席），议题"批判〈野百合花〉"[38]。

王实味"挂帅"一时。康生（1898～1975）说："〈野百合花〉出来以后，中央研究院有 95%的人赞成。"[39] 王实味认为中央研究院整风委员会应民主选举产生，副院长李维汉（院长张闻天离延）则认为院室两级领导"当然成员"，大会表决 84:28 票，王实味派压倒多数[40]。1942 年 4 月 7 日中宣部召集中央研究院部分人员至杨家岭，"从上午九时一直到开到夜里十二时。会上的发言虽然甚为踊跃，但旗帜鲜明地反对王实味的，却只有李宇超同志一人。"[41]

抗大下发〈野百合花〉，要求讨论——

（学员）几乎众口一词地同意王实味的观点……大家说，对呀！写得挺好的呀！写的都是真的呀！而且普遍认为，革命队伍里确实有缺点，提出来是有好处的。要是提出来就批评，以后谁有了意见还敢提？革命队伍不就成了死水一潭吗？大家讲得兴高采烈，振振有词。

几天后图穷匕见——不是真要大家讨论而是动员批判！

大家一时转不过弯来，开会没人讨论，经过领导再三动员和积极分子带头，形势才扭转过来，大家才批判王实味和检讨自己的思想。[42]

科学、真理、正义，只能来自并接受质疑；拒绝质疑，社会便停止进步。整风后党代会发言须事先审查，开始喊领袖万岁，公然违反定期会议制（党章规定）[43]。1942 年 2 月 8 日延安举行"泽东日"集会，千余人聆听徐特立、萧三报告（介绍毛泽东生平），和毛秘书张如心的〈怎样学习毛泽东〉[44]。

五、"洗脑"法宝

理论炫惑、功利诱引、恐怖高压为"洗脑"三大法宝。1938 年延安枣园"敌区干部训练班"，毛泽东向学员画饼：

> 中国革命胜利以后，我们要建设一个怎样的国家呢？同志们，我保证你们每个人都有一座漂亮的洋房、一部美丽的小汽车，保证你们个个有出洋的机会。[45]

中国女大校长王明鼓动女生："你们要好好听课，将来革命成功了，你们都是中国的女县长！"一群文化很低的女孩立刻感觉"天降大任于斯人"[46]。

1939年，12岁灰娃（1927～ ）赴延安，晚年意识到被植入"精神木马"：

> 掌权者通过"新词"摊派真理，并用冗长的真理说服民众已经或将生活在一个何其幸福的国家之中。……"新词"乱飞，强制注射到人的血液，灌输黄金的梦想。[47]

延安青年普遍有接管全中国的政治冲动，弗拉基米洛夫有如下的近距离观察：

> 他们知识浅薄，尤其在政治和经济学科方面知识浅薄，却喜欢谈论一切问题，并希望有朝一日担任重要职务。
>
> 特区培养出来的党的干部，基本知识的水平很低，甚至学生也不都会看钟点，他们算术很差。……延安有很多青年是有献身于革命的理想的，不幸的是他们受了许多使人变蠢的宣传，他们注定是无所作为的了。看到这些青年被迫塞了这么多无用的窒息独立思考的东西，我感到很难过。[48]

国际共运本就是一出政治宗教，"洗脑"需要信徒配合，外因通过内因起作用，"新词"只有落入赤徒脑中才融化渗漫。沿流溯源，第一致因还是共产幻景，一信、二迷、三跟从，马列主义成为赤徒脑中无法甩脱的缠脚布。犹太裔英籍匈牙利作家阿瑟·柯斯勒（Arthur

Koestler, 1905~1983），1932 年参加德共，居俄一年，1938 年脱离共运，他描绘赤党的吸引力如下：

> 谁参加了共产党，若说他是"见到了光明"，那还不足以形容唯有其人才感觉到的精神上的愉悦。……拨开云雾见天日，新的光芒从四面八方射来，头脑为之一新……此后再也没有什么难题会扰乱其内心的平静。——他所担心的，就是怕以后这个信仰会幻灭，从而失去这个唯一使其生命值得活下去的信心，又回到黑暗中去。[49]

正因为坚信赤说正义、中共奉天承运，至少 1.5 万受尽"抢救"委屈的延安青年，均以"接受考验"自律[50]。加上"党总是正确的"，受冤后甚至失去自辩勇气。延安一代"洗脑"很彻底的名角：胡乔木、邓力群、艾思奇、丁玲、陈学昭、何其芳、刘白羽、林默涵、李成瑞、魏巍、马宾……

国府败台后深刻反省：军政失败的最大致因还是源于意识形态——未能阻截赤说扩张。很悲剧，马克思主义最早中译者并非共党，乃同盟会员朱执信（1885~1920），陈望道全译《共产党宣言》乃《星期评论》总编戴季陶之约稿[51]。1920~30 年代，国民党神圣党义"民生主义即共产主义"[52]。胡适很自责太注重学术，忽视思想斗争，未奋力驳赤，反以"言论自由"优容，以鼓励试验看待赤俄"社会主义实验"，助长赤潮腾涨[53]。1947 年"上海的'生活书店'可买到共产党的出版物，如毛泽东的《新民主主义论》《论联合政府》。"[54] 香港反共名士何家骅（1922~ ）："（国府）在大陆不是被枪杆子打败，而是给笔杆子打败的。"[55]

改造满脑"民主自由"的赴延知青，毛泽东体现出很强的政治敏感，运用阶级斗争论"兵不血刃"就大功告成——赴延知青一个个跪认"原罪"、听从训斥。赴延知青大多出身中产以上家庭（无产阶级鲜出读书郎）。尤其女青年，不是豪门千金就是中产闺秀。中央妇委 25 名延安中国女大毕业生，24 人出身地主、资本家，一人富农[56]。

"资产阶级知识分子"一词，斯大林的发明[57]。

毛泽东〈在延安文艺座谈会上的讲话〉直指靶心：

> 这些同志的立足点还是在小资产阶级知识分子方面，或者换句文雅的话说，他们的灵魂深处还是一个小资产阶级知识分子的王国。……要彻底地解决这个问题，非有十年八年的长时间不可。[58]

短期毕不了业呵！周扬一辈子没毕业，文革后仍认为自身缺点都是未能"与群众相结合"[59]。1921年由毛泽东、何叔衡介绍入党的李六如（1887～1973，诬叛徒冤死），1943年4月在延安反省："我以前自以为不错，自以为立场稳，整风后才知自己的政治水平低，'组织上入了党，思想上未入党'（毛泽东语）。"1925年入党的谢觉哉（1884～1971），也认为1940年才"思想入党"[60]。"思想入党"成为中共法器，要求信徒无限止"狠斗私字一闪念"。1943年12月1日，连王明都跪下来，致函政治局："我愿意做一个毛主席的小学生，重新学起，改造自己的思想意识，纠正自己的教条宗派主义错误，克服自己的弱点。"[61]

跪认"原罪"，自信心亏去一大截，接着强调"理想""效忠"，阶级性换下人性，颠倒是非成了"思想飞跃"——从资产阶级个人主义升华为共产主义战士。延安士林有人晚年悟识："听党的话，做党的驯服工具和螺丝钉，是延安整风运动和一路来对知识分子进行思想改造最根本的也是最直接的目的。"[62] 1958年5月《北京日报》发表社论〈共产党员必须是党的驯服工具〉，北京市委第一书记兼市长彭真（1902～1997）说：

> 做党的驯服工具是共产党员的最大志愿。[63]

六、抢救运动

1942 年 11 月西北局高干会议，毛泽东宣布："整风不仅要弄清无产阶级与非无产阶级思想（半条心），而且要弄清革命与反革命（两条心）。"12 月起，整风转入审干[64]。1943 年 4 月掀起"坦白运动"，5～6 月"坦白"高潮。7 月 15 日杨家岭中央大礼堂中直机关千人大会，彭真主持，12 名"特务"先上台坦白，会场气氛恐怖。接着，康生做〈抢救失足者〉报告："等你们一离开这个礼堂，就会发现你们之中又有很多人失踪！要是今天在这里参加会的许多人明天被关起来，你们不要大惊小怪！"[65] 当康生宣布已逮捕 200 余人，许多与会者"吓得面色苍白，茫然失神。"[66] 7 月 23 日弗拉基米洛夫："这个城市看起来像集中营。不让人们离开办公室和学校，现在已经是第四个月了。"[67]

大会轰、个别逼、车轮战、逼供信、软硬兼施、威胁利诱……。赴延知青终于领教红色恐怖。他们不知南方苏区早有狰狞"肃反"。毛泽东自述在井冈山亲令杀死地主全家（包括孩童），烧毁富家房屋[68]。1930～35 年间，各苏区所杀"自己人"至少十万。中共党史研家："短短几年间，处决了七万多'AB 团'、二万多'改组派'、6200 多'社会民主党'，这还只是有名有姓的受害者。"[69] 1931 年秋，鄂豫皖苏区大肃反，初中以上文化定为肃杀重点，徐向前："肃掉了 2500 名以上的红军指战员……凡是读过几年书的，也要审查。重则杀头，轻则清洗。"1937 年进入延安中央党校的红四方面军干部，许多人明明识字硬装文盲，唯恐识字遭清洗[70]。陆定一（1906～1996）："鄂豫皖苏区的创始人和四方面里的知识分子党员几乎被杀光了。"[71] 长征途中，胡耀邦被指"AB 团"，差点杀头[72]。

曾志（1911～1998），15 岁加入共党，参加湘南暴动、黄洋界保卫战，贺子珍好友，与毛泽东甚熟，因一段白区工作经历，在中央党校一部交代五六天，敲头揪发踢腿，逼她承认"特务"[73]。其夫陶铸（军委秘书长）在南京狱中表现坚强，也遭抢救，打成叛徒，气得暴跳如雷直骂娘[74]。周立波被周扬吊审七天七夜，延安保安处逼犯人喝尿。萧军感叹："鲁迅在延安也经不起整风"[75]。

延安保安处监狱关押三年的高原夫妇记述：

> 一个女人疯狂了，被光身囚禁在窑洞里，弄了浑身粪便；一个东北人被囚禁了六、七年，有肺病；……一个东北女人……上吊了……一个女人被强迫和一个科长结婚，生了一个孩子，如今也走了……

出席延安文艺座谈会的鲁艺教员石泊夫（1907～1982）被捕（诬"托派"），石妻精神崩溃，毒死三孩，点燃窑洞自杀[76]。鲁艺300余人，竟挖出了"特务"267名[77]！

边区四万干部学生挖出1.5万余"特务"[78]，"七七"后赴延知识分子90%以上疑为敌特，最主要的"抢救对象"[79]。1945年3月，蒋南翔（1913～1988）向刘少奇递〈意见书〉："陇东的外来知识分子，百分之九十九点几被'抢'（全陇东只有两个外来新知识分子未被'抢'）。'抢'得所有外来知识分子叫苦连天，怨声载道（这是我亲历的见闻）！"[80] 蒋遭批评[81]。

抗大校长徐向前（1901～1990）提供数据：

> （抗大）搞出特务分子、嫌疑分子602人，占全校排以上干部总数的57.2%。干部队伍共有496人，特务和嫌疑分子竟有373人，占75%以上。[82]

绥德开了十天反特大会，自动坦白280人，揭发190余人。绥德师范挖出230名"特务"（全校73%），都是十几岁的孩子。1944年初，绥德县"坦白运动先进典型报告团"，一位十二三岁小女生，坦白受国民党特务机关派遣，专搞腐蚀干部的"美人计"[83]。韦君宜："12岁的、11岁的、10岁的，一直到发现出6岁的小特务！"[84]（坦白英雄）有意加强自己的罪状，捏造自己没有做过的恶事，以证明其

'坦白'。"[85]"一二·九"运动也被指国民党的"红旗政策"[86]。

关于延安"国民党特务",有史料两则如下。

"军统"二把手唐纵日记（1942-8-23）：

> 现在延安很乱，可惜我们没有一个内线。[87]

1986年"中统"骨干万亚刚（1909～?）：

> 杜×（按：衡。中共陕西省委书记，叛徒）去西安办小型训练班，招训青年去延安"抗大"卧底，先后派遣二、三十人，都如断线的风筝，一去无踪。[88]

经过"抢救"，延安赤青深受教育，纷纷不写日记（免留痕迹），如何方[89]。文革后，延安老干部指悟识："文化大革命运动是延安整风审干运动的翻版。"[90]

抢救运动成为毛时代一大"党讳"——严禁任何语涉。此后，历经反右、反反右倾、文革、六四，寰内士林一次次噤声失语。1998年，李慎之：

> 一顿屁股打烂了。什么反思，其实就是害怕。我害怕，而且我看我周围的朋友也害怕，也说不上思想上的"转进"。[91]

恐惧，影响思想自由最大的因素，"洗脑"必备配置。

七、小知底盘

各国赤党均为小知党（高知纷纷离场）。1922年俄共党员文化程度：0.6%大学毕业，6.4%中学毕业，88.3%小学以下，4.7%文盲[92]。中共虽由受过正规教育的知识分子组建，但很快让位小知与"半知识分子"，第1～7届政治局大学毕业生比率极低，理论层次最高的留俄生也不理解民主自由的价值——解放人性、分权制衡、集智互订，及时纠错。中共从上到下不习惯多元异声，不耐烦复杂的民主程序。井冈山时期，红四军普遍抱怨："民主了半天，最后还是党代表说了算，主张实行'自下而上的民主'。"[93] 1940 年政治局讨论文化方向，张闻天提出"民族的、民主的、科学的、大众的"，毛泽东随后发言，删去"民主的"[94]。

四万余赴延知青也多为小知。1943 年 12 月 22 日中共书记处会议，任弼时说：

> 抗战后到延安的知识分子总共四万余人，就文化程度而言，初中以上 71%（其中高中以上 19%，高中 21%，初中 31%），初中以下约 30%。[95]

专科生（即高中以上 19%）不到八千人，81%中小学生，还多为肄业。就是大学文科生，也不过一点粗浅文史常识。李维汉苦口婆心劝勉进修干部养成阅读习惯——每天坚持读书五页[96]。中国女子大学陕干班童养媳折聚英（1919～2007），自剖加入红军动机是："'共产'我没啥产，'共妻'我也认了。"[97] 抗战结束，周恩来倡导学术研究，受到党内"那些认为地球是方的人"阻挠[98]。

中央研究院乃延安翰林院、最高研究机构，人员构成：68%无工作经历、84%只接受延安学校短训、79%为 20～30 岁青年[99]。该院始终未走出稍成模样的研究人员，绝大多数一生无研究能力，人生轨迹也很糟糕。极左女士草明、石澜等，不仅人生很失败，晚年文字亦相当粗糙。

胡乔木承认：

> 从整风以后，实际上很少有什么创造性的研究，要研究就要是毛主席说过的，没有说过的，没有人敢研究。……实际上以后党的理论水平越来越低，对马克思主义的知识越来越低。[100]

1936 年入共党的初中生张春桥(1917～2005),82 岁才通读《论语》:

> 这个月,我把《论语》通读了一遍。说来似乎好笑,我从小没有学过《论语》却是一个反对孔夫子的人。……我是十三经一经也没有读过。(1999-3-28)[101]

燕京经济系高才生李慎之晚年检点:

> 根本的原因就是文化太低、知识不足,不能把学问的新知识放在整个人类发展的历史背景中来认识。……六十年后回头看,我们这些进步青年其实什么都不懂,既不懂什么叫民主,也不懂什么叫共产主义。[102]

文化程度低,分辨力自然也低。弗拉基米洛夫:"在延安,我看到人们容易听信耸人听闻的和煽动性的谣言。"[103] 延安士林无人稍稍推演:资产阶级专政易为无产阶级专政,专政仍在,以暴易暴,非暴力民主何存?更重要的:既以无产为尊,还能求富吗?既然资产阶级是天然敌人,谁愿成为"社会公敌"?谁还敢富起来?个体失富,如何"共富"?不鼓励发动个人求富,集体如何得富?

延安士林普遍缺乏阅读社科理论书籍的兴趣,轻视欧美"资产阶级学说",喜欢呼朋引伴串门闲聊,很少有宁静致远的大气。被誉"学者型革命家"的乔冠华、龚澎夫妇,1949 年后似未啃过大部头著作,闲暇读物主要是文件及参考资料[104]。

1956 年英籍亲共女作家韩素音(1916～2012),与周恩来讨论民主后:

> 我转告周恩来说:"需要花二十年时间你们才能懂得民主的含义。"我所说的"你们",并非指周本人,而是整个共产党。[105]

八、控制信息

信息决定判断，提供怎样的信息，有怎样的媒体，就形成怎样的社会。控制信息，"洗脑"必备辅件，失去比较才能偏听偏信。思维同质逻辑同一，无法产生异质对抗，无法扳正自身逻辑。

1934 年 10 月长征前，赣闽中央苏区前后有 67 种报刊[106]；1941 年前延安尚能看到沪湘报纸[107]。1941 年春，毛泽东以"财政困难"裁并大部分延安刊物。很受欢迎的《共产党人》（张闻天主编）、《解放》《中国青年》《中国妇女》《中国工人》《中国文化》《八路军军政杂志》及所有文学刊物陆续停刊[108]。1943 年，延安只剩三张报纸——中共中央机关报《解放日报》、西北局机关报《边区群众报》（常用字四百，《解放日报》通俗版）[109]、仅供中高级干部的《参考消息》[110]。有违民主公开的信息层级化堂皇出台。

1942 年 2 月毛泽东派陆定一前往《解放日报》（凌驾博古之上），3 月 16 日中宣部下达〈为改进党报的通知〉，《解放日报》"由不完全的党报变成完全的党报""凡有转载，须经毛主席亲笔批示。"[111] 毛泽东关闭外界信息输入延安的唯一孔道（转载）。列宁取得政权后发布的第一道命令也是封闭所有非布尔什维克刊物；1922 年设立中央检查局，不得该局批准，任何消息不得见报、任何戏剧不得上演[112]。

1944 年中外记者团访延，副领队邓友德（国民党新闻局副局长）一眼看出：

> 你们的报纸不报道中央社的消息，有也不全，而且还放在很不重要的位置上。[113]

1943 年后，《解放日报》不仅是延安唯一时讯来源，还是"标准思想"出处。信息单孔道，大大方便做手脚。抗战胜利后林彪携张学思出关接收东北，东北共军迅速兵强马壮，除了从苏军处获得关东军的军火,还有一则长期遮掩的重要史实——"数十万伪满军人充实了共军"[114]。1956 年,毛泽东谓吴冷西:"我们现在实行的是愚民政策。"[115] 中共高层很清楚自身政权对封闭信息的依赖。1992 年北京中央档案馆,一位中共负责人指示:

鉴于苏东巨变深刻的历史教训,应该加强对档案工作重要性的认识。党的档案资料的保管,关系到中国社会主义的前途和命运。[116]

1944 年 6~7 月,重庆《新民报》主笔赵超构(1910~1992)采访延安 43 天,发现延安"思想一致"的原因:

许多延安人都向我们申诉过书籍杂志进口之困难,这使得他们的认识不得不局限于边区以内所能供给的资料之中。[117]

1958 年底,宋子文(1894~1971)也被"洗脑",发声香港:

对毛周极为佩服,中国空前强大,因而有了民族自豪感。

世界终须走向社会主义,因而不反对思想改造与人民公社,只是搞得操之过急。在人民公社展开之前,对大陆印象一切俱好。

从经济上看,中共政府绝不会失败。[118]

九、标准化

延安生活全程配给制(包括妇女卫生纸)[119]、集体宿舍毫无私密,类似今天传销窝点(集体食宿、没收手机、天天上课"洗脑")。延安各单位"唯一的工作就是开会""到处都是会议、口号、咒骂'教条主义者'和国民党的标语,还有神经紧张、面容憔悴的人们。"[120] 极易进入"集体共振"——言行一致、思想一致。所谓组织生活,就是互挑毛病、自挖丑陋思想,用一知半解的新词推导宏大结论,不知不觉完成"洗脑"，直至成为"标准产品"。

赵超构《延安一月》有专章"标准化的生活"——

> 除了生活标准化，延安人的思想也是标准化的。我在延安就有这么一个确定的经验，以同一的问题，问过二三十个人，从知识分子到工人，他们的答语，几乎是一致的。……他们对于国内外人物的评判，也几乎一模一样，有如化学公式那么准确。……另外一点标准化，依我个人的私见，觉得在"增强党性""削弱个性"的政策之下，延安人的思想、态度、品性、趣味、生活似乎都定型了。个性的差别是愈来愈狭小。

> 一般政治组织所要求的只不过是个人的一部分自由之让与；共产党所要求于党员的，则是贡献 90% 以上的自由。……一般共产党员的文化教育颇使我们失望……他们所要求的是忠实服从；至于头脑，则最好在进党之后，由党来负责教育。[121]

为应付记者采访，下发可能提及的二三十个问题，配附标准答案，要求默记背熟，以免答错。很快，预备问答成为"优良传统"，专门应付上级检查和外来参观[122]。1949 年后出口北韩，现在人家学得出于蓝而胜于蓝。

弗拉基米洛夫《延安日记》（1942～1945）里还说：

> 整风把毛的"思想"变成党的唯一的精神和政治食粮，很难指望党的干部和一般党员会有首创精神了。

> 我经常听到一套套标准的答话，而听不到一句生活的语言。不同的人，在表情上都是一个模样。

> 党员没有主见，思想超不出毛泽东指示的范围，使党丧失能动性，这在大会上（按：中共七大）已有表现。结果，毛主席一个人的"一贯正确的创造奇迹的头脑"，代替了千百万人的头脑。

> 对任何与"毛主席"持不同意见的人进行镇压，民主集中制已蜕化成为马克思所讥讽的由信仰而产生的奴隶制了。[123]

上下思想"标准化",极大提高贯彻"毛泽东思想"执行力。但也因失去不同声音,中共失去纠误止谬能力,1949年后眼睁睁看着毛泽东独裁祸国。

十、难出庐山

整风～坦白～审干～抢救,延安一代终成"新人"——牢牢铭记"毛泽东思想"(观察世界指导人生的绝对指南),一生交给党(非党勿视勿听勿言勿动)。

赴延知青、后任中组部常务副部长李锐(1917～2019)说过:

> 这(整风)以后在文艺界、思想理论界就有了一批无条件忠实于他(毛泽东)的人。这些人从延安一路出来,成为毛泽东1949年之后推行左的那一套的中坚力量。……没有这批人,毛的意愿不会那样畅通无阻的。这些人到死都服从于毛泽东所说的话、所作的事,一切都是从"保护毛"出发,是真正的凡是派。[124]

文革时期,中央专案组成员得意透露:最佳审查办法就是利用"对党忠诚"。凡遇审查对象阻抗,只要一说党还要他们、想挽救他们,审查对象就什么都认了。再大的官、再聪明的人,此时都变得蠢了,跟着专案组的示意招供[125]。

延安一代绝大多数终身难出赤色庐山,难以筛滤进入血液的赤色细胞,价值观始终偏斜走歪。1980年代初,港商想在深圳搞一块华侨墓地,1937年赴延安的香港新华分社社长王匡(1918～2003),坚决反对:"出卖国土,丧权辱国。"北京高层有人指斥深圳特区"新租界","经济上天,红旗落地"[126]。

还有一大批"红色斯德哥尔摩综合症",包括反出北京的叛逆者。1983～1990年香港新华分社社长许家屯(1916～2016,1938年入共党),"我虽'去国',但对马克思主义仍具信念,对中国共产党仍具信念"；"列宁、斯大林模式的失败，不是也不可能是整个社会主义理想和实践的终结、死亡。"许家屯认为社会主义、资本主义通过竞争互融互纳，要求继续给予马克思主义"实践时间"[127]。1987年1月被中共开除党籍的刘宾雁（1925～2005），"六四"后滞美，三词指共——残酷、虚伪、卑鄙[128][129]，却坚持"第二种忠诚"——不忠诚领袖、不忠诚组织，但忠诚共产主义忠诚红色理想，坚持公有制优于自由经济。1993年，刘宾雁认为将斯大林、毛泽东的暴政归咎马克思主义乃一大冤案。

如今，仍有一批流亡学者坚执"第二种忠诚"——反毛、反习、反共不反马列，一见反马列就跳脚，还在守护最后的红色堡垒。

十一、视邪为圣

人类文明史证明：只能一部分人先富起来，才能带动另一部分人后富起来，齐头共富不仅不可能，共产制只会摧毁既有社会生产力。因此私有制是人类文明的地基，资产阶级是历史前进的火车头，只有资产阶级才有能力理性推动社会进化。共产主义指私有制为万恶之源，以贫为尊、以富为罪，逆向行车，悖行只能得悖果。赵超构敏感指出延安"以反常为正常"：

边区的整个教育方针是排斥人文主义，着重经验主义，贬低理论水平，偏重实用技术……凡是依我们的标准认为是缺点的地方，在他们自己看来都是优点。我们认为这种教育限制了个性，他们倒觉得唯有如此，才能为群众服务。我们认为它太功利化，他们却以为这是"学用一致"。我们认为理论水平太低，他们的答复则是"实事求是"。

边区百姓也被"洗脑"。赵超构采访十几名工人：

他们都接受了一种简单的逻辑，认为"共产党的利益就是工人的利益，为共产党做工就是为自己做工"。当我问他们为什么要服从厂长，他们的答复就是："厂长是政府派的，政府是我们选的，服从厂长等于服从我们自己。"[130]

弗拉基米洛夫对"整风"很有洞见：

毛泽东正在砍伐掉世界上最伟大的民族文化之一的千年古树的森林。

他发出号召（毛泽东在"七大"），要继续无情地惩罚持不同意见的人，并使整风的镇压方法成为党的生活的一种制度。[131]

"延安整风"随着共军进城，1949 年后淘洗全国意识形态，将中国引入"阶级斗争"死巷、走向"无产"深渊。延安一代普遍缺乏传统文化、现代意识，自甘受缚一条条赤色逻辑，只接受"党的声音"，摒拒一切西方学说，形成一颗颗花岗岩脑袋。1990 年代，魏巍（1920～2008）："只要我们的星球不会倒转，共产主义的太阳就不会下沉！"[132]

以肤浅的一知半解批判社会，以道德激情煽动民众造反，再以政权暴力颠覆社会改造人性，最终得到天翻地覆的灾难。"伟大毛时代"政酷民贫，全国"三无"——无私产、无个权、无信息。很可怜的八亿赤奴，却以为是全球"伟大解放者"。中共整体歪斜度，一斑可窥。1950 年代毛泽东一直指陈云"老右"，1980 年代陈云成为阻碍改革开放的"老左"。

许家屯评点：

毛泽东不到西方世界看看，陈云深圳特区、广东都不肯到，真是大悲剧！[133]

经历一轮轮"洗脑"（思想改造、反右、反右倾、四清、文革），全体国人尽失"自我"，集体歪斜，积非成是。压迫成解放、苦难成幸福、歪理成真理、"四人帮"不是共产党……。全国人民必须照顾中共的政治利益，得按照中共定调评说中共党史、当代国史。

十二、致命"时间差"

甲午后西学东渐（从日本输入），在上海楔入再扩散各省[134]。寰内士林蔑弃国学，"尊西人若帝天，视西籍如神圣。"[135] 觅求速强药方。共产主义以终极解决一切社会矛盾诱俘激进左士（铲除私有制即可消灭一切纷争之源），立为"最新最佳"。传统国学乃吾华历史经验之结晶，自然形成的利益博弈之果，当时惟一御赤之闸、惟一验新之尺。左翼士林尽弃传统，否定国学检新资格，文化闸门轻易开启。

最新最美"主义"、最佳最灵药方、闪避资本主义诸弊，免走西方老路弯路，直接进入"大同"，岂非更妙？左翼士林视幻为实，凭想象迎抱十月革命，形成认识赤说的"时间差"。时间虽是最硬检验，但一切已在"风雨后"。社会文明也体现于灾难预防度。

北洋大学工科生陈立夫（1900～2001）一度也向往赤说：

> 我倒很向往于共产主义所说的一套，共产主义一向很容易煽惑青年人，所以同学之间，经常在传阅着马克思主义的书籍。有些同学还赞成了共产主义……[136]

1929 年，湖北省税务局长吴国桢（1903～1984）曾认为：

> 有一度我竟认为不管共产党有什么毛病，看来他们总愿意更多地为国家的福祉而奉献，因此我打算暂时放弃在中国的事业，到苏联去实地研究共产主义的运作。只是由于意外的天命，我在最后一分钟未能成行。[137]（按：赴俄船只被军方临时征用）

国府军统要角谷正文（1910～2007），"九•一八"后曾入赤营：

> 我年轻时代确然曾为共产主义的伟大理想而狂热振奋，我也不便批评我们的总统李登辉先生才情多寡，只是他年轻的时候，也曾经是忠实的共产党员，并且被我跟我的调查局同僚以共谋罪名逮捕下狱。[138]

国际共运实为一齣现实版〈等待戈多〉，一切美好悬系尚未到来的"戈多先生"。但千呼万唤的"戈多"不仅没上路，根本就没出门，因为这位乌托邦先生本就无法迈步。正如埃德蒙•柏克（Edmund Burke，1729～1797）评析法国大革命：

> 那些原则在于蔑视人类古老永久的观念，并把对社会的规划建立在新原则之上。
> 把共和国建在赌博之上。
> 当古老的生活见解和规则被取消时，那种损失是无法加以估计的。从那个时候起，我们就没有指南来驾驭我们了，我们也不可能明确知道我们在驶向哪一个港口。[139]

实践验伪，"洗脑"终究难掩赤灾。文革后，中国共运车轮渐滞，万水千山蹚出来的红色之路，后人无法跟进也不愿跟进。在2009年华中师大汉口分校师生座谈会，"90后"女生小谢说："喜儿应该嫁给黄世仁，年纪大一点也不要紧。"[140] 农村标语："谁致富，谁光荣！谁受穷，谁狗熊！"[141]

余英时认为文化老弱乃赤潮惨烈祸华之根柢：

> 在四十年代末期有什么客观的因素（如经济）决定着中国人非依照苏联的方式组织国家不可呢？分析到最后，我们恐怕不能不承认这是文化的力量。……由于中国文化的价值取向偏于大群体，近代知识分子比较容易为社会主义的理想所吸引。……中国今天具有这一

特殊的国家社会体制，追根溯始，应该说是文化思想的力量。[142]

儒家思想"大道之行，天下为公"（《礼记·礼运》）、"不患寡而患不均"（《论语·季氏》），"大同"圣说成为接应共产赤说的文化缺口。分娩西方的共产赤说着床东方，由东方买单试错，西方则成功摒拒，归根结底还是文化之力，赤说未能击穿西欧理性厚壁。十九世纪西方思想界已意识到社会主义对自由的威胁（以集体名义蔑弃个体）。1848 年，托克维尔（1805～1859）指出民主本质为个人主义，与社会主义相向对立：

> 民主扩展个人自由的范围，而社会主义却对其加以限制。民主尽可能赋予每一个人价值，而社会主义却仅仅使每一个人成为一个工具、一个数字。民主和社会主义除了"平等"一词毫无共同之处。但请注意这个区别：民主在自由之中寻求平等，而社会主义则在约束和奴役之中寻求平等。[143]

认识长一寸，文明向前进。进入十九世纪，西方国家法律观念普入人心，尊重财产权，政府保障公民权益并提供社会服务，人民也从切身利益认识到必须维护政府，普选制也使各阶层在议会拥有代言人，西方国家已建立防止暴力革命的机制，既能文斗何必武斗？所有赤色革命均发生在专制国家。

十三、"两头真"

"六四"后，延安士林大分化，出现一批"两头真"——青年老年求真，中年随伪。

2000 年 10 月，前中共总书记赵紫阳（1919～2005）说：

> 中国革命几十年了，仍然搞专制，应该说："此路走错了！"[144]

2001 年，1953 年入共党的红色作家邵燕祥（1933～2020）亦言：

我们经历了一个充满偏见的时代。……违拗人类普遍的文化共识和道德规范，违反常情常理常识……强制人们参与谎言的制造和传播。我们曾经被欺骗，我们也曾互相欺骗。我们不能再欺骗后人了。[145]

2003 年，李慎之深悔"为虎作伥"[146] ——

千千万万人（包括我自己在内）……跟错了一个十九～二十世纪在世界上号称最最革命的非主流思潮，使中国陷入了五十多年的最反动最黑暗的政治制度之中。[147]

2006 年，出走欧美的中国社科院副院长赵复三（1926～2015）道：

中共欺骗愚弄了全国人民。[148]

2007 年，原中国社科院日本所长何方（张闻天秘书）也反思道：

我们的路就根本上走错了。我们建设的不但不是具有无比优越性的社会主义，而且连我们一直在批判的资本主义都不如。因为资本主义总还是在发展，而且发展得很快，我们却在后退，相对说来也退得很快。……1955 年中国经济占全球份额的 4.7%，1980 年下降到 2.5%。……2005 年也仅占全世界总量的 4.1%。这就是说，我们后来这二十多年的快速发展，还没补够头二三十年的落后造成的差距，实在有点对不起祖先和后代。从这里也引出来一个问题，就是这些年来，我们究竟建设的是什么社会呢？[149]

2008 年，李锐认为中共南辕北辙走错路：

毛泽东们选择的"俄国人的路"，帮助中共党人经过共产革命，取得了执政地位，但是终究没有"根本解决"中国的问题。岂止是没有"根本解决"问题，简直就是同人类文明背道而驰，迟滞了国家走向现代化的进程……运动不已，生灵涂炭，几千万人非正常死亡，上亿人受到牵连，上演了一幕幕愈演愈烈的人间悲剧，使得国家、民族和社会付出了极为惨重的代价，迟滞了中国走向现代化的进程……甚而至于发生"六四风波"，动用军队弹压手无寸铁的学生和市民，导致了中国二十世纪的最后一场悲剧，所有这些，反思起来，都要从上个世纪"走俄国人的路"追根溯源。[150]

2011 年，延安红小妹灰娃总结说：

一个人的意志凌驾于十几亿之上，怪的是这十几亿人还一致拥护自己当奴才……十几亿人吃了饭不生产、不工作、不创造任何价值，用整整十几年的时间造谣打斗……我实在受不了啦！我厌恶这一切！

1989 年 6 月 4 日对待群众爱国请愿运动竟用比以往历史上更加残酷的手段武装暴力镇压。……时光流不走人们的伤恸。[151]

2012 年，《人民日报》社长兼总编胡绩伟（1916～2012）临终留语：

我所信仰的马克思主义是不是正确的真理？我参加的中国共产党是不是走错了路？
毛泽东的社会主义比法西斯主义还坏，比斯大林主义更残酷无情、野蛮、不公正、不道德、反民主、无可救药。[152]

真实既明，"主义"自倒。1970 年代戈尔巴乔夫访问西欧诸国，大吃一惊，"原先认为社会主义民主远比资本主义制度优越的信念动摇了"。1989 年叶利钦访美，"原先那一套陈旧的观点和信条全都破灭了"[153]。1983 年，邓小平从江苏的快速发展认识到市场经济的效率[154]。

结语

中共求功酿罪，1949 年的胜利无法遮掩赤色图纸的劣质，文革后赧颜恢复私有制、退回市场经济，已证共运失败。延安整风只能成为历史反面坐标，提供沉重史训。

受“洗脑”影响的三代人（大革命一代、延安一代、“解放”一代），无论理工还是人文均未出像样人才，未有值得称颂的“立功”“立言”。毛时代惟一尚能独立思考的顾准（右派），也只留下残篇断简。人才只能出自个人奋斗，创造性劳作必须孕于自由，失去“个权”合法性，失去“自由”母体，无因自然无果。“解放一代”学者钱理群（1939～　）认为：“我们所做的贡献是有限的……这一代人没有出过大师，甚至连思想家都没有，理论家也没有。”[155] 受前三代影响，红卫兵一代也未能出创造型人才。

中国共运“西风残照”，尚未“汉家陵阙”，大陆青少年还在被强行灌输“正确思想”。全国高校五门政治课（必修）：马克思主义哲学概论、马克思主义政治经济学原理、毛泽东思想概论、邓小平理论和三个代表、思想品德修养。文科再加一门：时事政治。博士论文评审专设“政治方向与价值导向”——

是否以马克思主义为指导思想；研究内容、学术观点的价值导向是否符合社会主义核心价值观。

2005 年 2 月央视《新闻联播》辟设“永远的丰碑”——追述一位位中共烈士，《新闻联播》开播以来最长栏目[156]。一则实行半个多世纪的“主义”，须靠夺政前的“抛头颅洒热血”呼唤认同，以途径壮烈证明目的崇高，牛头难对马嘴。1949 年后赤难惨巨，红色烈士很尴尬了，牺牲的意义呢？献身的价值呢？1921～1949 年有名可查红色烈士 370 多万[157]，难道他们的牺牲就是换来政酷民贫的罪恶毛时代？换来今天的"四不像"——马列主义的本子、社会主义的牌子、资本主义的路子、封建主义的班子？

中共至今高筑网络风火墙、组织网络水军、编段妖魔欧美、吹嘘"中国特色社会主义"、全力摒拒"普世价值"，扶撑红色意识形态（栓系政权合法性）。2012～2021 年全国马克思主义学院从百余家扩展至 1440 余所[158]……。延安图纸还在发酵，"洗脑"仍在进行时，"反洗脑"也就必须跟进，同志必须努力！

2022 年 12 月～2023 年 5 月　Princeton

注释：

1　《胡乔木回忆毛泽东》，北京：人民出版社，1994 年，页 303～304。

2　邓力群：《延安整风以后》，北京：当代中国出版社，1998 年，页 1。

3　（苏）彼得·弗拉基米洛夫：《延安日记》，吕文镜等译，北京：东方出版社，2004 年，页 22。

4　中共中央党史和文献研究院：〈延安整风运动：一场深刻的思想洗礼〉（2021 年 9 月 23 日）。www.sohu.com/a/491637987_178311

5　弗拉基米洛夫：《延安日记》，页 224。

6　韦君宜：《思痛录》，北京：人民文学出版社，2013 年，页 318、页 336。

7　《苏维埃在中国》，中国现代史资料编辑委员会（北京）1957 年翻印，页 19。

8　范长江：《塞上行》，北京：新华出版社，1980 年，页 199。

9　燕凌等编著：《红岩儿女》第 3 部（上），真相出版社（香港）2012 年，页 7。

10　《毛泽东文集》页 2 卷，人民出版社，1993 年，页 425。

11　萧军：《延安日记（1940～1945）》上卷，香港牛津大学出版社，2013 年，页 352。

12 段建国、贾岷岫：《王世英传奇》，罗青长审核，山西人民出版社 1992 年，
    页 245。

13 《胡乔木回忆毛泽东》，页 205。

14 《毛泽东选集》页 2 卷，人民出版社，1966 年横排本，页 330～332。

15 （美）费正清、费维恺主编：《剑桥中华民国史》下卷，北京：中国社会科学
    出版社，1994 年，页 546。

16 延安整风运动编写组：《延安整风运动纪事》，北京：求实出版社，1982 年，
    页 111。

17 经风：〈被整风唤醒了〉，《解放日报》（延安）1942 年 12 月 26 日。朱鸿召：
    《延安文人》，广东人民出版社 2001 年，页 155。

18 《胡乔木谈中共革命》，人民出版社，1999 年，页 98。

19 （美）尼姆·威尔斯：《续西行漫记》，陶宜、徐复译，三联书店（北京）1991
    年，页 76。

20 李志民：〈抗大抗大·越抗越大〉（之一），《中共党史资料》页 7 辑，北京：
    中共党史资料出版社，1983 年，页 33～38。

21 《胡乔木回忆毛泽东》，页 190。

22 《毛泽东年谱（1893～1949）》中卷，中央文献出版社，2013 年（修订本），
    页 141。

23 《毛泽东选集》第 3 卷，人民出版社，1966 年横排本，页 773。

24 何方：《党史笔记——从遵义会议到延安整风》上册，页 283。

25 《旅华岁月——海伦·斯诺回忆录》，华谊译，北京：世界知识出版社，1985
    年，页 265。

26 陈恭怀：《悲怆人生——陈企霞传》，北京：作家出版社，2008 年，页 178。

27 《我的人生——浩然口述自传》，北京：华艺出版社，2000 年，页 136。

28 胡乔木：〈教条和裤子〉（毛泽东修改），《解放日报》（延安）1942 年 3 月 9
    日（社论）。《胡乔木文集》第 1 卷，人民出版社，1994 年，页 47～50。

29 （苏）彼得·弗拉基米洛夫：《延安日记》，页 175。

30 黄钢：〈平静早已过去了！——鲁艺论辩特写〉，《解放日报》（延安）1942 年
    8 月 4 日。

31 中共中央文献研究室、中央档案馆：《建党以来重要文献选编（1921～1949）》
    第 18 册，中央文献出版社，2011 年，页 443～446。

32 《从延安一路走来的反思——何方自述》上册，香港：明报出版社，2007
    年，页 102～103。

33 陆定一：〈我们对于新闻学的基本观点〉，《解放日报》（延安）1943 年 9 月 1 日。

34 《胡乔木回忆毛泽东》，页 193、页 272。

35 （英）韩素音：《周恩来与他的世纪》，北京：中央文献出版社，1992 年，页 235～238。

36 〈中共中央宣传部关于进行反主观主义反教条主义反宗派主义反党八股给各级宣传部的指示〉（1942 年 2 月 11 日），《建党以来重要文献选编（1921～1949）》第 19 册，页 81～83。

37 《胡乔木回忆毛泽东》，页 449。

38 丁玲：〈延安文艺座谈会的前前后后〉，艾克恩编：《延安文艺回忆录》，北京：中国社会科学出版社，1992 年，页 62。

39 宋金寿：〈为王实味平反的前前后后〉，《中共党史资料》第 50 辑，北京：中共党史出版社，1994 年，页 137。

40 王实味：〈答李宇超、梅洛两同志〉（《矢与的》板报页 3 期），《王实味文存》，上海三联书店，1998 年，页 141、页 326。

41 温济泽等：《延安中央研究院回忆录》，北京：中国社会科学出版社、湖南人民出版社，1984 年，页 124、页 137。

42 《从延安一路走来的反思——何方自述》上册，页 106～107。

43 何方：《党史笔记——从遵义会议到延安整风》上册，页 294、页 103。

44 高华：《红太阳是怎样升起的》，香港中文大学出版社，2000 年，页 606～607。

45 司马璐：《斗争十八年》，香港：亚洲出版社，1952 年，页 71～72。

46 蒋巍、雪扬：《中国女子大学风云录》，北京：解放军出版社，2007 年，页 147。

47 《我额头青枝绿叶——灰娃自述》，香港：天行健出版社，2011 年，页 139。

48 弗拉基米洛夫：《延安日记》，页 53～54。

49 （美）Richard Pipes：《共产主义实录》，郭新民译，民主中国出版社（美·普林斯顿）2005 年，页 109。

50 何方：《党史笔记——从遵义会议到延安整风》上册，页 233～234；《从延安一路走来的反思——何方自述》下册，页 535。

51 王来棣：《中共创始人访谈录》，纽约：明镜出版社，2008 年，页 21、页 40、页 80。

52 罗隆基：《政治论文》，上海：新月书店，1931 年，页 259。

53 （美）J·B·格里德（Jerome.B.Grieder）：《胡适与中国的文艺复兴》，鲁奇译，江苏人民出版社 1996 年，页 336。

54 阮铭:〈自由的追求与毁灭〉,《开放》(香港)2009 年 10 月号,金钟主编:《三十年备忘录》,开放出版社(香港)2017 年,页 306。

55 何家骅:〈国民党大陆失败的原因〉,《开放》(香港)2009 年 10 月号,金钟主编:《三十年备忘录》,页 300。

56 蒋巍、雪扬:《中国女子大学风云录》,页 134。

57 高华:《革命年代》,广东人民出版社,2010 年,页 210。

58 《毛泽东选集》第 3 卷,北京:人民出版社。1966 年横排本,页 814 页。

59 赵浩生:〈周扬笑谈历史功过〉,《七十年代》(香港)1978 年 9 月号,页 32。

60 《谢觉哉日记》上册,北京:人民出版社,1984 年,页 454。

61 《胡乔木回忆毛泽东》,页 298。

62 李普:〈两个相反的典型——谈李锐并范元甄〉,《同舟共进》(广州)2001 年第 12 期,页 20。

63 邵燕祥:〈从 1957 到 2007〉,丁抒主编:《五十年后重评"反右"》,香港田园书屋,2007 年,页 9。

64 中共中央党史研究室:《中国共产党历史大事记(1919 年 5 月~2005 年 12 月)》,北京:中共党史出版社,2006 年,页 103。

65 弗拉基米洛夫:《延安日记》,页 140~141。

66 《峰与谷——师哲回忆录》,北京:红旗出版社,1992 年,页 197。

67 弗拉基米洛夫:《延安日记》,页 146。

68 张国焘:《我的回忆》第 3 册,北京:东方出版社,1998 年,页 362。

69 景玉川:〈富田事变及其平反〉,《百年潮》(北京)2000 年第 1 期。杨天石主编:《史事探幽》上册,上海辞书出版社,2005 年,页 169。

70 《成仿吾传》编写组:《成仿吾传》,中共中央党校出版社,1988 年,页 111。

71 陆定一:〈模范党员,一门忠烈——悼廖承志同志〉,《人民日报》1983 年 6 月 19 日,第 6 版。

72 《走向混沌:从维熙回忆录》,广州:花城出版社,2007 年,页 131。

73 曾志:《一个革命的幸存者》,下册,广东人民出版社,1999 年,页 335~336。

74 李逸民:〈参加延安抢救运动的片断回忆〉,《革命史资料》第 3 辑,北京:文史资料出版社,1981 年,页 37。

75 《萧军全集》第 20 卷,北京:华夏出版社,2008 年,页 219、页 1、页 16。

76 高慧琳编著:《群星闪耀延河边:延安文艺座谈会参加者》,人民文学出版社 2012 年,页 78。

77 高浦棠：〈《讲话》公开发表过程的历史内情探析〉，梁向阳、王俊虎主编：《延安文艺研究论丛》第 1 辑，陕西人民出版社，2012 年，页 46。

78 《胡乔木回忆毛泽东》，页 280。

79 何方：《党史笔记——从遵义会议到延安整风》上册，页 365。

80 蒋南翔：〈关于抢救运动的意见书〉，《中共党史研究》（北京）1988 年第 4 期，页 70～71。

81 高华：《红太阳是怎样升起的》，香港中文大学出版社 2000 年，页 465。

82 徐向前：〈抗大整风与白雀园肃反〉，朱鸿召编：《众说纷纭话延安》，页 152。

83 金城：《延安交际处回忆录》，北京：中国青年出版社，1986 年，页 178。王素园：〈陕甘宁边区"抢救运动"始末〉，《解放日报》（延安）1943 年 9 月 22 日。

84 韦君宜：《思痛录》，北京：人民文学出版社，2013 年，页 10。

85 赵超构：《延安一月》，上海书店，1992 年，页 226。

86 蒋南翔：〈关于抢救运动的意见书〉（1945 年 3 月），《中共党史研究》（北京）1988 年第 4 期，页 64～66。

87 李锐：〈关于防"左"的感想与意见〉，《李锐论说文选》，北京：中国社会科学出版社，1998 年，页 58。

88 万亚刚：《国共斗争的见闻》，台北：李敖出版社，1995 年，页 272。

89 《从延安一路走来的反思——何方自述》上册，页 95、页 117。

90 李普：〈哀李炳泉之死〉，《炎黄春秋》（北京）2009 年第 7 期，页 50。

91 李慎之、杜维明：〈自由主义与中国〉，《中国社会科学季刊》（香港）1999 年冬季号，页 67。

92 （美）Richard Pipes：《共产主义实录》，页 170 页。

93 余伯流、凌步机：《中央苏区史》，江西人民出版社，2001 年，页 112。

94 何方：《党史笔记——从遵义会议到延安整风》上册，页 89。

95 《胡乔木回忆毛泽东》，页 279。

96 李维汉：〈中央干部教育部与延安干部教育〉，《中共党史资料》第 13 辑，北京：中共党史资料出版社。1985 年，页 7。

97 蒋巍、雪扬：《中国女子大学风云录》，页 155。

98 （英）韩素音：《周恩来与他的世纪》，页 269。

99 温济泽等：《延安中央研究院回忆录》，页 113。

100 《胡乔木谈中共党史》，人民出版社，1999 年，页 131。

101 《张春桥狱中家书》，香港中文大学出版社，2015 年，页 181、页 230。

102 李慎之：〈革命压倒民主〉，笑蜀编：《历史的先声》，香港博思出版集团有限公司，2002 年，页 28 页、页 30。

103（苏）彼得·弗拉基米洛夫：《延安日记》，页 68。

104 乔松都：《乔冠华与龚澎——我的父亲母亲》，北京：中华书局，2008 年，页 296。

105（英）韩素音：《周恩来与他的世纪》，页 338。

106 余伯流、凌步机：《中央苏区史》，江西人民出版社，2001 年，页 812～824。

107 李南央编：《父母昨日书》上册，香港：时代国际出版公司，2005 年，页 229、页 236。

108 王明：《中共五十年》，徐小英等译，北京：东方出版社，2004 年，页 14。曾彦修：〈我认识的胡乔木〉，《炎黄春秋》（北京）2010 年第 8 期，页 38。

109《青春岁月——胡绩伟自述》，河南人民出版社 1999 年，页 181、页 175。

110 朱鸿召：〈唯读《解放日报》〉，《上海文学》2004 年页 2 期，页 78、83～84。

111 舒群：〈枣园约稿宴〉，朱鸿召编：《众说纷纭话延安》，页 299。

112（美）Richard Pipes：《共产主义实录》，页 78。

113 赵超构：《延安一月》，上海书店 1992 年，页 216。

114《张发奎口述自传》，北京：当代中国出版社，2012 年，页 329～330 页。

115 李慎之：〈"大民主"与"小民主"一段公案〉，《百年潮》1997 年第 5 期，页 48。

116 高华：《红太阳是怎样升起的》，页 654。

117 赵超构：《延安一月》，页 3、页 79。

118 新华社：《内部参考》页 2671 期（1958 年 12 月 29 日），页 12～13。

119 黄炎培：〈延安五日记〉，黄炎培：《八十年来》，北京：文史资料出版社，1982 年，页 138。

120 弗拉基米洛夫：《延安日记》，页 42、页 124。

121 赵超构：《延安一月》，页 78、页 169～170、页 85～86。

122 何方：《党史笔记——从遵义会议到延安整风》上册，页 284 页。（苏）彼得·弗拉基米洛夫：《延安日记》，页 240。

123 弗拉基米洛夫：《延安日记》，页 111、页 541、页 167。

124 李锐：〈我的延安经历〉（三），《争鸣》（香港）2011 年 8 月号，页 63。

125 程光：《心灵的对话》下册，北星出版社（香港）2011 年，页 772～773。

126《许家屯香港回忆录》上册，香港联合报公司 2008 年，页 23。

127《许家屯香港回忆录》下册，页 454、页 521、页 523、页 536。

128 刘宾雁：〈我们心上的毛泽东〉，《开放》（香港）1993 年 10 月号。金钟主编：《三十年备忘录》，页 16。

129 《八十三封书信——许良英、李慎之书信集》，北京：同心同理书屋，2010 年，页 60。

130 赵超构：《延安一月》，页 150～151、页 207。

131 弗拉基米洛夫：《延安日记》，页 235、页 538。

132 魏巍：〈写在汨罗江畔〉，《中流》（北京）1990 年第 1 期（创刊号），页 11。

133 《许家屯香港回忆录》上册，页 251。

134 蒋梦麟：《西潮》，天津教育出版社 2008 年，页 173。

135 邓实：〈国学保存论〉，《政艺通报》（上海）1904 年页 3 号。转引自严寿澂：〈章太炎国学观略论〉，《饶宗颐国学院院刊》（香港浸会大学）页 5 期（2018 年 5 月），页 399。

136 《成败之鉴——陈立夫回忆录》，台北：正中书局，1994 年，页 29。

137 吴国桢：《夜来临》，吴修垣译，香港中文大学出版社，2009 年，页 110。

138 谷正文：《白色恐怖秘密档案》，台北：独家出版社，1995 年，页 241。

139 （英）柏克：《法国革命论》（1790），何兆武等译，北京：商务印书馆，2009 年，页 214、页 250、页 104。

140 李艳祥：〈"愿嫁黄世仁"的深层社会原因〉，《北京文学》2011 年页 12 期。张丽军：〈90 后"白毛女"为什么愿嫁"黄世仁"〉，《探索与争鸣》（上海）2010 年第 8 期。https://www.sssa.org.cn/xszm/661275.htm

141 李铭：〈乡村标语〉，《当代工人》（沈阳）2009 年第 5 期。

142 余英时：《文史传统与文化重建》，北京三联书店，2004 年，页 497。

143 （法）托克维尔：〈在制宪会议上关于劳动法问题的演讲〉，转引自哈耶克：《通往奴役之路》，王明毅、冯兴元等译，中国社会科学出版社（北京）1997 年，页 30 页。

144 《赵紫阳还说过甚么？——杜导正日记》，天地图书公司（香港）2010 年，页 167。

145 邵燕祥：《找灵魂》，桂林：广西师大出版社，2004 年，页 11（引言）。

146 《李普自选集》页 2 册，纽约：柯捷出版社，2010 年，页 246。

147 李慎之：〈中国现代化的目标是民主〉，《李慎之文集》上册，2003 年自印本，页 10。

148 赵复三：〈总结五四经验·开辟历史道路〉，《明报月刊》（香港）2006 年 5 月号，页 61。

149 何方：《从延安一路走来的反思》下册，页 712～713。

150 李锐：〈追溯中共初创时期的历史〉，《炎黄春秋》2008 年第 8 期，页 44。

151 《我额头青枝绿叶——灰娃自述》，页 150、页 241。

152 蜀声、金台人主编：《一生追求老时醒——胡绩伟纪念文集》，香港：卓越文
    化出版社，2013 年，页 23、页 73。

153 （美）Richard Pipes：《共产主义实录》，页 90。

154 《许家屯香港回忆录》上册，页 9 页。

155 〈钱理群写给下一代的精神遗嘱〉，《中国新闻周刊》（北京）2007 年 12 月 31
    日。《文摘报》（北京）2008 年 1 月 6 日摘转，版 5。

156 CCTV 节目官网：《永远的丰碑》，
    http://tv.cctv.com/2015/04/16/VIDA1429153631673782.shtml

157 曲青山：〈中国共产党百年辉煌〉，共产党员网，
    www.12371.cn/2021/02/03/ARTI1612312034986417.shtml

158 〈全国有多少马克思主义学院？全国有多少马克思主义学院？〉
    club.6parkbbs.com/finance/index.php?app=forum&act=threadview&tid=1474
    4578

为什么"思想改造运动"
对知识分子的洗脑能够成功?

宋永毅

关于中国大陆知识分子思想改造运动的源起,学界一般认定为是 1951 年 9 月 7 日。届时北大校长马寅初写信给总理周恩来、并通过他敦请毛泽东等中共领导人来校园指导教师的政治学习。但是,"思想改造"作为一个专用名词,和后来发展成的一个大规模的政治运动,还是不同的,或者说有一个演绎过程。

中共的正式文件中出现这一提法,迄今为止可以找到的,最早是〈中共中央东北局关于知识分子的决定〉(1948 年 7 月 15 日),文件里对中共的知识分子政策做了七项具体的规定,如:

(二)干部学校的学生,一般采取思想改造的办法,只有最后证明不能改造时才加以洗刷。……

(三)普通中学内继续进行思想改造的方针:一般拒绝招收地主富农子弟是不应该的。在已有党的领导的中学内,只要房屋条件许可,均应大批招生,经过思想改造,介绍参加工作或进其他干部学校。[1]

在 1949 年的中共建政前后,中共不少领导人就已经在他们的重要报告中把思想改造作为一个重要的任务提出来了。例如,1949 年 4 月 12 日,当时的团中央负责人冯文彬在中国新民主主义青年团第一次全国代表大会上的报告就提出"新解放城市的学校中，青年团应首先协助教育机关和学校行政有步骤地和有计划地开展思想改造、学习改造运动"[2]。再如，1949 年 10 月 20 日，时任华北人民政府主席兼高教会主任委员董必武在华北高等教育委员会第四次常委会及最后一次全体委员会议上就提出了对各大学"员工的思想改造"[3]。因此，思想改造很快成了一个非常流行的政治俗语，一般用来泛指旧社会过来的各类人，尤其是知识分子的思想转变方法过程。当然，这样的思想改造离开惨烈地大整知识分子全国性的"思想改造运动"仍然还有一年之遥。中共在这段时间内没有发动大规模的"思想改造运动"，并非它主观上不想，而是和客观上它还没有占领全中国（比如南方），更无力插手和控制全国的大专院校事务的现状有关。

自由派知识分子的自觉检讨的初潮及其背景

尽管中共还没有来得及发动思想改造运动。令人吃惊的是那些已经在国内成名的中国自由主义知识分子却急不可耐地在中共刚进城后便躁进输诚，开启了一个自我思想改造的检讨高潮。

北京大学教授朱光潜，在 1949 年 11 月 27 日的《人民日报》上发表了〈自我检讨〉一文，首开了的全中国有名望的知识分子用"检讨"为主题和标题向中共表白的先河。当时朱光潜的身份还不仅是北大教授、还是美学研究权威和国立北平研究院院士，并曾是国民党中央监察委员，还一贯标榜为自由主义作家。朱在他的检讨中说：

(我)开始读到一些共产党的书籍，像共产党宣言、联共党史、毛泽东选集以及关于唯物论辩证法的著作之类。……从对于共产党的新了解来检讨我自己，我的基本的毛病倒不在我过去是一个国民党员，而在我的过去教育把我养成一个个人自由主义者，一个脱离现实的见解褊狭而意志不坚定的知识分子。[4]

朱光潜的检讨切中了要害：问题的关键并不在于他"过去是一个国民党员"，而是"个人自由主义者"，即有知识分子的独立性。而他的检讨正是向中共表明他愿意放弃这一独立性。由此可见，在这一知识分子的自我检讨大潮背后的，首先是面对强权的独立或依附的抉择。

无独有偶，另一个一直被认为是自由主义知识分子的冯友兰在1949年10月5日—被邀请在参加10月1日建政典礼后的第五天，就直接给毛泽东写信效忠了。他在信中做了他人生的第一次检讨：

我于欢喜之中，感觉到十分愧悔，因为在过去我不但对于革命没有出过一分力量，并且在对日抗战时期，与国民党发生过关系，我以前所讲的哲学，有唯心及复古的倾向。这些在客观的社会影响上说，都于革命有阻碍。各方面对于我的批评我都完全接受，但是我也要表示，我愿意随着新中国的诞生，努力改造我自己，作一个新的开始，使我能跟着你及中国共产党，于中国的建设中，尽一分力量。

冯友兰最后向毛个人保证：

我愿意随着新中国的诞生，努力改造我自己，做一个新的开始，使我能跟着你及中国共产党，于中国建设中，尽一分力量。[5]

据说，当时的知识分子直接向领袖个人效忠已蔚然成风。北京中国地质学会第二十五届首都区年会向伟大人民领袖毛主席致敬电文中就表示："今后要更坚决地永远跟着您走，接受革命的政治教育，努力提高业务水平，全心全意地为人民服务"——从此这类集体、个人的"表忠拥护"，或言必"主席万岁"已约定俗成[6]。据梁漱溟先生回忆：在1949年10月1日的国庆观礼台上，他亲眼目睹郭沫若代表各民主党派和无党派知识分子向毛泽东献锦旗，旗帜上竟然写着："我们永远跟着您走。"梁漱溟先生看后心里直摇头[7]。而当时的郭沫若，正是被毛泽东放到副总理位置上的党外知识分子（其实是中共秘密党员）。由此看来，中国知识分子还是后来荼毒文革的毛崇拜的创始人之一呢？！

差不多和朱光潜、冯友兰一起同时愿意放弃一个自由主义的知识分子的独立性，在各地官方报纸上写检讨文字实在不胜枚举，这里再列出一些有影响力的知识分子：

姓名	标题	出版物	身份介绍
裴文中	〈我学习了什么？〉	《人民日报》1949年10月11日	北大教授，古生物学家，九三学社负责人
陈梦家	〈在胜利迎新中前进〉	1949年12月27日，载《人民日报》1950年1月1日	清华大学教授，考古学家，诗人
叶浅予	〈从国画到漫画〉	《人民美术》创刊号，1949年12月28日	现代漫画家和中国画家。北平国立艺图案系系主任。全国美协副主席。
罗常培	〈我的思想是怎样转变过来的〉	北大《大字报》，1949年12月31日	北大教授，语言学家。1950年获任中国科学院语言研究所第一任所长。
费孝通	〈我这一年〉	《人民日报》1950年1月3日	清华教授，社会学家，民盟负责人
萧乾	〈试论买办文化〉	《大公报》1950年1月5日	著名小说家、记者和翻译家
吴景超	〈除夕总结〉	《人民日报》1950年1月6日	清华教授，社会学家，民盟负责人
冯友兰	〈一年学习的总结〉	《人民日报》1950年1月22日	清华教授，文学院院长，著名哲学家和中央研究院首任院士
吴晗	〈我克服了"超阶级"观点〉	《光明日报》1950年2月20日	北大教授，民盟负责人，中共地下党员
沈从文	〈我的感想－我的检讨〉	《文汇报》1950年6月6日	北大教师，著名自由派作家
严恺	〈我对技术与政治看法的转变〉	《文汇报》1950年7月13日	交通大学水利系讲座教授，后为中国科学院首批学部委员（院士），九三学社成员
曹禺	〈我对今后创作的初步认识〉	《文艺报》1950年10月25日	中国现代著名剧作家以及戏剧教育家

另外一些有名望的中间派知识分子虽然没有直接以检讨的名义

发表文章，但是却用批判老友和讴歌新人（共产党人）的办法，同样表达了自我贬损的改造愿望。其实，这也是一种曲线检讨。比较典型的是辅仁大学校长、著名历史学家陈垣在 1949 年 5 月 11 日的《人民日报》上发表的〈给胡适之先生一封公开信〉。这是一封替新政权写的给老友的招安书，在当时也曾风靡一时。陈首先激烈地批判了胡适的"共产党来了，绝无自由"的看法，继而表示自己"初步研究了辩证唯物论和历史唯物论，使我对历史有了新的见解，确定了今后治学的方法。"最后，他训诫胡适"应该转向人民，幡然觉悟，真心真意地向青年们学习，重新用真正的科学的方法来分析、批判你过去所有的学识……"[8]

对中共的思想改造素有研究的大陆学者谢泳在看了很多历史资料后曾经非常感叹：

> ……思想改造还没有到来的时候，许多知识分子已经开始放弃自己的尊严，他们的文章有一个特点就是，自己最有什么，就要特别批判什么，萧乾本来就是最洋化的知识分子，当年郭沫若就以此批判，他在内心深处特别害怕人们说他有买办思想，所以特别要写那样的文章。[9]

为什么？恐怕首先是江山易代，山河变色。共产党打败了国民党，得了天下。然而，成王败寇是政治，并不是历史！看胜败易，察是非难。但当时的中国知识分子显然并不懂这一点。海外对中共的"洗脑"极有研究的民主运动理论家胡平阐述过历史背景的压力。他认为：

> 一九四九年的胜利，本来只是在很有限的意义上才是共产党政治理念的胜利。但共产党却在这个胜利上做足了文章。毛泽东以历史的终审裁判的姿态说出了这样的话：一切别的主张都试过了，都失败了，只有马克思主义，只有共产党领导的无产阶级革命取得了成功。共产党以成功为根据，证明自己的正确；进而以正确为理由，要求人

民的信从。这就构成了推行思想改造运动的一个前提。……正像"迷信科学"一样,"迷信科学"的心理是来自对科学本身不理解的人们惊服于科学的功用或效验。这就产生了所谓"不理解而信从"的态度。……基于同样的道理,那些原来不懂或不信马列的人们,由于目睹共产党革命的巨大成功,也会产生类似的"不理解而信从"的态度。这就使他们进而认可了思想改造的必要性和正确性。[10]

在以上这些知识分子的检讨里,就不难看到这种"不理解而信从"的态度。

可惜这些知识分子对思想改造的理解是完全错误的。前面讲到冯友兰在 1949 年 10 月 5 日给毛泽东写过一封犹抱琵琶半遮面的效忠信,毛泽东在 10 月 13 日竟出人意外地写了一封回信。毛在信中不客气地说:

> 我们是欢迎人们进步的。像你这样的人,过去犯过错误,现在准备改正错误,如果能实践,那是好的。也不必急于求效,可以慢慢地改。总以老实态度为宜。[11]

毛泽东的直言相向地至少告诉了冯友兰以下几层意思:1)像他这样的知识分子的思想改造是长期的。仅仅表达一种学习的愿望,甚至还算不上一种"实践",其实质是想逃避斗争、以投机蒙混过关;2)他缺乏一种要求改造的"老实态度"。换句话说,冯友兰缺乏一种改换门庭者所必需的公开的自损自贱和彻底的俯首依附的认罪感。3)冯友兰在他的信中向毛提出:"将我在二十年前所写的《中国哲学史》,重新写过,作为一个新编。……我愿以此项工作迎接将要到来的文化高潮,并响应你的号召"。但毛泽东在回信中竟完全无视,使冯友兰很是失望。其实,这正表示了毛对知识和知识分子的一贯鄙视。他并不认为冯友兰的哲学史有什么知识。这是一种权力对知识的傲慢。而中国知识分子却很快在知识和权力的博弈中败了下来。冯友兰很快成了检讨专业户,把自己以往的哲学研究骂得一钱不值。

也有人曾挖掘过冯的思想根源，认为主要有三：“一、国家主义，跳不出民族洞穴。二、迷信领袖。三、名利思想。”不过，曾和冯友兰一起在北大哲学系任教多年郭罗基并不同意，在他最近出版的一本研究专著中鞭辟入里地评述：

> 冯友兰的“国家主义”不是争取近代民族国家的利益，而是坚持王朝政治的正统。他的“迷信领袖”与同时代人有所不同，而是帝王崇拜在领袖身上的投射。他的“名利思想”也不是近代西方的个人主义，而是强烈的中国传统的功名追求。[12]

中国自由派知识分子在中共夺取政权后的自觉检讨，和他们自身的先天弱点——“强烈的中国传统的功名追求”有密切的关系。中国传统的知识分子，是为人熟悉的“士”的阶层。由于他们没有能获得近代社会因职业分化和经济自由所带来的人格独立性，从而一直拥挤在“学而优则仕”的出路上，即依附于皇权专制和官僚体系。孟子曰：“士之仕也，犹农夫之耕也”[13]。自隋唐以来的科举取士的制度更使传统的知识分子走惯了由“修身齐家”进而“治国平天下”的登科做官，乃至直接辅佐帝王的道路。毋庸讳言，“书中自有黄金屋”，这条由士而仕的道路会最快、最大地给“士”带来名声、权力和物质等方面的实际利益。我们在冯友兰身上，可以清晰地看到历史传统的浓重投影。

当然，1949 年以前的中国知识分子已经具有了建立独立人格所必需的社会分工和经济自由的条件。1905 年，持续了一千多年的科举制度终于被废除了。近代资本主义的发展，使大批的知识分子成为出版家、教育家、科学家、工程师、律师、记者等崭新的专业人士。从而开辟了一条可以完全不同于“学而优则仕”的新路。国门的开放和西学的涌入又使他们享受到从未有过的精神自由，他们的独立意识觉醒得非常快。不幸的是，近代中国的内忧外患并没有给他们的群体人格以充分的发展时间，他们中有人有了独立人格，而相当多的人仍然在传统的功名追求的惯性中。

在现今解释1949年为什么相当多的自由主义知识分子一夜之间就放弃了自己的立场和尊严向共产党检讨时,常常强调了他们对国共两党作风所作的对比,如朱光潜在他的〈自我检讨〉所说:"首先使我感动的是共产党干部的刻苦耐劳,认真做事的作风,谦虚谨慎的态度,真正要为人民服务的热忱,……从国民党的作风到共产党的作风简直是由黑暗到光明,真正是换了一个世界。"这可能也是原因之一,但绝不会是真相的全部。在他们检讨的美丽的政治辞藻下常常不难窥见隐藏的私心和私利。根据最近的认真调查,朱光潜检讨还因为"地下党许诺他会有一个很好的前途"[14]。当然后来的事实证明:朱光潜并没有拿到这个"很好的前途",但至少在思想改造运动后他仍能在北大任教。但也有人是确实拿到了"很好的前途"的,如给老友胡适写劝降书的陈垣。胡适看了此文后,曾认定是有人捉笔代刀的[15]。根据今天的真相揭露:此信其实是陈垣身边的地下党员的学生刘乃和和刘乃崇的起草,还经过了当时的中共历史学家、华北革命大学副校长范文澜的润色[16]。不管帮陈垣代笔的刘乃和、刘乃崇和范文澜等是否出于于上级指示,而这个上级又和陈垣有什么秘密交易,陈垣向中共的主动效忠是毫无疑议的。当然这里还和陈垣本人在政治上一贯沽名钓利和投机取巧的人格有关。比如,1901年他为了3000大洋为一个广东同乡甄某去作弊代考举人。1923年,身为国会议员的陈垣又深陷曹锟"贿选风波"[17]。当然,陈垣很快就得到了中共的回报:1950年10月,中共的政务院通过决议,提名陈垣继续担任辅仁大学校长[18]。1952年辅仁大学撤销后,陈垣继续担任北京师范大学校长。而其他的一些北京重点大学民国时期的校长,解放后基本上全部被中共撤换了。

中共当年对积极效忠的中国知识分子的"回报"常常是论功请赏、立竿见影的。这也在极大程度上激发了中国知识分子"由士而仕"的野望。例如,中国民主建国会的领导人黄炎培是民主党派中第一个喊"毛主席万岁的人"[19]。在美国国务卿艾奇逊发布了寄希望于中国民主个人主义的知识分子的《白皮书》后，黄又立刻在《人民日报》上发表文章进行驳斥。在批判了马歇尔对国共两党的"停战和谈"是"间接杀人"后，他又把艾奇逊的"民主个人主义"名词说成是"已够滑稽拿来侮辱侵犯各党派"[20]。此文发表后，毛泽东阅后圣眷大浓，黄炎培"在几个月后被安置在副总理位置上"[21]！而这位立下过大誓，绝不到政府做官的黄炎培，竟然就兴冲冲地上位了……

知识分子积极参与"斗地主"和第二次自觉检讨高潮

在 1951 年 9 月思想改造运动正式开始前，中国知识分子还积极广泛地参加了土地改革运动。中共建政伊始，尽管取得了内战的全面胜利，但其面临的形势却依然不容乐观。军事上的胜利并不意味着战争的完全结束，国民党尚有大量军队残留在西南、华南地区。经济上遗留下来的是一个物价飞涨、市场混乱、生产力低下的烂摊子。国际环境中，西方不但拒绝承认，还封锁了对华物资的运送。而中共在这种情况下实施掠夺性的暴力土改，更引起了全社会的恐慌。因此，对于以暴力革命夺取政权的共产党来说，民众、尤其是来自知识分子的政治认同构建的重要性显得尤为突出。政治认同是巩固政权的基础，是执政合法性的重要来源，更是社会稳定的前提。政治体系的存在和维系也同样需要广泛而高度的政治认同。

为什么中国自由主义知识分子会热衷于参加中共的土改？浅显的原因当然是强权之下曲学阿世者多如过江之鲫。但更深层的原因在于：中共土地改革的真正意义所在，不仅是"改变土地所有制"，而是"划分阶级"。这是中共以后数十年统治的"政治的重要基石和支柱。"[22] 这一"阶级划分"开启了一个中共可以利用和操纵某些阶级和阶层的群众，去打击甚至消灭另一个阶级和阶层群众的时代。中共搞土地改革，称其目标是"消灭封建地主阶级"。然而如董时进先

生一针见血地指出的：中国并不存在"封建地主阶级"。"封建"是
"封疆土、建城邑"之谓，从皇朝获得领地并世袭相传者才是"封建
地主"。而中国两千年前就不再有封建贵族。平民可以担任从中央到
地方县的各级官员。民间土地可以自由流转、买卖、租佃，"与任何
他种物品的买卖、所有及租佃，基本上毫无区别""与所谓封建没有
丝毫的关系。"[23] 可悲的是：接受了历史唯物史观洗脑的知识分子，
开始在很大程度上接受了毛泽东对中国三千年历史的误读，即中国
是"封建社会"，"主要矛盾，是农民阶级和地主阶级的矛盾。"[24]

　　但是接受中共的理论并不等于一定要亲自下乡参与"斗地主"。
为什么这些知识分子一定要如此自觉地投入呢？刘再复先生对此有
过一个很好的解释，他认为："革命王国"中的中国知识分子，常常
兼有"顺民、贱民和暴民"三种不同的角色。其中"不幸的角色"，
即是"知识暴民"。为显示革命性，他们也一定会有意无意地参与了
对别人的迫害[25]。在一些急于在执政者前面表现"革命"以小心自保、
或向上攀爬的知识分子看来，参与"斗地主"正是一种表演献媚的机
会。在中共眼里，只有当这些知识分子也成为共产大军中的迫害者群
体成员时，他们才算是交出了参加革命的"投名状"，才会被中共接
纳为"革命队伍"中的一员。

　　这种迫害的参与是毛泽东和中共所一再强调的革命入门的必需
条件。1950 年 6 月，毛泽东在全国政协一届二次会议闭幕时曾指出：
"战争和土改是在新民主主义的历史时期内考验全中国一切人们、
一切党派的两个'关'"。他还特意向包括知识分子在内的民主人士
诱惑性地喊话："在革命的土地制度改革中有了贡献……人民是不会
把他们忘记的，他们的前途是光明的。"[26] 自 1951 年年初起，毛泽
东关于动员知识分子和民主人士参加土地改革给各级党委的指示达
七、八次之多，可见毛和中共对取得知识分子的政治认同抱很大的希
望。例如，该年 1 月，毛在批转中南局的一个关于土改的指示中说：
"北京若干民主人士到各省去看看，有益无害。是我们叫他们去的，

不是他们自己要求去的。"[27] 该年 2 月 10 日，毛又以中央的名义给各中央局指示："对民主人士应采积极态度，引导他们参加土改等项工作，有极大益处。"[28]

当年知识分子参加土改具有层次高和规模大两个特点。层次高是指参加者大都为著名高等学府的教授、学生和各界社会名流。规模大，是指"说有数十万知识分子参加了土地改革是不为虚"[29]。这一运动始于 1949 年 10 月的第一批京郊土改。当时中共中央华北局就决定动员大学生和教师参加。在各级校系领导的组织下，北京五所高校师生（中央美院、北大、中央戏剧学院、燕京大学和清华大学）从 1949 年 12 月中旬至 1950 年 3 月中旬参加了京郊土改。清华教授冯友兰和夫人就是在这一段时间内到丰台等地参加了土改工作队。1950 年 6 月 30 日，《土改法》颁布后，从中央到地方的各级中共组织就全面组织了成千上万的知识分子和民主人士奔赴土改第一线。其中有一些，因为毛泽东亲自的表扬，在当时造成了很大的影响。比如，当时北京高校有 63 位教授组成了 3 个土改参观团，其中有以清华大学吴景超为团长，朱光潜、雷海宗、贺麟等人为团员的西北区参观团。毛泽东在 1951 年 3 月 18 日的电报里就说过："吴景超、朱光潜等去西安附近看土改，影响很好。"[30] 这里提到的吴景超，是清华大学社会学系教授，他在 1951 年 3 月 28 日的《光明日报》上还发表了〈参加土改工作的心得〉一文，毛泽东阅后特地写信给当时是北京政府新闻署署长胡乔木，表示：

> 三月二十八日《光明日报》载吴景超的文章〈参加土改工作的心得〉，写得很好，请令人民日报予以转载，并令新华社广播各地。[31]

朱光潜先生在参观土改后也写过〈从参观西北土地改革认识新中国的伟大〉〈检讨靖生富〉等文章，可能毛泽东也看过，才为之公开表扬。

除了有组织的、团体性的土改参观团和工作队外，还有不少著名的知识分子或被派遣去报道土改进程，或主动去研究土地改革的一些重要问题，如农村租佃关系等等。例如，自由主义作家萧乾当时在北京新政府的国际新闻局工作，1950 年冬天被派遣去湖南采访并对外报道。萧乾先后写出了〈在土地改革中学习〉〈我认清了阶级：上岸村斗争回归来〉和〈土地回老家〉等多篇土改的特写报道。毛泽东看后在 1951 年 3 月 2 日写信给胡乔木说：

> 三月一日《人民日报》载萧乾《在土地改革中学习》一文，写得很好，请为广发各地登载。并为出单行本，或和李俊龙所写文章一起出一本。请叫新华社组织这类文章，各土改区每省有一篇或几篇。[32]

与萧乾不同，清华著名自由主义教授潘光旦是主动去苏南地区考察土地改革的。1951 年 2 月 22 日，潘光旦耐人寻味地不去参团，而是与他的老学生全慰天二人去太湖地区考察土改。视察土改后二人共发表七篇文章。七篇文章分别为：〈谁说"江南无封建"〉（《人民日报》1951 年 5 月 7-9 日连载），〈苏南农村封建势力的几个特点〉（《新观察》1951 年 10 期），〈从义田看苏南农村的封建势力〉（《新观察》1951 年 8 月 4 卷 5 期、6 期），〈苏南农村两种租佃制度的分析〉（《进步日报》1951 年 6 月 8 日）。〈土地改革必须是一系列的激烈斗争〉〈枯树鲜花朵朵开〉〈关于土地改革在个体农业经济发展中的一个问题〉，三文中的两篇发表在《光明日报》，一篇发表在《文汇报》。1952 年 8 月这七篇文章汇集成《苏南土地改革访问记》，由三联书店出版。1951 年 10 月 23 日，毛泽东在全国第一届政协第三次会议休息时，特意从主席台走下来，走到潘光旦面前交谈。〈社会学家全慰天〉一文中说"毛泽东与潘光旦当面谈及该文，并加称赞"[33]。毛的这番举动，应该是对潘的土改文章，特别是〈谁说江南无封建〉的表扬。

当年知识分子谈参加土改体会的应景文章何止成百上千，为什么毛泽东要对朱光潜、吴景超、萧乾和潘光旦的文章情有独钟、不吝亲自嘉奖呢？这恐怕和这些人的特殊身份有很大的关系。其一，他们当然是当时的中国名气最大的知识分子群里的一员。其二，他们既不是郭沫若那样名声不佳的极左派，也不是胡适和傅斯年那样的强硬的右派。他们大都被当作比较超脱的中间派或自由主义知识分子的一员。其三，他们中的不少人在民国时期既批评国民党，也反对共产党。他们甚至还曾经是共产党斗争土改和暴力土改的坚决反对者。

清华大学社会学系的教授吴景超，也是为毛褒扬的一例。他1923年赴美留学，先后就读于明尼苏达大学和芝加哥大学。1928年获博士学位，同年回国。先后在胡适主编的《独立评论》期刊上发表多篇时评。曾在民国政府内任职。1948年创办自由主义知识分子的著名刊物《新路》周刊。但他在1949年拒绝了蒋介石、胡适动员他南行的邀请，留在北京。无论在《新路》周刊关于土地改革的讨论里，还是在他个人的著述中，都坚决反对中共的共产主义意识形态和没收地主土地的暴力土改。他曾指出：

> 没收的方法，有许多人是赞成的，但我觉得中国的所谓地主，与东欧的大地主，性质并不相同。中国的地主，有一大部分，其所有的土地并不很多，平日虽靠收租度日，但并没有多少盈余。而且地主之中，也还有不少的孤儿寡妇。假如一旦把他们的土地都没收了，这些地主，便要成为社会上一个严重的问题。现在用"收买"代替"没收"，便是要给这些地主一些时间，使他们另谋出路，使他们知道不劳而食的日子不久便要过完了，应当早点做些别的打算。这不是剧烈的革命，而是和缓的改革，可以避免许多痛苦。[34]

另外一位清华大学社会学系的教授潘光旦，1922-1926年赴美留学，先后在达特茅斯学院、哥伦比亚大学读书，获硕士学位。回国后先后在清华等多个大学任教，还主编了自由主义中间派的著名刊物《华年》周刊。1946-1952年任清华大学社会学系主任，兼任清华大学图书馆馆长。他民国时期时评的锋芒从来就是双向展开。一方面，批判国民政府的独裁，要求自由和民主。另一方面，又绝不放过共产主义。比如他说："法西斯主义攻击共产主义最力。殊不知在偏重团体与抹杀个人这一点上，二者是一丘之貉，可以无分彼此。"[35]

很显然，如果像吴景超、潘光旦这样的自由主义中间派的知识分子愿意悔过自新、改口支持中共及其暴力土改的政策，对于帮助毛泽东取得中国社会各阶层民众的政治认同是至关重要的。

我们不妨来看一下上述为领袖嘉奖的知识分子在他们参观或参与土地改革的体会里都说了一些什么。

第一，这些自由主义知识分子都否定了原来自己"和平土改"的想法，转而提倡激烈的阶级斗争甚至是相当暴力的"斗地主"。吴景超在〈从土地改革谈到抗美〉一文中说：

在土地改革参观回来以后，我再把解放前我所写的关于土地问题的文章取出一看，使我感到非常的惭愧与不安。解放前我对于土地问题看法的基本错误有两点：第一、我采取了超阶级的观点，既要照顾农民，又要照顾地主。第二、我采取了机会主义的观点，以为阶级利益的问题，可以用和平妥协的方法来解决，而不必用激烈的、尖锐的阶级斗争的方法来解决。

参加了实际的土地改革工作以后，我深刻地感觉到立场问题是改造世界的先决条件。

怎样进行阶级斗争呢？吴景超甚至为我们列举了一个极为暴力的榜样：

对付敌人应当用一种什么方法呢？我又想起长安的斗争会来了。我不能忘记那第一个跳上斗争台子的贫农阎乐喜，他脱去上衣，拍着胸脯，扭着恶霸的衣领，点着恶霸的鼻子进行斗争。斗争，用一切的方式进行斗争，这是我们对付敌人，对付美帝国主义的唯一方法！[36]

同声相应，萧乾在他的〈我认清了阶级：上岸村斗争回归来〉中说，他"明白了没有人能跳出历史，超出阶级的，也鲜明的暴露出过去我那种'跳出''超出'的想法是如何不可能，如何可耻！"他深刻地自剖，"我虽未直接吃人，却曾间接吃过人"。是以，他虔诚的总结出："毛泽东为代表的无产阶级先锋队才是灯塔，才是舵手，才是安全幸福的保障"[37]。

同气相求，朱光潜对于暴力土改的斗争大会，更有一番畅快淋漓的描述：

> 斗争大会的场面是一种情感教育。……我分析我每次当场的情感，可以毫不羞愧地说：我是站在贫苦农民方面，把地主阶级当作对面的敌人来仇恨。我听到农民对地主诉苦说理，说到声泪俱下时，自己好像就变成那个诉苦的农民，真恨不得上前去打那地主一下。有时诉苦人诉到情绪激昂时，情不自禁伸手打地主一耳光，我虽然记得这违背政策，心里却十分痛快，觉得他打得好。如果没有这一耳光，就好像一口气没有出完就被捏住喉管似的。[38]

清华大学教授潘光旦和他的学生全慰天，自述原来也一直是"和平土改"的支持者，认为："在全国军事与政治空前胜利的情况下实行土地改革，……可以和和平平进行土地改革。"但是他们在访问了苏南土改后的结论却是："土地改革必须是一系列的激烈斗争……如果和平分田，地主还不是和不土地改革一样，盛气凌人、威风十足么。"至于斗争中出现的暴力，他们认为：难道不是地主的"罪有应得么？土地革命不是做文章，不是绣花，而是一个壮阔的群众运动。"[39] 为之，他们满口认定：

> 有领导的放手发动群众以后所进行的土地改革，在各方面都是有计划，有步骤，守法令的，并没有什么"糟"，而是"好得很！""糟"是谣传，有意或无意的；"好得很"是凡到场访问的人都可以体验到的。[40]

在潘、全两人的所谓结论中,我们非但可以清楚地看到毛泽东在他的倡导血腥杀戮的〈湖南农民运动考察报告〉里的蛮狠的革命逻辑,甚至连杀气腾腾的词句都作了不必要的模仿(例如"土地革命不是做文章,不是绣花""好得很"之类)!这样的所谓"调查访问",为中共的洗地比它的直接御用机构中宣部还要给力,毛泽东阅后怎么会不圣眷独宠呢?

更值得注意的是:潘光旦、全慰天两人到苏南考察土改并不是他们自己的主意,而是"应政务部和统战部号召,偕清华大学同事全慰天去太湖流域视察土改。"[41] 说白了,潘光旦、全慰天两人的苏南土改访问是一个中共官方钦定的项目,是一次主题先行的任务写作。据当时的统战部长利瓦伊汉回忆:当时不少民主人士和知识分子"表露出'和平土改'的幻想,主张'只要政府颁布法令,分配土地,不要发动群众斗争',有的人则散布'江南无封建'的错误言论"[42]。而潘光旦、全慰天正是接受了党的任务专程去为苏南的暴力土改洗地的。非但他们所谓调查访问完全走马看花、浮光掠影,引用的也全部是中共官方的宣传数据,所用的语言和逻辑也更是"毛化"了的。

上世纪九十年代,中国大陆出现了好几本以苏南土改为专题的博士论文和专著,尽管还受制于中共的学术禁圈,但经过认真仔细的调查,已经揭示了和潘、全两人的遵命文学完全不同的结论[43]。历史的真相是:中共在苏南地区的暴力土改,不仅是最无理的,还是最血腥的。据莫宏伟博士的论文揭露:

遭斗争的人数众多,其中部分人被打死。例如,仅镇江专区被斗争者即达 7,563 人,其中有 6,772 人被打,被打者占斗争对象的89.54%。据"检查队"的不完全统计,松江专区奉贤县 5 个乡斗争245 人,打了其中的 218 人;嘉定县马陆区被斗 36 人,其中被打者31 人;江阴县沈舍乡在 26 次斗争中被打死的 3 人,打得半死的 4 人,被小打的 169 人;宜兴县寺前乡斗 72 人;武进县遥观乡斗了 4 人,打 3 人。无锡县遭到跪、冻、打的有 872 人。青浦县龙固区在

1950 年 11 月 1 日至 3 日就打死 17 人。据苏南农民协会不完全统计，苏南在斗争中一共打死 60 人，……实际上，被打死的不止此数。

据苏南农民协会统计，在斗争期间苏南共有 293 人自杀，其中镇江专区 97 人、苏州专区 81 人、常州专区 59 人、松江专区 22 人、无锡县 24 人。这些自杀者中，有些地主可能是畏罪自杀；有些地主感到土地财产被没收了，生活没有出路了；但更多的自杀者是被乱斗乱打的气氛所吓倒，害怕在斗争中被折磨而自杀。[44]

遗憾的是：上述血腥的杀戮都被潘光旦等人的"好得很"的颂词刻意掩盖了。更为遗憾的是：掩盖历史真相的人竟然还是民国时期留洋归来并饱读经书的著名学者！

第二，这些自由主义知识分子在他们的土改感受中大力贬低知识和知识分子，吹捧农民和中共的农村干部，制造对领袖的个人崇拜。

在吴景超的〈参加土改工作的心得〉一文里，他这样地描述他的土改体验和今后紧跟领袖的决心：

在土改的过程中，小资产阶级那种自高自大的心理，在群众的伟大力量之前，也就减低以至于消灭了。……闭关读书，最多只能做的一个半知识分子，而在新民主主义时代，半知识分子的用处是很少的。

这次在长安县听到六次大报告，作报告的人都是县级干部。我们对于他们分析的清楚，叙述的生动，感到无限的钦佩。……这些干部，没有一个是进过大学的。但是我们都觉得，如请那些做大报告的任何一个人到大学来教大课，其成绩都会超过大学中念过许多马列名著的任何一位教授。……像这样的干部，分布在中国各地的，当以千万计。这是历史上从来没有出现过的奇迹。这种奇迹所以造成，当然要归功于毛主席的领导及中国共产党的教育。……从今以后，我们将更踊跃的投入人民的队伍，与人民齐一步伐，在毛泽东伟大旗帜之下，为实现新民主主义社会而奋斗。[45]

对于农民和领袖态度,在苏南做了土改考察后的潘光旦和全慰天也有同感:

农民所表现的智慧,粗的细的,武的文的,都是无穷尽的。农民的这种智慧,……必然会构成一股了不起的力量。这股力量,在毛主席英明正确的领导之下,是任何敌人所永远不可能战胜的。[46]

在为毛泽东称道的萧乾有关土改的文章里,对人民(农民)和领袖的歌颂似更富有诗意:

幸运地生活在这样的伟大时代,我要求自己坚定地往远处看,往广处看,往崇高处看!看有着海洋般深博宽广,有着岩石般坚毅的毛主席!……看看翻天覆地的土地改革,……就深信在毛主席和共产党的领导下,人民的力量是所向无敌的[47]!……愿你:永远像岩石那样健壮,永远像太阳那样灿烂地照耀着我们![48]

值得一提的还有自由主义的作家和知识分子沈从文,他在1951年10月25日到1952年3月7日期间参加了四川内江地区的土改,留下了近50封发人深思的土改书简。一方面,沈从文随身携带毛泽东著作学习。另一方面,他作为土改工作队员和农民一起参加了一系列的斗地主甚至枪毙恶霸地主的活动。沈从文对暴力土改持完全的肯定态度,他甚至认为"随时听到死亡"反映的是"大时代"之"天翻地覆意义"(1952年1月11日书简)。斗地主"和看戏一样"(1952年1月12日书简),"动人的很"(1952年1月20日书简)。在沈从文对土改的拥抱中,在和农民积极分子和土改干部的一起工作中,他甚至产生了深深的负罪感:"这些人真如毛文所说,不仅身体干净,思想行为都比我们干净得多"(1951年11月19-20日书简)。为此,他决定要"来真正做一个毛泽东小学生"(1951年11月8日书简)[49]。

固然,在上述知识分子对领袖个人的颂词里不难发现直接或婉转的吹捧，但不能说里面就没有他们心悦诚服的服膺成分。换句话说，毛泽东和中共让知识分子在土地改革中改造似乎效果更好。问题是：为什么？

沈从文土改书简里提到的"毛文所说"，应当是指毛泽东在延安整风时期在〈整顿党的作风〉和〈在延安文艺座谈会上的讲话〉那两段对中国知识分子的著名论断：

> 知识分子，他们自以为很有知识，大摆其知识架子……他们应该知道一个真理，就是许多所谓知识分子，其实是比较地最无知识的，工农分子的知识有时倒比他们多一点。[50]

> 拿未曾改造的知识分子和工人、农民比较，就觉得知识分子不干净了。最干净的还是工人、农民，尽管他们手是黑，脚上有牛屎，还是比资产阶级小资产阶级知识分子都干净。……我们知识分子……得把自己的思想感情来一个变化，来一番改造。没有这个变化，没有这个改造，什么事情都是做不好的，都是格格不入的。[51]

刘再复先生对毛的上述错误论述做过颇为全面又鞭辟入里的分析，这里照本辑录如下：

> 这两段话剥夺了知识者的两种优势：知识优势和道德优势，指出人间的净土在乡村，人间的洁净者是农民。这后一条理由尤其重要，这是知识分子可以接受改造的道德根据。

> 值得说明的是，这种道德根据对于知识分子来说是有感动力的。革命的领导者要求追随革命的知识分子接受"改造"，不是以领导者"个人的"而是以"人民大众"的名义，而中国知识分子接受"人民大众"的改造，无论在道义上或在心理上都不会发生太大的障碍。这不仅是因为中国知识分子在传统上早已受到"民本"思想的影响，而且在上一世纪末和这一世纪初为争取中国进入现代社会的努力中，早已接受民粹主义的思潮。……

> 我在这篇文章中，不是反对作家对农民的崇尚，而是说，包括作

家在内的二十世纪的中国知识分子在理性层面和社会实践层面上，对农民的盲目崇拜，确实造成了一种不必要的自我贬抑和自我矮化，以至在接受"改造"命题之后无休止地自我践踏和自我奴役，这就使得自己进一步丧失知识分子的独立本性，顺理成章地变成革命王国的驯服臣民。因此，要改变这种"顺民"的不正常的精神地位，就必须理性地把握知识者和工人、农民的关系，理性地把握农民、工人在社会中的地位和作用。[52]

这里还需要补充指出的是：毛泽东在把农民和知识分子做对比时，其实是蓄意偷换了对比所必需的对等的概念的。他首先是把知识分子的系统的知识和农民的具体的经验放在最琐碎的经验的层面上做对比，得出知识分子其实"比较地最无知识"的荒谬结论。他又在对待共产革命的态度上，把知识分子的思想（有独立思想）和农民的外表（"不干净"、但对革命愚忠）进行不对称的对比，得出"手是黑，脚上有牛屎"的人最有知识、最革命的谬论。讲穿了，这其实是文革信条"知识越多越反动"的发端之一。但遗憾的是，在土改运动中接受思想改造的中国知识分子并没有认清楚毛泽东的把戏，相反产生了农民在道德和思想上都高于自己的原罪意识。既然知识分子失去了道德和知识的双重优越感，成了农民的崇拜者和革命王国的顺民，那么他们怎么可能还有独立的社会批判意识呢？因而，在土地改革中流行的中国知识分子对农民的盲目崇拜，其实质是中共以反智主义和民粹主义的愚昧来治国治民，刻意制造的一个把知识分子农民化和非知识化的异化过程。

周恩来引领的全国性的知识分子第三次检讨高潮

据正式的档案文件，中共建政初期高校知识分子的思想改造运动发端于当时的北大校长马寅初于 1951 年 9 月 7 日给周恩来总理的信，他在信中力邀中共领导人为北大教师做政治学习的讲演。这给了毛泽东和中共一个顺理成章的契机，借此在全中国发动了大规模的思想改造运动。

1951 年 9 月 29 日，周恩来代表中共中央，在北京、天津高等院校教师学习会上做了一个题名为〈关于知识分子的改造问题〉的报告。

在 10 月 23 日的《人民日报》上，新华社发出〈北京天津两市高等学校教师开展学习运动改造思想　周总理向教师报告知识分子改造问题　号召努力学习做文化战线的革命战士〉的新闻稿，正式报道了周恩来的报告并宣布了思想改造运动的开始：

> 北京、天津的二十所高等学校教师三千余人，在中央人民政府教育部的领导下，在九月下旬展开了以改造教师思想、改革高等教育为目的的学习运动。参加这次学习的包括北京大学、清华大学、师范大学、燕京大学、北京农业大学、辅仁大学、……等二十院校。学习方式是通过听报告和阅读文件，联系本人思想和学校状况，展开批评与自我批评。学习时间定为四个月。

根据中共开启的政治运动新模式，在第一阶段政治学习后所谓的"批评和自我批评"中必然是人人过关的自我检讨。但值得一提的是：在周恩来的报告的引领下，无论是京津各高校领导中，还是众多的教员里，都出现了一个开始比较自愿的检讨的高潮。这和周恩来在他的报告中把自己也巧妙地放入要改造的知识分子的行列有很大的关系。在周恩来的报告后，不少知识分子当然也为他的谦卑和诚恳所折服，觉得他们也应当积极反省自我、投入到对马列主义的政治学习中去。但是周恩来没有告诉这些听他报告的数千名高校教授的是：他在 9 月 24 日，即做这一报告的 5 天前，召集了中共党内负责这一思想改造运动的负责人彭真、胡乔木、阳翰笙、齐燕铭、蒋南翔等开会，定下了"从政治学习入手，逐步发展到组织清理"的运动大计。这里的"组织清理"，是特指"学校清理中层工作"[53]，即毛泽东 1952 年年初在〈中共中央政治局扩大会议决议要点〉中提出的镇压反革命运动所属的"清理旧人员及新知识分子中暗藏的反革命分子"的工作[54]。换句话说，周恩来和中共所谓的知识分子的思想改造，一开始就不是简单和单纯的学习运动。它的最终导向，是一场发生在校园里的镇反式的群众运动，是一场残酷的阶级斗争。而当时全中国的知识分子被周恩来的亲和力和他对运动的轻描淡写所忽悠，高高兴兴地进入了政治学习和自我检讨的陷阱。

1950 年 10 月，中共参加朝鲜战争，和美国为首的联合国部队处于实际的交战地位。知识分子，尤其是有留美背景的知识分子在政治学习后的检讨，当然就集中在反对"亲美""崇美"和"恐美"的立场上。只不过这些知识分子刚刚开始用他们还不熟悉的流行的政治语言来代替他们以往的理性的学术语言，在他们检讨中不难看出种种无限上纲上线乃至不少缺乏常识的笑话来。当然，这些自污自虐的检讨还大都是由国家暴力支持的"学生斗老师"的群众运动的产物。

第一、这些检讨把正常的学术规则、原理和交流按政治立场来划线、选择和判断。不符合当权者立场的，为了现实的政治需要否定和批判。反之，则无原则地肯定和吹捧。

例如，时任清华大学营建系主任的梁思成，在他那篇〈我为谁服务了二十余年〉的检讨中提到：抗战胜利后他曾被耶鲁大学和普林斯顿大学请去讲学开会，他"还被赠授名誉学位"。照理，这都是正常的学术活动。但在他的检讨中，竟然成了"美帝国主义侵略本质"！？而梁先生介绍中国文物文明的学术演讲，也被自责成了"这种向帝国主义匪盗讲解我国文物精华的行为只是开门揖盗，只会引起帝国主义对我国人民更残暴的掠夺。我归根是为他们服务的。但当时我看不见这一点。"[55]

第二，把当权者的外交选择和意识形态作为判定自然科学和人文社会科学高下臧否的唯一标准，批判所谓的"超阶级""纯技术观点"和"为科学而科学"。

即便按照马克思主义，自然科学一般说来并不具有强烈的阶级性和政治性。在整个思想改造运动中，自然科学家受到的冲击相对来说是比较小的。但是，中共在建政以后的外交上对苏联采取了"一边倒"的政策，又强行用行政手段吹捧苏联的科学成就。这些都给欧美派的知识分子的科学信仰造成了极大的压力，使他们在检讨中以当权者的政治意识形态来臧否以往的学术观点。

例如，生物学家谈家桢是中国国内摩尔根遗传学的传人，因为当局种种贬美捧苏的政策，推崇苏联官方的米丘林学说，他也在检讨中表态："我曲解和玩弄米丘林生物科学"，在实验研究中，怀有"存心反证李森科理论的动机"，"这说明我对米丘林生物学学习态度，是十分不诚恳的，不虚心的，而且是抱有很大偏见来进行试验的"。他检讨的结论是："摩尔根染色遗传学说，是一种没有实际根据的假科学。……明白了米丘林生物科学是为建设共产主义而服务；摩尔根遗传学是为帝国主义及一小撮资产阶级而服务"[56]。而后来的科学史恰恰证明：伪科学并不是摩尔根遗传学，相反是被共产苏联钦定的官方遗传学——米丘林—李森科生物科学。

又如，思想改造运动中的中国科学界，还积极参加了苏联科学界开始的对"资产阶级科学"的批判。当时批判的主要对象有：生物学中摩尔根的遗传学说、物理学中的量子力学唯心理论、化学中鲍林的共振论及工程学中维纳的控制论等。

第三，是把自己的家庭出身、留学经历和民国时期的工作当作原罪来自我忏悔和自我贬损。

思想改造运动的第一阶段是政治学习，重点是对照学习材料反省自身的阶级问题。用这一标准来衡量，知识分子尤其是高级知识分子，大都出生于富庶家庭，有在欧美留学，当然都成了与生俱来的阶级原罪。因而，这一时期的绝大多数检讨，都把自我批判的火力集中在这些原罪上，并上升到政治的高度。周培源曾这样牵强附会地深挖自己的原罪：

在清华学校的五年准备，已经使我在思想上成为一个彻头彻尾的美帝国主义文化侵略的俘虏，甘心前往美国接受美国的"文明"，并在"学成"返国之后愿为传播美帝国主义的思想毒素而努力。[57]

辅仁大学校长陈垣就曾这样检讨自己在这所教会学校里的教学生涯："二十三年来，通过我给青年们灌输奴化教育，培养出为他们服务的人才，贻误了多少青年子弟，还自以'超阶级''超政治'，还自以为'清高'，其实就是做了几十年污浊、卑鄙的买办和帮凶而不自觉。帝国主义的文化侵略行为，是比杀人更厉害、更狠毒的。后面操持着的人，固然是帝国主义分子，而拿着武器，在最前线冲锋陷阵的人，却是自以为'清高'的我。"[58] 这一说法，就超出了一般的自污，把这所久负盛名的教会大学也污蔑成了"帝国主义的文化侵略"的杀人犯。

当时的检讨风气是：凡是和美国有关的一切都是罪恶。不少知识分子为了过关，甚至不惜污蔑他们在美国留学时帮助过他们的导师，把他们说成是"美帝国主义"的代表。北京大学化学系主任傅鹰教授，刚到美国密歇根大学留学时得到过美国导师的恩惠："我的老师巴特尔待我极其殷勤，我心里便非常感激。……他介绍我到一个美国兄弟会中去住，我心里觉得很骄傲，认为我不是一个平凡的中国人。"在思想改造运动中，他却改变了说法："我要控诉美帝国主义。巴特尔利用我求名的愿望，施一些小恩小惠，使我为美帝国主义忠心耿耿地服务了五年。他不仅买了我的劳力，还买了我的感情。我不分冬夏，整天工作，废寝忘食地为他制造论文。我为美帝国主义训练了五、六个高级人才，他们现正在做危害我们祖国的事。我被祖国人民养活了几十年，不但不能捍卫祖国，反而直接间接帮助了敌人。这是巴特尔以小恩小惠将我变成了美帝国主义的奴隶的恶果。"[59] 中国文化中，历来有所谓"一日为师、终身为父"的尊师传统，傅鹰的这一反诬自己老师的做法，不仅是一个个人道德的问题，更说明了中共思想改造的洗脑的可怕。

问题的严重性还在于：这不是某一个人的道德堕落，而是整个中国知识分子群体的人格扭曲和道德堕落。大规模的、举国性的知识分子的检讨，是中国自思想改造运动开始的一个特殊的文化现象。这一时期的中国精英阶层的上千份检讨，都被新政权发表在大到《人民日报》《光明日报》《文汇报》等全国性的报刊，小到一个地区县城的《苏北日报》《苏北教育》甚至一个中小学墙报上的[60]。它们对中国知识分子的公信度和独立性的损伤是显而易见的。一个国家民族的精英知识分子群的信用，首先是建立在他们良好的公共道德和持续久远的信誉上的。至少对自己，他们有起码的自尊自重的人格操行。如果这些精英们自己都在公众媒体上否定自己的一切，乃至自惭形秽、唾面自干，那么，怎么还可能想象他们对下层的民众有任何号召力？

"洗澡"和"过关"：学生斗老师的革命的发端

在思想改造运动的第一阶段的政治学习还没有结束时，中共便在 1951 年 11 月 30 日发布了一个〈中央印发关于在学校中进行思想改造和组织清理工作的指示的通知〉。该文件提出了学生参加教员的运动的设想："大学学生原来已经进行过或多或少的政治学习，但也可以考虑在适当的情况下使他们再参加教职员的学习"[61]。不难看出，中共已经决定利用已经被他们洗了脑的学生（"已经进行过或多或少的政治学习"），来强迫他们的老师进行思想改造。这一利用学生斗老师的恶俗，在 1952 年初的〈中共中央关于在高等学校中进行"三反"运动的指示〉中得到了明确的公认和进一步的发扬光大的指示，该文件指出：

应该深入发动群众，特别要依靠学生群众推动教师，批判和打击现在学校中仍普遍和严重存在着的各种资产阶级思想……每个教师必须在群众面前进行检讨，实行"洗澡"和"过关"。……根据北京经验，在强有力的领导下，放手发动学生群众，依靠他们帮助教师进行思想检讨，这是极有效的方法。对于教师应该采取争取最大多数"过关"，孤立和暴露最少数坏分子的方针。教师过关一般可以用分层过关的办法，即：（一）先让大多数政治思想上没有严重问题的人很快过关；（二）再帮助一批思想作风上有较大毛病，但愿意改正错误力求进步的人过关；（三）少数政治上或思想上有严重问题的人，在群众的揭发、检举和严格的检查下，进行多次反复的检讨，然后过关；（四）直到最后每校总有极少数政治上或经济上有极严重问题的人过不了关的，对于这些人行政上可按其情节给以停职调职或撤职等各种处分。[62]

这里的"洗澡"和"三反"应当是思想改造运动的第二阶段。这一阶段的特点在于：利用学生们的天真、幼稚和激进，通过疯狂的群众运动的小会批、大会斗的形式，"让每个教师必须在群众面前进行检讨，实行'洗澡'和'过关'"，那么"洗澡"之水必然是极烫的，群众斗争的"关"更必然是很难过的。是一种知识分子在党领导下的青年学生的威逼围攻下的不断检讨，最终一定要检讨者的自我贬损达到当局需要的政治口径才善罢甘休。一般说来，没有连续 2-3 次的重复检查，一般的教师都是难以在洗澡中过关的。重点对象，更是会陷于持续不断的被群众斗争状态。这里，我们不由想起了芝加哥大学研究文革的女学者王友琴博士对文革其实是"学生斗老师和学生打老师的革命"的研究[63]。其实，在中国校园里发生的大规模的学生斗老师的现象，正起源于上一世纪五十年代的思想改造运动。

当年"学生斗老师"的运动模式虽然还没有搞得像文革那样使校园里血流成河、卧尸遍地，但也闹出了或差一点闹出人命。例如，上海圣约翰大学国文系系主任蔡振华，因为在三反运动中上午上课，下午被批判，加上有身患肺病，十分紧张，"以致一日之内陡然死去"[64]。再如，复旦大学中文系教授刘大杰，就被整得跳黄浦江自杀，后未遂。刘是著名的《中国文学发展史》的作者，1949 年后一直执教复旦，担任过代理系主任。因为教授一般不经管财物，实在和贪污浪费缺乏关联点，当时华东局的一个文件中竟然把"解放以前，投靠反动势力，担任伪职，进行贪污，接受美蒋津贴，以及隐匿敌产"也作为贪污犯的条件。该文件下面举了几个典型，其中就有刘大杰："如复旦中文系教授刘大杰，接受周佛海、曾琦的津贴。"一个周佛海，一个曾琦，这正是刘大杰问题的要害所在。周佛海涉及伪政府，曾琦则是青年党领袖，刘大杰与此二人有关系，还接受了他们的津贴，那就意味着"投靠反动势力"，"进行贪污"，成了经济问题极为严重的"大老虎"。其实刘和曾琦的联系，不过是他一时加入过青年党而已。他找周佛海要钱，也是文化和研究经费。且不说这种把今天政治运动的罪责倒追溯到近十年前是极其荒谬的，在共产党还没有掌权之时，一个知识分子和其他党派的头面人物有一点经济往来、又没有有损国家民族，又有什么值得大惊小怪？当然，造成刘大杰自杀的直接原因，是他经不起"学生斗老师"的严冽和疯狂：教授成了阶下囚，学生成了审判员。还只能接受他们的谩骂和批斗，中国传统的尊师重教被思想改造一扫而空。被自己的学生斗后，将来还有何面目踏入课堂？刘大杰后来检讨过为何要自杀，他说："不肯丢面子……畏惧群众，三日三夜不睡，不能克服，摆不开来。""因为好面子，讲出后一无所有，所以抗拒，陷入错误。"可见，是一种群众运动造成的巨大压力，撕破了面子，压垮了精神，使刘大杰感到走投无路，最终选择投江[65]。

在全国性的"洗澡"和"过关"的群众运动中，著名知识分子被中共操纵下的学生积极分子围攻，不让他们在三反运动中过关是非常普遍的。对此，中国学者商昌宝提供了如下一组数据：

> 由于实行人人洗澡过关，教育界检讨的人数应不低于 60 万，其中高校教师应在 18 万左右。文艺界仅北京实际参加的就有 1228 人，上海 1300 人。在个人来说，南京师范学院肖臣说，自己当时检查了 15 次而不得过关；清华大学教授金岳霖、潘光旦都检讨了 12 次才得

过关;费孝通的检讨长达 11000 字;潘光旦的检讨"摘要"就达 28000 字;岭南大学校长陈序经在全校师生大会上检讨 4 个小时,老泪纵横,仍不得通过;厦门大学中文系教授、著名作家徐霞村在全校大会上检讨 3 个小时仍不能通过,最后只得向领导表示自己不配当人民教师,愿意离开厦大自谋生路……[66]

当不少教授被最终组织处理时,全中国大中小学的思想改造运动也大都进入了周恩来在他的开场演讲中所隐瞒的"组织处理"阶段。在这第三个阶段中,有两个类似的运动被推动。一是所谓的"忠诚老实运动",其经验来也自思想改造运动雏形和样板、华北革命大学,由毛泽东批示作为"机关学校部队中清查反革命分子的参考"[67]。二是"清理'中层'运动",即 1952 年 5 月 2 日中共发出的〈中共中央关于在高等学校中批判资产阶级思想和清理"中层"的指示〉。这两个运动的特点都是在公安机关的威慑下,在各高校掀起全校性互相揭发和自我坦白的清查反革命的高潮。在这个阶段,中共不仅批判了所有的知识分子的资产阶级思想,成功地给他们洗了脑,更掌握了他们的历史和历史问题(每个人都必须在"忠诚老实运动"写简历和关于历史问题的交代)。就教育体制的改变来说,完成了全面移植苏联模式的"院系调整"。在每一个具体的校园,对"少数政治上或经济上有极严重问题的人",行政上"按其情节给以停职调职或撤职等各种处分"[68]。最后,中共开始在各高校开始设置永久性的"革命的政治工作制度和机构,以便加强党的领导作用,巩固和扩大高等学校中马克思列宁主义思想的阵地,并在这样基础上来贯彻高等教育的改革。"[69] 而这些专职的政治机构(如政治部、人事处等等)的设立,自然地把高等院校中血雨腥风的群众运动和阶级斗争一步步地推向万劫不复的深渊。

小结

现在，我们可以来总结一下中共的"思想改造运动"对知识分子的洗脑能够成功的内在原因了。就中共对知识分子的政策来说，"改造"其思想应是它最基本方针之一。然而，"思想改造运动"的成功还在于中国知识分子对其缺乏抵制和某种程度的自觉迎合。在中共建政初期，出现过一个已经成名的中国自由主义知识分子——如朱光潜、陈垣、冯友兰、费孝通等人的自觉检讨的初潮。这一现象的造成，既有知识分子把中共的军事胜利误以为是理念胜利的"不理解而信从"的态度，更有在改朝换代之际强烈的中国传统的功名追求。

在思想改造运动正式开始前，中国知识分子为毛泽东所邀请积极地参加了土改运动。在一些急于在执政者前面表现"革命"以小心自保、或向上攀爬的知识分子看来，参与"斗地主"正是一种表演献媚的机会。在中共眼里，只有当这些知识分子也成为共产大军中的迫害者群体成员时，他们才算是交出了参加革命的"投名状"，才会被中共接纳为"革命队伍"中的一员。而在土地改革中流行的中国知识分子对农民的盲目崇拜，其实质是中共以反智主义和民粹主义的愚昧来治国治民，刻意制造知识分子农民化和非知识化的异化过程。

1951年9月7日，北大校长马寅初出于媚上的动机、敦请中共领导人来校园充当政治学习的导师，而毛泽东和中共借此契机在全中国发动了"思想改造运动"。周恩来在他的〈关于知识分子的改造问题〉的报告中隐瞒了运动最终会被引向镇反式的组织清理的真相，忽悠了中国知识分子高高兴兴地进入灌输式的马列主义的政治学习和自我检讨的运动第一阶段。1951年年底，中共决定把三反运动和高校的思想改造运动合流，运动便进入了群众斗群众模式下批判—检讨—交代的第二阶段。中共操纵学生斗老师和教师之间的互相检举揭发是运动的主要形式。文革中在中国校园里发生的大规模的学生斗老师的现象，正起源于上一世纪五十年代的"思想改造运动"。

        整个思想改造运动以"忠诚老实运动"和"清理'中层'运动"结束。这最后阶段的运动特点都是在公安机关的威慑下，在各高校掀起全校性互相揭发和人人坦白交代的"组织清理"的高潮。最后，中共开始在各高校设置永久性的搞政治运动的机构，把高等院校中血雨腥风的群众性的阶级斗争一步步地推向万劫不复的深渊。

        这场思想改造运动，对中国知识分子作为一个群体而言，绝对是一场大灾难。它不仅摧毁了他们的道德人格，甚至他们自尊自重的气节操守。比如在这举国的检讨高潮中，我们只看到这些精英们对新政权的无比顺服依附，为达此目的甚至不惜互相揭发、自污自虐。既然中国知识分子的精英群体失去了他们赖以安身、立命和立言的道德气节，来自外在的政权的强制便会通过持续不断的斗争和"检讨"转化为他们内心的自觉。这还不仅仅使他们的道德急速蜕化，还使他们最终或成为当权者的疯狂的帮凶，或成为政治运动中麻木的帮闲。

注释：

1   宋永毅主编：《中国五十年代初中期的政治运动数据库：从土地改革到公私合营，1949-1956》，香港中文大学大学服务中国研究中心，2023 年网络版。
2   新华社：〈青年团的任务与工作——冯文彬在中国新民主主义青年团第一次全国代表大会上的报告〉，载《中国五十年代初中期的政治运动数据库：从土地改革到公私合营，1949-1956》。
3   金凤：〈完成各大学初步改造：董必武作总结报告〉，载《人民日报》，1949 年10 月21 日。
4   朱光潜：〈自我检讨〉，载《人民日报》1949 年11 月27 日。
5   冯友兰：《三松堂全集》（第14 卷），北京：中华书局，页636。
6   〈电毛主席致敬〉，载《人民日报》1949 年12 月27 日。
7   汪东林：《梁漱溟问答录》，长沙：湖南人民出版社，1991 年，页120。

8   陈智超编著：《陈垣来往书信集（增订本）》，北京：三联书店，2010 年，页 222-225。

9   谢泳：〈思想改造运动的起源及对中国知识分子的影响〉，载同一作者的《中国现代知识分子的困境》，台北：秀威信息科技股份有限公司，2008 年，页 89。

10 胡平：《人的驯化、躲避与反叛》，香港 亚洲科学出版社，1999 年 6 月。此处引自 2007 年 8 月的电子版。

11 毛泽东：《毛泽东书信选集》，北京： 人民出版社，1983 年，页 344。

12 郭罗基：《"梁效"顾问冯友兰》，奥斯汀·得克萨斯州：美国华忆出版社，2020 年。页 6、10。

13 《孟子·滕文公下》。

14 老愚：〈沈从文新中国生存秘籍（中）〉（2017 年 5 月 11 日），《FT 中文网》，http://www.ftchinese.com/story/001072368?archive

15 胡适：《胡适选集·杂文篇》，台北：文星书店，1986 年，页 213-215。

16 李敖-大陆：〈共产党统治下决没有自由——所谓《陈垣给胡适之一封公开信》的闹剧和骗局〉，载《万维博客》（2012 年 8 月 19 日），https://blog.creaders.net/u/6305/201208/121096.html

17 胡文辉：〈陈垣早年的两件尴尬事〉，载《上海书评》，https://www.163.com/news/article/EG6861FD000187UE.html

18 〈政务院五十四次会议 批准关于出版会议的报告、听取接办辅仁经过并通过提请中央人民 政府委员会批准任命陈垣为辅仁大学校长〉，载 1950 年 10 月 14 日《人民日报》。

19 夏德仁：〈黄炎培：第一个喊出毛主席万岁的人〉，《二闲堂文库》，http://www.edubridge.com/erxiantang/l2/huangyanpei.htm

20 黄炎培：〈我对美国这份白皮书的看法〉，载《人民日报》1949 年 8 月 21 日。

21 戴晴：《在如来佛掌中 － 张东荪和他的时代》，香港中文大学出版社，2009 年，页 96。

22 叶曙明：〈由和平走向暴力的广东土改〉，载宋永毅主编：《重审毛泽东的土地改革：中共建政初期的政治运动 70 周年的历史回顾》（下），香港：田园书屋，2019 年，页 293-294。

23 董时进：《论共产党的土地改革》，香港：自由出版社，1951 年，页 3-7。

24 毛泽东：《毛泽东选集》（第二卷），北京：人民出版社，页 619。

25 刘再复：〈中国现代知识分子历史角色的变迁〉，载刘再复：《放逐诸神》，香港：天地图书出版公司，页 426-427。

26 毛泽东：〈在全国政协一届二次会议上的讲话〉(1950 年 6 月 23 日)，载《毛泽东文集》(第六卷)，北京：人民出版社，1999 年，页 80。

27 毛泽东：〈关于土改工作应注意的几个问题〉，载《建国以来毛泽东文稿》(第二册)，北京：中央文献出版社，1988 年。页 95-96。

28 毛泽东：〈中央关于引导民主人士参加土改工作的批语〉，载《建国以来毛泽东文稿》(第二册)，页 119-120。

29 吴小妮：〈建国初期一场卓有成效的思想改造运动〉，《锦州师院学报》2002 年 3 月号，页 94-95。

30 毛泽东：〈关于民主人士参观土改问题的电报〉，载《建国以来毛泽东文稿》(第二册)，页 173。

31 毛泽东：〈给胡乔木的信〉，载《建国以来毛泽东文稿》(第二册)，页 198。

32 Ibid., p. 154.

33 金辰北：〈社会学家——全慰天〉，《中国人民大学学报》，1994 年第 4 期。

34 吴景超：〈关于佃户负担答客问〉，载《独立评论》，1935 年 168 期。

35 潘光旦：〈第四次检讨〉，载《三反结束专刊：欢迎潘光旦先生开始的进步》，清华大学节约检查委员会宣传组编，1952 年。

36 吴景超：〈从土地改革谈到抗美〉，载《光明日版》1951 年 5 月 9 日。

37 萧乾：《土地回老家》，上海：平明出版社，1951 年，页 54-61。

38 朱光潜：〈从土改中我明白了阶级立场〉，载《光明日报》，1951 年 4 月 13 日。

39 潘光旦、全慰天：《苏南土地改革访问记》，北京：三联书店，1951 年。页 100-108。

40 Ibid., p. 106-107.

41 郑也夫：〈土改中的四位公共知识分子：董时进，吴景超，费孝通和潘光旦〉，载宋永毅主编：《重审毛泽东的土地改革：中共建政初期的政治运动 70 周年的历史回顾》(下)，页 61。

42 利瓦伊汉：《回忆与研究》(下),，北京：中共党史资料出版社，1986 年，页 529。

43 这些专著有莫宏伟《苏南土地改革研究》，合肥工业大学出版社，2007 年；张一平《地权变动与社会重构—苏南土地改革研究 (1945-1952)》，上海人民出版社，2009 年。

44 莫宏伟：〈苏南土地改革中的血腥斗争〉，载美国《当代中国研究》，2006 年第 4 期。

45　吴景超：〈参加土改工作的心得〉，载《人民日报》1951 年 3 月 17 日。

46　潘光旦、全慰天：《苏南土地改革访问记》，页 119。

47　萧乾：《土地回老家》，页 5-8。

48　Ibid., p. 222。

49　沈从文：《沈从文全集》（第 19 卷），太原：北岳文艺出版社，2002 年。其中有作者 1949-1956 年的通信。本文中的引文来自肖太云、阳惠芳的〈沈从文土改书写中的"动"与"静"〉，《中国文学研究》，2019 年第 2 期，页 156-163。

50　毛泽东：〈整顿党的作风〉（1942 年 2 月 1 日），载《毛泽东选集》（第三卷），北京：人民出版社，1991 年，页 815。

51　毛泽东：〈在延安文艺座谈会上的讲话·引言〉（1942 年 5 月 2 日），载《毛泽东选集》（第三卷），页 851-852。

52　刘再复：〈中国现代知识分子历史角色的变迁〉，载刘再复：《放逐诸神》，页 428-431。

53　中共中央文献研究室编：《周恩来年谱，1949-1976》（上卷），北京：中央文献出版社，1997 年，页 181。

54　毛泽东：〈中共中央政治局扩大会议决议要点〉（1952 年 2 月 18 日），载《中国五十年代初中期的政治运动数据库：从土地改革到公私合营，1949-1956》。

55　载《人民日报》1951 年 12 月 27 日。

56　谈家桢：〈批判我对米丘林生物科学的错误看法〉，载《科学通报》，1952 年第 8 期，页 563-572。

57　周培源：〈批判我的资产阶级腐朽思想〉，载《光明日报》1952 年 4 月 8 日。

58　陈垣：〈自我检讨〉，载《光明日报》1952 年 3 月 6 日。

59　傅鹰：〈我认识了自己的错误〉，载《人民日报》1952 年 4 月 5 日。

60　可参见金晶〈建国初期苏北地区中小学教师思想改造运动说微〉，载《安庆师范学院学报》，2010 年 2 月，页 65。

61　〈中央印发关于在学校中进行思想改造和组织清理工作的指示的通知〉，载《中国五十年代初中期的政治运动数据库：从土地改革到公私合营，1949-1956》。

62　〈中共中央关于在高等学校中进行"三反"运动的指示〉（1952 年 3 月 13 日），载《中国五十年代初中期的政治运动数据库：从土地改革到公私合营，1949-1956》。

63　王友琴：〈1966：学生打老师的革命〉，载《二十一世纪》，1995 年 8 月号。

64 参见崔晓麟:《重塑与思考:1951 年前后高校知识分子思想改造运动研究》,
    页 95。

65 这里关于刘大杰在思想改造运动中被迫自杀未遂的故事,来自胡学常的
    〈刘先生真能说话〉,载《读书》2018 年第 9 期
    (http://ny.zdline.cn/h5/article/detail.do?artId=58248)。

66 商昌宝:《作家检讨与文学转型》,北京:新星出版社,2011 年,页 17。
    〈"检讨":特殊时代的文化现象〉,载《扬子江评论》2009 年第 2 期。
    (https://www.chinesepen.org/blog/archives/19277)

67 毛泽东:〈关于转发华北革大开展忠诚老实政治自觉运动情况报告的批语〉
    (1951 年 5 月 4 日),载《建国以来毛泽东文稿》(第二册),页 271。

68 〈中央印发关于在学校中进行思想改造和组织清理工作的指示的通知〉,载
    《中国五十年代初中期的政治运动数据库:从土地改革到公私合营,1949-
    1956》。

69 〈中共中央关于在高等学校中批判资产阶级思想和清理"中层"的指示〉(1952
    年 5 月 2 日),载《中国五十年代初中期的政治运动数据库:从土地改革到
    公私合营,1949-1956》。

毛泽东治下对基督教的洗脑

李榭熙　周翠珊

引言

在意识形态层面取得群众的广泛支持，在血腥暴力的军事行动之外成功对受统治者洗脑赢心，此为中共建政初年巩固其统治地位的手段，包括由上而下倾力宣传社会主义、拉拢现有组织成为协作者，以至从下而上动员群众支持社会主义秩序。政权得手的初期，中共以宪法保障允许宗教自由，使宗教团体以为新政府会以法治为本。但韩战爆发提早暴露了中共早已指向宗教但尚未出鞘的灭教利剑。推行"三自爱国运动"是剑锋亮出的邪光，它以基督新教团体本色化为名，以爱国为号召，以赤化的宗教人士为骨干，要求教会参与社会主义建设，发挥统一战线的作用。中共要宗教领域配合国家的反美反帝斗争，在三自爱国运动之下，变本加厉地改造教会，试图以意识形态清洗宗教信仰，既要把宗教置放于政治之下阻止其发展，也要动员教会组织臣服于国家意志之下，党国所属意的教会是能够成为政治宣传工具的教会。

研究中共在1950年代推行的三自爱国运动，揭示了已在中国生根的基督教组织及领袖对抵抗政府吸纳的信仰动力，他们为了保全对信仰的忠贞和维护个人独立自主的精神世界，尽力使教会群体在政治无孔不入的现实中依然反照纯洁无瑕的团体生命，抗拒中共政府试图强加过来的思想改造[1]。本文尝试重新扣连1950年代的政教关系，指出中共对宗教人物与教会信众进行洗脑的步骤，阐述中共如何有计划地对教会进行意识形态的洗脑控制，包括渗透教会、介入教会运作、物色人选作为洗脑执行者、建构洗脑组织。本文同时指出，在面对洗脑改造的压力下，部分教会领袖和信徒并没有如知识分子那样产生自我怀疑和内疚自责，并且放弃个人原有的思想体系，以公开言论与行动争取表忠。周泽浩教授在本论文集中提到爱德华·亨特（Edward Hunter）访问曾在韩战时被中共捕获的非裔美军战俘，这些军人深受基督教的熏陶，在面对肉体与精神虐待时显出无比英勇和坚定，并没有屈于敌人的洗脑之下。这些战俘心中保存了对上帝忠诚不二的信仰，他们相信基督教要求他们对全人类心怀友爱，并且他们深信终有一天能与家人团聚，这些信念支撑着他们抵抗试图把他们导向共产主义的压力[2]。这一例子说明，洗脑能否击垮个人信念和原则，取决于被洗脑者的人生体验。本文讨论的个案呼应周泽浩教授的研究，不过故事是发生在中共执政初年的基督教信徒身上，它指出宗教群体与政治之间的互动必须站在信仰的层面进行理解，才能更确切地剖析洗脑对宗教人士的有效性与局限性。

政教冲突

作为无神论者的中共，建政伊始以整顿政教关系作为控制基督教的要旨。在反对帝国主义的口号之下，教会纷纷切断与西方教会的关系来自保。表面上，教会被要求成为百分之一百由中国人自办的教会，然而党国的最终目标是对教会完全的控制，以宪法所承诺的宗教自由作为掩饰，以共产主义彻底消灭宗教信仰与活动。正如社会学者杨庆堃指出，以无神论治国的毛泽东思想，否定需要神灵庇佑的传统信仰，以把中国发展成国力可匹敌西方的民族来取代传统有神文化。这一新信仰体系包含的意识形态，融合了西方的发展主义与中国传统的富国强兵理念，最早见于清末民初时代的改良派和革命派。唯一不同的是，党国是要平民百姓绝对效忠国家，以马列思想作为实现强国梦的唯一指引[3]。其结果是唯独共产主义与唯独中共专政，党国的权力与意识形态必须独大，铲除所有宗教信仰，杜绝百姓有另一种的忠诚。政府致力宣扬以科学为法的世界观，将宗教贬为"人民的精神鸦片"，正是要宗教走向共产革命道路的总体目标。

然而信仰群体有其内在的思想体系与运作逻辑，在这个背景之下出现并由党国指导的三自爱国运动，势必成为一场政教角力。"三自"的概念本源于十九世纪时期美国公理宗海外传道部的鲁弗斯•安德森（Rufus Anderson 1796-1800）和英国圣公会教会传道会的范亨利（Henry Venn 1796-1873），原意主要指在亚非拉地区的本地教会要寻求"自立、自养、自传"。1949 年之后党国以"三自"为口号，为"三自"冠上革命帽子，称教会为"三自革新运动"，继而再把它改为"三自爱国运动"。"三自"是教会独立于西方教会体制的要求，"爱国"则是忠于党国的借代词汇，国家权力逐步向信仰领域延展，就连神权都要服从在政权之下，受政权指挥。在革命策略层面，中共的第一步就是找出愿意合作的教会领袖，透过他们来统战教会，削弱信徒群体对抗的能力，最终使教会接受官方指挥。刘良模（1909-1988）就是在当时愿意跟中共通力合作的基督教界一位重要人物。

民国时代的刘良模担任基督教青年会全国协会的学生干事，于1930 年代开始成为中共地下党员，曾以自己所属的教会掩护在上海行动的革命同志[4]。教会的诗班活动以及在美国浸信会传教士于上海创办的沪江大学就读时参加大学诗班，让刘氏学会了组织歌咏团的技巧，在共产党史中他以组织爱国歌咏团见称。解放之后，刘氏被周恩来钦点成为基督教圈中的党代表，协助三自运动的领军人物吴耀宗在上海推行三自爱国运动。跟许多三自爱国运动的领袖一样，刘良模曾就读于西方传教士所办的学校，接受过良好的外语训练和博雅教育。但他也和一众被中共洗脑的教会人士一样，视西方传教士在华活动为帝国主义之举，猛烈批判甚或全盘否定传教士和具有西方背景的中国教会。

1950 年 6 月 25 日爆发的韩战让本来逐渐升温的政教关系白热化，作为信仰群体的基督教被中共视为跟帝国主义联系的敌对组织。在周恩来的指示下，基督教领袖要肃清教会的帝国主义元素，确保教会接受共产党的绝对领导[5]。同年 4 月，十九名教会代表在北京会见周恩来，着手草拟《三自宣言》（全称《中国基督教在新中国建设中努力的途径》），以此表明基督徒要绝对忠于共产党。韩战下反美情绪持续高涨，至此，三自运动不仅要求教会脱离西方，而是包括支持政府反美，且要教会打击教内反对新政的信徒。周恩来强调，老百姓在面对压迫时从宗教中获取慰藉和希望，这段历史已经过去，因为今天共产主义已经出现了，宗教已经没有存在的需要。党国全面奉行共产主义如箭在弦，所有中国教会都要通过反帝运动来向国家效忠[6]。

官方的政策方针完全从意识形态出发，要求教会从帝国主义的思想与控制中解放出来[7]。7 月《三自宣言》完成起草，由共党领导的三自爱国运动正式拉开帷幕。这个运动表面上呼吁中国信徒要落实教会的自主权，但其真正目的是要教会通过中断跟西方传教系统的联系，归入国家管治的范围。传教史学者凌爱基特别指出，驱逐传教士的计划早已存在，韩战为党国带来实行此计划的契机，透过庞大的宣传机器激发反美情绪，在社会广泛注入反西方的华人爱国民族主义，透过号召民众支持三自爱国运动，全面推行党国收编教会的政策[8]。

洗脑的多重面向

政府的宣传动摇了部分信徒，他们跟从了官方政策，开始在教会内部集体控诉外国传教士，其做法是"拉一派打一派"，把支持政府的教会领袖团结起来，攻击持不同意见的教会领袖，又以铲除帝国主义、肃清教会内部敌对力量为名，发动信徒对不合作的教会领袖施压。1952 年挪威传教士汉学家霍砇（Sverre Holth）离开中国后评论：
"冷酷无情和诡计多端的中共想尽一切方法来继续消灭潜在敌人，
而大多数人被吓得完全屈服。"中国是典型的"现代警察国家"，由
一个没有道德考虑的政党领导，"在是非问题上没有绝对的标准。凡
是为党国服务的都是正确，其它的考虑都无关紧要。"[9] 此外，在华
长大的美国信义会传教士马天生（Harold H. Martinson），凭个人与
中共多次交手的经验指出：

> 在救国的"全民总动员"口号下，中共将全体人民紧密组织起
> 来。人人都必须为党做些工作。"洗脑子"是一个被反复使用的短语，
> 用于打破旧观念并灌输新观念。谁学不好，谁就是"反革命"，就要
> 受到镇压。每个人都被迫接受共产主义的生活和社会观。……很快，
> 人们惊奇地发现，在救国热潮中人的主体性与能动性已经溜走，取而
> 代之的是党性。进行洗脑活动的学习班再无聊，人们也不能够缺席。
> 人们变成了机器上的一个齿轮。[10]

马天生对中共洗脑动员的观察，突显出被洗脑者在面对党国压
迫下的软弱无力，并否定自我去配合社会主义的政治秩序。同年代的
法国哲学家依路（Jacques Ellul）在剖析二十世纪欧亚共产政府宣传
机器时指出：

> 洗脑宣传直接冲击人的本体……由于共产主义者不相信人具有
> 天赋的本性，只认为人性是受制于身处的物质环境、阶级、身分，因
> 此党国可以使用洗脑宣传改变人的固有信念和行为，去塑造一个社
> 会主义的新人。[11]

依路又强调，共产极权的洗脑宣传是一个全方位改造人性的现
象，涉及制造焦虑（agitation）和意志整合（integration）两个层面，
步骤是先锁定被洗脑的对象，将之孤立于家庭、朋友、社群，继而持
续不断的精神虐待，禁绝休息和反思，因为感到无助和被剥夺与党国

以外第三者沟通，当事人因而产生极大的精神负荷，目的是要动摇个人信念，令对方潜移默化地相信党国，再无法以本有的信念去抗衡面前强加下来的意识形态，固有信念与党国信念整合成新信念，下一步就是让新的意识形态占据被洗脑者的内心，并要当事人以行动和话语表示对党国死心塌地的忠诚。林培瑞教授在本论文集中着重被洗脑者表面行为的转变，他说："官方的主要目标是控制一个人的外表，内心如何是另一个问题。与其说是'洗脑'，倒不如说是'洗嘴'。"林教授也许不会同意依路关于被洗脑"内心"上的转变，不过大概林教授不会反对依路所言，洗脑的最后一步是让被洗脑者成为执行洗脑的工具，对其身边的人进行政治宣传[12]。本论文集其他学者在探讨 1942 年的"延安整风"和 1958 年的"向党交心"运动时皆指出，党内和党外被打击对象所面对的孤立和无助感，正是依路提到洗脑过程中制造内心焦虑和整合新意念的现实写照。

洗脑和群众动员是思想改造工程的重要组成部分。当人人被与新政权合作的承诺所吸引，看到了向政权表忠将受益的机会，这标志着洗脑的良好开端。在公开场合谴责西方传教士，表明自己要跟外国差会一刀两断，加入三自运动，是教会公开其顺应国家意志，宣示政治忠诚的方法。不过在对教会洗脑之初期，党国并非一帆风顺，因此才必须以渗透来干预教会的学校、医院、和教堂，使其活动无法如常运作，本文作者对于基督复临安息日会（下称：安息日会）的研究，说明了党国为了对该会领袖洗脑，先派员渗透其属下的中华三育研究社和时兆报馆，以赤化的工人和学生发动群众运动，为洗教会的脑子铺路[13]。

控诉教会

1951 年 5 月 15 日，三自爱国运动在其所属的官方杂志《天风》展开重要的舆论准备，由刘良模发表题为〈怎样开好教会控诉会〉一文，此文旨在教育教会通过群众控诉大会的方式，"使教徒群众清楚地认识帝国主义在中国所造成的罪恶，认识帝国主义过去利用基督教侵略中国的事实，肃清基督教内部帝国主义影响的最有效的方法之一"。值得注意的是，该文罗列了开办控诉会的具体细节，刘氏认为周密的部署是控诉会成功的关键，其中包括三大步骤：一）引导信徒相信控诉行动并不抵触个人信仰。二）做好会前准备工作，方法是先组织洗脑小组，称为"控诉委员会"，以此组织来挑选被控诉人和控诉人，小组并要研究控诉大会的方法和程序。三）进行预演，其目的是让参与者掌握好控诉的材料和演讲技巧，准备好在大众面前谴责被控诉人。同时控诉委员会要物色人选，最佳对象是那些能够全情投入高度参与的人，然后邀请他们参加更大的控诉大会[14]。"进行预演"这个步骤饶有意思，刘氏强调控诉内容的准备和宣读控诉材料的演说技巧，仿佛反映了他早年教会生活中常会遇到的每周讲道，传道人花费心思准备讲章，因为成功的讲道必须在有限的时间内精准无误地阐明教义，若再加上生动的表达，结合绘形绘声的说故事技巧，往往更能使人归信[15]。刘氏自己的父亲就是这样一位经常在教会中宣讲和教导《圣经》的传道人。刘良模并强调，在正式的控诉会上，主持人对现场气氛和节奏要拿捏得宜，所谓"先紧张、后缓和、再紧张"，他相信这样的程序"才能把控诉大会开得好"。成功的控诉会要挑动群众情绪，因此刘氏表明，主持人需用鼓掌的方法来鼓励大会，进而把会众情绪推上高峰[16]。这种政治动员策略就是力求"压倒个人主义"，"以恐惧取代个人原有的同情之心"，透过"统一群众的呼声，一同攻击共同的敌人"[17]，其目的是要让信众在群众压力下被迫服从三自爱国运动，从而巩固政权代理的领导地位。刘良模会在每一场大型控诉会之前进行彩排、亲自审校每篇控诉讲词、要求控诉人把材料背下来、教导控诉人要声泪俱下地诉说传教士如何虐待自己，这些都是对与会者洗脑的技法。这种公开表演式的政治表态是十分重要的，因为毛泽东年代是以外显的忠诚来衡量内心的改变。

这里再引用安息日会的例子说明之。1951 年 8 月至 10 月安息日会举行了三场控诉会，在最后一场会上，刘良模呼吁天主教和新教都要举行相似的控诉会。洗脑式的动员为投机取巧的信徒提供了获得政治影响力的新机会。他们放下了长期以来对政治的回避，支持政府报效国家的号召，批判西方传教士[18]。具有讽刺意味的是，中共巩固政权的结果与投机取巧的信徒最初的预期大相径庭。中共比以前的政权更具压迫性，洗脑的另一端是试图要求公民绝对忠诚，服从党国。

洗脑新教失败的例子

当中共把目标对准天主教，意图把他们带向"三自"时却遇到始料未及的反应，洗脑和思想改造运动未能改变天主教徒。更糟糕的是，对天主教神职人员的错误逮捕和酷刑最终激起了信徒的反感。曾仕上海徐汇中学校长、震旦大学义学院院长的张伯达神父（1905-1951）是中共统治下的殉教者。1951 年 3 月，张神父在华东区召集的私立学校教育会议上，认为"三自革新运动"只是"假三自"，因而被认定为"反动分子"，于同年 8 月 9 日被逮捕。住在张神父对面囚室的爱尔兰传教士莫克勤（William Aedan McGrath）神父看见张神父去世前在囚室受尽煎熬，呕吐达两个月。11 月 11 日，徐家汇天主堂接到张伯达"病死"狱中的通知。狱卒指张伯达"顽固，反抗到死！"张的尸体于 1951 年 11 月 12 日回到教堂，教区的神父身穿代表为道殉生的红祭披，为张伯达举行追思弥撒，有大批教友参加。张的殉教激励教友拒绝向政府推动的"三自革新运动"妥协。当政府来逮捕朱神父（Vincent Chu Hong-Sheng）时，教友跪在教堂的院子里，念诵唱诗祈祷，使干部无法继续前进。他们一遍又一遍地唱圣母军诗歌。居住在教堂对面的人看到教友对无法忍受的枷锁的反抗，高兴地欢呼起来。政府意识到逮捕朱神父的计划失败，改变了策略，要求教友向街道委员会的负责人发表指控天主教的声明[19]。

由此可见，在三自爱国旗帜下洗脑和群众动员运动在推行之初已出现逆向效果，部分天主教信徒并没有如党国预期那样轻易妥协屈服。类似的反抗例子可见于有关龚品梅和邓以明两位主教在狱中生活的研究。这些神职人员深信上主与他们同在，信仰的力量使他们顽强地抗衡洗脑迫害[20]。

洗脑在政权更迭时期很有效，但当国家未能兑现承诺，当物质基础发生变化时，洗脑就失去了吸引力。1960 年代在政治压迫中受苦的人就是这种情况。在广州，两个远东福音广播的青年听众发现自己是文化大革命的受害者，他们的遭遇和大部分知青一样，不曾间断的政治运动使他们失去向上流动的机会，于是他们开始质疑整个极权制度。据他们回忆，在 1967 和 1968 年他们看到许多对党国幻灭的年轻人，在市建筑物外墙上张贴反政府标语。另外，当香港左派接受广州市委接待，专程来参观市政机关和工厂，他们对香港左派甘于作为宣传工具的行为嗤之以鼻，尤其对于这些左派幼稚地相信共产主义，而竟没有珍惜英国殖民地管治带来的自由感到遗憾[21]。

政府必须把拒绝被洗脑的宗教领袖关押起来，在肉体与精神上施以严刑来改造他们的思想，可是这种方法完全低估了宗教信仰抗衡被洗脑的力量，女异议人士林昭就是一例。林昭（1932-1968）于 1962 年被控以"反党反革命"罪名，收监于上海市提篮桥监狱。她少年时期受洗成为基督徒，和一些对共产主义怀着理想的青年一样，之后放弃信仰彻底投身革命事业。林昭在入狱前开始重新参加教堂礼拜，因而唤醒了其基督教信仰。在狱中，林昭透过默想与写作努力创造一个远离国家洗脑的个人精神空间，利用她对基督教的零碎和不系统的理解来开辟了一个神圣空间。林昭是一个典型例子，说明了信仰如何支持个人抵抗集体意识形态。事实上在她生命中最黑暗的时刻，信仰给了她很大的安慰和慰藉。据美国杜克大学神学院连曦教授指出："林昭在牢房里想起在教会学校时代的许多赞美诗和《圣经》经文。零碎基督教知识成为她想象中的砖块，她用这些砖块在她的内心里建造自己的小圣堂，每周在内心举行一次盛大的礼拜。"[22]强大的共产主义国家摧毁了无数有形的教堂，但真正支撑信徒的是心灵和思想中无形的精神堡垒。对比政治洗脑，林昭在受迫害的时期却经历了一种以基督苦难神学形式出现的精神转变，从中与上帝建立了更个人化的关系，保持了个人的意志来抵抗被洗脑。上海市提篮桥监狱以酷刑改造犯人为社会主义新公民而恶名昭著。尽管如此，好像林昭那样有宗教信仰的政治犯，会在墙上偷偷刻下十字架，帮助他们祷告和冥想[23]。信仰实践使他们与上帝建立联系，个人的存在意义与可能性超越了政治所定界的单一标准。

倪柝声与基督徒聚会处

同样的经历可以用来描述因于上海市提篮桥监狱的另一教会领袖倪柝声。倪柝声被认为是二十世纪初在中国新教中最具影响力的教会领袖和神学家之一，由他建立的基督徒聚会处在韩战期间，成为三自爱国运动亟欲整顿的一大目标。故此，就 1950 年代中国的政教关系研究来说，他的遭遇确实是有仔细检视的必要[24]。倪柝声生于1903，属于基督教家庭的第三代传人。1920 年，尚在福州的三一学院念书的他已经立志成为全职布道者。他在女奋兴布道家余慈度（Dora Yu, 1873-1931）主持的一次会议上经历了情感上的皈依。余慈度曾在 1900 年代和 1910 年代在中国新教徒中主持奋兴集会，并在上海建立了一个《圣经》学习和祈祷室，教导妇女传福音的技能。倪柝声皈依后便停学赴上海参加余慈度的工作。1923 年，倪氏与英国圣公会女传教士和受恩（Margaret E. Barber 1860-1930）一起学习《圣经》。和受恩于 1899 年来到福州，在教会学校教书七年后回国。1911 年，清朝被推翻的那一年，和受恩一起受到弟兄运动（Brethren Movement）敬虔思想的影响。回到中国，她在福州东南部创办了一所《圣经》学校，她还向倪柝声介绍了闭关弟兄会（Exclusive Brethren）的思想和组织。

在英国普利茅斯弟兄会的思想影响之下，倪柝声反对在基督教内分门分派，他认为教会是指由圣灵塑造的信仰群体。基于这样的立场，他呼吁信徒实践追随耶稣基督的人生，全力建立独立自治的教会，主张自治的教会不接受外力的支配，并拒绝按照西方新教派系纷呈的方式来组织中国教会，认为教会应当学效《新约圣经》那样，依据地区来组织教会，所谓"一地一会"，故此倪氏带领的教会俗称"地方教会"，他们的会堂称为"基督徒聚会处"，并在前面冠以教会实际聚会地区，如民国时期位于上海南阳路的会堂称为"上海基督徒聚会处"。从 1920 年到 1930 年代，倪柝声鼓励信徒脱离传统的宗派教会，自组独立的地方性教会。借着教会聚会和出版宗教刊物，倪柝声吸引了沿海城市富有和受过教育的追随者，原本只是一小群人的聚会点迅速扩展到全国各个角落。很多的基督徒离开他们的教派加入了倪氏主领的宗教运动，以至于新教传教士经常指责小群"偷羊"。到了 1949 年，在倪柝声的神学思想带领之下的教会常被人称"小群教会"，信徒人数亦已达七万多人。共产党当局对小群的迅速发展持怀疑态度，并暗中策划对付倪柝声。

1950 年，中共动员教徒支持三自爱国运动。最初，包括倪柝声在内的许多基督徒聚会处领袖认为可跟新政府建立有限的合作而非对抗。韩战爆发后中共驱逐外国传教士，并且要求教会切断与西方差会的关系，又成立"中国基督教抗美援朝"三自革新运动委员会筹备委员会。教会意识到政治要正面干涉教会灵性事务，而倪柝声为了适应新环境和顺应当权者，于 1951 年在上海谈论到过住他的"超政治"立场是错误的，并且提出教会要站在"人民的立场"反对帝国主义[25]。倪氏的讲话可说扫除了教会举行控诉大会的疑虑，而已经接受洗脑的教会积极分子也赶紧筹备在上海南阳路教会举办第一场控诉会。吴维僔是这场控诉会的其中一名控诉人，据他忆述，在倪氏的讲话后教会分别在上海南阳路和虹江路两会堂召集了动员大会，信徒们在会上"自由发言、自我动员"，也在会上发言的吴氏本来反对控诉，但教会长老张愚之事后要他"顺从教会长老们展开控诉运动的决定"[26]。这场控诉会从酝酿到正式举行，都体现了刘良模〈怎样开好控诉会〉一文的步骤，在大会前一晚由党国代表和三自领导在南阳路和虹江路二会各先开一个演练会，刘良模还亲自指导南阳路教会的预演。1951 年 8 月，在官方怂恿之下，基督徒聚会处以包括吴维僔在内的四名成员在南阳路举行控诉大会，但会议以失败告终，就连亲自在场当大会主持的刘良模也没能扭转局面，部分原因相信是会上触及教会在党国治下是否真正享有信仰自由的敏感争论，而面对质问时刘良模没能给出让会众满意的回答，最后在没有彻底反帝控诉之下散会[27]，更引起了上海信徒抵制控诉的情绪。然而南京祠堂巷聚会处的控诉运动却被策动成功，事后四名被洗脑的控诉人的发言通过党国宣传刊物公诸全国，倪柝声成了被控诉的主角[28]。在反对控诉与支持控诉争持之际，倪柝声丌始号召所有基督徒聚会处退出三自爱国运动。1952 年 4 月倪柝声被政府拘捕，上海南阳路教会首先宣布退出三自运动，这就带动了全国各地的基督徒聚会处抵制三自，并同时呼吁信徒维护教会的独立自主，退出三自运动[29]。1956 年 1 月，在肃清反革命分子之下政府大规模搜捕聚会处各地领袖，不少被判以劳改刑罚；同年政府终以"反革命"罪判倪柝声监禁十五年，自此之后倪柝声开始被囚于上海市提篮桥监狱，

倪柝声被关押在篮桥监狱之初，狱长曾对他进行多次的长时间批斗，但始终无法迫使倪柝声接受洗脑放弃自己的信仰。其后，狱长发现倪柝声有良好的英语能力，于是安排他负责一些翻译工作，使得倪氏虽在牢房，但可免受劳役之苦。最后，倪氏还在狱中被指派成为学习小组组长，负责监督其他囚犯的思想改造。除非我们能接触到完整的监狱档案，否则我们只能推测倪柝声利用毛派的言辞对狱友进行基督教启发的教育。在困窘的岁月当中，这些相对舒适的安排，既

让倪柝声免受粗劳之苦，也让他不受其他囚犯暴力骚扰。尽管身在狱中的他失去人身自由，但却困不住他的领导才能。倪柝声意识到囚犯的暴力倾向是由于监狱资源缺乏，于是他从来没有滥用过自己作为政治思想小组组长的特权来获取额外的物资。在日常的铁窗生涯，他亦事事保持低调，在囚犯的争执中保持中立，但又积极结交其他宗教囚犯和伤残犯人，给他们提供精神上的支持，成功在狱中建立新的人际网络。被囚期间，倪柝声认识了一名叫吴友琦的年青犯人。倪氏除了在生活上帮助他适应监狱生活之外，还安排他在狱中的学习会担任书记，纪录和总结其他犯人的讲话。当吴友琦重获自由之后，他就把自己在狱中与倪柝声的交往写成回忆录。

1969 年，文革爆发之后，倪吴两人被政府转送到安徽北部的劳改营继续囚禁。倪柝声在营地经常受到公开羞辱，尽管处境困难，他还是与吴友琦分享了他的人生故事和《圣经》知识。这些谈话鼓舞了吴友琦认真对待基督教。有一次，倪请求吴友琦在获释后与教会取得联系。当他们的友谊越来越牢固时，倪柝声的健康急剧转差，长期受到心脏病和慢性胃病煎熬的他终在 1972 年 5 月 30 日死于转送医院的途中，享年 69 岁。离世之前，倪柝声曾在一张纸条上写下了他的人生自白，纸条藏在枕头下面。当他的亲人收集他的遗物之时，发现了这张纸条，上面写道："基督是神的儿子，为人赎罪而死，三日复活。这是宇宙间最大的事实，我信基督而死。——倪柝声。"[30]

这句感人的绝笔铿锵地唤出了倪柝声那份掷下了自己的所有但仍至死不渝的坚定信仰，他尊崇上帝在人间的万有之上，他无悔个人的信仰抉择所带给他的悲惨际遇，他从不认同官方对他的控诉，他并不听命任何意识形态。他只忠于信仰、只遵信仰指挥，只以信仰为是，即使蒙受多有百世也难消磨的人生灾劫，他仍只跟从信仰走完自己的一生。倪柝声没有可能想到，三十多年之后，他的遗言会被公诸于世。倪柝声著作甚丰，部分英语版早已流传海外[31]，在他去世之后海外华人和英国教会决定把他的其他著作翻译成英语出版，成为全球教会的灵性遗产。1973 年，金弥耳（Angus Kinnear）出版了著名的传记《中流砥柱—倪柝声传》。倪氏创办的基督徒聚会处中的成员陆续出版个人传记，他们回忆个人在洗脑红潮下被关被害，无一不提倪柝声的事迹[32]。2022 年华盛顿的《圣经》博物馆展出了倪氏赠送给吴友琦的帕克墨水钢笔和理发器，用以纪念和保存这位灵性巨人的人生经历。倪柝声的例子显示，在天主教、东正教和新教的传统中，殉道被认为是信仰的最高形式，通过自我牺牲的行为来见证个人的信仰，至死不悔。死亡不是殉道者人生的句号，他们以忠于信仰的生命来激励同代人和后代人跟随神的儿子耶稣基督。

小结

建政之初中共与教会的关系进入不可避免的重整期，政治要求教会每个人不可回避党国的洗脑。洗脑仿佛是个身体，主宰身体的意志是以消除主体意识为目标，让被洗脑者最终完全服膺于中共专制主义。身体的一只手是虐待精神与肉体的集体暴力，但洗脑不能光靠对被洗脑者施以负面压力，因此另一只手是利诱与谎言，鼓动接受洗脑者的想象，让他们以为接受洗脑和积极参与洗脑活动就能换取新政权的报偿。

成功的洗脑必需通过党国机器干预、动员群众施暴、加以胁迫和利诱，把愿意被洗脑的信徒从神圣的出世观转化成入世的革命观。中共洗脑动员是对党国意识形态以外一切信仰的全盘否定，以爱国为名要教会向政权效忠并接受政府监管，教会团体将党国的行为理解为政教混合，混乱了教会神圣纯洁的身份；透过洗脑教会被整合到神化毛泽东的个人崇拜运动当中，虔诚的信徒奋起对抗，不光是因为拜别的神明是亵渎上帝的行为，更是对个人主体性的否定与摧残。

当前党国主张的"基督教中国化"运动是干预教会生活的变奏，而党国的洗脑技法已然进化，不肯轻易就范的领袖和信徒可能仍会遇上像 1950 年代那样的暴力与威胁。好像那个年代以群众总动员的洗脑手法虽尚未出现，然而党国对西方进行渗透的恐惧，让中国信徒渴望和外国信徒保持团契关系变得异常敏感。回望中共建政初期对教会的洗脑动员政策和信徒反洗脑个案，有助警惕世人对专制极权试图操控人心的恶法。只要洗脑和斗争仍在人间上演，则记取这段血泪史仍有必要，尤其必须指出，基督徒在极权当道之时，在信仰的支持下其自我身份的理解呈现出复杂的面向，其意志可以对抗时代的压迫，党性不能扭曲人性，意识形态的政治攻势无法淹没对基督天国想象。

注释：

1　"基督教"在本文中指"新教"。

2　Edward Hunter, *Brain-Washing in Red China: The Calculated Destruction of Men's Minds* (New York: Vanguard Press, 1951) and *Brainwashing: The Story of Men Who Defied It* (New York: Pyramid Books, 1958).

3　C. K. Yang, *Religion in Chinese Society* (Berkeley, CA: University of California Press, 1967), pp.381–387.

4　顾长声：《耶稣哭了——顾长声回忆录（1945－1984）》，耶鲁大学神学院图书馆，中国档案库，案卷号 8，第 244 箱，页 31－32。

5　〈周恩来总理关于基督教问题的四次谈话〉，收：罗冠宗编：《中国基督教三自爱国运动文选 1950－1992》（上海：中国基督教三自爱运动委员会，1993），页 475－480。

6　Earle H. Ballou, ed., *China Consultation 1960: Synthesis of Presentations, Comments, and Discussions* (New York: Far Eastern Office, Division of Foreign Missions, National Council of the Churches of Christ in the U.S.A., 1960), pp.8–9.

7　顾长声：《耶稣哭了》，页 61－62。

8   Oi-Ki Ling, *The Changing Role of the British Protestant Missionaries in China* (London: Associated University Presses, 1999), *pp.*148–180.

9   Ole Bjørn Rongne, "Mission Impossible? Sverre Holth—Missionary and Sinology," in Tormod Engelsviken, Notto R. Thelle, and Knut Edvard Larsen (eds.), *A Passion for China: Norwegian Mission to China Until 1949* (Oxford: Regnum Books, 2015), pp.69–89.

10 Harold H. Martonson, *Red Dragon Over China* (Minneapolis, MN: Augsburg Publishing House, 1956), pp.92–93.

11 Jacques Ellul, *Propaganda: The Formation of Men's Attitudes* (New York: Vintage Books, 1973), p.xvi.

12 Ellul, *Propaganda*, p.19, 29, 49–50.

13 Joseph Tse-Hei Lee and Christie Chui-Shan Chow, "Covert and Overt Activism: Christianity in 1950s China," *Frontiers of History in China* 11, no.4 (2016): 579–599; 周翠珊、李榭熙：〈从反帝样板到反动势力：中共控诉运动下的基督复临安息日会〉,《台湾神学论刊》, 待刊论文。关于安息会与中共的政教关系，见 Christie Chui-Shan Chow, *Schism: Seventh-day Adventism in Post-Denominational China* (Notre Dame, IN: University of Notre Dame Press, 2021).

14 刘良模：〈怎样开好教会控诉会〉,《天风》第 264 期，1951 年 5 月 19 日，页 5 。

15 民国时期著名布道家宋尚节维肖维妙的讲道，是 1920 至 1930 年代中国教会复兴运动的重要动力，见 Daryl Ireland, *John Song: Modern Chinese Christianity and the Making of a New Man* (Waco, TX: Baylor University Press, 2020).

16 刘良模：〈怎样开好教会控诉会〉, 页 5。

17 Julia C. Strauss, "Accusing Counterrevolutionaries: Bureaucracy and Theatre in the Revolutionary People's Republic of China (1950–1957)," in *Staging Politics: Power and Performance in Asia and Africa*, edited by Julia C. Strauss and *Donal B. Cruise O'Brien* (London: I.B. Tauris, 2007), p.53.

18 详见周翠珊、李榭熙：〈从反帝样板到反动势力〉。

19 William Aden McGrath and Theresa Marie Moreau (ed. and comp.), *Perseverance through Faith: A Priest's Prison Story/The Memoirs of Father W. Aedan McGrath* (Bloomington, IN: Xlibris, 2008), p.85 and p.87.

20 邓以明：《天意莫测》, 香港：明爱印刷训练中心，1990；Paul P. Mariani, *Church Militant: Bishop Kung and Catholic Resistance in Communist Shanghai* (Cambridge: Harvard University Press, 2011).

21 Joseph Tse-Hei Lee and Christie Chui-Shan Chow, "Airing the Gospel: Christian Radio Broadcast and Multiple Narratives in Early Reform-era China," *Inter-Asia Cultural Studies* 23 (2): 244.

22 Xi Lian, *Blood Letters: The Untold Story of Lin Zhao, A Martyr in Mao's China* (New York: Basic Books, 2018), p.19.

23 Joseph Tse-Hei Lee, "Faith and Defiance Christian Prisoners in Maoist China," *Review of Religion and Chinese Society* 4, no.2 (2017): 186.

24 Joseph Tse-Hei Lee, "Watchman Nee and the Little Flock Movement in Maoist China," *Church History* 74, no.1 (2005): 68–95, and "Dying for Faith, Transforming Memories: Chinese Christian Martyr Watchman Nee (1903–1972)," *Journal of the Macau Ricci Institute* 6 (2020): 37–47.

25 基督徒聚会处把是次讲话命名为〈我是怎样转过来的〉，讲话内容的分析见邢福增：《反帝、爱国、属灵人：倪柝声与基督徒聚会处研究》，香港：基督教中国宗教研究社，2005，页 69 - 74。

26 吴维傅：《中国的以巴弗》，台北市：中福出版有限公司，2001，页 98 - 101。

27 Ibid., p. 105。

28 邢福增：《反帝、爱国、属灵人：倪柝声与基督徒聚会处研究》，页 80。

29 陈福中：〈被打成反革命分子〉，载：陈则信、黄得恩、陈福中着：《汪佩真传》第十九章，香港：基督徒出版社，2006；居微（原名：林子隆）：《我一生最可纪念的几件事》，无出版地点，2014，页 55。

30 Lee, "Faith and Defiance," *Review of Religion and Chinese Society*, 175–179.

31 这些著作包括：《正常的基督徒生活》《坐、行、站》《这人将来如何》。

32 见中国圣徒见证事工部出版的多部著作，www.cctmweb.net。

1958 年的"向党交心"运动

丁 抒

    论及中共用洗脑来达到社会控制的政治运动，人们比较熟悉的恐怕还是上世纪五十年代初的"思想改造运动"，文化大革命中的"斗私批修"和"接受再教育"运动等。对于发生在 1958 年初到 1959 年中的"向党交心"运动，恐怕知之者不会太多。中国文化中对被统治者对君王的绝对忠诚历来有"剖心析肝""剖心泣血"的典故和说法，而这一运动公然又进一步要求民众把他们的"心"全部交给共产党，其"诛心"的强度和控制的烈度显得非常奇葩。

    这一运动的发起者是毛泽东。1958 年 1 月 28 日，毛泽东在没有预定安排的情况下召集了一次最高国务会议。会议的主题据毛说是为了"商量一个普通问题"，即"知识分子问题"。毛在用了很长篇幅谈论刚刚"取得了胜利"的"反右派"运动后，他说：

> "我去年讲过：皮之不存，毛将焉附。帝国主义、封建主义，官僚资本主义这三张皮都剥掉了，知识分子的毛就要附到工人阶级这张皮上去"。"知识分子要恭恭敬敬夹起尾巴向无产阶级学习"。
>
> "每个人要把心交给别人，不要隔张纸，你心里想什么东西，交给别人。""不能像蒋介石那样，总是叫人不摸底。'逢人只说三分话，未可轻抛一片心'。"
>
> "知识分子不受严重的挫折是教育不过来的。你们民主党派……我把心交给你们了，你们没有交给我，现在我抓住你们的小辫

子了。摆在人民面前的右派就不少。"

"各民主党派要注意。要把心交给人。"

"要改造右派，要帮助，要改革，这是激烈的改革，各民主党派要注意。""要把心交给人。"[1]

发动"向党交心"运动

毛泽东最高国务会议讲话几天后，中共中央统一战线工作部即先后安排"民主党派"中的中国国民党革命委员会副主席程潜和中国致公党主席陈其尤在《人民日报》发表〈打掉邪气，把心交出来〉、〈把心交给社会主义和共产党〉。接着，《人民日报》又发表了2月13日中国科学院研究所所长会议上著名科学家号召科技界人士"交心"的报道[2]。

3月2日，以高级知识分子为主体的"九三学社"中央三十多人签名的〈决心书〉在《人民日报》发表："全心全意接受党的领导，把心交给党，坚决走社会主义道路。"与此同时，中共中央统战部策划在北京举行一次各小党派集体"向党交心"的"誓师大会"。毛泽东在3月初中共中央政治局扩大会议上对"民主党派誓师"予以首肯，批准了该项行动[3]。

3月16日，除共产党之外的各"民主党派"和无党派人士、知识分子和工商界人士约一万人在天安门广场召开"自我改造促进大会"。大会主题是"向毛主席、向共产党"表忠心。

中国民主同盟主席沈钧儒在开幕词中说："我们决心跟共产党走。我们决心走社会主义道路。""我们决心改造自己——改造我们的政治立场和思想意识。""把心交出来，把一切都交出来"。其他几位"民主党派"的头领也在会上誓言"把一切都交出来，贡献给可爱的祖国，贡献给人民，贡献给共产党。"[4]

会后，八十五岁的中国民主同盟主席沈钧儒和七十岁的无党派人士、中国科学院院长兼中国文联主席郭沫若率领一支队伍沿着长安街向西走,队伍里有一个高大的木架,上挂"民主党派和无党派人士社会主义自我改造公约"的条文。其核心是第一条:"改造政治立场,把心交出来,在中国共产党领导下,坚决走社会主义道路。"在他们的背后,八十岁的中国民主建国会中央委员会主任委员黄炎培、中国国民党革命委员会中央委员会主席李济深等人则另率一支队伍从广场向东走,最前列的是一个巨大的红布做成的心,上面写着"把心交给党"五个大字。

把心交给党,交给哪个党?没有人提出这个问题。共产党之外的八个"民主党派"多由秘密的中共党员担任领导人。如中国民主同盟中央主席杨明轩及副主席胡愈之、中国国民党革命委员会主席屈武、中国民主促进会主席周建人、农工民主党主席季方夫妇等都是不暴露身份的中共党员。〈向党交心万岁〉的署名作者是"民盟副主席高崇民"[5]。他其实也是中共秘密党员,只不过直到去世时真实身份才被公开。

北京集会后,毛泽东接着指示:"北京民主党派开自我改造誓师大会,全国都要开。"[6]于是全国各地区立即响应,分别举行集会和游行,表示坚决在中国共产党领导下,把民主党派从资产阶级政党改造成为社会主义服务的政治力量,保证"向共产党向人民交心","交真心不交假心"。

这样,从 2 月开始的各地零星的"交心"运动正式被冠以"向党交心"运动,在全国大张旗鼓地开展起来。

"交心是新的阶级斗争的形式"

在 3 月成都会议上,毛泽东说中国有两个剥削阶级:一个是"官僚资产阶级和封建地主阶级","另一个剥削阶级是民族资产阶级及其知识分子。"[7]在 4 月 6 日的武汉政治局扩大会议上,毛泽东再次强调中国的知识分子属于剥削阶级："国内有四个阶级，两个剥削阶级，两个劳动阶级。第一个剥削阶级为帝国主义、封建主义、官僚资本主义、国民党残余，三十万右派也包括进去。""第二个剥削阶级，是民族资产阶级及其知识分子。"[8]

接着，中共中央统战部于 4 月 14 日至 17 日在天津召开"交心运动现场会议"。会议透露了中共的真实意图："'交心'是新的阶级斗争的形式。"[9]

按中共统战部的定义，"向党交心运动是资产阶级分子和资产阶级知识分子改造政治立场的自我教育运动。"是"民主党派、无党派民主人士和工商界的整风运动"。"向党交心和制订个人改造规划运动是目前民主党派、无党派民主人士和工商界整风运动的重要形式。"[10] 由此可见，所谓的"交心运动"其实是中共洗脑运动的一种新形式。

就在一年前的 1957 年，中共搞过一次短暂的"整风运动"，按毛泽东的说法，那是共产党要"整顿三风，一整主观主义，二整宗派主义，三整官僚主义"[11]，而请全国的知识分子帮中共"整风"。而这次"整风运动"的对象完全颠倒过来，"整"的是共产党之外的所有党派及无党派人士。运动声势浩大，席卷工商界和大小知识分子群体，包括高校教职人员、科学文化新闻出版各界人士、医务人员、中小学公办教师和具有中专以上学历的干部等。

群体和强制：从团体到个人

成千上万人的集会游行以及各单位、各党派组织的集体"交心会"，只能造声势，却不触及个人的"灵魂"。因此，1958 年的"交心"与 1957 年的"鸣放"很不相同。一年前共产党请知识分子批评，向党提意见，称之为"鸣放"。若不愿"鸣放"，开会不发言，不写大字报，不发表批评共产党的言论，一般不会被定为"反党反社会主义的右派"。而这一次"整风",对象是全体知识分子和工商界的"资产阶级分子",不允许任何人置身度外。

人人都得"交心",谁也躲不过。在会议上泛泛地表示"拥护党的英明领导""坚决走社会主义道路"而不拿出实质性的"交心"内容也不行。不仅要在"交心会"上开口,还得在会下动手写书面材料。

书面材料叫作〈向党交心书〉。据中共天津市委统战部副部长孟秋江在中央统战部天津"交心运动现场会议"说:要求每个人以书面文字"交心",可以"把资产阶级知识分子多少年来掩盖着的丑恶的政治面貌暴露在人民群众面前",一来"大大地削弱了他们的政治影响",二来让他们"在自己头上套上了紧箍咒。"[12]

通过动员会施以强大的压力,人人写"交心书",这是"向党交心运动"的主要内容。

"交黑心,换红心""交到灵魂深处"

"向党交心"有特定的内容:交对共产党的认识,交对社会主义的认识,交去年大鸣大放期间的言行和思想活动,交个人所受右派分子言行的影响,交反右派斗争以后的思想认识[13]。各地方还有各种加码,如"对新社会的认识""对过去历次政治运动的态度""一切不利于社会主义的思想作风和工作态度"等等[14]。

交的是"心",当然不是自己以往在公开场合发表的言论,而是没说出口的"思想活动",而且是思想活动中的"坏思想"或"错误思想"。交"红心",说自己"一颗红心向党",那是给自己摆好,不是党要你交的。要"交"的是"一切不利于社会主义的思想"。"如果不把各自内心里的那些对党有意见、有想法的坏思想统统地倒出来,便不是和党一条心。"无论是否某个党派的成员,全体知识分子和工商业者都被要求"交出"各自"对历次政治运动和对党的各项政

179

策措施的抵触不满，个人的政治历史问题，对社会主义三心二意"等等。

各地将这种"坏思想"简化为通俗的"黑心""白心""二心"，不一而足。总之，是"红心"以外的"心"。

据南京大学教授杜闻贞回忆："'交心'还不能交'红心'，而要交'黑心'，即对党、对社会主义不满的言论及思想，还名之为'自我改造'。"[15] 著名学者梁漱溟也说："'交心'运动，几乎无例外地自己说自己的心是'黑'的，要交出'黑心'，以换得'红心'。""为着换取这颗'红心'，似乎必须交出一颗'黑心'！"[16]

每个人"都要虔诚地、规规矩矩地向党交心。交什么心？交'二心'，交'黑心'。""你在刚刚过去的'大鸣大放'中尽管没有讲出什么'反党反社会主义'的言论，但是你平日在心里暗暗地想过什么，日记里偷偷地记过什么，私下与朋友或家人窃窃议论过什么，凡是'错误'的，对党有'二心'和'黑心'的，都要和盘托出"[17]。

当时，"反右派"运动尚未结束，数十万知识分子和基层干部已被打成"右派分子""中右分子"，大批右派已被押往各劳改农场接受"劳动教养"。有的人庆幸自己平安过关，有的惊魂未定，有的心有余悸。他们无不对交"黑心"怀有抵触。有的高级知识分子不敢说"交心"是个侮辱性的名词，只好说"交心""刺激性过大"，说"对党忠诚坦白是我所乐意的，又何必赤裸裸地说成是'交心'呢？"有人拒绝"交心"，说"就是不交，一条也不交。"[18]

许多人不愿暴露坦白，是因为如天津大学校长、天津市民盟主任委员张国藩所说的"怕当右派"："有些想法和右派差不多，一端出来，岂不成了右派。"[19]

为解除知识分子的顾虑。党宣布"不打棍子、不戴帽子、不抓辫子"，并郑重承诺："对于自动交出有过反党反社会主义言行的人不按右派分子处理。"[20]

其实，在反右派运动中就有不少人以往写给党组织的"思想汇报"和"交心材料"被翻出来,摘字抄句作为罪证而被定为右派分子。其前车之覆,应是人们的后车之鉴。但总有人健忘,总有人轻信,觉得"交心运动和反右运动不一样",可以"解除顾虑,放心向党交心"。再加上各单位、部门都组织了可靠的左派做示范、带头交心,不仅没被"打棍子""抓辫子",交得多的人还大受表扬,以致产生群体效应,甚至彼此竞赛,形成了"谁把自己的旧思想暴露的越多,上纲高、自责狠,谁就越能表明自己是在向党交真心"[21]的局面。

交心的"重点在于深挖灵魂深处"[22],而"灵魂深处"是个贬义词,藏在"灵魂深处"的从来就是"脏东西"。如山东各高等院校教师的"交心"见报时,标题就是〈灵魂深处脏东西放到光天化日下〉[23]。

党更关注的是多少人"灵魂深处"有"黑心"。

据中共内蒙自治区党委统战部部长吉雅泰在全国统战工作会议上的报告,内蒙古自治区一万多名"资产阶级分子、资产阶级知识分子、(少数)民族上层和(原国民党军政)起义人上"向党交心,其中"全面彻底暴露自己对党对社会主义制度的仇视,对党的各项方针政策和历次政治运动的抵触、不满错误言论行动的,占交心人数的30%。"[24]

"交心"种种——文教科技界

"交心"的实质是自我检查、自我揭发、自我批判或自我交代,上至科学院的各研究所所长、高校校长,下至一般的大学教授、研究员,无人可以置身度外。

兼任中国科学院力学研究所所长和国防部第五研究院院长的钱学森 4 月初向力学研究所党支部递交了一份思想检查,两周后又交出了一份长达八页纸的"交心材料"。

对"交心"抵触或不那么主动的人,均受到巨大的群体压力。运动初起时声称"一条也不交"的人根本顶不住。他们很快就领教了"革命形势"。在党组织发动下，学生起来督促教授"向党交心"。北京大学学生给法律系"国家法教研室"主任龚祥瑞贴了 166 张大字报，"对他进行揭发、批判"。他只得表示感谢"党动员群众帮助我，促进我"，并痛斥自己"口口声声说要跟着党走社会主义的道路，但是在重大问题上，我仍旧不自觉地站在党的对立方面。""与党平日对我的要求背道而驰""怀有与党'分庭抗礼'之心。"清华大学学生给电机工程系主任章名涛贴了上千张大字报。章名涛回以大字报〈把心交给党〉，得到认可，才算过关[25]。

天津大学校长张国藩被树为向党交心的"红旗"，其交心书涵盖了对中共执政以来所有的政治运动的看法，从土地改革、抗美援朝、三反五反、思想改造、肃反运动、右派言论、反右斗争、学习苏联、教学改革、国际问题，到对党的态度、对社会主义的态度，林林总总，"一共交心 166 条"[26]。

"交心"形形色色，总的说来分两大类。

一类是向党表忠心，诸如"投向党的怀抱""和党一条心"，"把黑心变成红心，把与党三心二意的心变成一条心"，甚至还有人表示"甘心向党投降"。有的人为迎合毛泽东说的"知识分子要向劳动人民投降"[27]，表态说自己"向党交心就是向工农劳动人民投降"。

北京大学副校长、物理学家周培源属于这一类。他在《光明日报》上发表文章说："在旧社会反动政府统治时期，我们在政治上受到迫害，经济上过着非人的生活……由于党的正确领导，才有我们今天的一切。""因此，党是我们再生的父母，我们必须下定决心把心交给党，诚心诚意地跟着党走社会主义的道路"[28]。

另一类则借痛斥自己表示服膺党的领导。有的说"我的确是个资产阶级知识分子"，是"彻头彻尾的资产阶级知识分子"，或"本质上还是资产阶级知识分子"，或"不折不扣的资产阶级知识分子"。有的表态"资产阶级知识分子这顶帽子对于我们从旧社会出身的人是恰如其分的。"有的谴责其"资产阶级个人主义的黑心",有的承认自己"脑子里百分之九十八是资产阶级思想""满脑袋装着资产阶级的腐朽思想"……

清华大学的教授们的交心书以大字报形式张贴在校园里,平均每位教授贴了 140 张[29]。水利工程系教授李丕济的交心书标题是〈向党交心,向党请罪〉。其实什么罪也没犯的李教授痛斥自己"七年来在思想改造上我完全是件废品",表示要"痛下决心,在这次运动中开始脱胎换骨的改造。"[30] 一年前刚从美国归来的工程物理系副教授高联佩谴责自己"吃着工人阶级的饭,但随时放出与右派相同的言论,所谓跟着党走顶多也只是貌合神离。"他表示要"把心交出来,即令是最丑恶的思想活动也要交出来,交给(党)组织、群众、同志。"[31]

北京大学哲学系教授冯友兰采取的做法也是痛斥自己。他在大字报〈兴无灭资,向党交心〉中说:"经过反右斗争,我确切认识到大多数的旧知识分子(当然包括我在内),是资产阶级知识分子。""我们说是拥护共产党,实际上是跟党两条心"。"我错误地了解'百家争鸣'的政策……想把马克思主义也算为百家之一。忘记了自己应该站在马克思主义的立场,向非马克思主义的思想作斗争"。他还鞭挞其哲学思想"政治上的反动性和理论上的错误",表示要"作彻底的批判"[32]。

几乎人人都有不同程度的"黑心""二心"。所以中共江苏省委向中央报告说:"从这次交心运动中,暴露出这些道貌岸然的'学者',有的是对党有刻骨仇恨,愿意带着花岗岩的脑子去见上帝的顽固分子;有的是一贯崇美亲美的投机政客和实行奴化教育的'专家';有的是不择手段弄虚作假骗取名利的大骗子手……向党向人民讨价还价的贪心分子。具有真才实学而又诚心诚意为劳动人民服务的还是少数。"中共中央对该报告的评价是"很好"[33]。

工商界的"反动思想言论"

1956 年，所有的私营企业、商店均经由所谓"公私合营"运动由资本家所有变为公私共有。资本家丧失企业经营管理权后成为"公私合营"工厂或商店的"私方代表"。他们仍被称为"工商界人士"或"工商业者"，实际已不是企业拥有者，也无经营管理权。他们领取工资，受党指派的"公方代表"的领导。但是在党看来，他们仍然是"资产阶级分子"，对他们要求"十交"：对共产党的认识，对社会主义的认识，对接受改造的认识，在鸣放期间的思想言行，对右派斗争的认识，对公方代表的认识，对工人阶级的认识，对劳动锻炼的认识，对东风压倒西风的认识，对民主与自由的认识[34]。

新华通讯社每天编印一份《内部参考》送达包括毛泽东在内中共高层的办公桌。这里是其中几份报告的内容：

4 月 10 日，天津市的报告中说："天津市三万多名工商业者在交心运动中，交出五百六十多万条不利于社会主义的思想言行。""从交出的问题可以看出，绝大多数工商业者在全行业合营以后，还基本上站在资本主义立场上。""诬蔑……共产党拿人民掩盖了自己的独裁。""人民民主专政就是共产党独裁，反正共产党大权在握，民主党派是敢怒不敢言。""现在的政权中，党外人士是瞎凑数，凡事都是共产党说了算，我们只是举手通过，做一个传声筒而已。""民主集中制是共产党一手包办，民主是形式，集中才是真的；选举是内定的，和国民党无区别，都无民主。"[35] 1952 年针对工商业者的"五反运动"[36]，是"对资本主义工商业掠夺，是非刑逼供、屈打成招；是共产党公开向资本家要钱。""把五反中被逼自杀的人说成畏罪，这真是活着不饶人，死了不饶尸，共产党真狠。"[37]

5 月 17 日，北京市委《党内参考资料》报道，"北京市西单区工商界在'交心'运动中交出许多反动言行"，"充分反映了资产阶级的反动立场，对党、对工人阶级、对社会主义的严重不满和强烈的阶级仇恨。""资本家对我们有刻骨的仇恨，攻击、污蔑、咒骂无所不用其极。"[38]

5月23日，驻西安的新华社记者报告说："西安市级资产阶级骨干分子九十多人就交出三万多条，百货、五金等十二个行业两千四百多私方人员最近不到一个月时间已交出五十九万四千多条。""有一小部分人……对党和毛主席肆意进行污蔑、漫骂和诽谤，严重不满党的各项政策"，"共产党既不公布民法，也不公布刑法，常常杀鸡给猴子看。""共产党要怎样就怎样，欲加之罪，何患无辞。""共产党杀人成批，一批就是几十个。而这些被杀的人中有不少是被加上'莫须有'的罪名。"[39]

6月27日，驻合肥的新华社记者报告资本家"在交心运动中暴露"的反动言论："共产党的政策是苛政猛如虎"。"国民党是苛捐杂税，共产党是敲骨吸髓。""共产党拿民主(党)派来配配数，做给资本主义国家看的，证明不是一党专政，其实谁敢监督共产党呀！""共产党既要钱，又要命，五反运动被搞死不少人。""大鸣大放是用圈套套人的"，"(说)知无不言，言无不尽，言者无罪，闻者足戒。现在是闻者不戒，反过来斗人家。"[40]

7月14日，"山东省工商界在交心运动中交出许多反党反社会主义的思想言论"：一、污蔑、攻击党的领导；二、仇视社会主义；三、反对历次政治运动及重大政策；四、反对社会主义改造；五、崇美、反苏。[41]

右派分子的 "交心"

中共知道，数十万知识分子被定为"右派分子"，受到不同等级的惩治处理，"除个别人是心悦诚服和部分人基本上服气外，绝大部分人是不服的。"[42] 因此，交心运动一开始，中共中央统战部就安排了五十多名右派到其主管的"社会主义学院"学习改造。这些人都是各"民主党派"的知名人士，如章伯钧、罗隆基、储安平、浦熙修、费孝通、张轸、陈铭枢、黄绍竑等。"交心的内容主要是交代过去没有交代过的反党反社会主义的言行，交代对自己被处理的反映（即对被划为右派服不服）。"这五十多人，无一例外，"每个人都表示了心服口服或心悦诚服的态度"。"他们认为交心是自觉自愿向党靠拢"，"共交出问题八千八百四十条，平均每人一百七十条。"[43]

外文出版社法文部副主任、翻译家孙源在〈向党交心〉中，承认自己在整风鸣放时犯了"向党进攻"的罪，"因此我被划为右派，从这一点上说来也是十分正确，十分地道的。"[44]

清华大学教授陈尔彭在其交心书中承认自己是"在人民面前犯下罪行的右派分子"，表示"忏悔""真心诚意地悔改"，"在最短的时间中改造过来。""毫无保留地信任党，把心交出来"，"争取在一年内归队。"交心书署名"右派分子陈尔彭"[45]。

新华通讯社国际部副主任、已被开除中共党籍的李慎之在〈向党交心〉中说："我堕落为社会主义的敌人"，"自己的思想实质是要求资本主义。""感激党对我的挽救，使我免于更加延长和扩大自己的错误，免于更深的堕落。""坚决服罪，彻底改造。"[46]

而"对自己被处理"不服、拒不认罪的右派，则受严惩。

山东大学物理教授束星北在"交心"时说："罪字，我听不下去，罪人的身份是别人给我加的。""人民日报社论说右派也是有罪的。也可以(不)承认。"党认为他在"交心中以暴露为名，宣扬了一系列的反动观点，丝毫未加批判。""交心中散布了大量的反动观点。"以他在抗日战争期间曾被国民政府军令部从迁至贵州湄潭县的浙江大学借聘去研制雷达为由，将他定为"历史反革命分子"，送青岛月子口水库工地"劳改"[47]。

"交心"与"反右补课"

中共虽作过"自动交出有过反党反社会主义言行的人不按右派

分子处理"的承诺,对交出了"反党反社会主义言行"的人究竟怎么处理,还是由它决定:可以"不按右派分子处理",也可以"按右派分子处理"。

"交心运动"开始之时,毛泽东做了一个"反右补课"的指示:"整风没有整好的,要补课。不然总有一天要暴露出来的。"[48] 当时中共已不再提"整顿三风",毛泽东所说的"整风",已经是"反右"的代名词。所谓"补课",是"反右补课"而非"整风补课"。

各级党组织审查"交心会"上的发言或"向党交心书",有"反党反社会主义言论"的交心者,作为"漏网分子"补进新的右派名单中。这是 1958 年春夏"补课"的主要内容。

河南省在教师、医务人员和文化界知识分子中开展"向党交心运动",补划了一大批右派分子。如商丘专区睢县"因向党交心时暴露出思想问题被划成右派"的有 202 人[49]。南阳专区南阳县本已抓了 892 名右派,"向党交心"运动中又补了右派 272 人[50]。

中、小学教师也算"资产阶级知识分子",全国县以下城镇和乡村的中、小学,反右派运动开展较晚,很多地方几乎与交心运动同时进行。如河北徐水县在"交心"开始之后的 4 月才在中小学开展整风反右。二千余名教师中有 150 人定为右派,46 人定为"中右分子"[51]。湖南桃江县划定的 165 名右派中,134 名是中、小学教师[52]。全国两千余县,差不多每一个县都是如此。

工商界的"资产阶级分子"被打成右派的很多。如广州 1956 年时有一万零四百多资本家,一千二百多名成为右派,超过百分之十[53]。

1958 年 1 月,中国国民党革命委员会"被定为右派分子的人数占全体成员的 9.4%,经过'交心运动',至 1958 年夏运动结束,右派分子占了全体成员的 12.7%。"[54]

运动以毛泽东要各"民主党派"向其"交心"开始,以各"民主党派"的走向衰亡收尾。"交心运动之后各民主党派就停止了组织发展。1958 年,民主党派总数由 10 万人减少到 8.7 万人,以后呈逐年减少。"

1958 年 4 月毛泽东谈到"剥削阶级"时说，"三十万右派也包括进去。"1959 年庐山会议时他又说是三十多万，中央组织部部长安子文当即纠正说"现有四十五万"，毛说："好多？四十五万？哈哈，队伍不少。"[55] 从此以后，中共便采用"四十五万"[56] 这个数字，直至二十年后的 1979 年才改为"五十五万多"。

据中共中央统战部发表的文件，"在 1958 年党外人士整风交心中，一些地方和单位把党外人士自我检查中交出的'黑心'，作为判定右派的依据，又错划了一批右派。到整个运动结束时，全国被划为右派的有 55 万多人。"[57]

因此，全国在"交心"－"反右补课"期间定为右派的，至少有十几万。

因"交黑心"而成右派的例子

重庆出版社编辑张慧光的妻子已经被定为右派送到农村劳动改造，他仍然相信党宣布的"反右告一段落，现在是内部向党交心"并坦诚交出与党不一致的观点："(1956 年)匈牙利事件我认为不是反革命事件""南斯拉夫不一定是修正主义，它应当有自己的发展模式。"于是党说张慧光"乘交心运动向党进攻，交黑心"，是个右派[58]。

河南省邓县构林区小学教师刘俊先，父亲原是农村的地主，"土地改革"时被中共枪决，老婆随后跟他离了婚。他一向谨小慎微，不多说话。57 年整风鸣放时没发过言，安然躲过了反右运动。可是他真的觉得应该向党交心，便交出了脑海里曾经有过的一闪念：共产党对他有杀父之仇、夺妻之恨。他满以为这么做就能"换上红心"，却不料成了一名"漏网右派"[59]。

1957 年整风时共青团四川省委干部印佑军没开过口。"交心"

时团省委副书记王毓培开导他说:"把你的思想摊出来,是向党、向人民靠拢的表现。""你不能错过这次党对你的信任!"书记的话很诚恳,奏效了。印佑军想起自己抗日战争时在四川大学投笔从戎,参加远征军赴印度、缅甸,却因此在 1955 年的"肃反"运动中被整肃,于是把在心底窝了三年的不快"交"了出去。这一"交",暴露出他"对党不满"。他被补划为"右派",与交心前已经定为右派的同事一起,到冕宁县农村劳动改造[60]。

北京师范大学政治教育系教授石盘是一位有二十年党龄的共产党员。他真诚地"交出"其思想:中国及其他社会主义国家的共产党已经变质,建立了"一种新的特权等级的社会。这个特权等级是指党和国家干部,也包括民主党派和民主人士。""入城后党的路线政策,一切都不是首先为了工农而是为了这个特权等级。"他还批评党内缺乏民主,"就是毛主席一个人说了算,我就是对毛主席有意见。""我也反对每年那么多人特别是弄那么多小孩子在天安门前喊毛主席万岁。""喊个人万岁是不应当的。""我要等一等,等它个十年、二十年,等到党内外有觉悟的人,起来改变党的路线和政策,来建立真正的社会主义。"他因此被指"借交心向党进攻"而定为"极右分子",开除教职,送劳改农场接受"劳动教养"[61]。

个人档案袋里的"交心书"

"交心"时,南京市原资本家、市工商业联合会常务委员陈祖望曾担心"交出脏东西被人说成是放毒,经过分析变成右派,也怕党把这些东西记下账来。"[62]

陈祖望的"怕",源于他对中共一贯作为的了解。"交心运动"后,"交心书"果然被各单位党组织"记下账来",装进了各人的档案袋。

上海水产学院副教授高鸿章是九三学社上海水产学院支社副主

任委员。学院要求民主党派负责人带头交心，他"鼓足勇气把自己的错误言论和灵魂深处的个人主义思想大胆地交了出来。"但"他并不知道，交出的真心话被装进了档案袋，日后种种扯不断的苦恼皆由此而来"[63]。在几年后的"文化革命"中，他甚至受到教授职称被取消的处分。

其实党一直在要求每一个人"相信组织""向组织交心"，不同之处仅在于"交心"的规模没有 1958 年的"交心运动"那么大，而且更多使用的词汇不是"交心"而是"汇报思想"。

被成功洗脑，虔诚"向组织汇报思想"的大有人在。

北京石油学院学生李家富 1962 年回广东农村探亲时才知道农村饿死了人，农民不喜欢人民公社，盼望包产到户等等，与从党报上看到的全不是一回事。回校后，他向政治辅导员汇报思想。后者作了详细记录，并肯定他信任党组织、勇于暴露思想。但到了毕业前夕，党组织从李家富的档案袋里拿出他的思想汇报，将他定为反动学生，送黑龙江省北安农场劳动改造[64]。

"文化革命"中，头一批被党组织宣布为"三反分子"（反党、反社会主义、反毛泽东思想）的人，个人档案袋里多有"交心书""思想汇报"一类的材料。

武汉水利电力学院教师张廷英 1963 年从苏联留学回国后，曾经向组织交心，谈自己对苏共"修正主义"的看法。他并不知道"交心材料"是要存入档案袋的。1966 年 6 月，学院党委将他的交心材料公布于众，发动全校批判。他申诉遭拒，愤而自杀[65]。

综上所述，发生在上世纪 1958 年初到 1959 年中的"向党交心"运动是毛泽东亲自发动的对全国知识分子、民主党派和民族资产阶级人士又一场新的残酷的阶级斗争。其要害是强制上述人士向中共坦白出他们在反右斗争里没有做或没有说的"与党不一致"的思想，达倒对其"诛心"的目的。这次运动发动时，虽然中共信誓旦旦地郑重承诺："对于自动交出有过反党反社会主义言行的人不按右派分子处理。"[66] 但最后这场"交心运动"还是成了大规模的"反右补课",把至少十多万坦诚却幼稚的"向党交心者"打成了右派分子。在思想控制的领域,这场运动又进一步摧残了中国知识分子、民主党派和工商业者的独立人格和道德操守,使他们成为中共的奴才附庸,使全中国陷入万马齐喑的局面。

注释:

1 〈毛泽东在第十四次最高国务会议上的讲话〉,1958 年 1 月 28 日,宋永毅主编,《中国反右运动数据库,1957-》(网络版),香港:香港中文大学中国研究服务中心,2002-2021。

2 《人民日报》,1958 年 2 月 9 日,1958 年 2 月 11 日,1958 年 2 月 21 日。

3 〈毛泽东在成都会议上的插话〉,1958 年 3 月,同上。

4 《人民日报》,1958 年 3 月 17 日,第 1 版。

5 《光明日报》,1958 年 5 月 11 日。

6 〈毛泽东在成都会议上的插话〉,1958 年 3 月 20 日,《中国反右运动数据库,1957- 》。

7 〈毛泽东在成都会议上的讲话〉,1958 年 3 月 26 日,同上。

8 〈毛泽东在武汉会议上的讲话〉,1958 年 4 月 6 日,同上。

9 尹崇敬:〈天津市民主党派开展交心运动的情况〉,新华社《内部参考》1958 年 4 月 21 日。

10 〈中央统战部关于进一步推动民主党派无党派民主人士和工商界一般整风运动的报告〉,1958 年 4 月 29 日,中共中央统一战线工作部编《统战政策文件汇编》(1-4 册),1958 年。

11 《毛泽东选集》,第五卷,北京:人民出版社,1977 年,页 327。

12 尹崇敬:〈天津市民主党派开展交心运动的情况〉。

13 《人民日报》,1958 年 3 月 17 日,第 1 版。

14　倪春纳：〈交心运动与反右运动辨析〉，中南大学学报(社会科学版)，第 18 卷第 2 期，2012 年 4 月。zndxsk.com.cn/upfile/soft/20120329/10-p055-skby2.pdf

15　张锡金：《拔白旗——大跃进岁月里的知识分子》，香港：时代国际出版有限公司，2010 年，页 346。

16　汪东林：〈梁漱溟一九五八年向党交心〉，《百年潮》2003 年第 11 期。news. have8. tv/3147210. html

17　南京大学中文系学生董健，见张锡金：《拔白旗——大跃进岁月里的知识分子》，页 372。

18　倪春纳：〈交心运动与反右运动辨析〉。

19　《光明日报》，1958 年 4 月 12 日，见倪春纳：〈交心运动与反右运动辨析〉。

20　〈中央统战部关于进一步推动民主党派无党派民主人士和工商界一般整风运动的报告〉。

21　倪春纳：〈交心运动与反右运动辨析〉。

22　同上。

23　《文汇报》1958 年 5 月 14 日，第 1 版。

24　〈内蒙古自治区资产阶级分子、资产阶级知识分子、民族上层和起义人士向党交心情况和对今后改造工作的意见〉，1958 年 7 月，载《中国反右运动数据库，1957- 》。

25　《拔白旗——大跃进岁月里的知识分子》，页 349-350。

26　Ibid., p. 339。

27　中共中央统战部编：《毛泽东论统一战线》，北京：人民出版社，1961 年，页 78。

28　《光明日报》，1958 年 3 月 23 日。

29　〈大破大立向红专跃进〉，《光明日报》，1958 年 4 月 3 日，第 1 版。

30　《清华大学双反运动大字报选辑(第十辑)》，中共清华大学委员会办公室，1958 年 6 月。

31　高联佩〈那里烧得最痛〉，1958 年 3 月，宋永毅主编，《中国反右运动数据库，1957-》。

32　《拔白旗、插红旗：北京各高校双反运动大字报选》，北京：人民出版社，1958 年。

33　张锡金：《拔白旗——大跃进岁月里的知识分子》，页 373。

34　Ibid., p. 337。

35　黄军:〈天津工商界在交心运动中暴露出许多反动思想言论〉,新华社《内部参考》1958 年 4 月 10 日。

36　〈反行贿、反偷税漏税、反盗骗国家财产、反偷工减料、反盗窃国家经济情报〉,《建国以来毛泽东文稿》第三册(中央文献出版社,1989)97 页。

37　〈天津工商界在交心运动中暴露出许多反动思想言论〉,新华社《内部参考》,1958 年 4 月 10 日。

38　新华社《内部参考》,1958 年 5 月 17 日。

39　张国宁:〈西安市工商业私方人员在交心运动中暴露出许多反动思想〉,新华社《内部参考》,1958 年 5 月 23 日。

40　纪和德、高文斌:〈合肥市工商界骨干分子在交心运动中暴露出许多反动言论〉,新华社《内部参考》,1958 年 6 月 27 日。

41　新华社《内部参考》,1958 年 7 月 14 日。

42　〈社会主义学院吸收右派分子入学交心〉,新华社《内部参考》,1958 年 5 月 19 日。

43　同上。

44　孙源:〈向党交心〉,banned-historical-archives.github.io/articles/aab1da8670.

45　《清华大学双反运动大字报选辑(第一辑)》,中共清华大学委员会办公室,1958 年。

46　李慎之:〈向党交心〉,1958 年 7 月 10 日,载《中国反右运动数据库,1957-》。

47　〈关于右派分子束星北表现情况的综合报告〉,《束星北档案》,北京:作家出版社,2005 年。

48　1958 年 3 月成都会议周林发言时毛泽东的插话,清华大学《学习数据(1957～1961)》页 209。

49　《睢县志》,郑州,中州古籍出版社,1989,页 37。

50　《南阳县志》,郑州:河南人民出版社,1990,页 39。

51　《徐水县志》,北京:新华出版社,1998 年,页 491。

52　〈中共桃江党史:开展整风运动与反右派斗争〉,taojiang.gov.cn/24397/24407/content_1388926.html.

53　伊凡:〈广州工商界万人争鸣记〉,《鸣放回忆》,香港:自联出版社,1966 年,页 33、38。

54　王顺生:《胆肝相照荣辱与共》,福建人民出版社,1995 年,页 307。见倪春纳:〈交心运动的政治学分析——基于政党认同的视角〉,rdbk1.ynlib.cn:6251/Qk/Paper/475473.

55　见李锐《庐山会议实录》(郑州:河南人民出版社,1996),页 296。

56　见 1959 年 8 月 24 日毛泽东给刘少奇的信，《建国以来毛泽东文稿》第八
　　册，北京：中央文献出版社，1993 年，页 475。

57　〈反右派斗争及其扩大化〉，
　　cpc.people.com.cn/GB/64107/65708/65722/4444744.html.

58　谭松：〈我栽在"向党交心运动"〉——采访前重庆出版社编辑张慧光〉，
　　《中国人权双周刊》，biweeklyarchive.hrichina.org/article/399.

59　赵宗礼：《1956-1961：南阳反右志逸》未刊稿，2023 年 2 月 6 日。

60　刘冰：〈共青团四川省委的反右派运动〉，《往事微痕》第 8 期，2008 年 10
　　月。

61　〈北京师范大学教授石盘借交心向党进攻〉，新华社《内部参考》1958 年 5
　　月 19 日。

62　《南京日报》，1958 年 6 月 5 日，见倪春纳：〈交心运动与反右运动辨析〉。

63　张锡金：《拔白旗——大跃进岁月里的知识分子》，页 343-344。

64　格丘山：《在暴风雨的夜里(一)离开北京》，《华夏文摘》，2010 年 3 月 6 日。

65　杨道远：〈武汉地区文革初期的"五十天"〉，cnd.org/cr/ZK20/cr1060.gb.html.

66　〈中央统战部关于进一步推动民主党派无党派民主人士和工商界一般整风运
　　动的报告〉。

III

从毛泽东到习近平：
中共洗脑的新发展

中国监控体系的现状和历史衍变

裴敏欣[1]

我先要感谢这次会议使我有机会来跟大家很简单地介绍我已经完成的一本英文学术著作，明年春天出版。研究的课题的是中共的监控体系。这方面的资料不好找，许多都是机密的，我在这个过程当中采访了许多被监控的对象。

历史回顾

中共的监控体系应该说是一种隐性暴力，他并不是把你抓起来砍头那种显性暴力，但是隐性暴力无所不在，中国能那么成功地洗脑，很大程度上是因为它有这么一套隐性的暴力体系在后面做支撑。

讲到监控体系，我先从文献角度来讲，这方面大家可能不一定了解很多。我为什么写这书？最主要并不是由于理论的兴趣，而是由于媒体报道中共的监控体系时都说它是奥威尔的《1984》式的，完全是靠技术，我觉得好像这不太行得通，因为中共最拿手的并不是它的技术。中国引进高精尖技术是在过去大概 20 年的时间内，但中国严密的监控体系早就存在了。

中共的法宝一直是组织，而不是技术。我写这本书的目的之一是要证明那个技术中心论的观点是错的。我在 2015 年就开始构思这本书。我想习近平那一套所谓治国理念，跟邓不一样，跟毛也不一样。他靠什么来维护政权？除了民族主义之外，他肯定是靠一套镇压工具，然而他不可能用毛时代那种很赤裸裸的血腥镇压那种暴力。

监控体系并不是一个很简单的理论问题，因为从专制统治者的角度来讲，他使用硬暴力或者软暴力控制社会的时候，他一定会面临好多挑战。在所有的专制政权里，只有列宁主义或者说共产党统治这种政权是最成功的，因为它解决了监视体系的一系列的挑战。

第一个挑战就是，你怎么去控制暴力机器？如果你给暴力机器很大的权力、很多的资源，那么暴力机器就可以成为对统治者的一个生存威胁[2]。

第二个挑战就是暴力机器本身要消耗很多的资源，一般的专制政权都是穷国家，最多是中等收入国家，它付不起那个代价，因为没有那么多资源。

第三，只靠秘密警察来控制也不行。一方面秘密警察也受可利用资源的影响，另外，秘密警察并不是在社会当中所有的部门都存在。那么政府一定要雇佣很多的线人，但雇佣线人并不是一个很简单的事情。首先，你对线人要有一定的控制，要给他好处，同时也要对他有压力，一般的专制政权是没有这个能力的，因此线人的机制对社会经济没有那么深广的渗透。其次，监视牵涉到许多部门，需要许多协调机制。我发现只有列宁主义政权，利用它的一整套的组织体系才解决了这些问题。回顾中国的历史，中共的这一套基本组织结构早在1950 年代就成立了。

你现在去看中共专门执行这种监控任务的那些部门，1950 年代都已经建立了。区别只是资源不同，组织的严密程度不同。在五十年代，因为他需要广大的群众的支持，群众动员机制就建立起来了。

中共建立了专门监视国内政治威胁的秘密警察机构，就是公安部一局，以前的政治安全保卫局，后来改称"国保"，现在又改回去叫政治安全保卫局。此后又发展了一大批普通人当"特情"，现在比以前人更多。另外它还依靠政权的积极分子和党团员，我把他们叫作非正规军。"国保"那些人是正规军，非正规军是被组织起来监视阶级敌人。

后来，他们还成立了一个中央政法领导小组，刚成立时候的组织严密程度跟现在是不可比的，现在要完善多了。

毛时代的监视对象

毛时代的监视对象跟现在不一样，那时监视的是阶级，是"旧社会"和"旧政权"的精英，主要是四类分子，总共有2000多万人。笼统说2000多万人被监视二十年是没有意义的，需要知道人口比例才行。这2000多万人是受害者，但是在每一个特定阶段，到底总人口当中大概多少人被监视呢？我根据地方公安志得出结论是，1977年前大概占人口的1.5%，也就是四类分子。四类分子里大部分是地主，其中一半或3/4是地主富农，其余是反革命和坏分子[3]。

毛时代中共又企图用一个比较正规的计划或者建设项目来监控，因为四类分子并不是很正规的、公安部主管的人口，而是搞群众运动。中央层面它肯定没有统计，也没有明文规定谁是四类分子，完全是交给群众。

但是到了50年代，中共同时又想把极权体制正规化，所以划分了一类人属于重点人口，把普通人确定为属于哪一类的，要怎么样监控，很正规，但是在毛时代并没有成功。

中共监控体系的发展阶段

从毛时代到当下，中国监视体系的发展经历过三个阶段。

第一是毛阶段，毛泽东那个阶段它有几个特点。第一个就是群众参政。第二个特点是它很缺钱，所以他能够用于监视任务的资源是很有限的。最值得一提的，毛发起的群众运动，大跃进和文革，对这个监控体系的打击十分严重。

这从数字上就可以看出来。1958 年前中共的干警大概 40 万左右，但到了 60 年代初期的时候，减少了 1/3 左右，因为大跃进实际上导致国家破产，所以一大批警察都裁掉了。

第二个阶段是文革，也是对那套监控体系打击很大，因为文革冲击了公安。

表一：公安"干警"人数（不含武警）

Year	Total Police Force
1958	400,800
1972	380,000
1984	658,000
1989	769,000
2010	2,000,000

资料来源：公安部《公安工作大事要览》，页 157,344,564；《中国法律年鉴 1987－1997》（珍藏版），页 739，778；沈晓洪 等：〈基层公安机关警力配置现状与思考〉，Journal of Jiangxi Public Security College, no. 141 (July 2010): 107.

公安体系到了 80 年代开始恢复，但一个很有趣的插曲是，当初公安体系大部分时间是被比较左的人控制的。但是查看 80 年代的监控体系有关的数字，会发现政府没有很大的投入。同时监控体系也没有被广泛运用，我们许多人 80 年代在中国都比较活跃，假如是现在那种监控体系，80 年代根本就没办法活跃。

因此我猜测那时候的胡耀邦、赵紫阳在高层还是起了一定作用，因为许多公安部门的胡来都被他们制止了。但还有一个很有趣的插曲，邓小平在 80 年代搞"严打"，那场"严打"可不得了。当时关了许多人，更重要的是，严打之后从监狱里放出来的人都变成了重点人口，所以警察疲于奔命。因为资源很有限，同时要把很有限的精力去放到那些以前被严打放出来的人身上，所以 80 年代的监控系统虽然得到恢复，但并不是十分有效，因此 80 年代思想氛围才能很活跃，才会有 89 民运。

监控体系真正恢复是 90 年代以后，1989 之后是一个大跃进，89年的时候也就是不到八十万警察，过了 20 年，就变成 200 万，那还只是正规部队，是穿警服的，另外还有武警什么的没有算进去。再看看预算里国内安全支出，这部分不含武警，我计算的时候把武警的支出去掉了，发现有明显的大跃进。1991 年的时候只是 100 亿人民币的开支，到了 10 年后就涨了 10 倍。到了习时代，把通胀因素去掉，则是整整增加了 24 倍。

表二：中国国内安全支出（不含武警）

年份	金额(十亿元)	占政府开支%
1991	10	4.1
1995	30.5	6.19
2002	110	4.99
2004	154.8	5.43
2007	334	6.91
2011	522	4.78
2014（1）	702	4.62
2017（1）	1,047	5.15
2020（1）	1,165	4.74

资料来源：《公检法支出财务统计资料，1991－1995》，南京：江苏科技出版社，1991 年，页 166, 169；《中国统计年鉴》，（多年），北京：中国统计年鉴出版社。中国的公共安全支出只包括了公检法的开支。实际支出肯定要大于这些账面上的数目，因为许多"维稳"成本不是由公检法出的。比如学校，机关和企业都有信息员和专职保安人员。政法委的开支也不算在公检法支出内。

中共监视体系的特点

中共的监视体系吸取了许多过去的经验，一开始是从苏联学过来的，但是又跟苏联不一样。它的特点首先是分散型体系，为什么叫分散？因为并不是只有一个部门管理监控事务，而是许多部门都管。

分散型监控体系很有效，因为它的监控对象很分散。此外，还要避免出现一个能够威胁政权本身的特务机构。你如果看中共在 1983 年之前的监控体系，它其实跟美国和英国很像，反而跟苏联克格勃和东德的国家安全部不同。中国一直是把国内的秘密警察机构和处理外国间谍的部门分开的，到现在也是如此。因为一旦把这两个机构合在一起，那对当政者的威胁就很大，它完全可以控制所有情报，在国内就可以直接威胁到当政者的权力。所以它采取了分散型体系。

其次的特点是，它有一个从上到下的协调机制。1950 年代开始建立政府的政法小组，1980 年代建立了政法委，但是很小，许多地方是形同虚设的。到了 90 年代之后，政法委一下子扩大很厉害。东德和前苏联都没有政法委的，只有中国有。设立一个政法委对党国来讲是一个很大的投资，中国共产党只有五个从上到下的党组织存在于这个官僚体系：组织部最重要，还有宣传部，纪律检查委员会也是 1980 年代之后建立的，还有一个统战部，最新的就是政法委。政法委在中共监控体系里面起了很重要的协调作用。

再有一个特点是举国体制和人民战争。它不是依靠一个大的机构，而是利用了广大群众。它的正规体制编制很小，中国的警察数量，根据人口比例来说其实是很小的。比较来说，东德的国家安全部在 89 年东德崩溃的时候是 91,000 多人，从功能上，东德国家安全部就相当于中国公安部一局，也就是国内秘密警察，跟安全部加起来之和。如果按这个比例，中国这两个部门的编制应该是 840 万人[4]。现在我们不知道公安部一局和地方公安局的国保大队总共加起来确切多少人，不过根据我的估算，整个中国的国保也就是国内秘密警察，加起来大概 10 万人左右，那是很少的人。

还有一个特点是多层次性和重复性。它有各种各样不同部门的线人。使用线人的部门至少有三个或四个不同机构。国保系统有自己的线人，或者叫"特情"。其次派出所也有线人，但是叫"耳目"或者"治安耳目"。再次，政法委在各单位有自己的信息员。此外国保大队或者是政保大队，也有自己的信息员。所以重复得厉害，而计算起人数来也比较困难。

最后一个是特点是，现在有很发达、很成熟的技术手段。从战术层面来讲，没有任何一个其他的官僚系统，有比监控体系更复杂更成熟的手段。比如说，所谓的"敏感时期"的管控，其他国家都没有，只有中国才有，而且中国也是在"六四"之后才有。中国的监控体系一开始是劳动密集型，但过去 20 年当中，在朝技术密集型转变。

决策、执行和协调机制

政法委很重要，但是就文献研究来说，没有人研究过政法委，这很令人奇怪。赵紫阳政治改革的时候，他就知道这不是个好东西，所以要把政法委给去掉。但赵紫阳下台之后，1990 年中共第一个恢复的就是政法委，并扩大了政法委的编制和权力。在八十年代，许多政法委在地方上只有一两个人，而且都不是专职。现在则是有了专职人员，市一级大概有五十人左右，县级一般有 10-2 0 人。政法委主要任务是布置和协调监视任务和其他"维稳"工作。同时每年有一个政法工作会议，把所有的国内安全任务落实到各个单位。1980 年代政法委虽然已经有了，但整个 80 年代总共开过两次会，都是有关严打的。到了 90 年代之后，每年都有一次会，而且规格都特别高。

政法委在"敏感"时期的作用十分明显和重要。"雪亮工程"和"网格化管理"的推动和执行也靠政法委。

监视体系的"正规部门"

监视体系的正规部门，主要是公安部的一局，也是政治安全保卫部门，以前是叫国保。国保的人并不是很多，所以基本上只管大案。

这个系统比较小。基层（县级单位）一般只有 10-20 人。根据有限地方数据，全国"政治安全保卫"警察大概有 6-10 万。

它平时用的最多的是特情，也就是特别情报人员。我算了一下，国保在全国用的特别情报人员至少有 60 万，都是专门监视政治安全有关人员的。

另外还有派出所，它接受一线任务，全国派出所有干警 60 万左右。它主要监视两类人，一类叫"重点人口"，是在派出所有案底的人，另一类叫"重点人员"，那是由地方政府划定的。派出所的职能还包括：协助"政治安全保卫"警察，收集情报和发展"线人"（治安耳目），以及指导治安积极分子。

国保还负有指导派出所的"政治安全保卫"工作的责任。

还有国家安全部，我们对国家安全部的了解很少，因为这很保密，但是通过一些官方材料也会知道国家安全部在国内活动很厉害。国家安全部监视外国人、商业机构、非政府组织，以及有"境外"联系的中国公民。首先，对于外国到中国来办厂，国家安全部都要介入，要进行审查。如果体制内的人要出国，国家安全部在你去之前要给你进行安全教育，回来要了解情况。大学里面特别活跃的也是国家安全部门。其次值得注意的是，少数民族地区的国内安全这一部分，不是国保管的，而是国家安全部管。根据我的分析，中国一直认为少数民族地区闹事是外部势力支持的，所以这个任务交给国家安全部。国家安全部有单独的"特情"体系。

公安系统的"线人"

"线人"到底有哪几种值得研究。"线人"有正规的也有不正规的。比较正规的是公安局那一套，它有"特情"，就是特别情报人员，还有治安耳目。特情是由公安机关（刑侦和政保）物色、发展和使用的。特情都有秘密档案，所以它到底有多少线人你不知道。我得到了两个比较可靠的数据，其中一个是根据陕西公安厅编制的《公安年鉴》，基本上是一万人里面好像四个人。另外我又看到一个派出所和侦察大队的数据，说每个侦查员每年要发展两个左右的线人，根据这个比例和总人口，我推算大概五、六十万人是专门给国保干的[5]。一般"特情"使用期为2-3年。公安机关有："特情基地"（包括盈利性据点）来训练和联络"特情"。

特情怎么进行监视？监视分三类情况，一类是监视人，比如说杨子立，怀疑他搞秘密组织，所以专门派一个人去接近他，会在监视对象旁边发展一个人。那种线人叫"专案特情"，大概是10%的人属于专案特情，而且因人而异。

第二类叫"控制特情"。中国的警察要控制所谓的"阵地"，"阵地"是军事语言，图书馆、大学、研究机构都是一个个阵地。在那里他们肯定要安插人员，叫控制特情，40%的人是控制特警。

还有一半的人是叫"情报特情"。这些是很一般的人，平时听到什么消息就会去汇报。平时用得最多的这种人是出租车司机，因为司机接触的人多，可以说在西安基本上12个出租车司机里面有一个是给公安局干活的，这是西安市公安局自己讲的[6]。送货员、清洁工、保安、物业管理员、停车场管理员，平时都能够接触许多普通人，然后都汇报给他们。

"治安耳目"由派出所的警察发展和使用，他们也有机密档案和使用规定。

根据人口万分之四的比例，线人大概有50万左右。而根据派出所规定每个干警要发展两个的情况，耳目大概有80万左右。所以中国至少有100多万人给警察当耳目，那还不算其他名称的线人，如"朋友、联络员"等等。

表三：中国大概有多少"特情"和"治安耳目"

Year	陕西公安厅使用的特情
1957	689
1980	538
1983	1,193
1984	1,907
1985	3,100
1986	2,994
1987	4,383
1988	6,691
1989	9,975
1996	10,693
2001	12,108
2003	14,004

资料来源：《陕西省志·公安志》，页554-558。

1. 陕西的数据（2003年）是该省人口的万分之四．按这一比例，中国在2020年大概有560,000名特情。

2. 中国的派出所至少有556,000干警。如每个干警每年要发展至少两个"耳目，"，如75%的干警完成这个任务，派出所每年发展的"耳目"大概有834,000。

3. 中国公安系统的"特情"和"耳目"至少有一百万。

"信息员"

信息员就没法说了，那是最多的。信息员由地方政府、机关、学校、各种单位、街道、村镇发展使用。有的信息员的身份是秘密的。我用了许多地方的材料，为了表功，有些材料里会说我今年发展多少信息员。于是我就去找县、市的人口数据，基本上是人口的0.73%-1.1%（中位数或者平均数）左右，于是可以推算中国表面上给政府做信息员的大概有1,000万到1,600万左右，这不包括特情和耳目。

但是中共的数字里面有很大水分，60%人是不干活的。官方总是说发展了多少信息员，今年提供了多少情报。实际上一个信息员平均提供的情报一年内一个都不到，大概是一个信息员提供了 0.38 个情报，所以大部分信息员是不干活的。

信息员提供的情报分三类。一个是敌情，比如民运分子和法轮功的一举一动就是敌情，这部分很少，占 3%。政情占 21%，什么叫政情？比如说大家对习近平的政策有什么反响？剩下那 76%是社情，也就是社会上现在大家讨论一些什么问题。大部分情报是垃圾，只有24%的情报是上送的。

此外还有红袖套，也就是治安积极分子。这部分人在北京占人口的 4%-5%。

监视对象和规模

最后，到底监视了多少人？中共监控体系主要有两大监控项目，一类是很正规的，叫"重点人口"，专门有公安机关（派出所）管理，而且公安部有明文规定如何管理。"重点人口"的数据是机密的。地方数据显示，"重点人口"大概是总人口的 0.35%左右。中共 1950 年代发明了这个计划，但是真正实施则是到了 80 年代。重点人口里面大部分是有犯罪嫌疑的。因为重点人口的管理成本很高，这个项目它都要靠警察管，所以这个项目四十年的数据一直很平稳，都是 0.35 左右。

但是，被监视最多的是"重点人员"，"重点人员"是过去 20 年当中出现的产物，其实跟四类分子很像，由地方政府管理。对"重点人员"没有全国统一的规定和程序，但是公安部有全国的"重点人员"数据库。地方政府有极大的随意性来确定谁是"重点人员"（涉稳，涉疆，涉军，涉邪，涉毒，等），所以"重点人员"里政治性人员占的比例要比"重点人口"高。"重点人员"比"重点人口"数量更多，它大概是重点人口的 115%到 155%（中位数和平均数），也就是 5.75-7.75 百万人。重点人口大概是 500 万左右，而全国的重点人员大概是五、六百万到八百万左右，所以中国总共加起来的监视对象，也就是公安局系统跟地方政府或政法委系统合起来，差不多有 1,100 万到 1,300 万左右的人是进入花名册的，是受重点监视的（10.75-12.75 万人，总人口 0.76-0.91%）。

高科技监视

高科技用于监控是从 90 年代开始。中国的高科技计划的实施是有步骤的，第一个是信息化，把公安系统的信息管理系统达到世界水平，同时中国防火墙要过滤外来信息，这就是金盾工程（2001-2006），到 2006 年基本上就完成了。

第二步是它建造的天网工程（2004），天网工程就是摄像头跟各种各样的监视感应器，在城市里建立监视体系。第三步是雪亮工程。从 2015 年开始建造。它基本上是一个天网工程的扩大化，是"天网工程"向农村的延伸（也包括天网工程的升级），由政法委管理。

等到习上来的时候，中国这套系统已经是很完美了，所以习近平对整个中国监视体系的贡献，基本上没有概念上的突破和组织上的突破，他只是在投入上加了一个雪亮工程和现在正在试验的社会信用体系。目前还有"网格化管理"，这是劳动密集和技术密集的结合。网格化管理其实在习以前就有，只是他现在做得更加全面，采用的技术更先进，希望达到的目标更高。

注释：

1   本文为杨子立先生根据裴敏欣教授的演讲录音整理成文，并经裴敏欣教授最后审阅而定稿。

2　Sheena Greitens, *Dictators and Their Secret Police: Coercive Institutions and State Violence*. New York: Cambridge University Press, 2016, p.12; Jack Paine, "Reframing the Guardianship Dilemma: How the Military's Dual Disloyalty Options Imperil Dictators," *American Political Science Review* 116, no. 4, 2022, pp.1-18.

3　估算依据以下材料:《广东省志·公安志》,广州:广东人民出版社,2001年,页180;《陕西省志·公安志》,西安:陕西人民出版社,2021,页725;《跨世纪的中国人口·陕西卷》北京:中国统计出版社,1991年,页20-22;《天津通志·公安志》,天津人民出版社,2000年,页550,562;《江西公安志》,纺织出版社,1994年,页49-50,页80-81;《湖南省志·政法志》,第三章,电子书;《湖南省志·人口志》,电子书;《上海公安志》,第八章,电子书;《上海通志》,第三卷,电子书;《福建公安志》, data. fjdsfzw. org.cn/ 2016-09-21/content_295.html;《甘肃省志·公安志》,甘肃文化出版社,1995年,页400、465;《吉林省志·司法公安志》,第十章,电子书;《浙江人民公安志》,浙江人民出版社,2014年,页256-260;《广西公安志》, lib.gxdfz.org.cn/view-a63-220.html;《广西通志(1979-2005)》, www.gxdfz. org.cn/flbg/szgx/201710/t20171013_47365.html;《贵州省志·公安志》,贵州人民出版社,2003年,页580-581;《贵州省志·人口和计划生育》,贵州人民出版社,2017年,页3。

4　Mike Dennis, *The Stasi: Myth and Reality*. London: Longman, 2003, pp.78–79; Gary Bruce, *The Firm: The Inside Story of the Stasi*. Oxford: Oxford University Press, 2010, p.11,13. 东德垮台时的人口是一千六百万。

5　杨玉章 编:《金水公安改革之路》,北京:中国人民公安大学出版社, 2003年,页354。

6　《陕西省志·公安志》,页554-558。

从洗脑到认知战：
试析中共的宣传大战略

吴国光

宣传一向与组织并列为中共的最强项[1]，思想控制对于中共政权这一体系和中共领袖个人权威都有非同寻常的意义。那么，在中共掌握全国政权以来的七十多年中，国内局势不断变化，国际环境天翻地覆，中共是怎样在巨大而深广的时势变迁中保持其宣传的强项的呢？又是怎样实现其宣传的目的的呢？其中有没有根据时势变迁而做出的重大调整？如果有这样的调整，那是什么样的调整？这样的调整是否改变了中共宣传的本质属性和特征？如果有这样的改变，中共作为政治组织和政权垄断者的性质是否也发生了变化？如果没有改变，那么中共在相关的战略调整中所一以贯之的其宣传的本质属性和特征是什么？这些属性和特征又是怎样在不同的历史阶段和相应的调整中体现和发挥出来的呢？

本文观察到，中共的宣传，如同外交，更如同战争，是有一套大战略的；这套战略根据所处局势的变化而调整，但万变不离其宗，根本目的在于思想控制，在于通过对人们大脑的认知系统的政治信息干预来在大众之中型塑符合中共观念和利益的普遍思想、集体记忆与共同情感。对此，本文采取了在长阶段历史（the longue durée）上着眼宏观制度研究的视角[2]，回顾 1949 年中共掌握全国政权以来其宣传大战略的总体变化，发现这种变化可以划分为三个不同的历史阶段，而中共在每个历史阶段上都形成了既有继承又有调整的宣传大战略；其中，继承，是基于中共的根本利益，即维护中共在中国的权力垄断；调整，则是要因应局势变化来实现这一根本利益。瞄准人们的大脑，通过控制人们的思想、记忆与情感来实现、维护并加强中共的权力垄断，这就是中共宣传的根本方针。

这里所划分的中共宣传大战略的历史发展的三个不同阶段，分别是毛时代、后毛时代和最近十年来形成的所谓习近平时代。相应地，本文把中共在不同时代所形成的宣传大战略分别概括为：毛时代的洗脑、后毛时代的精致宣传和习近平时代的认知战。本文的主要篇幅，用来探讨中共宣传在上述各个阶段上的大战略各自具有什么样的特点，其中又有什么样的共性，由此试图勾勒一幅中共宣传战略的历史演变图景，并分析这种演变的动因和背后不变的脉络。

毛时代的洗脑：硬暴力与脑软件的组合

毛时代的中共宣传大战略，核心在于洗脑。我们知道，人类的一切行为都是由大脑来控制的。人类的大脑是通过一套复杂神经系统来处理信息的器官，并通过信息处理而主导生命个体的思想、记忆、情感、运动技能和各种感觉[3]。因此，人们有什么样的思想、记忆与情感，是与人们接受到什么样的信息直接相关的，也是与大脑如何处理这些信息直接相关的。客观上说，我们每个人每日每时生活在接受多种多样的信息之中，对于这些信息的处理就形成我们每个人的信念、思想、情感与记忆。从人类能动的主观角度说，人们相互之间也总在不断对周围的人们送出各种各样的信息，很多是在试图影响他人的精神世界的，希望别人形成某种特定的信念、思想、情感与记忆。所有这些信息像河流一样流经人类个体的大脑，每个个体的大脑每日每时都处在信息流的作用之中而不断形成与改变着自己的信念、思想、情感与记忆。

当我把以上过程比喻为河流的时候，并不是在暗喻"洗脑"是一个广泛存在的现象。恰恰相反，我是在试图为比较准确地定义"洗脑"而把它从人类大脑的一般工作状态中区分出来。如果不做这样的区分，很容易在概念上陷入一个迷误，那就是把任何接受信息而改变信念、思想、记忆与情感的人类大脑的这种一般生物现象都看作"洗脑"，认为在信息作用下形成或改变思想无一例外都属于"洗脑"的过程。这样，就无法区别大脑工作的本来机制与"洗脑"这一特殊历史现象，而把"洗脑"无限制地宽泛化，也就大大削弱了"洗脑"概念的意义。

当然，难以否认的是，在上述这种我所谓大脑处理信息的一般生物机制的基础上，在人类社会中确实存在多种多样的目的明确、手段集中地利用信息灌输来改变人们的信念、思想、情感等的做法。其中，最为常见的是学校的教育活动、宗教的传教活动与市场的推销活动，后者也常常被称为商业宣传。这里，"宣传"一词出现了。事实上，所谓宣传，从其本意来理解，即在广大的人群中推广某种观念或非观念的东西，乃至作用到人们的价值体系、思考方法、审美趣味、评判标准等一系列深层的认识和精神活动，从而增大这种东西的"市场"。这个意义上的宣传，在各种社会形态中、尤其是现代社会形态中，都是常见的。有相当大量的研究，把这些活动也看作"洗脑"。不过，当我们深入认识了毛时代的洗脑活动的本质特征之后，将会发现，这种看法仍然有将"洗脑"概念宽泛化的倾向，也是本文不拟采纳的观点。

可以说，在其最为宽泛的意义上，"洗脑"这个概念不时被在三个不同的层面使用。最为基本的层面，就是人类认知的一般机制，即通过信息处理来形成认知。很明显，这是大脑本身的工作机制，是人类个体的固有生理现象，不能称之为"洗脑"。第二个层面，就是某些人类社会组织有意识、乃至有系统地推广某类信息，使之集中影响人类个体的大脑信息处理的机制和结果。这种做法常常被称为"宣传"，也有很多研究把这种做法看作"洗脑"。致力于极权主义研究

212

的汉娜·阿伦特（Hannah Arendt）早在 1930 年代曾经对此做出概念上的澄清；她的做法是把洗脑和宣传做出区分。阿伦特认为，洗脑是通过观念灌输和政治教育来有系统地用某种意识形态来改造人，而宣传则重在为了某种实用目的来宣扬、推广特定想法或物品[4]。但是，我在这里要研究第三个层面上的"洗脑"，也就是本文认为的真正意义上的洗脑；这以中共在毛泽东治下的洗脑为经典。我们将会看到，当对这种洗脑的本质特征有了清晰认识之后，第二个层面的"洗脑"概念虽然是在社会意义（而不是生理意义）上使用的，但仍然失之宽泛，没有抓住"洗脑"这个概念所要概括的特定社会现象。同时，当我们对毛的洗脑有了深入了解和分析后，阿伦特关于宣传与洗脑的区分也会被上打上一个问号。

那么，毛时代的洗脑，究竟具有什么样的特征呢？这些特征对于理解"洗脑"的概念具有什么样的意义和贡献呢？为什么这些特征会挑战阿伦特的相关区分呢？本文发现，毛时代的洗脑事实上是统领中共宣传的大战略，它具有至少四个本质特征，而这些特征从根本上是与通常意义上的学校教育、常见的宗教传教活动以及市场推广不同的，因此也就将洗脑与上述社会活动区分了开来。毛时代的洗脑所具有的这四项本质特征是：第一，以暴力为后盾，与暴力相表里；第二，集中针对信念的改造，要旨在于重塑人们的思维方式；第三，全方位改造人们精神世界的一切；第四，完全垄断信息源。以下对此试分述之。

第一，毛时代的洗脑以系统地使用暴力为后盾，与国家对人们的暴力镇压相表里。这种具有暴力特征的洗脑实践，当然并不始自毛泽东，而是共产极权政权的传统。我们知道，从列宁、斯大林到毛泽东，苏联和中国的共产党极权政权都对整个社会实行了持续的、大规模的暴力镇压，也都对整个社会实行了持续的、大规模的洗脑。不过，毛对此并不是没有独特的贡献；他的发明在于把被镇压的对象与实行镇压的人们相互之间的界线模糊化、动态化，或者用中共习惯的术语来说，就是具有了群众性，实行了运动化。这一贡献的最大效果，在于更加密切地把镇压和洗脑相结合，以镇压促进洗脑，以洗脑合理化镇压。

大家知道，1949 年以后毛时代的中国历史，就是一个接一个的所谓政治运动的连续展开画面[5]。这些运动，从针对那些标识鲜明的所谓"阶级敌人"如地主、富农、前政府官员与军官等开始，如镇压反革命和土地改革等，一步步扩展开来，先是转而指向曾经被看作争取对象的中间力量，这在毛的中国包括所谓民族资产阶级和所谓"旧社会遗留下来的知识分子"，如"三反""五反""一化三改"到知识分子思想改造、批胡风、批红楼梦研究等等，然后指向曾经是共产党夺取政权的依赖力量的农民，如合作化，直至指向共产党内，其顶峰就是无产阶级文化大革命了。这一系列政治运动的基本特点，可以总结为五项：一是一定时间阶段内围绕一个特定主题展开最大限度的群众动员，二是通过意识形态教育来实现群众动员，再在动员之中和之后达成进一步的意识形态教育，三是强调阶级斗争，四是总要发现并镇压、清除一批敌人，五是运动过程中充满国家暴力和党国首肯的群众性暴力，形成恐怖气氛。在我看来，毛式政治运动就是暴力和洗脑的结合，其间充满暴力，同时也充满共产党意识形态的强制性灌输和对不同社会组别的民众定身制造的洗脑工程。

在这个过程中，被镇压的对象与实行镇压的人们相互之间的界线有其模糊化的一面，是呈现动态化的。所谓模糊化，就是说，一个特定个体，可以成为被镇压的对象，但是也不是没有可能成为去镇压别人的人；对大多数人们来说，你被宣称为属于"人民"的所谓"专政者"，但你也随时可能被打入"被专政对象"的行列。所谓动态化，就是说，随着时间的推移，上述划分是在不断变更之中的。其中，实质的界线，从理论上和一般状况来说，在于一个人是不是接受洗脑并有明显成效[6]。你是地主子女，但也无妨成为"可以教育好的子女"；你是老革命，但不排除"老革命遇到新问题"。这样，运动就在多个层面促进了洗脑：首先，人们乐于接受洗脑，主动地、心甘情愿地接受洗脑，不然你就成为敌人；第二，洗脑成为连续的过程，人们要不断地接受一波又一波的洗脑，接受、再接受，洗了再洗；第三，你要时时把接受洗脑的成效表现出来，就是所谓"溶化在血液中，表现在行动上"云云。

可以看出，这里的洗脑以暴力为后盾，意味着洗脑者要民众在"要你脑袋"与"洗你脑子"之间做出选择——你选择哪一个？与满清入关为强制民众遵循满人发式而实行的"留发不留头，留头不留发"政策相对比，我把毛所发扬光大的共产极权政权的这种与暴力相表里的洗脑战略概括为："留脑不留头，留头不留脑"。这就是说：你如果不接受共产党的洗脑，共产党就杀掉你的脑袋；对绝大多数人，共产党并不杀掉你的脑袋，但笃定要换掉你的脑子。这就是毛时代洗脑战略的根本特征。

第二，毛时代的洗脑以针对信念的改造为主轴，要害在于重塑人们的价值观念、思维方式和情感意趣。从社会心理学的角度看，一个人的思想情感，其中心是围绕这个人相信什么而形成并展开的[7]。毛的中共从来都把所谓"思想改造""思想工作"放在非常重要的位置[8]。在这个过程中，毛的中国形成了一整套从概念到知识、从逻辑到修辞、从词汇到文风（和话风）、从语言表达到非语言表达、从价值观念到分析方法、从思想进路到情感活动的全方位"精神软件"。毛时代洗脑的实质，就是把这套软件安装进每个中国人的头脑，使得他们好似事先输入了指令的机器人，只能按照这些指令展开所谓的精神活动，也当然就会按照这些指令进行一切活动。这套软件无以名之，这里不妨称之为"毛脑软件"。

第三，毛时代的洗脑是全方位的，对于精神世界来说是无所不包的。我们知道，共产极权兴起于其意识形态，而这套意识形态的根本特征，根据 Carl Friedrich 与布热津斯基早年对于极权政治的研究，又在于：首先，它并不单纯是一套关于国家、政府或政治生活的观念，也不是仅仅诉诸人们信仰的一套价值体系，而是具有无所不包的内容，从宇宙如何起源、人类如何出现、历史如何发展，到劳动如何组织、教育如何进行、作家如何写作，甚至到孩子如何成长、婚礼如何操办、日记记何内容，都有必须符合政权的政治原则的标准答案。其次，它也不满足于作为某一特定人群如共产党员所信奉的意识形态，而是要求共产党统治下的所有人都必须遵奉这套意识形态。这意味着，共产政权的洗脑，至少在其经典时代如毛时代，是针对其政权力量所及的所有人的，也是涉及人们精神生活的各个方面乃至各种细节的。

第四，毛时代在本质上建立了完全排除除了中共官方信息源之外的其他各种信息源，而洗脑因此成为在那个社会中生活的人的几乎自发自动的过程。人之接收信息，如同呼吸空气；既然你所生存的环境中只有来自这一个信息源的信息，那么，你的所有信息处理也就自动成为对你的特定意义上的思想改造，也就是成为洗脑。在这个意义上，说毛时代在大陆中国人中建立了自动洗脑的机制，虽不尽准确，但似也不为过。

结合对以上四个特点的分析，可以说，毛式洗脑的精义在于：在暴力威胁下通过各种可能的手段给全体民众强制安装"毛脑软件"，在本质上致力于剥夺任何个人独立思考的可能，试图对于人进行所谓全面改造，特别是对于人的价值体系、思维方式和精神取向的全面改造。

很明显，无论是一般意义上的宗教传播，还是市场营销术，更不用说常规的学校教育，与这里所说的"洗脑"都是很不同的。在那些社会活动中，一般来说，鲜少暴力因素的介入[9]，并往往面对来自不同的同类社会组织的竞争而不可能营造出单一信息源的环境。我们知道，市场营销术更多是针对某一特定产品而展开。至于"宣传"，我们也知道，随着第二次世界大战结束之后共产极权政权推重宣传的政治现象于冷战年代在自由社会受到诟病，"宣传"这个词汇渐渐地成了贬义词而专属共产党政权所有，"商业宣传"中的"宣传"为"推广""营销"等这类词汇所取代。这样一来，"宣传"成了共产党政权的专用语汇，阿伦特原来在"洗脑"和"宣传"之间所做的区分在语义学上就不再清晰了。而在毛时代的经典共产极权体制下，被洗脑已经成为呼吸一般的无处不在的自动过程，来自党国政权的宣传怎么可能不是洗脑呢？可以说，对毛时代来说，宣传和洗脑就是同义词，两者完全相等。

后天安门时代的"以胃洗脑"与"精致宣传"：洗脑的退化与进化

毛后中共面临新的国内和国际环境，转而寻求以经济发展来维系其统治的合法性并加强其统治的力量，为此引入市场机制，继而拥抱全球化。特别是 1989 年天安门镇压之后，随着全球共产主义的垮台，中共面临新的充满危机的局面。中共应对新局势的重要举措之一，就是试图继续毛时代的洗脑。天安门镇压后，当局首先在大学新生中引入军训；同时，将西方国家针对"六四"屠杀所采取的对中国的经济制裁动作加以妖魔化，由此大力宣扬民族主义。但是，多个新的重大历史因素决定了中共难以简单地回到毛时代的洗脑模式，毛的洗脑作为宣传大战略未免力不从心了。

这些因素包括：第一，文革末期毛主义在理论上的破产和 1980 年代"思想解放"的遗产；第二，人民解放军在全球瞩目下公然以坦克、机枪等屠杀和平抗议的人民在国内外所造成的极大心理震撼；第三，世界共产主义的垮台所带来的"苏东波"冲击；第四，1992 年邓小平为了挽救中共政权所做的"南巡"再次开启市场化变革，并由此中国迅速拥抱资本主义全球化。这些因素合在一起，使得"毛脑软件"在中国民众中的运作出现了很大的 bug，不再那么灵光，也使得中共政权必须找到新的方式来重新建构一套合理化解说，以辩护并支撑自己对镇压人民和拥抱资本主义等这些与这个党的传统理论相互矛盾的行为。在这个背景下，中共以物质主义和商品崇拜为主线，努力合理化其"两个不惜代价"的战略，即不惜代价推动经济发展、不惜代价维护社会稳定，开始逐渐形成"精致宣传"的大战略。

所谓"两个不惜代价"，其要旨在于维持并强化中共对权力的垄断。不惜代价推动经济发展，是为了以物质主义收买和腐蚀民众，使他们易于接受中共的专制统治；不惜代价维护社会稳定，实质就是暴力镇压一切可能的对于中国专制政权的批评、质疑和反抗。很明显，在后一点上，也就是以暴力为后盾、为根本举措来强行让民众接受它那一套观念，在这一点上，后天安门中共政权与毛时代中共政权并无不同。但是，在前一点上，即通过国民经济的增长和民众物质生活的改善来强化民众对这个政权的接受，则与毛时代有所不同了。毛时代对于思想的控制，直接针对人们的大脑，致力于在人们的脑中装进所谓"毛脑软件"；到了后毛时代，特别是后天安门时代，中共的思想控制却变成直接针对人们的肠胃，把肠胃的重要性抬高到远远高于脑子的程度。不妨把这一战略称为"洗胃"——当局强调人们的生存首先在于肠胃的满足：你需要的是腆着肚子忙于挣钱、花钱、吃喝拉撒睡或吃喝嫖赌抽，可以把自己的脑子扔进冲水马桶了。在这一意义上，洗脑退化了，因为中共这个阶段的宣传大战略主要不是针对人们的大脑的，而是重在使人们忘掉自己还有大脑，不要大脑来干扰醉生梦死或岁月静好的生活。

不过，在另一种意义上，也可以说，洗脑进化了。通过掌握人们的胃囊来掌握人们的大脑，让你自己的肠胃发言来影响你的大脑，这算某种进化，可以称作"以胃洗脑"，即以肠胃作用于大脑。它利用人们本身的生物机制发生作用，让你的肠胃（而好像不是中共宣传机器）出面说服你的大脑应该如何思想、有何感情。实际上，当然还是中共宣传机器在起作用，它做的就是两件事：一是告诉你肠胃高于大脑，吃喝拉撒睡是人的本质——这也是价值观的改造，也是洗脑；第二，在你的整个生物机体中设置进根据肠胃来"思考"的"邓氏软件"
——不必说，邓就是邓小平，那个被生物拜物教和商品拜物教的信徒们崇拜的毛后中国大救星。

一手主导了天安门镇压的邓小平还有另一套"软件"，与上述"以胃洗脑"的"邓氏软件"相配合。这套"软件"更为高级，也就是我曾经称之为"精致宣传"的程式，这里不妨命名为"邓氏软件2.0"——当然，"以胃洗脑"就是"邓氏软件1.0"了。就历史环境来看，"邓氏软件2.0"是与邓小平拯救中共政权的另一大动作相共生的，这个大动作就是他1992年初的所谓"南巡"。这个动作开启了毛后中共改革的2.0版[10]，实质是借助西方资本的力量为中共续命，以党国控制下的市场机制来增加中共政权的合法性与物质力量，以率先拥抱全球化的决断来把"以胃洗脑"的邓氏基本逻辑贯彻到对国际社会的应对中。在这个意义上，洗脑也进化了，开始面对资本、面对西方、面对全球，要在这样的广阔范围内试图改写人们的思维软件，灌输乃至植入中共的那一套观念体系。

不过，中共无论从力量上来讲，还是从其要灌输的观念来讲，在这个范围里，在这个阶段上，实际上都是处于劣势和守势的。尤其是，在全球范围内，一般来说，中共一向在其洗脑工程中所依凭的暴力手段相对不那么有效，这就迫使中共不得不采取多种隐蔽、迂回、曲折、巧妙的手法来展开这种洗脑。于是，"精致宣传"的大战略出现了。至于"精致宣传"的所谓"精致"何在，特别是为什么不管它多么精致包装但却仍然是中共的宣传，我在十九年前已经著文论述，这里不再重复[11]。

这里需要指出的是：对于中共来说，"精致宣传"是夹缝地带的战斗。所谓夹缝地带，在后毛时代，特别是后天安门时代，广泛地存在于中国内部的党国专制与党国为了经济发展而不得不引进或容许出现的市场因素、公民社会因素之间，也广泛地存在于中共拥抱全球化以借助西方资金、技术等发展经济而展开的笑面攻势与它同时多方设法、强力抵制民主社会的思想与观念的阵地保卫战之间。是生存在夹缝中的巨大压力，迫使中共的宣传变得"精致"起来。

从政治经济学的视角来看，精致宣传就是后极权专制主义政权在引入市场机制、拥抱全球化的大背景下所形成的宣传大战略。可以总结性地把它看作从毛时代的经典中共式洗脑所呈现出两项退化和三项进化的变种：退化在于两个方面：其一在于，中共在不得不注重经济发展来维持其统治的背景下，面对相对开放的经济与社会，难以像以前那样有效地依赖暴力全面展开对所涉及的广大人群的系统洗脑，特别在国际社会更是这样；其二在于，在同样的背景下，中共也难以像此前那样有效地迫使人们接受其意识形态，因此在宣传中转而注重保持其所谓底线，即使人们接受中共对中国的权力垄断这样一个现实。

至于进化，则在三个方面呈现出来：第一，洗脑扩大到"洗胃"并"以胃洗脑"，从而进一步发展了"自动洗脑"机制，促使受众在精致宣传的引导下自发按照肠胃生理功能的要求自行"说服"自己的大脑来接受中共当局的那一套观念、价值、情感等，并塑造自己的记忆和思维。第二，洗脑对象的范围扩大到全球，而不仅仅是中共统治下的民众；但凡和中国发生经济联系的各种因素，包括全球范围的投资者、消费者、贸易商、外交家、新闻界、文化人等等，都在"精致宣传"下接受着从"洗胃"而迂回洗脑的"思想改造"。第三，洗脑作为宣传，在宏观结构、中观运作和微观技巧上都有了丰富和发展。所谓宏观结构的丰富与发展，就是从毛时代的党媒一统天下发展到充分利用媒体的市场机制，包括商业化媒体、软性的信息传播渠道、新媒体、社交媒体等，也包括建立"大外宣"体系和对国际媒体有意识、有重点的大范围渗透与影响。所谓中观运作，则主要表现在从业人员的所谓专业化与中共对于宣传的所谓管理上面。至于宣传技巧，主要是在从"命令式"的宣传走向柔性宣传的过程中丰富和发展起来的。

通过对于毛后中共的"精致宣传"战略的分析，可以看到，宣传是洗脑的主要手段之一，也是洗脑的次生现象。而到了后毛时代、特别是后天安门时代，共产极权退化，洗脑往往是其力所不及的，但宣传仍然非常重要。更重要的是，随着宣传的精致化、系统化和力度上的升级，宣传仍然趋向于洗脑。

需要强调的是，在上述"以胃洗脑"与"精致宣传"的背后，毛式洗脑的四大特征仍然在不同程度上体现了出来。就暴力因素而言，天安门镇压与此后建立的维稳体系，是逼迫中国民众接受"肠胃逻辑"、促动他们"以胃洗脑"的基本背景和重大因素。包括进入中国市场的外国企业，也同样面临中共党国政府的强制力量：你不接受这套逻辑，你就不要在中共发财！就价值观念改造而言，如前所述，"肠胃逻辑"本身是一套价值体系；它并不是什么具有文化特点的"亚洲价值观"，而是面临世界民主化浪潮冲击的威权主义政权用以塑造民众信念的荒谬逻辑。在暴力支持下给人们植入这种观念和逻辑的时候，后毛时代的中共的洗脑同样是以改造人们的价值观念和重塑人们的思维方式为要的。就全面改造人而言，也许不能说"肠胃逻辑"具有包容万象的意识形态体系了，但是，当人被矮化、扁化、庸俗化到一切以肠胃为中心、乃至唯有肠胃的状态时，能涵盖肠胃的体系也就算是对应于他们的"全面"体系了吧？最后，就信息源的单一化而言，这显然是对中共宣传的最大挑战；"精致宣传"就是对这种挑战的因应。

新极权主义的认知战：信息时代的"脑战场"

夹缝在政治上意味着某种中间地带，或者叫作拉锯地带，其中两种属性不同的东西没有一种能够占据绝对优势。在市场与党国之间，在全球资本主义与中共专制政权之间，在后天安门时代发展出了相互依赖的关系，但并不意味着他们之间在根本上可以相融。借用毛泽东的一句话来说，这里"谁战胜谁的问题"尚未解决。"历史终结论"自我麻痹了西方工业化民主国家，但不仅不能让中共专制政权放下屠刀立地成佛，很可能反而坚定、强化和刺激了中共专制政权对于"敌对势力亡我之心不死"的高度警惕之心。借助拥抱全球化，也借助包括精致宣传在内的一系列战略战术，中共政权从天安门镇压和柏林墙倒塌之后的危机中走了出来并日益壮大，成长为世界第二大经济体，在宣传上辐射全球的能力也大大提高了。随着习近平在2012年上台，中共政权从"后极权权威主义"走向"新极权主义"，中共的宣传大战略也相应出现了调整。

这一调整的根本原因，在于如何解读市场与党国在信息、思想、观念和文化上的影响力的彼此消长。在1980年代和1990年代上半期，人们普遍认为市场化、商业化、全球化对党国控制媒体、控制舆论、控制思想、控制大脑会起到削弱的作用，我曾经把这种看法称作"市场挑战国家论"。不过，邓小平坚信国家可以控制市场，特别是中共党国有能力控制和操纵市场，以发挥其对党国有利的因素，削弱并扼杀起对党国不利的因素。中共在1990年代中期之后发展出来的"精致宣传"的大战略，就是在邓的这种信念指导下形成的在宣传、舆论上形成的"国家操控市场"的模式，即利用市场化、商业化、全球化来迂回但坚定地实行新环境下对于媒体、舆论、思想和大脑的控制。相比毛时代的经典洗脑模式，这种新战略就洗脑而言不那么明确，也不那么有力；明确而有力的是，如前所述，控制肠胃，或者说控制身体的下半部。当党国力量强大到某种程度，新的领导人对于仍然潜在存在的"市场挑战国家"效应的容忍度相应大大降低，势必要求对于夹缝地带拥有主导权，也势必要求在党国政权对于人们大脑的控制上有更多、更大、更明确、更有力的主导权。但是，冷战结束以来的世界总体格局并未发生根本变化；中共国力的增强远远尚未达到可以征服世界的程度。当在相互依赖中转而强调"市场挑战国家"的效应这一面时，中共其实只能看到更多的敌人、更多的危险，增加更紧迫的不安全感。于是，中共这时的宣传大战略调整为"认知战"。与此前的大战略相比，认知战的大战略具有以下这样一些新特点。

第一，认知战作为中共宣传的大战略，是战争式的，即基本上把所有受众都看作敌人，利用信息战来扰乱、打击、攻克和操纵所有这些敌人的大脑。毛式经典洗脑基本上是把所有受众看作应当归化为毛主义意识形态信徒的潜在对象，通过洗脑给他们安装上"毛脑软件"，使他们成为受毛主义程序操控的所谓"人民大众"。"以胃洗脑"和"精致宣传"则不再试图让受众"皈依"中共的意识形态，而是把受众基本上看作某种处于"中间地带"的对象，在高度警惕、防范他们的同时，努力做到对他们进行信息操弄，争取他们的某种程度的合作——在国内，这种合作的底线就是不造反；在国际上，则是与中国展开所谓"接触"而共同谋取经济利益。所有这些合作的实质，就是接受一党专制。认知战则大体上把受众都视为敌对力量，不管这些受众是国内民众还是国外精英，甚至也包括中共自身组织体系内的一般成员。当然，为了战争中的制胜，它对这些"敌人"有所区分；但是，与此前的宣传战略相比，习近平时代以来，对内已经倾向于不再依赖所谓"思想工作"的有效性，因为思想工作的要点在于让对象皈依党国思想体系，对外则不再侧重通过信息操弄来骗取合作——这些因素仍然存在，但是重点不在这里了。新的重点，在于通过宣传放出可以扰乱人们认知的信息，以大大降低受众观察、思考和分析现实的能力，从而造成中共宣传所涉及的范围内的大规模的信息失真，导致受众的深度认知障碍，让受众成为睁着眼睛的瞎子而看不到眼前的现实，成为耳朵好用的聋子而听不到真实的声音，成为每天获取大量信息的失忆者而不记得昨天和前天的事情，成为头脑清醒的痴呆症患者而丧失一切思考能力。

第二，认知战的目的，与其说在于改造人们的思想和操控人们的头脑，不如说在于摧毁人们大脑的基本认知功能。当然，被操控的大脑也可以说是被摧毁了的大脑；不过，被操控的大脑仍在按照被强行植入的"毛脑软件"处理信息，也在条件具备的情况下有可能摆脱操控，但被摧毁的大脑已经功能短缺，哪怕在处理自己日常生所接触到的信息时也不再能够正常运作，要重生则恐怕难度就非常高了。在这个意义上，习近平的所谓"中国梦"，似乎是在说出中共当前宣传大战略的秘密，那就是：通过宣传营造一种梦境，受众被变成梦呓者、梦游者。我们很难说梦游状态的人的大脑是处在正常运行之中的吧？

习近平推出认知战的中共宣传大战略，一个重要背景应该是看到了洗脑的有效性在多元信息源难以完全被控制[12]、中共意识形态的进攻战已经退化为政权保卫战这样的深刻社会政治变迁。而单就政权保卫战来说，习近平当局受到中共国力增强的鼓舞，似乎决心在国际上从被动局面改采主动出击，在国内则进一步强化维稳与愚民双管齐下的做法，在"敢于斗争、敢于胜利"的口号下，对国内国外展开了认知战。在这个意义上，"精致宣传"时代可以看作中共政权在全球第三波民主化背景下与人类社会主流在舆论对立中"相持"的阶段，而习近平上台后则做出了所谓"东升西降"的判断，相应地也在宣传上试图进入"反攻"阶段。

虽然强调了习近平认知战的宣传大战略的特点，但是，另一方面，我也要强调这一战略对于毛式洗脑和后毛精致宣传的继承性。对内，"毛脑软件"作为基础 program 在起作用；对外，它是在中国增加全球关联的背景下展开的。因此，自毛式洗脑到后毛宣传的四大特征依然持续，尽管表现方式或有变化。其中，暴力因素仍然不仅关键并显而易见，而且正在日益扩大其应用范围。中国内部的镇压，如前所述，对民众变本加厉，其中针对边疆地区非汉族人群的种族灭绝最为全球所震惊；同时，镇压措施也被越来越多地引入中共体系内部，包括以反腐为名义所开展的大规模清洗。更重要的是，这种镇压的范围已经成功地扩大到本来属于自由地区的香港，跃跃欲试正在瞄准台湾，甚至在西方民主国家也或明或暗地实施所谓长臂管辖，以至于在纽约、温哥华等也建立了中国的所谓"执法机构"。下一步，中共不无可能发动战争；认知战可以看作其前奏。同样，就全面改造人、集中改造人们的价值观念和重塑人们的思维方式而言，如前所述，习近平的认知战在继承"毛脑软件"和"邓氏软件"的同时，重在：在这些软件起不到作用或作用不理想的情况下，搅乱人们的价值观念，摧毁人们的信息处理能力即认知能力。在信息源的垄断与单一化方面，中共自后毛以来所遇到的挑战在不断增加；当精致宣传也力有不及的时候，认知战就登场了。

为了深入认识和分析中共认知战的大战略，这里不妨就一个典型战例做一些简要的讨论。这个案例就是关于新冠疫情的认知战。2020 年初自武汉开始的全球新冠疫情，其病毒究竟是怎么起源的，疫情又是怎么扩散的，尽管已经过去了三年多的时间，迄今仍是一个巨大的谜。中共拒绝可能的客观、公正的国际调查，但却利用各种信息渠道散播相关信息，包括把病毒说成是上一年秋天武汉军运会期间来自美国军队的运动员所散播的。更有甚者，在应对新冠大疫情的方面，中国当局不仅隐瞒有关中国疫情患者及死亡人数的统计数字，而且完全不顾事实地硬要宣称当局那些明明是灾难性的相关举措"是完全正确的，措施是有力的，群众是认可的，成效是巨大的"，甚至是"创造了人类文明史上人口大国成功走出疫情大流行的奇迹"[13]。早在 2020 年 9 月，就在新冠疫情仍然肆虐的当口，中共就迫不及待地举行了全国抗击新冠肺炎疫情表彰大会，习近平在会上发表讲话，吹嘘"抗击新冠肺炎疫情斗争取得重大战略成果，充分展现了中国共产党领导和我国社会主义制度的显著优势，充分展现了中国人民和中华民族的伟大力量，充分展现了中华文明的深厚底蕴，充分展现了中国负责任大国的自觉担当，极大增强了全党全国各族人民的自信心和自豪感、凝聚力和向心力"[14]。随后，这些"结论"马上写进了新版的初中八年级历史课本[15]。三年多疫情期间，中共当局强力管控舆论，随时删改资讯；疫情尚未结束，自吹自擂的表彰已经开始。2022 年 12 月的中国还处在"疫情海啸"的大规模人道灾难之中，到 2023 年 2 月，中共已经把两个月前十几亿人形成的集体记忆完全改写！

在这场针对中国民众、也针对全人类的认知战中，刚刚发生乃至正在发生的现实，中共当局通过其宣传来完全改写！任凭你有身经目睹的经历，但认知战却迫使你接受与你所经历的现实根本相反的对现实的描述。随着时间的推移，人们的记忆被重塑，只记得中共当局要你记住的并未出现过的"奇迹"，因此也只有基于这种记忆的思想与情感，那就是中共所需要你有的思想与情感。如果你还有正常和正确的记忆，还有在这样的记忆基础上形成的思想与情感，你会发现你走进了一个魔幻世界，这个世界就是中共今天的认知战大战略所构建的信息世界：那里的信息不是现实世界的表现与反映，而是中共所希望、所需要的信息。

当整个信息世界被这样塑造的时候，你要么在接收信息的同时接受这个世界，从而成为你自己的敌人——你自己感官、认知、思维所认识到的那个世界明明不是这样的，现在你要怀疑、否定、放弃你自己的感官、认知和思维，你不就是你自己的对立物了吗？你要么成为中共在这场战争中必定要消灭的敌人。在前一种情况下，你的大脑被劫持了；在后一种情况，你的大脑被孤立、被打击、直至被消灭！

这里，我们还是看到了毛式经典原理：留脑不留头，留头不留脑。这里，我们也看到了"精致宣传"的招法：在中共的宣传面前，你被骗却不觉得自己被骗。两者结合并更进一步，结果就是你已经不是从自己的感官感受来获取信息，而是被中共宣传来操纵你的感受，并进一步控制你的记忆、观念与思维！这里，我们看到了一个恐怖的画面：信息的受众已经无能分辨现实与虚构、真相与谎言、亲身感受与党国宣传了！毛要用他的意识形态去重塑人们的大脑，这是经典的洗脑；邓利用人们自己的胃去说服自己的大脑，其中起枢纽作用的是人的自然生理机制；习近平干脆让你的大脑不再长在你的身上了，不再成为你作为自然人的生理机制的一个器官、一个部分。认知战把人们的大脑变成党国强大宣传机器以信息产品做武器来攻克和占领的战场；当习近平的认知战奏效的时候，你本来作为生物人的认知系统就根本不起作用了！

结论

从洗脑到认知战，中共自掌握全国政权以来的七十多年中，演变出了在不同历史背景下的不同的宣传大战略。这些不同的宣传大战略，万变不离其宗，在根本上具有一脉相承的特点；同时，因应内外局势的变化，中共在不同时期的不同的宣传大战略又致力于以不同手法来体现、贯彻和达成这些特点。以下，本文试图从三个方面来围绕这些特点总结中共宣传大战略的变与不变。

第一，始终与暴力相表里。不管是毛式洗脑、后天安门"精致宣传"还是习近平时代的认知战，中共所有的宣传与所谓思想工作都是以系统实施有组织的国家暴力为后盾的，并且以永久垄断国家暴力为目的。在这个方面，可以观察到：首先，在中共治下，所有针对人们大脑的观念、思想、记忆、情感等功能的种种举措，都是以党国为实施者的，而党国的实质是对暴力机器的掌握。这与教会、市场等针对人们大脑的举措有根本的不同，因为后者在本质上不是依赖于对于暴力的掌握而建立起来的。其次，在系统地实施相关的大规模举措之前，往往先行实施大规模的、赤裸裸的暴力镇压，以在大众当中营造因为畏惧暴力镇压而不得不接受思想改造的心理氛围。这也是与教会、市场的传教、营销等不同的。毛式洗脑的系统实施，在中共党内始于延安整风，而延安整风的前提举措是所谓"抢救运动"。后天安门从"以胃洗脑"到"精致宣传"的一系列旨在改变人们思想的措施，当然是以 1989 年天安门镇压为前提的。习近平的认知战，在中共政治经济体系内部，也是以在反腐名义下的暴力清洗为前提；在这一体系之外，则以中共日益壮大的军事力量为前提。再次，暴力因素也贯穿在针对思想和头脑的一系列举措的实施过程中。毛式洗脑的经典方式是政治运动，而每场政治运动都是暴力行动的大规模扩散与"人人过关""提高认识"等广泛的头脑重塑程序相结合的。在后毛时代，无论中共如何在经济上采取开放举措，但从来也没有放弃从1980年代的"严打"到此后几十年的"维稳"这样一套东西，而这套东西也正是渗透在所谓"精致宣传"和认知战的全过程的。最后，所有这些所谓思想工作和宣传工作的终极目的，与其说是要人们接受中共意识形态所宣扬的那种人类理想，不如说是旨在尽可能地迫使人们从头脑深处接受中共垄断国家权力也就是垄断有组织的暴力机器这么一个目标。也就是说，中共从洗脑到认知战等着一系列针对人们头脑的恶宣传和思想工作，其组织基础是暴力体系，其实施前提是暴力镇压，其贯彻过程靠暴力辅佐，其终极目标是永久垄断暴力。

但是，对于中共垄断暴力的政治合法性的接受，和中共暴力的有效施用范围，这两个重大因素却在发生历史变化。毛的时代，中共的暴力体系高度有效，凭此取得了全国政权并在全国建立了一套严密的控制体系，可以说是前者相当高，后者相当确定，因此可以建立毛式洗脑的模式。后毛时代，民众对于自由和独立思考的追求有所增长，而出于对经济发展的需求并暴力难以直接适用于经济行为，加之融于全球经济，可以说前者大大降低，后者在国际关联中呈现出极大局限，于是不得不该采"以胃洗脑"和"精致宣传"。习近平时代，前者的提高和降低在不同人群中呈现高度分化状态，内部强化后者的一定程度上的成功进一步促发了试图延伸后者的冲动，认知战在这样的条件下出现。

第二，不断排除多样化信息来源。垄断信息来源，塑造单一化的信息环境，是洗脑的根本条件。在毛时代，中共闭关锁国，建立了垄断的单一信息来源的体系，这是毛式洗脑得以奏效的制度原因。不过，这种洗脑的效果，一旦进入多样信息来源的环境，马上遭遇挑战，未免事倍功半。这样的信息来源，可以是党国体系之外的信息源，也可以是与党国信息不符的社会现实。如果这两者形成相互促进的动态，那就可能具有解构毛式洗脑的力量。毛后时代的中共由于汲汲于从经济发展中汲取政治合法性，不得不引进市场机制并采取对外开放的政策，信息来源在党国的控制体系下有了初步的多样化，中共需要对此围追堵截。"反对精神污染""反对资产阶级自由化"等后毛时代的政治运动，实质都是要对付不同于中共党国体系单一信息来源的那些信息输入。随着后天安门时代中共拥抱全球化，信息来源多样化的程度进一步加大，中共不得不面对在多样化信息来源的环境中重新形成洗脑的新战略。它所做的第一步，是加大人们在生活中对肠胃即物质需要的追求，相应降低大脑的作用，由此过滤多样信息中的精神含量，这就是我所说的"肠胃逻辑"；第二步，则是利用全球化的资源，建立了所谓"威权-资本"联盟，即中外合营的党国权贵利益共同体，在腐化文化精英的基础上发展出相对精致的宣传体系与方法，让人们的肠胃去说服自己的大脑来接受中共一党专制，即"以胃洗脑"和精致宣传。在信息被肠胃系统过滤的意义上，也算塑造出了差强人意的"单一"信息来源或渠道。随着中共国力的增强，也随着中共越来越自如地掌握了信息革命的成果和技术，其宣传战略进入到认知战。这时候，它已经很难把信息来源单一化了，因为中国和世界的关联加深，海量信息的存在成为难以改变的现实。于是，中共利用人们的认知能力在处理海量信息上的无力，把力量用在了强力塑造信息来源本身，并进一步利用此前通过"毛脑软件"和"以胃洗脑"已经建立起来的那种认知基础，着力扰乱、混淆、瘫痪和摧毁人们的基本认知能力。在这个意义上，认知战就是对于生活在开放或半开放的信息世界中的人们进行"讯号扰乱"，中共宣传战略依然是在与多样信息来源做斗争。

第三，重塑人的认知系统。中共宣传以在人脑中植入中共党国制造的精神软件为最高目标，致力于系统地改造人们的信念、价值、思维、记忆和情感以维持中共的永久垄断权力。为此，一切真实、多元的信息，一切独立、自由的思考，都在中共宣传所必定瞄准的敌人之列。毛的时代，中共通过洗脑一度达成了这样的目标；但是，这种独断环境下所形成的洗脑效果，一旦"经风雨，见世面"[16]——这可以是很小的另类信息，还可以是官方信息中的某些漏洞、自相矛盾、或其发展早期中曾经吸收和出现过的另类信息，更可以是与官方信息不符的社会现实——可以很容易就受到质疑和挑战，走向破产和崩溃。文革后期中国民众的普遍觉醒就是这样发生的。后毛时代，邓小平政权退而求其次，不再试图全面地重塑人们的大脑，而是试图以肠胃来过滤信息、主导思考、将人们的认知系统往扁化方向重塑，那就等而下之了。习近平时代的认知战则重在扰乱和摧毁人们的认知功能，其中的基本逻辑是：如果改造不了你的大脑，难道我还搞不坏你的大脑吗？这样，从毛式洗脑的那种看起来好像在提高人们的大脑能力（比如"学哲学、用哲学"）和扩展人们的大脑功能（比如"你们要关心国家大事"）的做法，退化到降低大脑的作用、强化肠胃的主导功能的邓小平理论，再到习近平干脆让你大脑进入痴呆、紊乱、疯狂、魔幻状态的认知战，是不是也说明了洗脑必定破产的趋向呢？

灌、骗、战，是中共宣传大战略的必备因素，从洗脑到认知战莫不如此；只是，毛式洗脑重在灌，后毛精致宣传重在骗，习近平的认知战重在战。以多元反抗"灌"，以真实反抗"骗"，以独立自由反抗"战"，方能破解中共政权对我们大脑的改造、控制和摧毁。只有当这样的破解奏效时，中国人才能恢复为大脑功能正常的人，中国才有希望。

注释：

1　Franz Schurmann, *Ideology and Organization in Communist China*, Berkeley: University of California Press, 1966.

2　关于 the longue durée 即长阶段历史研究的取态，参见 Fernand Braudel, "Histoire et Sciences Sociales: La longgue durée," *Annales: Histoire, Sciences Sociales*, Vol. 13 (1958), pp. 725-753, translated as Braudel, "History and the Social Sciences," in Braudel, *On History* (translated by Sarah Matthews), Chicago: University of Chicago Press, 1982, pp. 25-54; 晚近对于此种方法论的重申与阐述，见 Jo Guldi and David Armitage, *The History Manifesto*, Cambridge: Cambridge University Press, 2014. 本文所谓的宏观制度研究，则跟随比较政治学中的 historical institutionalism, 如下列著作所例示：Sven Steinmo, Kathleen Thelen, and Frank Longstreth eds., *Structuring Politics: Historical Institutionalism in Comparative Analysis*, Cambridge: Cambridge University Press, 1992; James Mahoney and Dietrich Rueschemeyer eds., *Comparative Historical Analysis in the Social Sciences*, Cambridge: Cambridge University Press, 2003.

3　"What Is the brain?" www.hopkinsmedicine.org/health/conditions-and-diseases/anatomy-of-the-brain, accessed May 9, 2023.

4　Hannah Arendt, *The Origins of Totalitarianism*, San Diego: HBJ Books, 1973, p. 343.

5　在中共历史上，这是从 1940 年代中期的延安整风运动开始的。

6　在实践中和对特定个体来说，当然还有单位政治、人际关系等因素。

7　Kathleen Taylor, *Brainwashing: The Science of Thought Control*, Oxford University Press, 2004/2016.

8　这方面的一项经典研究，见 Robert J. Lifton, *Thought Reform and the Psychology of Totalism: A Study of "Brainwashing" in China*, Chapel Hill: University of North Carolina Press, 1961/1989.

9　Kathleen Taylor 也强调，当使用强制因素和酷刑折磨（coercion and torture）时，"说服"(persuasion) 就变质而与"洗脑"相并列了。*Brainwashing: The Science of Thought Control*, Oxford University Press, 2004/2016.

10　吴国光：〈试论改革与二次改革〉，《二十一世纪》，2004 年 6 月号，页 11-20。

11　吴国光：〈中国政府宣传的精致化〉，《争鸣》杂志，2004 年 12 月号；Guoguang Wu, "All the News, All the Politics: Sophisticated Propaganda in Capitalist-Authoritarian China," in Kate Xiao Zhou, Shelley Rigger, and Lynn T. White III eds., *Democratization in China, Korea, and Southeast Asia? National and Local Perspectives* (London: Routledge, 2014), pp. 200-215.

12　Yiqing Xu and Jennifer Pan, "Public Opinion in China: A Liberal Silent Majority?" CSIS report, https://www.csis.org/analysis/public-opinion-china-liberal-silent-majority-0, posted February 9, 2022; 林枫：〈共产党洗脑未必有效，报告发现中国确存在不认同政府的沉默大多数〉，自由亚洲电台 www. voachinese. com/a/chinas-silent-liberal-majoirty-20220211/ 6438829.html.

13　〈中共中央政治局常务委员会召开会议，听取近期新冠疫情防控工作情况汇报〉（2023 年 2 月 16 日），中国政府网，www.gov.cn/xinwen/2023-02/16/content_5741835.htm。

14　习近平：〈在全国抗击新冠肺炎疫情表彰大会上的讲话〉（2020 年 9 月 8 日），新华网，www.xinhuanet.com/politics/2020-10/15/c_1126614978.htm。

15　Yahoo!新闻，tw.news.yahoo.com/中国初中课本称抗疫-取得重大积极成果-网叹-血迹未干-历史任人涂抹-030034348. html。

16　哈哈，这是毛本人对年轻人的号召，现在习近平也在这样号召呢。毛泽东，〈组织起来〉（1943 年 11 月 29 日），《毛泽东选集》，第 3 卷，北京：人民出版社，1991，页 933；习近平：〈在伟大斗争中经风雨、见世面、壮筋骨〉，党建网，www.dangjian.com/shouye/dangjianyaowen/202204/t20220428_6351053.shtml，2022 年 4 月 28 日发表。

当今中国后真相社会的专家宣传和洗脑

徐 贲

与毛泽东时代一切听从"最高指示"的命令式宣传相比，后毛时代的官方宣传明显地加强了对政权合法性和正当性的宣传。今天的政治宣传更是已经从毛时代工农"毛泽东思想宣传队"的初级形态，变化和发展成为由专家、教授为主打的政策、制度和政治文化宣传。这是极权主义宣传的一种更高级形态："专家宣传"——包括他们发挥的智囊、智库、谋士、顾问、教授、学者、网络大 V 等"正能量"角色功能。他们除了在最高层打造出各种"划时代"的执政合法性理论——三个代表、科学发展观、中国特色的社会主义等等——之外，更多地是在驭民政策和专制文化方面贡献"专家见解"和"专业知识"，对公众施展诱导、说服和蒙骗的影响作用。他们为一如既往的一党专制宣传提供对当今民智渐开的韭菜和人矿百姓来说更合适、更有说服力的理论解释方式。

专家宣传看似是一种知识分子宣传，但与梁启超、胡适、陈独秀这样有独立政治见解的知识分子不同，专家宣传员在政治上完全附属于"党性"需要，随时准备跟风转向，并没有自己的目的或意向，因此纯粹是机会主义和功利主义的，其活跃人物正是知识分子中最唯利是图的投机分子和犬儒主义者。近年来，正在加速的中国公共话语退化和政治文化恶化，其中就有这种专家宣传喉舌的败坏作用，他们败坏了中国的社会和学术环境，也是这个败坏环境的产物。结果也可能成为原因，它强化了最初的原因，导致了相同结果的强化。

专家宣传能乘势而上，一枝独秀，这是整个政权从政治官僚向技术官僚转变的必然趋势，也是政府政策用科学化和专业化知识来谋求发展的必然需要。对于政策制定来说，专家的作用是不言而喻的，专家能为政策提供知识证据和评估。然而，政策应该以人民的福祉为第一优先，当政府不能以人民利益为第一优先，做出损害人民利益决策的时候，专家便面临着两种不同的选择，第一种选择是据理力争，提出反对意见，甚至准备为此付出个人利益的代价；第二种选择是顺从、附和，花言巧语地为错误政策提供辩护和协助洗地。从本质上来说，第二种选择已经放弃了专业人士应有的对真相事实的认知坚持，丧失了知识分子应有的独立思考和是非判断，成为一些欺骗舆论，为党国宣传洗脑服务的"后真相专家"。随着政府公信力的进一步破产，这些专家因其扮演的化妆师、裱糊匠和救火员角色而受到重用，并获得丰厚的犒赏，因此也成为许多年轻一代知识分子羡慕和效仿的进身之阶。真相是民主的基石，谎言是专制者的工具。后真相专家制造和散播的虚假信息、阴谋论、错误观念、偏执和狂妄起到的是加强专制的作用，他们才刚刚崭露头角，很可能成为未来一个长时期里更加活跃的特殊骗子群体，因此有必要对他们及早有所警觉和防范。

专家说假话，不仅是个人操守的问题，而且更是社会环境的产物。一个人敢于对另一个人说假话，是因为他知道那个人不清楚事实，而无法揭穿他；一个人敢当众向所有人说假话，是因为他知道没有人敢揭穿他，就算有人敢揭穿，也没有用。后面这种假话也就是我们今天后真相社会的假话。

一、后真相时代的"真相"

2016 年，"后真相"被《牛津词典》选为年度词汇，这个词是一个时代的象征，而不真的是指某个历史时期。也可以说，后真相是一个无边无际的虚拟信息时代，政治权力或意识形态威胁着事实和常识，打扮成"真相"或"真理"的代言人。权力用奥威尔在小说《1984》里所说的"新语"（newspeak）搭起一个掩人耳目的谎言纸牌屋，谎称那就是人们生活的真实世界。这个新语纸牌屋有多荒诞，从新冠疫情期间中国各地发明的无数新说法就可以领略一下。上海创造了"静默"，广州创造了"疏解"，西安创造了"社会面"，郑州创造了"流动性管理"，重庆创造了"低水平社会活动"，呼和浩特创造了"就地静止"，中山创造了"扩面核酸检测"，石家庄创造了"非静默相对静止"。其它许多"新语"更是令人目不暇接。

后真相是一个经常与政治相关的形容词。后真相一方面把政治变成断言，另一方面又竭力试图诱发人们的情感和直觉，而不是凭借理性的经验证据和真实信息，例如用煽情的民族主义取代理性的公民爱国主义，正如拉尔夫·凯斯（Ralph Keyes）在《后真相时代：当代生活里的不诚实和欺骗》一书里所说，后真相时代创造了一个道德昏暗的地带，在那里，撒谎所附带的耻辱感消失了，谎言可以不受惩罚地被说出来，对一个人的声誉没有影响[1]。这导致了谣言、假新闻、假信息、阴谋论的产生，它们可以在短时间内疯传，为虚假的现实提供动力，为宣传的目的服务。

政治研究者用"后真相政治"(post-truth politics)的概念——也称为后事实政治（post-factual politics）——来指一种政治文化，在这种文化中，真相与虚假、诚实与谎言已成为公共生活的焦点问题。不少公共评论家（相当于"公知"）和学术研究者都认为，"后真相"对特定历史时期的政治运作方式——特别在新的通信和媒体技术的条件下——有重要影响。2004 年，美国记者埃里克·阿尔特曼（Eric Alterman）在分析 2001 年 911 事件后布什政府的误导性声明时，谈到了美国"后真相政治环境"，并把布什称为"后真相总统"[2]。把具有当代特点的政治不诚实称为"后真相"而不是简单化地还原为政治说谎这一古老的现象，是因为当代的政治谎言是通过数码时代的先进传媒手段（或许也包括 ChatGPT）来传播的，而在这种政治谎言中起重要作用的就是"专家意见"。

在"后真相时代"这个说法中，"后真相"不是一个后于"真相"的时代——在人类历史上从来没有出现过一个可以称得上是"真相"的时代。后真相是指一种与古典和启蒙哲学意义的"真相"——有确实证据，通过理性辩论可以达到共识的可靠知识——不同的另类真实。在后真相时代来到之前，那种被视为"非真相"的另类知识通常被称为谎言、欺骗或虚假信息。把以前被视为"非真相"的知识当作真实信息来传播，而且传播得心安理得、理直气壮，这是后真相时代的特征。由于后真相主要是通过数码媒体所公开的真相声明（网站、播客、YouTube 视频和社交媒体等等），因此它特别被当作一个媒体和传播现象来研究。关注的重点便是特殊形式的造谣、谎言、阴谋论和假新闻，其中包括我们今天熟悉的网红专家和大 V 的"专家言论"。

后真相时代改变了的不是"真相"本身的性质——虽然确实有人想用意义相对论来重新定义"真相"——而是许多人（绝非所有人）对真相和撒谎的态度。真相关乎诚信，在后真相时代之前，诚信曾经被认为是一个全有或全无的命题。你要么是诚实的，要么是不诚实的。在后真相时代，这个概念已经变得模糊。人们较少考虑诚实和不诚实本身，而更多地考虑所谓的"用意"和"立场"。诚信的道德是以滑动的尺度来判断的。有"良好"愿望的人觉得自己比别人更有理由断章取义、曲意陈述，在有"需要"时也更有理由掩盖或扭曲真相，甚至公然撒谎。今天，在我们的社会里有越来越多的不诚实行为，这不只是与道德水平的下降有关，而且也与不再看重诚实和真实的社会环境有关，这便是今天许多社会学家关注的"后真相社会"。

从来就不缺少不择手段的人。只要有那些认为自己可以逃脱谎言的人，就会有骗子。问题是：什么情况下会助长说谎话而不负责任的侥幸心理？除了那些对真相和谎言不加区分的反社会者之外，我们大多数人在某些情况下更诚实，在其他情况下则不太诚实。在后真相的环境中，纵容和示范不诚实的环境在上升，而那些培养诚实的环境在下降。如果我们确实更多地撒谎——我们都相信我们的社会确实如此——那不仅因为当代生活的环境没有对不诚实进行足够的惩罚，而且因为非真相冒充真相的风气已经在相当程度上被后真相社会里的许多人所接受。他们虽然向往真相、渴望真实，但他们自己的行为，如言不由衷、装假、说谎、戴着假面生活，遵循的却是后真相社会的规范。

后真相与宣传洗脑有一种内在的亲缘性，宣传试图通过管制公开传播的信息来影响公众的意见和行为。菲利普·泰勒关于两千多年以来宣传的历史研究让我们看到，自古以来一些统治者所使用的策略是从 20 世纪初开始被系统使用的[3]。宣传洗脑与长达一个世纪的政治信息传播的发展密切相关，作为对政治现代化的回应，政府和党派宣传都把广大公众视为需要掌控的风险[4]。与宣传洗脑一样，由于极权主义政权（希特勒、斯大林、毛泽东）在历史上对宣传的使用，后真相一词也包含党派政治洗脑的倾向，意味着政治和意识形态势力对民心的争夺。在后真相的世界里，语言变成了纯粹的政治策略，与真相无关，也不以除其本身以外的任何东西为参照[5]。当然，它的目的和作用本来就与表述真相、说明事实无关，而只是一种影响公众舆论的思想灌输，诱使舆论朝宣传者所期望的方向发生变化。值得注意的是它那种后真相的话语方式——看法优于事实、情感高于理性、半真半假胜过全面核实、谣传强于交叉检查，一句话，与启蒙的批判性思维教育所提倡的一切都是矛盾的，背道而驰的。

二、变化中的宣传和洗脑

宣传和洗脑不是同一个概念，但在中国这样的社会环境里却是紧紧地联系在一切，难解难分。宣传原本并没有贬义，是散播信息，广而告之，通常是为了争取对自己的好感。在言论自由的环境里，你对我宣传，我也可以对你宣传，不允许所谓的"强制性说服"（coercive persuasion）。但在一个专制国家里，政府宣传的目的是强制性说服，而涉及政治和意识形态的时候，就会成为企图改变人们世界观、价值观和思维方式的洗脑。洗脑又分为两种，狭义的洗脑——又称精神控制、观念控制、强制说服、思想控制、思想改造和强制再教育——指的是通过某些心理学技术——行为主义、条件反射、药品操控——来改变或控制和重塑人的思想。广义的洗脑——又称思想工作、教育培养、思政（思想政治）教育、软实力影响——指的是通过操控日常生活中的所有信息来源——学校教育、新闻、大众文化、书籍出版、历史和传统讲述、节假日设置等等——来打造一个无孔不入的思想宣传体系，这也是一种党化教育。我们可以把后一种广义的洗脑称为"宣传洗脑"，这是极权主义国家特有的以洗脑为目的的宣传。

从历史上看，宣传成为一个贬义词，始于 1914-1918 年大战期间过度的暴行宣传，"当时现代'科学'宣传的使用已经成熟。正是这种发展——特别是与虚假与欺骗的联系——让庞森比爵士（Lord Ponsonby）如此强烈地谴责。当纳粹、苏联和其他彻底下流的政权采用这种方法时，这种贬义变得更加严重"。庞森比勋爵在 1926 年写道，宣传涉及"对人类灵魂的玷污，比对残害人类身体更糟糕"[6]。这种宣传可以理解为1930 年代被纳粹和斯大林苏联进一步完善，并用于极权主义统治的洗脑式宣传，也是阿伦特在《极权主义的起源》和奥威尔在《1984》里描述的那种宣传。

宣传是一种不择手段、不正当的，甚至邪恶的虚假和欺骗，这与今天许多人的看法一致。对于珍惜思想自由的人们来说，持续存在的洗脑式宣传是威胁人类心灵自由和民主政体的一颗毒瘤；这个毒瘤以人们经常难以察觉的方式折磨着我们个人和集体，摧毁我们对周围世界发生的事情做出判断的能力。它通过提供一层层编造的谎言，遮蔽了我们观察世界的窗口。因此，"宣传成为独立思考的敌人，成为人类追求'和平与真理'过程中信息和思想自由流动的干扰者和不受欢迎的操纵者。所以，它是民主国家至少不应该做的事情。……这是一个'肮脏的伎俩'，使用者是'隐藏的说服者''思想操纵者'和'洗脑者'——即奥威尔式的'老大哥'，他们以某种方式潜移默化地控制我们的思想，以控制我们的行为，为他们的利益而不是我们的利益服务"[7]。虽然许多宣传研究者（其中包括菲利普·泰勒）努力以一种客观中立的方式讨论宣传，但始终难以改变"宣传"一词在使用者那里的恶劣形象。

阿伦特在《极权主义的起源》一书里把"宣传"和"组织"作为极权主义运动的两大支柱。她写道，"在极权主义国家里，宣传和恐怖相辅构成，这一点早已为人们所指出，而且经常被如此认定。然而这只是部分事实。凡在极权主义拥有绝对控制权的地方，它就用灌输（indoctrination）来代替宣传，使用暴力与其说是恐吓民众（只有在初期阶段，当政治反对派仍然存在时，才这样做），不如说是为了经常实现其意识形态教条和谎言。在相反的事实面前，极权主义不会满足于宣称不存在失业现象；它会废除失业者的福利，作为它的一部分宣传"[8]。同样，它不只是宣传"党领导一切""制度优越""中国式民主"，而且会废除公民的言论、集会和自由选举的权利，废除独立的新闻、教育、出版。也就是说，极权宣传不只是动嘴皮子"说说而已"，而且一定会诉诸暴力措施，是有奴役和压迫实效的暴虐统治的一部分。

在极权主义国家，严格的思想控制与专制的暴虐统治同时进行，相辅相成。极权行政统治一刻也离不开思想控制，宣传因此成为极权统治的基础和核心。在纳粹极权垮台后不过十多年，而共产极权依然坚如磐石的 1960 年代初，法国社会学家雅克·埃吕（Jacques Ellul）出版了经典著作《宣传：人的态度形成》，至今仍然是我们认识后真相时代极权主义宣传洗脑的重要参考[9]。埃吕指出，高效极权宣传——也就是洗脑——的必要条件是一党专制，而它的充分条件则是这种政权对每一个人的绝对、彻底的"全方位"组织化安置。思想的控制最终必须在组织化的政治和社会环境中实现与完成。

高效宣传必须是一种全方位宣传（total propaganda），"宣传必须是全面的。宣传必须动用一切可以运用的技术手段：新闻、广播、电视、电影、招贴画、会议、一户户走访。现代宣传必须利用所有这些传媒手段"[9]。不同的宣传手段各有其所专长，要综合运用，这样宣传才能成功地"从所有可能的路线对人完成合围"[11]。高效宣传不仅要占领一个人的全部思想，而且要把占领区扩大到整个社会的"所有的人"。宣传的对象不是个人，而是群众中的每一个个人，只有把个人融化到群众中，"才能削弱他的心理抵抗力，才能有效挑动他的反应，而宣传者也才能利用个人在群体中所受到的压力，影响他的情绪（和行为）"[7]。高效宣传必须把所有的公共媒介手段控制在国家权力手中。只有在国家政治权力力图全方位地控制民间社会的极权（totalitarianism）国家里，才有这种必要，也才有这种可能性。不管是否能够充分办到，极权国家权力都想要彻底、全面地掌控社会，而这正是极权宣传在不断致力帮助进行、力求实现的。

极权宣传的目标不只是灌输某种正确思想，而是通过把人放置在组织化的社会环境中，迫使他在这样的环境里，把正确思想落实为极权统治规定的正确行为。但是，近几十年来，随着社会组织形态的变化，尤其是经济自由化使国家对社会生存资源的控制不得不有所松动（衣食住行、上学、求职、迁居，甚至出国），极权国家机器已经不再能够维持以前的那种全方位的组织控制（票证供应、户口限制、不安排无工作、相互监督、家庭株连）。在这种情况下，现有的极权宣传已经不可能再是像埃吕半个多世纪前在共产国家中观察到的那样高效了。在今天这个数码和网络时代，昔日的极权高效宣传在媒体手段上发生了重大的变化，也形成了当今中国后真相社会的重要特征。宣传是一种适应不同社会环境的现象；它适应它所利用的媒体，并利用它们的结构和运作；在这个过程中，宣传的变化和发展得到了媒体演变的强大帮助。网络媒体帮助形成了中国的后真相社会，也形成了在这样一个社会里运作和其操控作用的后真相宣传。

从宣传所使用的媒体手段来看，在共产革命的早期阶段，宣传的作用是有限的，主要是在战时使用，通过印刷媒体（如传单、早期的新闻报纸形式）进行传播。在那个时期，宣传对胁迫政策起着补充作用，因为使用（军事）力量对付既定内外敌人是常见的做法。随着取得政权，共产党对宣传的利用大大增加。新政府需要利用宣传来使他们的政策合法化，动员民众支持和参与它发动的各种政治运动。政治的群众运动化，通过政治参与的普遍化，促进了宣传的普遍化。

随着新政权的巩固和加强，一系列新媒体浮出水面。与新闻界一样，电影、广播和电视（视听媒体）的出现为政治宣传和意识形态洗脑在社会生活所有方面的思想控制提供了新的便利。在"文革"时期达到了顶峰，"红宝书"、毛语录和八个样板戏就是它最典型的体现。这种文字和视听媒体（电影、广播、电视）以一种单方面的方式传播信息，是一种"命令的语言"，用电影和传媒教授马克·波斯特（Mark Poster）的话来说，它们的话语是一种"只听不惢"（unanswered）的话语，媒体工具完全掌控在宣传者手里，除了随声附和，根本没有受众发表意见的可能[10]。这是一种宣传者能够完全控制宣传信息内容的话语形式，理解的要执行，不理解的也要执行，贯彻的是一种对公共领域实行的自上而下的控制[11]。

在 20 世纪末，发生了一场以通信技术为中心的技术革命，互联网是这场信息革命的缩影。新类型的信息流及其个性化的接收，影响了在这个新的信息空间中进行宣传的理由。受众的分裂和宣传内容在数字媒体传播过程中的难以掌控的接收方式，使得传播变得更加复杂，例如，正能量的宣传会变成低级红、高级黑；歌颂的宣传会在评论区"翻车"。在多元的网络世界中，宣传性的信息不能完全破坏或遏制反对的信息[12]。与"文革"那种"宣传排他性"媒体相比，互联网是一种单一宣传难以垄断的媒体。不管怎么造"防火墙"控制信息流通，不管采取什么禁言封嘴的网控手段，总是会有被禁的信息流传开来。在这个意义上，互联网是不同质的交流空间，而不可能再是以前那种单质的命令宣传空间。

在当代数字世界中，互联网的互动特性和个人主观意见表达都在不断增加，导致了人们对政策、金融、政治、文化、人文等方面主观理解和解释水平的提高，这种"理解"和"解释"不一定是每个人自己提出来的，而是可以以"赞同"别人看法的方式来表现，具体的方式就是"点赞""吐槽""群嘲""点评""上传""转发""朋友圈分享"等等，其中不少是被官方宣传视为"负能量"的。在言论自由的国家，网民参与是一种传播"民主化"的趋势[13]。在言论不自由的国家，这是一种民智已开，众口难封、防不胜防的"翻车"趋势，网上的"吐槽"最容易吸引网民关注的热点之一，"槽点"各种各样，不一定是负面事件，甚至正能量文章也可以成为吐槽和群嘲的载体。2023 年 2 月《人民网》发表的〈好好干，日子会越来越甜〉一文遭到的就是这种对待。有的网民在转发时会特别加上"看评论"的字样，因为评论比文章有意思多了。正如研究者王伟在〈互联网背景下的吐槽文化研究〉一文中所说，"吐槽的对象随处可见，明星们的私生活、各类新闻热点、影视剧作上映、不断发生的社会事件等，所有一切尽在其中，'槽点'不断。人们通过吐槽行为，对外界发生的事情进行讽刺、调侃、发牢骚、抱怨，常常带有戏谑和玩笑的成分。吐槽作为一种强势发展的网络文化现象。"[14]

在民智已开，欺骗不易的情况下，如何打造宣传洗脑的正当性和合理性，如何提高其说服力和展现其软实力，便成为一个令当局头疼的问题。命令式宣传已经被证明不再有效，虽然还没有放弃，但必须重新打造和包装。在这种情况下，利用貌似有科学依据并客观中立的专家意见，也就成了宣传洗脑武器库里一件必备的武器。对担任这项工作的专家来说，专业知识是附属于"党性"的，他们实质上是一些具有专业身份的御用宣传人士。他们在各个专业领域中发挥着以前党务和政工人士难以发挥的作用，用各种理论来宣传领导的正确、政策的英明、制度的优越。事实上，他们同时也在党和政府，或其他体制里担任大大小小的各种职务，有一大串头衔，是一些"学官"，享受各种特殊的待遇和津贴。虽然他们当中有不少因为谎言一次次败露或被揭穿而声名狼藉，但作为一个整体，却仍然在中国的后真相社会中通过扭曲真相和传播虚假信息，起着不容小觑的欺骗和愚民作用。怎么来认识他们的宣传作用、洗脑方式，以及扮演的角色呢？这就需要把他们放到当前中国的后真相社会环境中去理解。

三、后真相社会和后真相专家

后真相社会的显著特征是，在许多公共问题上意见和看法的两极分化和部落化，这造成了严重的社会撕裂。对不再相信有客观真相的人们来说，后真相让他们可以在不认为自己不诚实的情况下传播谎言。他们与不同意见者的对立呈现极端化或无法沟通的状态，并不是因为说话双方的遣词用字有什么不同，而是因为许多后真相的信息让有些人觉得舒服，而让另外一些人感到厌恶。双方充满了敌意甚至仇恨，要求他们通过沟通，在中间地带的某个地方握手、交谈、取得共识，事实上是没有可能的。后真相的部落世界并不是一个全然不能辨识谎言，全然无视谎言的地方，但它对谎言有一个双重标准的原则："我的谎言是可以理解的，你的谎言是卑鄙可耻的"。人们在为自己的谎言开脱的同时，又对不诚实的盛行感到震惊。不同意见或观点的双方越是觉得自己无辜，对方可鄙，就越是会互相对立，互相敌视，用阴谋论互相指责。对信息和知识的操纵和观点的两极分化往往会助长阴谋论和绝对的价值相对论。这是后真相特别严重和值得关注的问题。

在当今中国的后真相社会里，最活跃，最有话语权的是后真相专家和知识分子。他们各有各的专业，运用的专业话语也各有不同，但用来蛊惑、欺骗一般老百姓的招数却大同小异，我们可以归纳了五条与后真相知识分子行骗有关的招数，并不代表他们只使用这些招数，而是为了说明为什么他们能影响的许多人虽然不是傻瓜，但还是容易上当受骗。不是骗子高明，而是上当受骗的人对自己的认知和人性弱点缺乏警觉。

后真相专家的第一个招数是脸皮特厚，不怕丢脸。在后真相时代，涉嫌欺骗而被揭露或遭暴露，羞耻感下降或者根本就没有羞耻感，这是一种能耐。他们利用的是普通人对权威的盲目崇拜，权威的头衔和地位就是必须服从的真理。

后真相专家的不要脸并不是个人现象，而是整体环境的一个反映。例如，言而无信、出尔反尔本来是一件丢人的事，但在当今的后真相社会里比比皆是。刚说"计划生育就是好，政府来养老"，一转身又说"养老要靠家庭，不能依赖政府"，政客出尔反尔，前后矛盾，自我否定，全无自我打脸的羞耻感。专家宣传员也是一样，他们胡编乱造，今天说一套，明天就 180 度大反转，或者狂妄预言，迅速被事实打脸，但却是厚颜无耻，毫无羞愧。在俄乌战争开战前，美国提出战争即将爆发的预警，国内专家和名嘴纷纷在公共媒体和自媒体上竭尽其能地对之嘲笑和挖苦，说是根本打不起来。结果证明是他们自己在传播虚假信息，但却没有一个站出来向公众道歉的。

尽管自古以来一直都有骗子，但谎言通常是在犹豫不决、多少有一丝焦虑、一点内疚、一些羞耻的情况下说出来的，说的时候会不好意思，说不出口。今天的后真相权威和专家没有什么说不出口的话。例如，在他们口中，计划生育是必须的，放开三胎也是正确的，甚至建议婚龄降至 18 岁，取消生育登记对结婚的要求（非婚生育），更有一位黄姓教授称，针对中国男女比例严重失调的问题，一妻多夫能解决中国人口问题，一妻多夫的婚姻制有很长的历史与适用范围，包括到现代。更何况，一夫可以多妻，为何一妻不可以多夫呢？要多厚的脸皮才能公开地如此大放厥词？

对这样的专家，人们充满了鄙视。有一篇题为〈上帝啊，你把专家带走吧，路费我掏〉的推文是这样说的，"有一群脑袋让驴踢的人，除夕不用上班，却研究你的假期；有那么一群杂种，从来不用下岗，却在研究着你的退休；有那么一群孙子，从来不会失业，却在研究着你的下岗；有那么一群蛀虫，从来不交养老金，却在研究着你的社保；有那么一群硕鼠，从来不买油，却在研究着你的油价；……专家建议取消三天以上长假，专家建议以房养老，专家建议收取交通拥堵费，专家建议延迟退休。"如果谁还相信这种坑害百姓的专家，那就不能怪专家，只能怪他们自己的愚蠢。

第二条招数是利用人们天生的情感和情绪弱点，遇事凭感觉和情绪，而不是理性和逻辑。后真相时代，许多人的情绪和情感已经变得比客观事实和可靠证据更重要，或者说，情感和事实混合成为一种起主要作用的真相和陈述方式，起作用的情感包括对对手的厌恶和仇恨、民族主义、党派情绪、对意识形态的习惯性情绪反应等等。这是对古典和启蒙理性要求避免情绪影响的否定，不是不经意的偏误，而是有意识的，处心积虑的选择。

后真相专家的谎言经常就是这样的后真相。例如，有消息说，英国一个精英俱乐部推出了一项针对富人的疫苗接种服务——交25000英镑的会费，就能享受"迪拜旅行+免费注射中国国药新冠疫苗"的 VIP 服务。金灿荣教授也在一个自制的视频里告诉他的粉丝们：西方富人花钱坐飞机到迪拜，花 25 万元打中国疫苗。这样的谎言之所以能够堂而皇之地登堂入室，是因为能打动粉丝们的爱国情绪，是他们爱听的（虽然他们后来成为这种谎言的受害者）。这样的情绪，再加上显示"事实"的细节——迪拜、25 万人民币——助长了肆意散播的后真相专家意见。

第三条招数是利用人们天生爱听好话，好大喜功，易于自我膨胀的心理弱点。这个弱点在后真相时代特别严重。后真相专家利用的就是人们的这一心理缺陷。这是后真相专家比拙劣的官方宣传技高一筹的地方。官方宣传经常把失败表彰为成功，灾难表述为成就，死了人搞庆功，丧事当喜事办，一般人可以用常识判断，不会蠢到相信这种鬼话的程度。希特勒说过，撒谎就要撒大谎，这样一般人才无法用日常经验和常识去验证它。后真相专家特别擅长于撒这种无法用经验证据去验证的弥天大谎。"制度优越""东升西降"就是这样的谎言，2017 年清华大学的胡鞍钢教授就宣称，中国大国崛起，经济实力，科技实力，综合国力已经超过了美国，居世界第一。在后真相社会里，真相既没有客观标准，也没有普遍意义。普通人根本没有能力去验证胡教授断言的真假，只是因为听着舒服，爱听，就能信以为真。

夸耀"历史悠久""四大发明""地大物博"，或者吹嘘"制度优越""东升西降""中国第一"，利用的是一般人都有的"光环效应"（halo effect）偏见。"光环效应"指的是人们倾向于根据单一的积极特征或特性来判断一个人的整体性格。当某人吹嘘自己的成就或积极品质时，可能会产生积极的光环效应，导致其他人认为这个人一般来说是有能力的，值得信赖的。吹嘘制度或政府也是一样。而且，社会因素也可能是人们相信吹牛和夸口的原因。在中国文化或社会群体中，吹牛可能被视为自信的标志，"制度自信""文化自信""传统自信"，以为自信就能自动得到别人重视和尊重。因此许多中国人特别容易相信吹牛，并被吹牛所打动。在人们没有办法核实或衡量专家们的吹嘘时，他们就更容易相信他们的鬼话。

后真相专家的第四个招数是云山雾罩、大话炎炎、江湖骗子式的"胡咧咧""胡说八道"。普林斯顿大学哲学教授哈利·法兰克福（Harry Frankfurt）写过一本很有影响的小书，叫《论屁话》（On Bullshit），说的就是这种"胡咧咧"的屁话。

法兰克福教授在这本书里指出，就影响效力而言，屁话远比说谎更有害于社会，是"真实"的更大敌人。为什么这么说呢？胡说八道者往往比说谎者更危险，因为说谎者至少认识到了真相并试图掩盖它，而胡说八道者对真相完全无动于衷，只是试图通过他们的言论或文字产生影响。因此，法兰克福建议，我们应该对胡说八道者更加警惕，因为他们的言论可能比谎言更加阴险和有害。

说屁话的人本来就不指望别人会相信，而只是为了讨好、谄媚、输诚献忠。屁话经常是一种夸张、肉麻的马屁，对真实的态度极为轻佻，如同儿戏[15]。后真相社会是一个充斥马屁、吹捧、谄媚和胡说八道的屁话社会。举一个屁话或胡咧咧的例子，《人民日报》上有一篇署名"仲音"的文章宣称，中国抗疫的"重大决定性胜利"，是"人类文明史上的奇迹"。如果说"重大决定性胜利"是一句谎话或吹嘘，那么"人类文明史上的奇迹"就是一句屁话。

屁话利用的经常是普通人"确认偏见"（confirmation bias）的认知缺陷，人们倾向于寻找和解释信息，以证实他们预先存在的信念和态度。当他们遇到屁话时，如果它与他们现有的信念或观点一致，他们可能更容易接受它为真实。民族主义的夜郎自大、井底观天造成了许多人的这种"确认偏见"，听到"奇迹"这样的自卖自夸就骄傲得飘了起来。这种认知缺陷还会通过"真相幻觉效应"（the illusion of truth effect）得到强化。心理学上的"真相幻觉效应"指的是，人们更有可能相信他们以前听过的信息，即使这些信息是以虚假或不正确的方式呈现。这意味着，如果有人反复听到一种屁话，只是因为他们对它更熟悉，他们就更有可能相信它是真的。"小米加步枪""上甘岭""亩产万斤粮""赶英超美""文化大革命""战天斗地""全面脱贫"，一个又一个的"奇迹"就是这样一个被重复了无数次的屁话。

当今中国后真相专家所倡导的民族特殊论包含着一种走火入魔、荒诞无稽的民族优越情感，这使得一些人文专家的文化民族主义极度膨胀，炮制出各种荒唐的文化和文明理论，例如，有历史学者提出，西方文明传统的那一套全是宣传和谎言。希腊经典著作，包括荷马史诗、柏拉图和亚里士多德的作品都是文艺复兴前夕伪造出来的，是西方人为了宣扬西方文明高人一等而伪造的。还有教授提出，从历史来看，不仅英国的语言文字，可以说法文，德文，西方的六大语言都是起源于中国，起源于大湘西。

当今中国后真相专家的第五个招数是改变世界现代文明的游戏规则，这往往是他们在与人类普遍价值、普遍人权和民主法治观念交锋失败后的被动防御策略，因为理屈词穷、黔驴技尽、恼羞成怒，就自己另起炉灶。他们利用的就是在认知和道德问题上的诡辩伎俩和双重标准的相对主义。谁缺乏批判性思维的能力，谁就很容易落入他们的圈套。

美国社会学家史蒂夫·富勒（Steve Fuller）说过，在公开辩论中，"你不仅要通过遵守规则来赢得比赛，还要控制规则是什么。狮子试图通过保持现有的规则来取胜，而狐狸则试图通过改变规则。在真理游戏中，狮子的观点被认为是理所当然的。无需多想：对手根据商定的规则相互较量，这种最初的协议确定了对手的性质和某一时刻的游戏状态。在这里，狐狸是潜在的不满意的失败者。在真相之后的游戏中，目的是在充分了解游戏规则可能改变的情况下击败你的对手。在这种情况下，你的对手的性质可能会发生变化，从而使你的优势翻转到对手身上。在这里，狐狸们总是在为翻盘而游戏"[16]。

后真相专家特别擅长这种游戏规则上的翻盘伎俩，人家批评中国的专制和不民主，他们就说这是中国特色的全过程民主，人家批评中国的权贵政治，他们就说这是中国特色的社会主义，人家批评压制人权，他们说中国人的穿衣、吃饭才是真正的人权。不管政府的政策多么荒唐、不合理、短视、劳民伤财、低能无效、民怨沸腾，他们都能提供专业和理论的支持，或辩解，或洗地，保证上意下达，决不悖逆上意。复旦大学教授张维为就是这类活跃人物的一个，他为失败的中国清零政策百般辩护，他在〈对"精神美国人"说 NO〉的文章里宣称，"今天生活在中国，免于感染新冠肺炎或者免于死于新冠肺炎的安全感，至少是美国的五百倍。"他还在抖音上发表了相似评论，称"中国抗疫模式取得成功，进一步增强了制度自信心"。

在所有这五大招数中，最根本的是"翻盘游戏"，也就是鼓吹和宣传专制独裁的"制度优越"和"制度创新"。以此为基础的各种"中国特色"或"社会主义特色"的假货——市场经济、民主、法治、公民权利——就像今天拼多多的假货一样，是因为迎合了许多顾客贪便宜的心理，才能卖得出去，与货色的真假已经没有什么关系。拼多多本身就是一种后真相时代的销售现象。

其实，专家行骗的诀窍不在于制造假象，而在于诱导上当。虚假和谎言已经成为当今中国的顽疾。而它的症结不仅在于骗子专业和骗子众多，而且更在于心甘情愿被欺骗的人们大量存在。这也是为什么专家骗子不需要多高明的骗术，就能翻云覆雨，招摇过市。希伯来谚语说，与其抱怨黑暗，不如点起一支明烛。我们不能改变专家的厚颜无耻、大话炎炎、胡说八道，但我们可以改变自己的轻信易骗、偏见固执、心理脆弱。骗子的成功并不是因为骗术的强大，而是因为我们自己有可供骗子利用的认知偏误、情绪误区和人性弱点。抵御专家或任何其他骗子，摆脱后真相时代的困扰，还要从我们每个人的批判性思维启蒙开始。

应该看到，后真相专家虽然被许多人鄙视和嘲弄，但他们提出许多似是而非的理论和观点在短时间内仍然可以起到愚民、欺骗、宣传、洗地和辩解的作用，但败露也是不可避免的。公众一旦发现自己一而再，再而三地上当受骗，当然就会对专家发出嘲笑和咒骂，连累波及整个知识群体，专家被叫作"砖家"，教授被称为"叫兽"。叫着也许很解气，但并不能应对一个紧迫的问题：后真相时代专家该怎么办？

四、"这个国家的人们已经受够了专家"

2016 年，随着英国脱欧公投的留欧和脱欧运动在 6 月的头几天聚集起来，辩论愈演愈烈，对选民的呼吁变得更加激烈，每天都有新的分析出现。言论也发生了更加个人情绪化的转变。一种更多基于个性和情绪、更少基于事实的政治似乎占了上风。英国议会议员迈克尔·戈夫（Michael Gove）随后说出了一句现在很有名的话："这个国家的人们已经受够了专家"。用事后的眼光来看，这句话无意间宣告了一个"后真相"时代的来临。这是一句"气话"，就像受到男人欺负的女人会脱口而出"男人没有一个是好东西"或者用"臭老九"来谩骂所有的知识分子。很显然，戈夫议员厌烦的其实是那些舌灿莲花，功利主义，以激情代替理性的后真相专家，而不可能是所有的专家。

不分青红皂白地把专家叫作"砖家"，把教授称为"叫兽"，或者把所有的公共知识分子都骂成"臭公知"。这种情绪化的断言方式，本身就是一种后真相现象。事实真相是，专家和教授群中并不都是同一种人。专家、教授中确实有胡说八道的，有的"论断"甚至荒唐到令人瞠目结舌的程度，网上有不少专家、教授的"雷人雷语"就这样成为用来嘲笑和调侃"砖家"和"叫兽"的笑料。这样的"后真相专家"确实可以称得上是厚颜无耻，因为他们对自己的荒唐言论完全没有羞耻和丢脸的感觉。

对不实的专家信息，或者任何不实的权威信息，需要区分"错误信息"和"虚假信息"。错误信息（misinformation）是指信息话语里无意中使用了不实或误导性的信息。谁都免不了会犯知识和信息有误的错误。虚假信息（disinformation）指的是，假信息是有目的、有意识的骗人伎俩，为宣传和洗脑的目而诱人上当受骗。错误信息和虚假信息之间其实并无绝对的区别，要看信息接受者对信息提供者有没有信任，有信任便会有原谅，原谅本无恶意的错误信息。相反，如果没有信任，没有原谅，错误信息也会被当成故意欺骗和蓄意误导的虚假信息。

宣传信息还有一个替谁宣传的问题，替自己宣传和替权力宣传显然是不同的，前者是出于信念，不管是福是祸，都会坚持原则。后者是出于媚权，看权力的眼色行事，风向决定它的言论。因此，宣传不只关乎信息对错（可对可错），而且关乎人品的高下（正人君子和奸佞小人）。网上有一篇流传甚广的《纽约时报》文章〈XXX强硬政策背后的智囊团〉，作者是纽约时报首席中国记者储百亮（Chris Buckley）。文章列举过去几十年间的许多"左派"专家人物及其过往的"事实"，试图证明"智囊"影响了当局的民族主义狂妄自大倾向。文章看上去说的是"事实"，其实说的是"半真相"（希伯来成语：半真相就是全谎言），因为它把因果关系搞反了。赵构杀岳飞，是被秦桧误导，还是利用秦桧。杀岳飞不符合赵构的利益，赵构还会杀岳飞吗？赵构不想杀岳飞，秦桧还会冒着忤逆上意的危险坚持杀岳飞吗？谁主导谁，这是个问题。最有害的是，文章不仅夸大了专家对权力当局的宣传能量（"影响力"），而且还严重拔高了专家智囊的敢言人格，好像他们是一些会冒死进言的仁人志士似的。事实证明，这些都不过是在每个不同时代都会逢迎上意，随风摇摆的墙头草。他们遭到鄙视，主要是因为低下的人品，而不是不实的学问。

在一般情况下，撒谎其实就是在赌，赌对方的智商不够，听不出漏洞；赌对方的情感够深，即使失真也可以原谅。撒谎的人比听的人聪明，听的人傻，是因为民智未开，所以才容易上当受骗。后真相时代已经今非昔比，撒谎的人不见得聪明，听的人也不见得傻，智愚关系已经发生了变化，变得扑朔迷离，模糊不清。一般人听多了谎言，也见识过了一些真相，不会真的相信谎言。民智已开，但装作相信谎言，那是没有办法。因此便有了后真相时代最可笑的事情：听的人已经知道了真相，而撒谎的人还在继续撒谎。这往往是政治谎言。但专业谎言就不同了，公众并不怕专家，所以不需要跟专家玩这种假面游戏，管你错误信息还是虚假信息，一发现就怼你，喷你。要不是脸厚、逐利之徒，谁肯去扮演这样的后真相专家？

在今天的后真相社会里，信任和责任感都在削弱，由于信任的削弱，许多人都习惯于朝坏的方向去猜度专家的错误知识，专家们因此必须在提出看法或建议时加倍小心谨慎，不是自己专业知识范围内或了解不够的议题尽量多听少说。如果要发表意见，那就一定要有充分的证据。专家、学者虽然群体名声不佳，但个人重视自己的职业和道德操守，谨言慎行，维护良好的个人形象，争取公众的信任，还是完全做得到的。这也是知识者的责任，越是公众信任削弱，专家就越是要加强自己的责任感。这样才能把这二者的失衡尽量纠正过来。这也是重建社会对专家信任的唯一办法。

现代社会的整体知识和技能大厦是由于分工才得以坚固耸立的，从建筑到机器操作到医疗，从法律到教育到人文研究，我们无不需要依靠他人的专业和知识特长。只要我们信任他人的专门知识、技能和意图，只要每个人负起自己的专业责任，这个大厦的系统就能发挥作用。对这个系统来说，真相比虚假，信任比多疑是更节省成本、内耗更低的沟通和运作方式。

对于政策制定来说，专家的作用是不言而喻的，专家能为政策提供知识证据。政策应该以人民的福祉为第一优先，但专家的知识证据并不能自动保证他们总是站在人民这一边。专家能否做到这一点，决定了他们会问什么样的问题，需要做什么样的研究或分析，可以考虑什么样的政策选择，以及如何评估这些政策。对于紧迫的政策问题，没有单一和简单的答案。同样地，也没有单一的证据来源。证据可以有多种形式，也可以有多种不同的解释方式。专业研究者的工作是收集尽可能多的证据，了解证据在不同政策背景下的含义，并为政策制定者提供客观和独立的分析。这些也许是一个比较理想的社会环境可以对专家提出的要求，如果不具备这样的社会环境，人们抱怨专家的功利、软弱、服从和媚权，那么，他们"受够了"的就不只是撒谎欺骗的专家，而且还有他们背后那个靠谎言支撑的体制了。

注释：

1   Ralph Keyes, *The Post-Truth Era: Dishonesty and Deception in Contemporary Life.* New York: St. Martin's Press, 2004.

2   Eric Alterman, *When Presidents Lie: A History of Official Deception and Its Consequences.* New York: Viking, 2004. p. 305.

3   Philip Taylor, *Munitions of the Mind: A History of Propaganda from the Ancient World to the Present Day.* Manchester: Manchester University Press, 2003.

4   Jayson Harsin, "Regimes of Posttruth, Postpolitics, and Attention Economies", *Communication, Culture and Critique*, 8:2, 2015，p. 331.

5   Bruce McComiskey, *Post-truth Rhetoric and Composition.* Colorado: Utah State University Press, 2017, p. 8.

6   Philip Taylor, *Munitions of the Mind: A History of Propaganda from the Ancient World to the Present Day.* Manchester: Manchester University Press, 2003, p. 3.

7   Ibid., p. 2.

8   汉娜·阿伦特：《极权主义的起源》，林骧华译，三联书店，2008 年，页 440-441。

9   Jacques Ellul, *Propaganda: The Formation of Men's Attitudes.* New York: Alfred A. Knopf, 1965. 下一段括弧中直接标明的页码皆来自此书。关于此书的详细介绍和分析见本文作者徐贲《二十世纪的宣传》，《统治与教育：从国民到公民》，牛津大学出版社（香港），2012 年.

10 Mark Poster, *The Second Media Age.* Cambridge: Polity Press, 1995, p. 17.

11 Jurgen Habermas, *The Theory of Communicative Action*, London: Beacon Press, 1984, p. 372.

12 Brian McNair, *Cultural Chaos. Journalism and Power in a Globalized World*, London: Routledge, 2006, p. 9.

13 Zigmund Bauman, *Postmodernity and Its Discontents.* Cambridge: Polity Press, 1997. Krishan Kumar, *From Post-industrial to Post-modern Society.* Oxford: Blackwell, 2005.

14 王伟：〈互联网背景下的吐槽文化研究〉，中国民俗学网 发布日期：2017-09-06 。

15 Jeremiah Joven Joaquin, "Truth, Lies, and Bullshit." *Think*, Volume 17, Issue 50, Autumn 2018, pp. 75 – 83.

16 Steve Fuller, *Post Truth: Knowledge as a Power Game.* London: Anthem Press, 2018, pp. 3, 182.

1949 年以后中小学教科书
洗脑内容、方式与功能简析

郝志东

社会进步的过程，正是人们抵制洗脑的过程。《纽约时报》的一篇文章报道说，英国教育界的人士正在全国动员人们起来抵制一个网红对青少年所进行的大男子主义的洗脑（比如女人应该待在家里，为男人服务等等）[1]。美国也在抵制川普对选民的洗脑（比如认为美国选举制度作弊成风，民主制度正在走向衰败，需要他来救赎等等）。如果说在开放的民主社会里尚有类似的洗脑现象需要认真对待，那么在封闭的专制社会里，类似的洗脑意识形态就更为常见，涉及的问题也更为严重，尤其是在历史问题上的洗脑[2]。

当然，如下所述，我们所讨论的洗脑比上述的例子要更严重，是通常所定义的严格意义上的洗脑。但是，无论如何，洗脑与反洗脑的争斗，正是控制与反控制的争斗。而这个争斗的胜败，决定了一个国家往何处去，当然也决定了中国的未来是走向民主还是继续在专制的道路上"艰辛探索"。正如奥威尔所说，"谁控制了过去，就控制了未来；谁控制了现在，就控制了过去"[3]。那么在中国是谁控制了现在，从而控制了过去，甚至可能是未来呢？他们是如何控制的呢？效果如何呢？本文要讨论的正是这个问题的一个方面，即中共 1949年建政以来是如何通过中小学教科书来洗脑的以及洗脑的相对成功与后果。

本文的结构以及论点如下：1）简单介绍洗脑的定义（需要有强制性、欺骗性，并以洗脑者的利益为依归）、洗脑的机制，以及洗脑的成功及其后果；2）中共建政以后直到现在，之所以要洗脑，是为了树立政权的合法性，即中共一党专政的合法性；3）中小学教科书洗脑的内容和措施包括教育青少年拥俄反美、教育他们对中共领袖的个人崇拜、对共产党及其领导的社会主义道路的忠诚、对英雄人物的崇拜、革命传统的教育以及教学方法的灵活性（比如强制性和欺骗性）等等；4）洗脑的后果：一代一代的人在接受了洗脑之后，的确很多人会变成现行体制的拥护者，使得中国的政治与社会的进步困难重重，使中国在世界上越来越孤立，朋友越来越少，甚至会变成一个人们所担心的世界和平的颠覆力量，而不是像中共自己所宣传的那样一个"负责任"的大国；5）结论。

一、洗脑的定义及其功能

首先，关于洗脑的定义。自从 Edward Hunter 在 1951 年发表了《红色中国的洗脑》一书之后[4]，关于洗脑问题的研究就经久不衰。正如 Kathleen Taylor 2017 年新版的《洗脑：思想控制的科学》一书所指出的，关于洗脑的现象，也从中国、朝鲜和苏联的政治与思想控制，扩展到了指涉任何试图影响人们思维方式的各种行为和方式，比如媒体、教育、宗教所使用的方法，甚至是精神疾病治疗的相关方法等。不过她和另外一个对洗脑很有研究的 Robert Lifton 等人认为这个名词有点被滥用[5]。

其实，洗脑应该有强制性、欺骗性并以洗脑者的利益为依归才能被称为洗脑。强制性指被洗脑者处在一个被隔离的、需要依赖别人的状态。被洗脑者需要对洗脑者表示忠诚，对洗脑者的敌人要有足够的蔑视和仇恨。这样他们就能获取一定的社会地位与福利，否则他们会承担非常严重的后果[6]。关于洗脑的欺骗性，徐贲总结得很好："欺骗型洗脑的特点就是限制人民自由获取知识的机会和管道，在一言堂的环境中反复、持续地使用同一种意识形态化的语言，让人们的一些大脑神经元之间形成滑润的通道，根本不用思考，就会自动地有某些想法。"[7]

　　用 Lifton 的话来说，被洗脑者必须按照洗脑者的话去做，否则会有不良后果(coercion)。这正是我们上面所讲的强制性。但是他的下面的三个观点，则应该是在说洗脑的欺骗性。也即照我的话去做，你才能变成一个更好的人(exhortation)。你就可以变成一个健康的、免去苦难的人(therapy)。你就可以释放你全部的潜力(realization)[8]，成为一个对社会有用的人。其实这或许正是教育要做的事情，我们只是需要知道洗脑者要被洗脑者做什么样的事情，这个目的是如何达到的。这正是我们这篇文章想探讨的问题。

　　除了强制性和欺骗性以外，还应该看洗脑对谁有利。用陈嘉映的话来说，"洗脑就是为了自己的利益去强制灌输一套虚假的观念。这个定义里面有三个关键词，一个就是强制灌输，一个就是虚假，最后一个就是为了洗脑者本人的利益，这三个因素贯穿在一起构成洗脑"[9]。这里说的虚假性，也是我们前面所说的欺骗性。但是他提到了洗脑者的利益，也是一个重要的方面。也就是说，洗脑是为了洗脑者本人的利益。我们下一部分所说的为什么要洗脑，就是在说洗脑对巩固政权有好处，是当权者的利益所在。

　　其次，洗脑的机制是多元的，包括家庭、媒体、宗教、政治组织、教育以及刑事司法系统。也即马克思主义哲学家阿尔都赛（Louis Althusser）所说的国家的意识形态机制。国家通过这个机制，使用有强制性和欺骗性的手段，在青少年当中灌输这个国家的统治者的意识形态或者说是思维方式[10]。而本文则只讨论国家在中小学教科书中是如何洗脑的。我们在讨论教育，但只是讨论教育中的一个方面。实际上，老师们如何教，也是决定这些教材能否起到洗脑作用的一个重要因素。这是本文还没有能够研究到的问题。

再次，洗脑不一定是要把原来在脑子里的东西洗掉，换上新东西，就像思想改造那样。洗脑也可以是向青少年灌输某种东西，同时屏蔽掉另外一些东西，正如我们这篇文章要讨论的那样。

最后，洗脑可以是非常成功的，后果会是非常严重的。今天的中国经过 40 多年的改革开放之后，在政治、经济和社会制度上似乎又要回到毛时代。在国际关系问题上，中国和欧美和东亚发达的民主国家渐行渐远。中国 2012 年在中东欧建立的所谓 16+1（后来由于希腊的加入变为 17+1）外交和经济联盟，由于各种原因也面临瓦解的危险：立陶宛在 2021 年、爱沙尼亚和拉脱维亚在 2022 年相继脱离该联盟，捷克也很可能会尽快脱离。主要原因之一是他们不满中国在俄国侵略乌克兰问题上的暧昧立场。他们发现中国和自己缺乏共同的战略目标，缺乏共同的价值观[11]。

很多人把今天中国的倒退归咎于这一代领导人所受的教育和他们的经历。的确，他们都是"生在新中国，长在红旗下"的一代人，他们在中小学所受的教育正是中共建政以后的洗脑教育，而十年文革也是他们最为重要的经历。这些都无疑在他们的决策中起着极为关键的、潜移默化的作用。

当然我们也可以说他们也曾经历过文革后的改革开放，按说应该和文革前的 17 年教育和文革思维有所切割了。但是这也是我们要强调的洗脑的成功，使得这种切割变得非常困难。一个很好的例子是最近刚去世的犹太人 Solomon Perel 的故事[12]。他在十几岁时在逃亡路上被纳粹兵抓去，后者问他是不是犹太人。他说不是，自己是德国裔人，自己的名字是 Josef Perel。于是他为了能活下去，改了名字，加入了"希特勒青年团"，积极参加了该组织的活动，接受了该组织的洗脑，尽管他在心里还认为自己是犹太人。战争结束之后，他回归了犹太人的身份，移民到以色列，参加了以色列建国的战争，后来又变成了一个成功的企业家。但是他发现在思想深处纳粹教育还在起作用。比如他在读到关于犹太人在美国政治、经济、文化上的影响时，就会觉得纳粹将一切问题都归咎于犹太人的纳粹宣传是有道理的。他认为自己在身份上有精神分裂的问题，他无法摆脱纳粹教育的影响，并为之感到苦恼。这个苦恼伴随了他的一生。这正是纳粹洗脑的成功。这正如"脱北"者逃离北朝鲜多年之后都仍然无法相信朝鲜战争是北朝鲜挑起的一样[13]。

正如我们在后面会讨论到的，1949 年后至今中共的洗脑教育也是非常成功的。尽管有了 40 多年改革开放的经历，中小学教育的基调并没有太大的变化，多数人没有机会，不敢、不愿意或者无法接受不同的教育。于是一代一代人中的很多人，包括一些已经到了西方的留学生们，都会认可洗脑教育告诉他们的一切，并自觉抵制和自己所受教育不同的看法，从而使得中共的统治可以持续下去，尽管这种统治是专制的、不尊重人权的，是违背现代世界的潮流的，是会有严重的负面政治、经济和社会后果的。

二、为什么要洗脑：为了洗脑者的利益

我们在上面提到了洗脑的利益问题。利用教科书洗脑，当然是因为对当权者有好处。1949 年以后建立的国家，是中国共产党所领导的社会主义国家。所以教育要为党服务，要为党领导下的国家的社会主义政策服务，而这一点则主要体现在教科书上面。

方成智指出，"任何一个国家欲建立和巩固自己的政权，不仅要依靠国家机器镇压各种反抗和扫除各种障碍，更重要的是要依赖各种宣传舆论工具和学校教育在思想上向全体国民灌输新的意识形态和政治认同感。而教科书是学校教育中最基本、最重要的知识载体，又承载着国家的主流价值观，它包含了极为丰富的历史的、社会的和现实的内容。因此，教科书被视为培养社会认同感的主要工具"[14]。

1949 年中共建政以后，毛泽东就提出"政治工作的基本任务是向农民群众不断地灌输社会主义思想，批判资本主义倾向"[15]。这其

实是向各个阶层的人们都要灌输的东西，包括中小学生。1949 年 10 月中宣部长陆定一指示，"教科书要由国家办，因为必须如此，教科书的内容才能符合国家政策……"[16] 这个时期强调的是"国家认同、政治认同、社会化认同、文化认同。"[17] 当然，这个认同，就是说教科书的内容需要向中共认同，向中共的政策认同。

这一点 70 多年来都没有变化。在 1958 年的大跃进时期，国家的教育宗旨是为无产阶级政治服务，与生产劳动相结合。"叶圣陶指出教科书的编辑要贯彻党的总路线的精神，教科书内容要贯彻多快好省的精神，编写时要结合生产、结合政治，从而提升人民的政治觉悟和文化科学水平。"[18] 无产阶级的政治就是党的政治，教育为党的政治服务仍然是不变的原则。

文革开始时的 1966 年，国家又进一步提出"要把那些违背毛泽东思想，严重脱离阶级斗争、生产斗争和科学实验三大革命运动，宣扬剥削阶级世界观的一切旧教材统统埋葬。"[19] 也就是说，革命相较于之前的十七年，还要进一步地彻底。

文革后的 1977 年，邓小平强调"教材要反映出现代科学文化的先进水平，同时要符合我国的实际情况"[20]。阶级斗争不再是教育的重点。但是 1978 年教育部又规定在小学四、五年级开设政治课，对学生"进行马列主义、毛泽东思想基本观点的教育，小学四五年级主要进行初步的共产主义思想教育和必要的政治常识教育"[21]。不过在 1989 年的民主运动之后，邓小平认为教育还是失败的。他说"十年最大的失误在教育，这里我主要是讲思想政治教育，不单纯是对学校、青年学生，是泛指对人民的教育"。邓小平"特别强调要将青少年作为灌输对象，将共产主义作为灌输内容"，"要特别教育我们的下一代下两代，一定要树立共产主义的远大理想"[22]。换句话说，教育还是要强调政治，尽管这个政治不是阶级斗争，而是他所谓的四项基本原则：共产党的领导、人民民主专政（实际是共产党的专制）、马克思列宁主义毛泽东思想、社会主义道路。这仍然是党的政治，只是内容稍有改变而已。这种教育也需要从娃娃抓起，才能保证红色江山代代传。

从江泽民、胡锦涛到习近平，这些原则基本没有变，只是更加坚持而已。江泽民强调"思想政治教育的指导思想是'坚持和巩固马克思主义在我国意识形态领域的指导地位'"。这是社会稳定的基础。胡锦涛强调要帮助学生建立在马克思主义基础上的正确的价值观念和价值取向。习近平也强调马克思主义是"全党全国人们团结奋斗的共同思想基础"，而青年群体、领导干部和党员队伍则是意识形态灌输的重点对象[23]。

为了对抗 1989 年民主运动的影响，江泽民特别还加强了爱国主义教育。1991 年他提出要"使小学生中学生大学生认识人民政权来之不易，提高民族自尊心自信心""防止崇洋媚外思想的抬头"。1992年的初中历史教学大纲要求"着重揭露资本主义和帝国主义的侵略本质和掠夺罪行"，突出体现中国人的反侵略斗争，宣传"社会主义时代的优越性"[24]。

2012 年习近平上台以后强调"核心教材传授什么内容、倡导什么价值，体现国家意志"[25]。在习近平时代，意识形态和党的领导被强调到了一个更高的层次。意识形态也包括了中国文化，党的领导也包括了对领袖的崇拜。2019 年教育部教材局负责人就普通高中的思想政治、语文、历史三科教材统编工作答记者问时说，"三科教材编写始终坚持马克思主义指导地位，贯彻落实习近平新时代中国特色社会主义思想，有机融入社会主义核心价值观，体现马克思主义中国化最新成果，引导学生爱党爱国爱社会主义，坚定'四个自信'"[26]。思想政治、语文、历史三科教材尤其重要，因为它们的"意识形态属性强，是国家意志和社会主义核心价值观的集中体现，具有特殊重要的育人作用"[27]。

这里既有了马克思主义，也有了社会主义；有了党，还有习近平。上述负责人还强调，"历史教材呈现中国人民 170 多年斗争史和中国共产党 90 多年奋斗史……揭示了中国共产党的领导和社会主义道路是历史的选择、人民的选择，引导学生认同走中国特色社会主义道路是历史的必然"[28]。这也是所谓的四个自信：中国特色社会主义道路自信、（马克思主义）理论自信、（一党专政的）制度自信、文化自信（这个文化，既有党的文化，也有中国的传统文化）。

爱国即是爱党与党领导的社会主义国家、以中国优秀传统文化为特点的国家。正如教育部关于印发普通高中课程方案和语文等学科课程标准（2017 年版，2020 年修订）的通知里所说，中国教科书的思想性是指"坚持辩证唯物主义和历史唯物主义，加强中国特色社会主义教育，充分反映习近平新时代中国特色社会主义思想，全面落实社会主义核心价值观的基本内容和要求，提升道德修养，有机融入中华优秀传统文化、革命文化、社会主义先进文化、法治意识、国家安全、民族团结和生态文明等教育，充分体现中国特色"[29]。由此可见，中国文化、党的文化、社会主义文化被有机结合起来。而所谓国家安全，即是执政党的安全。于是爱国和爱党也被有机地结合了起来，并且需要强制性的手段来保证人们能够爱国爱党，至少从表面上要看起来是这样。

上面我们所讨论的其实是一个洗脑的利益归属性问题，即洗脑对谁有好处。我们可以看到洗脑显然是对执政党有好处，一切都以执政党的利益为依归。这也将我们引入下一个问题，即中小学（甚至大学）的教育具体是如何洗脑的呢？

三、中小学教科书是如何洗脑的：内容与方法及其强制性和欺骗性

其实"一纲一本"，只能灌输一种观点，任何违背这一原则的人和事情都在被惩罚之列，就是强制性。有意地宣传某些事情和观点，刻意回避或者强制删除那些不符合洗脑者所喜欢的事实和观点，就

使得自己所宣传的事实和观点带有欺骗的性质，这就是欺骗性。说得好听一点，就是所谓的"隐性思政教育"理念，"即不能把思想性内容与学科知识简单相加，而是要以春风化雨、润物无声的方式，做到以理服人、以情感人、以文化人。"[30]

和上一部分相同，我们下面的分析基本涵盖中共建政以来的四个阶段：建政初期的 17 年，即 1949 到 1966；文革时期，1966 到 1976；改革开放时期，1977 到 2012；习近平时期，2012 至今。我们会看到这种"隐性思政教育"是如何做到的，强制性和欺骗性是如何相结合的。我们讨论的是洗脑的主要内容和方式，包括拥俄反美、革命传统教育、教育方法的灵活性等等。

拥俄反美：国际上两大阵营的较量

我们在前面提到了中国在俄乌战争中的立场：在全球的大多数国家都在反对俄国侵略乌克兰的时候，中国政府的态度至少是暧昧的，如果说不是基本支持俄国的话。70 多年前中国革命的成功在很大程度上是因为苏俄的人力与财力的帮助。之后中俄关系起起伏伏，但是习近平上台以后两国又成了"铁杆朋友"。在第二次世界大战中，中美是盟友，美国在亚太战场上为抗击日本人就牺牲了十万的美国人[31]。如果没有美国人的参战，中国人的抗日也很难成功。改革开放后中国经济的飞速发展，也与美国的支持无法分开。但是中共建政初期以及在习近平上台以后美国又变成了中国的头号敌人。中俄、中美关系似乎都在向毛泽东时代回顾。下面我们具体看一下中小学教科书在拥俄反美问题上的作用。

1949 年 12 月，教育部召开了第一次全国教育工作会议，马叙伦部长提出改造旧教育，即"提高人民的文化水平，培养国家的建设人才，肃清封建的、买办的、法西斯主义的思想，发展为人民服务的思想"。具体办法就是以俄为师，以苏联的教育经验为榜样，包括"教学大纲、教材、课题教学过程、具体的教学方法、教学应遵循的基本原则、课内外的教学活动等等。"[32]

比如在世界史的教学内容方面，中共建政后的第一个小学世界史课程暂行标准指明"世界史重点在说明以苏联为首的和平阵营日益强大，以美帝国主义为首的侵略阵营必然灭亡，殖民地被压迫民族解放运动必然成功"[33]。Hunter 提到一本高中教科书说以美帝国主义为首的反民主阵营外强中干，正在走向死亡。而以苏联为首的反帝国主义、民主阵营则日益强大。但是与此同时又说美国正走在法西斯的道路上，对世界造成了威胁，不过它还是纸老虎[34]。

建政初期的中小学语文教科书不仅提到苏联的时候多于提到美国，而且前者全是正面的描述，后者则是负面的描述。比如苏联制度的优越性、列宁斯大林的平易近人、科学水平比美国高等等。而提到美国时则是资本家剥削工人，失业率高，贫富悬殊巨大，种族歧视严重等等。苏联则没有人剥削人的情况，是幸福的人间天堂[35]。

《初级中学语文课本》第四册第十八课〈苏联的一分钟和美国的一分钟〉说"美国平均一分钟有六个工人失业，或只能做一部分时间的工作。可是在苏联，平均每一分钟有四个男女青年从中学、技术学校、高等学校毕业，开始在工厂或办公室里工作。美国平均每四十四秒钟发生一件窃案，每六分或七分钟发生一件盗案，每四十分钟发生一起拦路打劫案"[36]。孰好孰坏似乎一眼就能看得分明。

北京大学西语系教授冯至赴东欧访问回国后，写了《东欧杂记》一书，其中数篇文章被选入中学语文教材。其中一篇文章〈马铃薯甲虫与蜜橘〉陈述苏联削减东德应付的战后补偿费 50%，但是美国却为了破坏东德的农业生产，派飞机洒下大量甲虫来吃马铃薯。美国人还居心不良地在东西柏林边界上抛洒无数德国难得一见的美国蜜橘，希望拍摄青年男女争先恐后抢食蜜橘的画面。全文引用了很多类似"一小撮帝国主义者豢养的……""阴险的面目""狰狞的面目"等等词汇。课文还要求学生细心揣摩这些讽刺语的深长意味，而且还有这些讽刺语的作业和考试[37]。

余敏玲在她的研究中还讨论了同样收在语文课本里的茅盾的〈剥落"蒙面强盗"的面具〉一文，说文中的"谩骂、痛批与偏执，同样令人吃惊"。"在茅盾眼里，美帝国主义等于六十个资本家家族的总和，也等同于希特勒的'孝子贤孙'。这些资本家像吸血鬼般地残酷剥削工农和黑人，纽约市每五个人就有一个失业；他们像一群贪婪的狼，为了争夺金钱而互相咬噬……"。美国文明其实就是拜金主义、酥胸玉腿、可口可乐、尼龙袜子、玻璃奶罩、蒙面强盗、冒险家等等物质和人物堆砌而来的。美国要的和平其实就是战争，民主是个面具，是用来欺骗人民的[38]。

Hunter 在他的书里也描述了一个学校的老师和学生要学习为什么中国革命是以苏联为首的世界革命的一部分，美国则是所有错误与罪恶的来源。中国人民一定要和苏联站在一起[39]。共产主义者在美国身上找不到一点好处，美国人做任何事情都心怀叵测。在某一位马克思主义历史学家的眼里，任何美国人对中国的友好与合作的举动，都被扭曲抹黑，而且不需要任何事实来证明，只要说一句"大家都知道"，就可以了。一个绘画本上描述醉醺醺的、不修边幅的美国士兵随意殴打中国人、强奸中国妇女[40]。反正美国没有一个好人。

1950 年代的算术课本也对比美苏的科学技术，表明美国如何落后于苏联。"高校算术就出现如下的应用题：苏联发射第三颗人造卫星重 1,327 公斤，美国发生的第三颗重量只有 14.29 公斤，苏联的人造卫星比美国重多少公斤？"[41] 1958 年的初中语文课本里还有一篇由中国科学院国际关系研究所所长孟用潜所写的文章，第一句话就是"我们小麦总产量已经超过了美国"，尽管中国是在干旱条件下生产的小麦的数量，而美国则是在理想气候条件下生产出来的小麦数量。作者说"美国在小麦总产量方面既然已经被我国所压倒，今后肯定将永远被我国所压倒"。他说吃了美国对外援助的小麦"常常使人气得肚子发疼。所以美国小麦像瘟疫一样，遭到全世界人民的咒骂"[42]。正如 1960 年初版的高小语文和俄语课本中收入的毛泽东 1957

年在莫斯科的部分讲话课文标题所说的那样，"帝国主义和一切反动派都是纸老虎"[43]。

1950 年代后期和 1960 年代早期，中苏因为对斯大林的评价等等问题交恶，中小学教科书中涉及苏联的篇幅急剧下降[44]。一直到戈尔巴乔夫 1989 年访华之后，中苏关系才得到缓和，之后苏联解体，变成了反面教材，于是苏联在教科书中的篇幅一直没有能够跟上中共建政初期的步伐。

1966-1976 年间文革时期的语文教材涉及苏联的，就基本是批判性质的了。比如北京市教育局革命领导小组中小学教材编写组编写的北京市中学试用课本《语文》第三册，涉及批判苏联的文章有三篇：〈珍宝岛从来就是中国的领土〉〈"国际专政论"是社会帝国主义的强盗"理论"〉〈伟大祖国的壮丽山河，决不容许苏修侵犯！〉还有一篇是列宁的〈欧仁·鲍狄埃〉[45]，这是表明中共才是真正继承了列宁的遗志，是当代共产主义革命的正统。

有趣的是这本书里并没有批判美国的文章，或许还没有顾得上？

改革开放时期的一个语文教学大纲规定作为"基本课文"的九篇现代诗歌，其中涉及苏联的只有两首：高尔基的〈海燕〉和艾青的〈给乌兰诺娃〉。其他为郭沫若的〈天上的街市〉、臧克家的〈有的人〉、贺敬之的〈回延安〉、公刘的〈致黄浦江〉和柯岩的〈周总理，你在哪里〉[46]。而且那两篇诗歌即使和苏联有关，也和苏联政治没有大的关系。

该大纲规定的 13 篇现代小说基本课文，五个外国作家中只有一个是苏联作家：奥斯特洛夫斯基（《钢铁是怎样炼成的》作者），另外契科夫是苏联前的俄国作家。其他三位是都德、莫泊桑和马克·吐温。中国作家包括鲁迅、老舍、赵树理、周立波、王愿坚和杜鹏程等[47]。

课本里来自美国的作家很少：上面的诗歌与小说的必读作家只

有马克·吐温一人。这或许多少可以看出中共对美国政治和文化的态度。但是中共在主导思想上还是反美的。邓小平在 1989 年之后认为西方国家正在对中国发动着一场没有硝烟的战争，试图挑动国内民众的不满，用资产阶级自由化的思想来腐蚀中国，用和平演变的方式来推翻全世界的共产主义。所以就有了江泽民、胡锦涛、习近平时代的爱国主义教育[48]。

不过总的来说，改革开放时期的教科书除了我们下面要讲的革命传统教育没有太大的变化之外，对苏联和美国或者说西方世界的描述基本还是持平的。即使是习近平时代，也没有像中共建政初期那样强烈的拥俄反美的教育。比如在 2006 年修订的普通高中课程标准实验教科书《历史》（1）（必修）就相对客观地介绍了"美国联邦政府的建立""资本主义政治制度在欧洲大陆的扩展""马克思主义的诞生""俄国十月革命的胜利"等等[49]。

那么从教科书的角度，如何解释现在政府和民间强烈的拥俄反美情绪呢？或许和现在的 70 岁左右的人所受的基础教育是文革前17 年的教育有关。而 40 岁左右的人的拥俄反美则更多的是与他们在改革开放以后，尤其是 1989 年民主运动之后，所受的爱国爱党的教育有关。这个教育是对 1989 年民主运动的反弹。听党话，跟党走，只有中国共产党才能让中国强大起来。如果党说美国亡我之心不死，要和战狼外交那样反美，那咱们就都反美。如果党说俄国是我们盟友，和我们站在同一条反美战线上面，那我们就拥俄。这些正是教科书的功能。这也正是我们下面要讨论的教科书的另一个主题。

革命传统的教育（1）：对领袖的个人崇拜——毛主席是大救星，习总书记是定盘星

革命传统教育可以说有几个方面，包括对领袖的个人崇拜、对共产党的歌颂、对英雄人物的歌颂、对革命事业的肯定等等。Hunter 在

他的书里描述了被访者所说的一个学校的教职员和学生在中共军队进城以后组织他们开会的情况。其中一个特点是在会议结束的时候人们要站起来唱歌曲〈东方红〉。之前他们还学会了唱歌曲〈没有共产党就没有新中国〉[50]。

〈东方红〉的歌词这样说：

东方红，太阳升，中国出了个毛泽东。他为人民谋幸福（呼儿嗨哟）他是人民的大救星。

毛主席，爱人民，他是我们的带路人。为了建设新中国（呼儿嗨哟）领导我们向前进。

共产党，像太阳，照到哪里哪里亮。哪里有了共产党（呼儿嗨哟）哪里人民得解放。

至于歌曲里的"大救星"字眼和《国际歌》中的"从来就没有什么救世主"相矛盾，人们是不能追究的。人们只能相信毛泽东。Hunter的一位被访者说，领导给他们讲话时说只有毛泽东的思想才能重建中国。如果你不同意毛的话，你就是不想让中国变得强大，你就是一个自私的人[51]。这位被访者说有几位老师因为问了一些尴尬的问题第二天就消失了，他再也没有看到他们[52]。这正是我们在前面所说的洗脑的强制性问题。正确的观点只有一个，不容置疑，否则会有后果。

小学课本一开始就教"毛主席爱我们，我们爱他"（译文）[53]。那个时期的一本小学教科书也说："毛主席，像太阳。他比太阳还光亮。照着你，照着我，大家拍手来歌唱"（见图一）。

图一：毛主席像太阳（贾大锦先生收藏教科书之一页）

那时候的一种高小的国语课本，一连三篇讲了几个毛主席如何爱人民，人民又如何爱毛主席的故事。此外还有朱总司令的故事，可见革命传统教育所占比例极大。贾大锦先生收集到了三个不同的版本，讲着同样的故事。第一篇讲毛主席如何将生了急性传染病的孩子用自己的汽车送到医院的故事，第二篇讲一个濒临死亡的伤员在死前终于如愿见到毛主席的故事。这些都是延安时期的故事，真假存疑。第三个故事讲一个工人被邀请去参加罗马尼亚驻中国大使馆的宴会而见到了毛主席的故事。作者是一个工人。显然一个工人那个时候多数情况下是文盲，有文化的人应该已经不是工人了。这个故事的真假也存疑。但是这些故事里面表达的对毛主席的爱，以及毛主席对人民的爱，确实感人。小学生们，即使是初高中的学生也是很容易会相信的。而且谁敢不信呢？这里的强制性和欺骗性是比较清楚的。

对毛的崇拜在文革时达到顶峰，林彪等人推出了毛泽东的所谓四个伟大：即伟大的导师、伟大的领袖、伟大的统帅、伟大的舵手[54]。林彪说"毛主席的话，水平最高，威信最高，威力最大，句句是真理，一句顶一万句"。这些口号成为了当时最流行的话语。前引北京市教育局革命领导小组中小学教材编写组的北京市中学试用课本《语文》第三册开篇就是毛主席诗词二首：〈和柳亚子先生〉与〈到韶山〉。接下来还有〈北京市革命委员会成立和庆祝大会给毛主席的致敬信〉〈紧跟毛主席，一步一层天〉〈愚公移山〉，陈永贵的〈读毛主席的书全在于应用〉〈毛泽东思想哺育的水下尖兵〉〈中国人民政治协商会议第一届全体会议开幕词〉等赞扬毛泽东、宣传毛泽东、歌颂毛泽东的文章[55]。

个人崇拜在改革开放时期降温，但是在习近平时代，个人崇拜又时兴了起来。原天津市委书记李鸿忠说："有习近平总书记掌舵领航，是党之大幸、国家之大幸、民族之大幸。习近平总书记的崇高威望、领袖风范、卓越智慧、人格魅力，是我们的宝贵政治财富、精神财富，是我们战胜各种艰难险阻、成就新的历史伟业的最大底气和力量源泉"。原江苏省委书记吴政隆说:"习近平总书记作为马克思主义政治家、思想家、战略家,展现出非凡政治勇气、卓越政治智慧、强烈使命担当和'我将无我、不负人民'赤子情怀,深受全党全国人民爱戴,引领新时代中国巨轮劈波斩浪,不断从胜利走向胜利"。原北京市委书记蔡奇说:"新征程上,为我们掌舵领航的,就是党的领导核心习近平总书记,这个核心是时代呼唤、人民期盼、历史选择,是主心骨、顶梁柱、定盘星;为我们提供科学指引的,就是习近平新时代中国特色社会主义思想,这个思想是当代中国马克思主义、二十一世纪马克思主义,是中华文化和中国精神的时代精华,是旗帜、方向、信仰。"[56]

习近平上台不久就有了自己的颂歌,比如〈包子铺〉,描写了习近平到包子铺吃饭的情况,说看到习近平"身材魁梧、气宇轩昂、红光满面",说人们非常激动地看到了"亲民爱民的习大大"(爸爸),在"寒冬里温暖了老百姓的心田"。真的是和毛泽东可有一比。正如图二和图三显示,连习近平"端详过的茶杯"和他"伫足回望"过的地方,都被树碑立传以供后人瞻仰。

图二:习近平端详过的茶杯(来自网络)

图三:习近平回望过的地方(来自网络)

这个个人崇拜也反映到了教科书当中。2021 年出版的必修课教材《习近平新时代中国特色社会主义思

269

想学生读本》共有四套，涵盖小学低年级、小学高年级、初中、高中四个阶段。小学低年级的第一讲第一页就有"习近平爷爷和20多万军民在北京天安门共同庆祝中华人民共和国成立70周年"的大幅照片，并且说"习近平爷爷"提醒他们要"爱国"。全书充斥着习近平语录、习近平照片，以及习近平的故事。像以前的教科书那样，表达了习近平爱我们，我们爱习近平的意思。

小学高年级读本中的前言〈致同学们〉，说每一讲、每一节的标题都是"习近平爷爷讲过的'金句'，都饱含深意，其中道理值得细细品味"。习近平"爷爷"语录、习近平"爷爷"的照片、习近平"爷爷"的故事再次成为重头戏，比如他在梁家河插队时"为老百姓办事、为人民奉献自己的理想信念"的故事。

初中和高中的读本仍然充斥着习近平语录、习近平照片和习近平故事，尽管没有再称他为"爷爷"了。所谓"习近平新时代中国特色社会主义思想"的主要内涵是"中国梦"，虽然提到了胡锦涛时期的社会主义核心价值观，但是并没有提胡锦涛的名字。这四本书极少看到邓小平、江泽民、胡锦涛的名字。总体给人的感觉是好像中国特色社会主义是习近平个人的创造。个人崇拜自毛泽东以来又达到了一个新的高度。

革命传统教育（2）：没有共产党就没有新中国，要听党话，跟党走，跟着党的路线走

在崇拜毛主席、习近平的同时，也要崇拜共产党，因为没有共产党就没有新中国。只有共产党才能领导人民站起来、富起来、强起来。孩子们从小就会唱〈没有共产党就没有新中国〉的歌：

没有共产党就没有新中国
共产党辛劳为民族
共产党他一心救中国

他指给了人民解放的道路

他领导中国走向光明

他坚持了抗战八年多

他改善了人民生活

他建设了敌后根据地

他实行了民主好处多

没有共产党就没有新中国

　　按照这里的歌词所说，好像只有共产党在抗战。不过这也是中共建政以后一贯的宣传。一直到改革开放中后期，共产党才承认自己是在敌后抗战，而国民党是在正面战场抗战。而且所谓的民主也并不是真正意义上的民主。

　　另外一本当时的小学生教科书这样写道："共产党，毛主席，领导人民分土地。人人有地种，家家都欢喜"（见图四）。当然这里的"人人"与"家家"并不包括地主、富农、错斗中农。在中共的眼里，这些都不是人。另外毛主席是共产党的化身，歌颂了毛主席，也就是歌颂了共产党。

　　热爱党，就要跟党走。所谓跟党走，就是要跟着党的路线走。党的路线是无产阶级革命的路线，是无产阶级和资产阶级斗争的路线。所以就有了阶级斗争的教

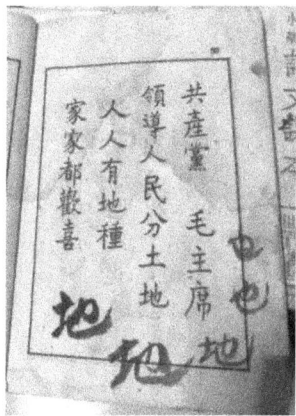

图四：歌颂共产党毛主席给我们分了土地

育。1950 年和 1956 年的历史教学大纲都明确规定，课程要让儿童认识到阶级斗争是推动历史前进的动力[57]。如果说在中共建政初期的主要敌人是美帝国主义和国民党反动派的话，那么到了文革时期，旧的反动派，包括地富反坏右等国民党的残渣余孽，人还在，心不死。他们还在党内培植了走资本主义道路的当权派。所以毛泽东说无产阶级和资产阶级之间的阶级斗争要年年讲、月月讲、天天讲。1962 年

毛泽东提出千万不要忘记阶级斗争的同时，小学语文就有一篇课文，名为〈要有鲜明的爱与恨〉，说"爱什么？恨什么？总的来讲，就是要爱我们的事业，爱共产主义，恨帝国主义。要爱人民，恨敌人"[58]。黑白对立，爱憎分明。

　　文革期间的教科书所宣传的正是这种斗争："和帝国主义的走狗蒋介石国民党及其帮凶们绝无妥协的余地，或者是推翻这些敌人，或者是被这些敌人所屠杀和压迫，二者必居其一，其他的道路是没有的"[59]。重庆市革命委员会中学教材选编小组 1969 年 7 月选编的重庆市中学试用课本《语文》②（一年级用）就包括了"红岩"等革命传统、革命斗争的教育，还有毛泽东的〈炮打司令部—我的一张大字报〉，炮轰党内走资本主义道路的当权派。还有〈打倒李井泉、批臭李井泉〉〈剥削有罪，罪该万死〉〈"收租院"解说词〉、《沙家浜》（节选）等文章[60]。

　　在改革开放时期，阶级斗争从党的路线里面被剔除了，取而代之的是中国特色社会主义的路线，即一个中心：以经济建设为中心，与两个基本点：坚持四项基本原则、坚持改革开放。1978 年人民教育出版社出版的全国小学政治课教科书单元标题就很好地告诉我们中小学生所受政治教育的基本内容：

　　四年级/第一单元：旧社会劳动人民的苦难生活/第二单元：哪里有压迫，哪里就有反抗/第三单元：伟大的革命导师马克思和列宁/第四单元：共产党、毛主席领导人民求解放/五年级/第五单元：做共产主义接班人（一）/第六单元：做共产主义接班人（二）/第七单元：学点正确的思想方法/第八单元：建设伟大的祖国，树立崇高的理想。[61]

　　1986 年的小学历史教学大纲明确标明历史教学"要向学生进行爱国主义、革命传统和国际主义教育，从而激发学生的爱国主义热情，并有助于树立共产主义的远大理想"[62]。（我们会在后面具体讨论历史课如何贯彻这个教学思想。）改革开放时期的语文课，也很好地配合了政治课的革命传统的教学思想。语文课所选的孙犁的小说《荷花淀》介绍了共产党领导的游击队和日军战斗的情况。周立波、赵树理等人的小说则反映了共产党所领导的土地改革的正义性[63]。鲁迅的〈从〉和叶圣陶的〈五月卅一日急雨中〉等散文则"反映了作者对反动政府屠杀无辜百姓的无比愤慨"，愤怒地控诉了帝国主义的暴行，激起了国人同仇敌忾的热情[64]。"方纪的〈挥手之间〉写的只是毛泽东登机时一瞬间的镜头，可在作者头脑里却浮现了 15 年"[65]。说明文则选了〈人民英雄永垂不朽〉〈雄伟的人民大会堂〉。如前所述，改革开放时期的一个语文教学大纲规定作为"基本课文"的九篇现代诗歌中，贺敬之的〈回延安〉和柯岩的〈周总理，你在哪里〉都和革命传统有关[66]。现代戏剧的文学剧本，在中学语文教科书中也有选录，比如贺敬之等编写的歌剧《白毛女》（"旧社会把人逼成鬼，新社会把鬼变成人"）、沙叶新编写的话剧《陈毅市长》、小说《林海雪原》改编的剧本《智取威虎山》、小说《红岩》改编的《江姐》、罗国贤的《高山下的花环》等等，都是革命传统的经典作品[67]。

或许是由于改革开放以来党内腐败问题严重，老百姓对中共失去了信心，中共为了自己的政治安全，在习近平时代特别加强了中小学教科书中对中共合法性与唯一性的灌输宣传。《习近平新时代中国特色社会主义思想学生读本》（高中）第 3 讲的标题就是"领导力量：坚持和加强党的全面领导"。本讲提示特别强调"中国共产党是中国特色社会主义事业的坚强领导核心。坚持和加强党的全面领导，是党和国家的根本所在、命脉所在，是全国各族人民的利益所在、幸福所在，是夺取新时代中国特色社会主义伟大胜利的根本保证"。本讲还强调"党的领导地位是历史和人民的选择"，全体党员必须"始终同以习近平同志为核心的党中央保持高度一致"、自觉服从大局维护大局、"坚决维护习近平总书记党中央的核心、全党的核心地位""在思想上政治上行动上全方位向党中央看齐，向党的理论和路线方针政策看齐"（即所谓"四个意识"）。习近平就是党中央，党的领导不容质疑。

革命传统教育（3）：跟着英雄人物的榜样走

"榜样的力量是无穷的"，所以 1949 年以来的中小学教科书充斥着各种各样的革命英雄人物的故事。余敏玲在她的《型塑"新人"》一书中说所谓新人，其实就是革命英雄人物，其价值观是信仰马列主义、崇尚（体力）劳动、强调阶级斗争、爱国、反帝、反殖、国际主义、摒除个人主义、强调集体至上、全心全意投入社会主义建设和解放全人类的事业中去、成为革命事业的接班人[68]。

文革前十七年中小学教科书中出现的、代表这些价值观的、在小说中和现实中被美化了的英雄人物有《钢铁是怎样炼成的》中的苏联新人保尔·柯察金及其作者奥斯特洛夫斯基、《把一切献给党》的作者吴运铎、雷锋、刘胡兰、董存瑞、杨根思、罗盛教、向秀丽、黄继光、邱少云等等[69]。还有王杰（一不怕苦二不怕死）、麦贤得、刘英俊等等。文革中的红卫兵、造反派、上山下乡的知识青年正是这些英雄人物的后继之人。

这些还不够。文革刚结束后的历史书，"感觉整本书都是梁山好汉"：有秦朝的陈胜、吴广，有汉代的黄巾起义，宋代的王小波、李顺起义，明代的李自成起义，清末的太平天国和义和团，等等[70]。这都是造反派的榜样，是古代史上的英雄人物。

改革开放中期的中学语文教科书中所选的现代小说中的英雄人物还有"《老杨同志》中的老杨同志、《荷花淀》中的水生夫妇、《七根火柴》中的无名战士、《普通劳动者》中的林将军和战士小李、《夜走灵官峡》中的小成渝，以及外国名著《生命的意义》中的柯察金、《最后一课》中的韩麦尔先生、《母亲》中的母亲……在所有这些光彩照人的人物形象身上，学生会深刻地感受到一个高尚的人、一个热爱祖国的人、一个为国家强盛、民族振兴而献身的人该怎样生活，该怎样无私无畏地生活"[71]。

即使是古诗词，比如杜甫的〈蜀相〉，也要体现"出师未捷身先死，长使英雄泪满襟"的诸葛亮为国而忘身的精神[72]。文言散文比如〈与妻书〉〈谭嗣同〉〈五人墓碑记〉〈屈原列〉〈"黄花岗七十二烈士事略"序〉〈梅花岭记〉则"从不同侧面表现了中华儿女的铮铮铁骨。个人事小，国家事大，为人处事当以国家民族的利益为重"，以及像〈岳阳楼记〉里面说得那样，"先天下之忧而忧，后天下之乐而乐"[73]。和上面所讨论的农民起义的英雄们和革命先烈们一样，这些课文也将中华文化与革命文化有机地结合了起来。更重要的是，这些都有古今的英雄人物作榜样。

教学方法的"灵活性"（1）：古为今用，断"章"取义

教学方法的"灵活性"首先表现在对材料的为我所用，也就是毛泽东所说的古为今用，洋为中用，其实就是断章取义。这一点在历史教材中表现的比较明显，也即在历史材料的选择和解释上面，有欺骗性。中东媒体研究所（MEMRI）对这个问题有一个很全面的研究[74]。下面我们就来引述他们的一些发现。

七年级《中国历史》第一册第44页说秦统一中国，结束了春秋战国多年的战乱，建立了中国历史上第一个多民族的封建国家。秦始皇创造了一系列的规章制度，并被代代相传下来。对秦的暴政，教科书则一笔带过，甚至暗示秦始皇的罪恶是为了让人民早日结束战争，过上稳定的生活。秦始皇在灭六国的过程中造成了 160 到 180 万人民的死亡，公元前 260 年的长平之战就杀了赵国降兵与百姓 40 万（另外也有说是 20 万），在其他几次大的战役中也杀害军民几十万众，六国死伤占总人口的三分之二。这些教科书都一字不提。

中小学历史教科书的主旨是国家统一，任何代价都在所不惜。蒙

古人征服中国也被看作是国家统一的伟大胜利，为中国带来和平与稳定。对征服者的杀戮却一字不提。

在教科书中，李自成的农民起义军被称颂为秋毫无犯、开仓济贫的正义之师。但是这个时期的战争和杀戮造成了 2,500 万人的牺牲，占了当时全国人口的五分之一，并导致了外族的入侵。张献忠的军队杀死了 60 到 100 万人。这些事实，教科书也一字不提。教科书一方面主张和平与稳定，一方面又赞成人民起来造反，夺取政权、改朝换代，显然自相矛盾。但是这却符合中共自己的利益：一方面自己造反夺权是正确的、合理的，现在为了保护政权，不让别人造反，从而达到和平稳定也是合理的。

教科书说 1860 年英法联军侵略天津北京，火烧圆明园，并将其视为国耻。但是对北京政府拘捕英法外交使团 39 人并将其中的 20 人酷刑致死，却绝口不提。1900 年的义和团运动也被认为是反帝国主义侵略的爱国运动，得到广大群众的支持。教科书提到义和团毁教堂、扒铁路，但是绝口不提他们杀死了 240 个外国传教士以及两万个中国基督徒，老人、小孩、妇女都无法幸免。还有很多非基督徒被杀，但是从来没有人计算过这些被害者的确切数字。

现在的教科书承认国民党的正面抗战，但是大量的篇幅却在讲国民党政府如何消极抗战、积极反共，而且中国共产党才是抗日的中流砥柱[75]。教科书说土改的时候，连地主都分到了自己一份土地。但是实际情况和宣传却大相径庭。暴力土改也绝口不提。1950 年代初的镇反杀了 70 多万（也有数据说是 100 到 200 万）原国民政府的官兵、政府工作人员等所谓反革命人士，监禁了近 130 万，监控了近 120 万，教科书也绝口不提。农民在分到土地之后很快就被合作社和人民公社给收回，也被认为是为了农民好。在后面的大饥荒造成三千到四千万人被饿死也绝口不提。尽管提到了文革的十年灾难，但强调的还是中国共产党如何全心全意地为人民服务。1989 年对民主运动的镇压也绝口不提。改革开放也是由于共产党的英明领导，但是在

1949 年之前，中国本来就是开放的，闭关锁国的是中国共产党。改革开放的经济成果，也是共产党的成功，而不是西方国家援助的成果。

1989 年民主运动之后，1992 年的初中历史教学大纲就"要求教材'着重揭露资本主义和帝国主义的侵略本质和掠夺罪行'，突出近现代史中的反侵略抗争，并在国情教育部分，增加中国过去及现在各个时期的经济历史，以体现'社会主义制度的优越性'"[76]。教什么、不教什么都是有选择性的，是以自己的利益为准则的，因此是有欺骗性的。

更重要的是，任何和教科书的宣传所不同的观点，都在被禁止之列。老师们的工作和收入、学生们的考试成绩，都和这一点相关。如果说对历史的断章取义是洗脑的欺骗性的例子的话，上面所说的这些惩罚性措施则是洗脑的强制性的例子。

教学方法的"灵活性"（2）：潜移默化，润物无声

另外，教学也要有技巧，做到潜移默化，润物无声。除了课堂上的教学之外，还有课下的作业。比如在中共建政初期，学生们被要求要对自己家庭的阶级状况进行调查，有几口人、性别、职业、财产的种类与拥有量、各种收入和支出的情况、有无剥削等等[77]。当然这种调查也是与时俱进的。比如文革后的初中历史教材课后作业要求访问老一辈人，看他们在文革中有什么经历，家乡有没有被破坏的文物古迹，如何修复。但是在 2019 年的新版统编本中这些作业则全数删除，代之以了解红旗渠的修建过程，谈谈对红旗渠精神的理解等等[78]。

当然还要利用电影教材来辅助语文教学，比如放映《万水千山》来配合〈老山界〉〈草地晚餐〉〈红军鞋〉〈七根火柴〉等课文的教学[79]。在中共建政初期，他们就知道如何让学生对教学有参与感，要

多讨论，让他们感到这个结论是自己做出来的[80]。

在改革开放时期，课文后面的练习题会问学生懂得了一个什么道理，提高了一个什么样的认识。比如在〈坚持民族气节〉课后的练习题就要求学生"论一论苏武是怎样坚持民族气节的"，"讲一个坚持民族气节或维护祖国尊严的故事"，讨论一些"在同外国人交往中，小学生怎样做才算维护祖国尊严。"[81]

改革开放以来可以配合国家意识形态教育的方式更加多样化了：红色旅游、博物馆、电影、电视、流行音乐等都填入了爱国主义的教育[82]。这些都自然而然地将中共的思维方式根植在青少年的脑海之中。正如教育部教材组的负责人说的那样，思想政治教材要采取"春风化雨"的方式，讲述革命领袖、英雄先烈们的故事，讲述革命传统的故事，以培养学生的理想信念、爱国主义情怀，认识到中共和社会主义道路是历史的选择、人民的选择[83]。

习近平时代最主要的方法仍然是"潜移默化""自然渗透""润物无声"。这使对改革开放以来教科书的修订，看似细微，实际却是"微言大义"[84]。比如新版的初中历史教材称文革十年为"艰辛探索"、将"毛泽东错误地认为党中央出了修正主义，党和国家面临资本主义复辟的危险"中的"错误地"以及"党中央出了修正主义"删掉、不再提毛泽东炮打刘邓司令部、不再提"二月逆流""上山下乡"等知识点、不再提林彪为动乱的煽动者、增加了毛对"四人帮"的批评、增加了"全国人民无限悲痛"地哀悼毛的去世、在评价文革时增加了"人世间没有一帆风顺的事业，世界历史总是在跌宕起伏的曲折过程中前进的"等等。这正是习近平的所谓两个不能否定，即：不能用改革开放后的历史否定改革开放前的历史，也不能用改革开放前的历史否定改革开放的历史[85]。所有这些，其实都是在悄悄地洗白自己过去的历史。

对宗教的色彩也要设法淡化，尽量不要让学生接收到宗教的理念。比如部编办小学六年级语文下册节选的《鲁滨孙漂流记》，就将译文"我将没法估算日子，甚至分不清安息日和工作日"中的"安息日"改为"休息日"[86]。一字之差，宗教色彩就没有了。

这种潜移默化、润物无声的方法，就和1989年前后关于政治体制改革的说法一样。邓小平要改革开放，教科书中关于历代变法的内容增多。1989年之后则"淡化了宋范仲淹限制权力的政治改革，凸显王安石偏集中权力的经济改革"[87]。这一点看似是小修小改，实则是方针路线的大问题。教科书是为政治服务的。

四、洗脑的后果

我们在前面提到过纳粹德国的洗脑，使得一个犹太青年会在脑海里根植下反犹主义的思想。那么70多年来的洗脑在中国也会在几代人的脑海中根植下爱国、爱党、爱领袖、爱社会主义的思想。正如一位受访者所言，"有一些关键词是印在你脑子里的，构成了你的语言系统"。她的脑海里装满了阶级局限性、帝国主义等等词汇，希望自己的孩子出国以后还要回来"振兴中华"[88]。

这个语言系统最突出地表现在中国外交系统的官员嘴里。以最近的几个例子来说，中共中央政治局委员、中央外事工作委员会办公室主任王毅说美国击落中国的"无人飞艇"是滥用武力、过度反应、渲染炒作、近乎歇斯底里，显示了美方对中国的偏见和无知已到了荒谬的程度，荒唐无稽[89]。王毅这种语言风格和文革时期的大字报语言风格非常相似。这里没有为自己国家的侦查气球闯入别国领土而道歉，有的只是攻击谩骂。用这种态度来处理外交事务，只会火上浇油，使得中美关系越来越紧张，使得冷战有可能变成热战，为中美两国人民都带来灾难。

但是这正是多少年来拥俄反美的教育所带来的后果。中国外交官反美拥俄的更多的文革语言还有以下这些例子：关于自由贸易问题，美国限制向中国出口半导体等商品，王毅说君子好财，取之有道，只有小人才巧取豪夺。但是美方撕去了一切伪装，连巧取都没有了，只有豪夺[90]。人家不卖给你东西，怎么就成豪夺了呢？

关于飞艇事件，王毅说如果美方执意借题发挥、炒作升级、扩大事态，中方必将奉陪到底，一切后果由美方承担。在乌克兰问题上，他又说美方不应该拱火浇油、趁机牟利[91]。本来美国是在牺牲自己的经济利益援助乌克兰抗击俄国的侵略，现在却成了趁机牟利。外交部发言人汪文彬也说美国大发战争财，良心何在？[92] 这是不是也是像汪文彬批判美国制裁中国企业时那样批判布林肯国务卿的用语"口出狂言、颠倒黑白"呢？[93] 本来俄国是侵略者，但是汪文彬却说"美国是最大的战争制造者"，美国的霸权政策和好战倾向延续一天，世界就将一天不得安宁[94]。

习近平的说法虽然稍显温和，但是也同样严重："以美国为首的西方国家对我实施了全方位的遏制、围堵、打压，给我国发展带来前所未有的严峻挑战"[95]。他刚上台时就认为国际上的敌对势力正在企图西化与分化中国，中国正面临生死存亡的关头[96]。十几年了，又开始拥俄反美，好像又回到了中共建政初期的情况。

在俄乌战争问题上，中国在批评北约东扩是引起战争的主要因素[97]，只字不提是俄国侵入乌克兰。如前所述，这正是中国和中、东欧国家关系也越来越糟糕的主要原因。结果和中国结盟的重要国家就只有俄罗斯和伊朗，也就是威权与独裁国家，而世界上最主要的民主国家则变成了中国的敌人。这是中国国际关系的危机，也是世界安全的危机。

在拥俄的问题上，王毅则说中俄关系经过国际风云的考验，成熟坚韧、稳如泰山。今后会继续保持战略定力，深化政治互信，加强战略协作，拓展务实合作，维护两国的正当利益[98]。王毅显然暗示中国可能会对俄国侵乌进行更实质性的帮助，从而更加恶化中美关系，引起国际局势更大的动荡。

普京说他自己就是苏联爱国主义教育最纯粹、最成功的一个例子[99]。结果就是我们现在看到的为了圆他的帝国梦而造成的生灵涂炭、哀鸿遍野。上面这些中国官员们或许也是中国的爱国主义教育最成功的例子，其后果也是灾难性的。

上面是拥俄反美洗脑教育对今天的外交官员们的行为模式、语言模式的影响，及其在国际关系中对中国甚至世界的危害。其实在国内问题上的所谓中国特色社会主义的教育，又何尝没有给中国造成危害。中国在改革开放以来的政治与社会进步，比如政治体制的改革，公民社会的建设，传媒的开放，言论的开放，在最近十多年来已经几乎丧失殆尽。正如原国家总理温家宝所说，政治体制不改革，经济改革的成果也有丧失的危险。情况正是如此。40 多年来经济改革，也有走倒车的迹象，比如在私营企业中设立中共的党组织、公私合营的倾向；由于国际关系的恶化，海外企业在中国投资的减少，中国企业家移民海外的增多等等，都对经济发展造成了极大的威胁。

或许最重要的是，现在的很多青少年，仍然在接受着洗脑的教育，并且在竭力地维护着极权体制，使得中国政治与社会很难走向民主与自由。在看完抗战胜利 70 周年阅兵之后，一位清华大学的学生说自己庆幸生活在这样一个国家再也不受外人侵略的时代。一个八岁的女孩说我们要让世界知道我们是一个多么强大的国家[100]。Stallard 观察到，在这个爱国主义的教育过程中，老师和学生都是非常认真的、诚恳的[101]。尽管在中国没有可靠的民意调查，但是我们几乎可以肯定地说，由于这个教育的成功，和政府保持立场一致、拥俄反美的人，包括青少年，应该还是多数（当然也不可能像中共发言人所说的那样，支持中国政府的人会达到90%以上）。

一个号称为连续 6 年被评为新媒体百大人物、被湖北省省委常委兼统战部长肯定了其"弘扬主旋律、传播正能量方面所作的贡献"的占豪及其公众号，号称有 130 多万订户，6,000 多篇原创内容，文章点击率通常都在 10 万以上[102]。这个公众号几乎每天都有拥俄反美的文章，标题耸人听闻，比如 2023 年 2 月 27 日和 28 日的标题就有

"美国秘密谋划，台湾凶多吉少，中国将被迫出手""中国这一招走得妙，俄罗斯给中国点赞意义重大""中国又快'种岛'了？菲律宾挑事，严重后果可能不远了"！从多少年来的拥俄反美的洗脑教育看，这些文章被这么多的人所欢迎，或许就是可以理解的了。但是如上所述，也正如占豪自己所说，其后果可能会是很严重的。

一代一代的人已经不知道如何用自己的语言来思考问题，因为他们需要自我审查，所以说话只能用官方话语，或者用错别字。一代一代的人中的很多人，长时间不用某些词汇，不探讨一些问题，不了解一些观点，很难有自己的思想，很难有自己的语言。由于语言限制了人们的思维，或许将来他们是没有办法和别人交流的[103]。现在中国人在中美关系问题上、在俄乌战争问题上的这些话语其实就是鸡同鸭讲，或许就是一个例子。没有共同的语言，找不到或者没有发现共同的价值观，国与国、人与人相处起来是很难的。

显然洗脑的效果在中老年人、青年人、官员与非官员、国内的大学生或留学生中都是一样的。何晓清的研究提到了在 1989 民主运动之后的爱国主义教育的成功，使得一些海外留学的年轻人的爱国主义、民族主义情绪非常严重，他们会将尖锐批评中国政府的华裔教授以及学生（比如杜克大学的王千源）看作是汉奸、叛国者，并对其进行网络欺凌[104]。

我在自己的研究中，也提到了在美国的中国学生侵犯学术自由的案例，比如要求校方撤除对他们来说涉及政治敏感话题的标语、传单等，要求老师修改教学中的政治敏感内容或者话语、骚扰、干扰涉及对中国有所批判的讨论会，给校方压力要求他们取消涉及政治敏感的学术活动、监控其他老师或学生在校园举行的涉及敏感内容的活动，恐吓、霸凌、骚扰大学的其他师生员工等等。澳大利亚的大学也遇到了类似的情况。一个学生甚至警告其他学生说他已经向当地的中国领事馆汇报了他们的反社会主义言论。2016 年一位华裔老师在受到网络霸凌以后被迫辞职[105]。

五、结论

本文讨论了 1949 年中共建政以来的教科书是如何洗脑的，包括拥俄反美、热爱并拥护领袖、热爱并拥护共产党、热爱中共领导的中国、热爱社会主义，并像英雄人物们那样为党的事业献身等方面。一位"脱北"者说所有的专制政权的套路都是一样的：首先制造一个外来的对自己生存的威胁，然后你发现自己需要一个救星。最后你突然发现独裁者就是你的救星[106]。中国人正在面临着各种外来的帝国主义威胁，只有共产党、习主席才能救中国于危难[107]。这就是洗脑的套路，而且是非常成功的。所以我们说洗脑是带有强制性和欺骗性，并以洗脑者自己的利益为依归的。

但是这种成功却使中国在政治上走上了和全世界主要民主国家相反的路线，而不是中国经常呼吁美国的那样，"相向而行"。在价值观上的冲突，已经表明中国、俄国、伊朗、北朝鲜、白俄罗斯等专制或威权国家似乎要结为联盟，和美国、欧洲等其他民主国家相抗衡。这除了在经济上会给双方都带来巨大损失之外，在军事上也可能产生冲突，正如俄乌战争所展现的那样，从而造成不光是经济而且还有生命的损失。

当然有洗脑就有反洗脑。也有不少年轻人，在朋友处、在学校等地方接触到和自己在中国的教科书中所学到的东西不一样的信息时，他们的思想会有所改变，从而会站在更客观、更公正的立场上看问题，使自己能够变得更理性，更加认同民主的价值观。即使是老一代的中国人，也有主动在互联网上寻找不同于自己以前所受教育的信息，并修正自己原来的观点。

即使在教科书的编写方面，如果主政者略微开放一点，允许一纲多本而不是一纲一本，那么人们多少也可以减少一些洗脑的危害。比如上世纪末前后的"素质教育"，使得上海可以编出一套新的历史教材，学生们可以探讨没有宪法的国家是什么样子，三权分立的时代变迁和实际应用。文明史可以探讨儿童、妇女的权利公约、"人权宣言"等等[108]。尽管这个教材改革昙花一现，尽管这个教材改革的政治正确性还是第一位的，但是这说明适当的开放，对抵制洗脑的危害是有作用的。

而且也不是所有的学生都相信教科书的说教。一个对微博的研究发现尽管有 71% 的发言者似乎认同教科书对历史的描述，有的还发誓要"为中华崛起而读书"！但是还有 28% 的人持质疑甚至批判态度，比如有的学生直接挑战老师说"历史是虚构的"，有的认为"教育被政治绑架"，学生在被"洗脑"[109]。

正如我在文章前面所说的，洗脑和反洗脑，对过去历史的控制和反控制，会决定一个国家往哪里走。希望这篇文章可以让更多的人了解到这个问题的重要性，从而加入到反洗脑的运动中来，使中国走向民主，走向普世价值，使其真正成为一个负责任的大国，其人民也成为真正幸福的人民。

注释：

1   Emma Bubola and Isabella Kwai, "'Brainwashing a Generation': British Schools Combat Andrew Tate's Views," *The New York Times,* 20 February 2023, Section A, p. 1.

2   Katie Stallard, *Dancing on Bones: History and Power in China, Russia, and North Korea,* New York: Oxford University Press, 2022.

3   George Orwell, *1984,* New York: Signet Classics, 1949.

4   Edward Hunter, *Brain-washing in Red China,* New York: The Vanguard Press Inc., 1951.

5   Kathleen Taylor, *Brainwashing: The Science of Thought Control,* Oxford: Oxford University Press, 2017, pp. xxi, 6-7.

6   Taylor, *Brainwashing,* p. xiii。

7 徐贲：〈美国的洗脑理论〉（2020 年 7 月 2 日）， CND 刊物和论坛网，hx.cnd.org/?p=178716

8 Robert Jay Lifton, *Thought Reform and the Psychology of Totalism: A study of "Brainwashing" in China,* Chapel Hill and London: The University of North Carolina Press, 1989, pp. 438-441; Taylor, *Brainwashing,* p. 9.

9 陈嘉映：〈现代社会中，洗脑还有作用吗？〉（2016 年 3 月 14 日），爱思想网，www.aisixiang.com/data/97810.html

10 Taylor, *Brainwashing,* pp. 73, 113, 119.

11 Andrew Higgins, "How China's 'Gateway to Europe' Began to Narrow," *The New York Times,* 13 February 2013.

12 Jackson Diehl, "The Sheep in Wolf's Clothing," *The Washington Post,* 25 March 1992; Richard Sandomir, "Solomon Perel, Jew Who Posed as a Hitler Youth to Survive, Dies at 97," *The New York Times,* 11 February 2023.

13 Katie Stallard, *Dancing on Bones,* p. 180.

14 方成智：〈新中国 17 年（1949-1965）中小学教科书的规整策略〉，《湖南师范大学教育科学学报》，2012 年 5 月（第 11 卷）第 3 期，页 45.

15 见王众威：〈思想政治教育灌输理论的历史理路、当代价值与发展路径〉，《扬州大学学报》（高教研究版）2018 年 12 月（第 22 卷）第 6 期，页 9.

16 石鸥：〈中小学教科书 79 年忆与思〉，《湖南师范大学教育科学学报》，2019 年 3 月，第 18 卷 第 2 期，页 1；姚馨：〈1949 年以来我国中小学教科书政策的演变〉，《宜宾学院学报》，2021 年（第 21 卷）第 4 期，页 73。

17 姚馨：〈1949 年以来我国中小学教科书政策的演变〉，页 73.

18 吕晓娟、周婧、钟桢：〈中小学教科书研究七十年的回溯与前瞻〉，《当代教育与文化》，2020 年 3 月（第 12 卷）第 2 期，页 70.

19 姚馨：〈1949 年以来我国中小学教科书政策的演变〉，页 74.

20 见石鸥：〈中小学教科书 79 年忆与思〉，页 3.

21 胡金木：〈改革开放以来我国小学德育课程的历史变迁〉（2008 年 9 月 11 日），中国高校人文社会科学信息网，www.sinoss.net/uploadfile/2010/1130/9801.pdf，页 1.

22 王众威：〈思想政治教育灌输理论的历史理路、当代价值与发展路径〉，页 10.

23 同上。

24 杨钰，〈压缩的文革历史与扩张的爱国教育，中国历史教科书 70 年变迁〉（2020 年 9 月 11 日），端传媒，theinitium.com/article/20200911-mainland-history-textbook-from-1949-to-2020/

25　同上。

26　教育部：〈编好三科教材，培育时代新人〉，《光明日报》，2019 年 8 月 28 日。

27　同上。

28　同上。

29　周启毅：〈中小学教科书内容体系建构探析〉，《出版参考》，2021 年 11 月，
　　页 77.

30　同上。

31　韩连潮：〈美国才是抗日的中流砥柱〉（2015 年 8 月 25 日），VOA 网，
　　www.voachinese.com/a/hanlianchao-us/2931177.html

32　殷瑶瑶：《我国小学历史课程发展研究（1949-1998）》，扬州大学硕士学位论
　　文，2012 年，页 6-7. 也见余敏玲：《型塑‘新人’：中共宣传与苏联经验》，
　　台北：中央研究院近代史研究所，2015 年 3 月，页 92.

33　《型塑‘新人’：中共宣传与苏联经验》，页 97.

34　Edward Hunter, *Brain-washing in Red China,* pp. 251-252.

35　《型塑‘新人’：中共宣传与苏联经验》，页 99-100.

36　Ibid., p. 100-101.

37　Ibid., p. 102-103.

38　Ibid., p. 103.

39　Edward Hunter, *Brain-washing in Red China,* pp. 104, 106.

40　Ibid. , pp. 240-242.

41　《型塑‘新人’：中共宣传与苏联经验》，页 107.

42　Ibid., p. 107-108.

43　Ibid., p. 104.

44　Ibid., p. 110.

45　何蜀：〈“史无前例”年代的“红色教材”〉（2020 年 12 月 17 日），胡耀邦史
　　料信息网，www.hybsl.cn/beijingcankao/beijingfenxi/2020-12-17/72555. html

46　顾黄初、顾振彪：《语文课程与语文教材》，北京：社会科学文献出版社，
　　2001 年 9 月，页 202.

47　Ibid., p. 225.

48　Katie Stallard, *Dancing on Bones,* pp. 69-82.

49　人民教育出版社课程教材研究所、历史课程教材研究开发中心（编著），普
　　通高中课程标准实验教科书《历史》（1）（必修），2006 年。

50　Edward Hunter, *Brain-washing in Red China,* p. 100。

51 Ibid., p. 101.

52 Ibid., p. 103.

53 Ibid., p. 286.

54 陈冠任:〈揭秘:林彪"四个伟大"是如何出笼的〉(2016 年 2 月 22 日),搜狐网 https://m.sohu.com/n/8321299058/

55 何蜀:〈"史无前例"年代的"红色教材"〉。

56 〈各地书记对总书记的由衷赞美〉(2023 年 2 月 7 日),抗衰老联盟网,mp.weixin.qq.com/s/f26Gp7DihZ_jlWI-v4SnrQ

57 殷瑶瑶:《我国小学历史课程发展研究(1949-1998)》,页 18.

58 《型塑'新人':中共宣传与苏联经验》,页 109.

59 何蜀:〈"史无前例"年代的"红色教材"〉。

60 同上。

61 胡金木:〈改革开放以来我国小学德育课程的历史变迁〉,页 1.

62 殷瑶瑶:《我国小学历史课程发展研究(1949-1998)》,页 19.

63 顾黄初、顾振彪:《语文课程与语文教材》,页 229,232-233.

64 Ibid., p. 209, 212.

65 Ibid., p. 210.

66 Ibid., p. 202.

67 Ibid., p. 244, 246, 249-250.

68 《型塑'新人':中共宣传与苏联经验》,页 4.

69 Ibid. ,第一章。

70 〈压缩的文革历史与扩张的爱国教育,中国历史教科书 70 年变迁〉。

71 顾黄初、顾振彪:《语文课程与语文教材》,页 227-228.

72 Ibid., p. 279.

73 Ibid., p. 261.

74 中东媒体研究所(MEMRI),"A Packaged Past: China's History Schoolbooks, Part I and Part II" (7 June 2022), China, Inquiry & Analysis Series No. 1635. 下面这些数据,除特别注明外,均来自这一出处。

75 也见 Katie Stallard, *Dancing on Bones*, pp. 200-202 对同一个问题的讨论。

76 〈压缩的文革历史与扩张的爱国教育,中国历史教科书 70 年变迁〉。

77 Edward Hunter, *Brain-washing in Red China*, pp. 258-260.

78 同注 76。

79 顾黄初、顾振彪:《语文课程与语文教材》,页 298.

80　Edward Hunter, *Brain-washing in Red China*, p. 266.

81　胡金木：〈改革开放以来我国小学德育课程的历史变迁〉，页 3.

82　同注 76。也见 Katie Stallard, Dancing on Bones, pp. 196-197.

83　教育部：〈编好三科教材，培育时代新人〉，《光明日报》，2019 年 8 月 28 日。

84　"自然渗透""润物无声""春风化雨"是教育教材局负责人的话语。出处同上。

85　自由亚洲电台：〈新版历史教科书删"文革"惹关注，官方急澄清〉（2018 年 1 月 11 日），RFA www.rfa.org/mandarin/yataibaodao/kejiaowen/ql2-011 12018 104005.html；罗四鸽：〈习近平欲为文革翻案？解读新版历史教科书争议〉（2018 年 3 月 14 日），《纽约时报》，cn.nytimes.com/china/20180314/song-yongyi-china-textbook/zh-hant/；杨钰：〈压缩的文革历史与扩张的爱国教育，中国历史教科书 70 年变迁〉。

86　江真：〈中国大陆统一中小学教材，习近平思想成为灵魂指导〉（2021 年 8 月 11 日），VOA， www.voachinese.com/a/Xi-and-CCP-impose-standardiz ed-textbooks-20210811/5997684.html

87　〈压缩的文革历史与扩张的爱国教育，中国历史教科书 70 年变迁〉。

88　同上。

89　《澳门日报》，〈王毅促美勿做荒唐无稽事〉（2023 年 2 月 9 日）http://www.macaodaily.com/html/2023-02/19/content_1655030.htm

90　《澳门日报》，〈王毅批美只剩豪夺〉（2023 年 2 月 20 日）http://www.macaodaily.com/html/2023-02/20/content_1655263.htm

91　《澳门日报》，〈王毅：必将奉陪到底〉（2023 年 2 月 www.macaodaily.com/html/2023-02/20/content_1655260.htm

92　《澳门日报》，〈外交部：美良心何在〉？（2023 年 2 月 22 日）http://www.macaodaily.com/html/2023-02/22/content_1655696.htm

93　见《澳门日报》〈中方斥口出狂言颠倒黑白〉（2023 年 2 月 23 日）

94　《澳门日报》〈华：世界将一天不得安宁〉（2023 年 2 月 www.macaodaily.com/html/2023-02/24/content_1656061.htm

95　Keith Bradsher, 〈习近平罕见公开批评美国对华采取遏制措施〉（2023 年 3 月 8 日）《纽约时报》cn.nytimes.com/china/20230308/china-us-xi-jinping/zh-hant/dual/

96　Katie Stallard, *Dancing on Bones,* p. 186-187.

97　《澳门日报》，〈华促北约不要只做麻烦制造者〉（2023 年 2 月 19 日）www.macaodaily.com/html/2023-02/19/content_1655035.htm

98　《澳门日报》,〈中俄关系稳如泰山〉(2023 年 2 月 23 日)
www.macaodaily.com/html/2023-02/23/content_1655906.htm

99　Katie Stallard, *Dancing on Bones*, pp. 64, 92-98. 关于苏联的爱国主义教育,
也见第 62-63 页。

100　Ibid., p. 185.

101　Ibid., p. 205-207.

102　新媒体数据工具:〈公众号数据分析系列之-占豪〉(2018 年 11 月 27 日)
www.xiaokuake.com/p/zhanhao.html

103　Mengyin Lin, "My Chinese Generation Is Losing the Ability to Express Itself"
(10 February 2023), *The New York Times,*
https://www.nytimes.com/2023/02/10/ opinion/ china-politics-language.html

104　Edward Vickers & Krishna Kumar Eds. *Constructing Modern Asian
Citizenship*, London and New York: Routledge, 2015.pp 341-340.

105　Zhidong Hao, "Academic Freedom Under Siege: What, Why, and What Is to Be
Done" in *Academic Freedom Under Siege: Higher Education in East Asia, the
U.S., and Australia* eds. by Zhidong Hao and Peter Zabielskis, Switzerland:
Springer Nature.

106　Katie Stallard, *Dancing on Bones,* p. 46. 也见页 213。

107　Isabella Jackson and Siyi Du, "The Impact of History Textbooks on Young
Chinese People's Understanding of the Past: A Social Media Analysis," *Journal
of Current Chinese Affairs* Vol. 51 (2), (2022): 196.

108　〈压缩的文革历史与扩张的爱国教育, 中国历史教科书 70 年变迁〉

109　Isabella Jackson and Siyi Du, "The Impact of History Textbooks on Young
Chinese People's Understanding of the Past," pp. 204-206, 213.

洗脑、宣传和电影
——以传播学和文本挖掘视角

乔晞华

一、 洗脑的历史

洗脑是指通过各种方法使人接受一套不同的思想，从而改变信仰或行为。该词在西方流行开来是由于冷战的原因。1950 年初，美国记者亨特[1]通过报道，向世人介绍了中共采用的一种新技术，可以造就大批僵尸式的、听话的士兵。次年，他发表了骇人听闻的著作《红色中国的洗脑》[2]。洗脑的概念由于亨特的书，在西方从此一发不可收拾，特别是在朝鲜战争中，发生了美国士兵背弃对美国的忠诚，转而投靠中共的丑闻。

目前，洗脑是个贬义之词，以为该词是由西方人创造的大有人在。然而令人大跌眼镜的是，该词是由中国的革新派知识分子创造的，而且当时是个褒义之词。中日甲午战争中，清政府战败，与日本签订丧权辱国的《马关条约》，令全中国震撼。有识之士认识到，单靠学习欧美船坚炮利技术，不足以抵抗外敌的入侵，他们提出政治改革的要求。维新人士康有为和梁启超发起十八行省与台湾、奉天的公车举人连署签名，要求清廷拒和、练兵、迁都和变法，史称"公车上书"，后演变为推动君主立宪的维新运动，史称"戊戌变法"。

中国的古人不知道脑子是用来思考的，以为思考的器官是心脏，于是在造字时突出"心"。汉语中，体现人的思想情感或意识活动的词语，写成汉字，一般都少不了"心"字底或者"忄"旁。例如，思、想、意、念、忆、忧、悟等。仅凭思维不借助任何工具的计算方法，中国人称作为"心算"，善于算计别人并且不怀好意被称为"有心机"。直到戊戌变法年代，中国人还以为人的思考是由心来完成的。这些维新人士所做的一件大事是在中国社会中，传播人的意识存在于"脑"而不在于"心"的知识，此举可以证明维新人士不仅是政治改革的先驱，而且是现代科学的先导。

维新运动失败后，梁启超等人深感改变中国民众思维大脑的必要性，认为变革的失败表明，千年旧习已经深深地扎根于中国人的大脑，使国人无法自拔，自私自利，终成为一盘散沙。梁启超大声疾呼"赤手铸心脑"，李世基则发表〈变易国民脑质论〉（1899），提出"必须洗涤同胞脑质中的千年污秽，以现代社会的模式取而代之"[3]。次年，严复在译作中加注声称，"学习社会学的人，须洗脑涤心"[4]。洗脑的概念由此正式登场。需要说明的是，在革新派眼中的洗脑具有启蒙和教育的目的，并无侵害和控制之意。此时的洗脑与"洗心革面"的意思差不多，是褒义词，具有进步的意义。

然而，当洗脑一词经亨特的著作传入西方以后，该词失去了进步的意义，逐渐成为贬义词。洗脑包括两个含义：（1）通过药物和身体伤害辅以催眠术的技术；（2）采用强有力的思想控制技术的宗教式的灌输过程[5]。两者均涉及"思想控制"（Mind Control），旨在把人降低变成动物、机器或奴隶。前者采用物理性的方法，后者采用思想性的方法。1921 年，思想控制的理念产生于位于英国的塔维斯托克（Tavistock）的英国情报中心。思想控制技术后来在纳粹德国得到发展，1943 年德国人在达豪和奥斯威辛集中营将巴比妥酸盐类中枢神经抑制剂、吗啡、麦斯卡林等药物用于审问，目的是摧毁受审人的意志。美国军方也曾启动这方面的研究，代号为 MK-ULTRA 计划。

美军使用麦斯卡林药物并不成功，改用一种叫作 LSD 的致幻剂。目前，随着科学的发展，思想控制可以采用大脑纳米机器人、微芯片移植、大脑联网等技术得以实现[6]。此类研究的结果是，受害者仅仅成为一个空的躯壳，并没有改变其世界观，因此学者认为是失败的[7]。而采用宗教式的强制性的思想灌输的效果更有效些。这就涉及另一个与洗脑、思想控制相关的领域：宣传。

二、宣传的演变

"宣传"的最简单定义是，任何改变人的观点或态度的努力。宣传操控心理学符号，而听众和观众对其目的并不知晓。美国学者拉斯维尔（Harold Lasswell）则认为，宣传是某些个人或组织的观点或行为，旨在通过预设的目标和心理操控达到影响他人的观点和行为[8]。埃吕尔则把宣传定义为：由有组织的群体所使用的一系列手段，其目的是通过心理操纵，使大众中的个体达到心理上的统一，令其团结在一起，积极地或被动地参与该群体的行动。他认为，所有带倾向性的信息，不论是有意的还是无意的，都是宣传。宣传者试图通过心理操控改变受众的观点是一个要点。另一个要点是心理战，宣传用来对付敌国，使其丧失斗志、对信念和目标产生怀疑。宣传的另一个功能是对敌人进行改造和洗脑，如中共和前苏联的赤色宣传[9]。

宣传可分为黑、白、灰三类：（1）白色宣传指的是如实标明消息来源，而且信息是正确的宣传。（2）黑色宣传指的是掩盖消息来源或伪造消息来源，所传播的信息是假的、捏造的和欺骗性的。如中共时常引用外电报道，而这些所谓的外电其实是大外宣的分支，往往是出口转内销，以此来欺骗国人。黑色宣传的成败取决于受众是否愿意接受消息来源的可靠性及其散布的内容。如果听众或观众本身具有独立的思考能力，黑色宣传会在此类人群中失去作用。（3）灰色宣传介乎于黑白宣传之间，其消息来源未必完全准确，传播的信息也未必完全正确。灰色宣传往往以私人或民间组织的名义，这样做可以使消息看起来源自一个非敌对方，更具有说服力[10]。这也是中共惯用的手法之一。

纳粹时期的德国、二战时期的法西斯意大利、军国主义的日本、前苏联、中共均创建出严密而有效的宣传机构为其政权服务。而英美等国在宣传方面也旗鼓相当。一战中，协约国为了取得战争的胜利，进行了一系列成功的宣传战。对于交战双方来说，在国内和国际舆论中占领道德制高点尤其重要。虽然双方均指责对方犯有暴行，但是英国人的宣传在这方面略胜一筹。1915 年，英国驻美国前大使起草了一个揭露德军在比利时的暴行的报告（Bryce Report），指控德军杀害了约 6,000 名比利时平民。这一暴行引起国际公愤。对美国决定参战起到一定的作用。然而战争结束后，人们发现协约国的宣传夸大甚至捏造事实，其宣传备受诟病。后来的盟国为此付出了沉重的代价，当二战中德国纳粹真的进行大屠杀时，有不少民众对此类报道持怀疑态度[11]。

最能体现人们对宣传一词持负面意义的例子，莫过于有关美国著名导演约翰·福特[12]的佚事。二战时期，福特担任美海军中校、美战略局战地影像处处长时，他的下属问他，影片《中途岛之战》是否作为宣传片，福特沉默了很久，从牙缝里迸出一句话，"只要我还是你的上司，你以后别在我面前提宣传二字！"[13] 目前，宣传一词已经基本属于贬义词，常与空话、废话、谣言、歪曲、欺骗、操控、思想控制、心理战和洗脑画等号。

三、传播学与电影

宣传由于缺乏科学性，容易引起政治立场上的纠纷，又因为宣传概念在产生后不久即背上恶名，为了继续生存下去，它不断地通过改变名称，划清与之前宣传的界限。这些名称不仅包括负面词汇，如洗脑、炒作、意识形态霸权、信息操纵（Disinformation）、意识操纵（Spin），而且包括中性的或略带正面色彩的词汇，如灌输、再教育、思想改造、思想政治教育、新闻管理、公共关系、危机管理、广告、策略性传播、宣传性广告（Advocacy advertising）、形象管理、政治营销、公共外交、心理战、宣传运动、大众说服（Mass persuasion）、社会动员、心理操作（Psychological operation）、共识制造（Making consent）、国际传播等。宣传最终融入传播学（Communication），成为大众传播的形式之一，旨在从受众中获得宣传者所期望的反应。

1988 年，两位西方学者发表了《制造共识：大众传播的政治经济学》[14]一书，提出制造公众共识的宣传模式，在新闻的报道上受五种有利于扭曲事实的过滤机制，即媒体拥有权、广告、信息来源、炮轰（Flak，也有人译为"高射炮"）、反共和反恐。主流大众媒体的运作模式皆以营利为目的，由于多数媒体的拥有者是财团和投资人，因此在营运上不得不顾及他们的商业利益。由于多数媒体的收入来源是广告，因此广告客户是媒体实际上的控制者。媒体在新闻报道上必须顾及广告客户的政治与经济利益。媒体为了降低取得新闻来源与制造新闻报道的成本，赞助者所提供的消息成为媒体的新闻来源。其他的来源往往较难得到关注，甚至会被赞助者所排斥。媒体机构为降低营运风险，会刻意避免得罪报道不利于赞助者的新闻。炮轰泛指既得利益团体针对媒体报道的反击手段，形式包括书信、投诉、法律官司甚至立法行动，对媒体带来巨大的伤害。媒体不仅会丧失广告收入，而且会因为自卫花费巨额开销。该书原版发表于 1988 年，冷战尚未结束，作者当时仅将反共列为第五种过滤机制，再版时，作者认为反恐已经取代反共，成为第五种过滤机制作为社会控制手段的意识形态[15]。

与宣传对应的是反宣传，分为战术性和战略性两种。战术性反宣传指的是针对敌方某个具体的信息，如揭露中共关于疫情的谎言。战略性反宣传指的是针对敌国一套完整的传播政策，如中共设立对外广播、对境外媒体界的渗透等。反宣传包括多种方法，如新闻检查、无线电干扰、网络防火墙，甚至进入敌国执法[16]。

电影作为现代传媒最重要的传播手段之一，它的影响是巨大的。而电影的教育意义（也可称为洗脑作用），更是不可忽视的[17]。从传播学视角来看，电影的制作、发行、放映和效果是一个完整的传播过程，电影作为一门综合性艺术，以其独到的视听语言吸引观众。集商业性、文化性、艺术性、宣传性为一体的电影，跨越国界、种族、时代，成为民众文化生活的重要组成部分。

当电影、小说、报纸和电视成为政治宣传的工具时，文化就完美地融合进了宣传。一个人越有文化，受的宣传影响越大。我们可以看到一个奇怪的现象，大众媒体传播会产生一个大众文化，而该文化却摧毁个人的意志。埃吕尔认为，受宣传者在此过程中是同谋。有被宣传的欲望。这是因为，人们希望遵循群体规范以便融入社会，参加社会活动。他的看法与传统的观点背道而驰，因为后者认为，受宣传者都是受害者，专制的政权蒙蔽不知不觉的、被动的民众，无选择地接受它们的谎言。按照埃吕尔的观点，受宣传者绝不是无辜的受害者，是受害者引发宣传的心理作用，不仅导致其在身上发生作用，而且从中得到满足感。没有这一隐含的认同，没有这一当今技术时代每个公民所体验到的对宣传的需求，宣传本身是无法进行的[18]。这一情况不仅存在于西方的民主国家，也存在于像中国大陆这样的专制国家。中国大陆的大众文化为中共的专制政权推行其文化政策提供了基础。

四、中共的文化政策

电影作为一门综合性艺术，受文化政策的影响很大。文化政策是国家作为文化管理权力，行使主体对文化进行管理和规范的政治表现形态，是国家在文化艺术、新闻出版、广播影视、文物博物等领域实行意识形态管理、行政管理和经济管理所采取的一整套制度性规定、规范、原则和要求体系的总称[19]。这是中国语境下文化政策的本质，把意识形态管理置于行政管理和经济管理之上，是最优先考虑的因素。自中共建政以来，作为唯一执政党的中共所制定的文化政策是国家文化治理、文化规范的最高意志，体现出国家的文化发展意志与目标，具有最高的权威性。

1）中共文化政策的分期

文化政策并非一成不变，由于受多变的政治环境、复杂的历史背景以及动荡的世界格局的影响，中共的文化政策一直处在不断的调整和变化之中。中共文化政策的历史源头是 1942 年在延安召开的延安文艺座谈会和毛泽东的《在延安文艺座谈会上的讲话》（以下简称"1942 延安讲话"）。中共文化政策的建构则始于 1949 年 7 月召开的第一次中华全国文学艺术工作者代表大会（以下简称"第一次文代会"），此后的形成和发展过程根据政策的制定、调整和实施层面的特征，可以分为五个阶段[20]。通过召开文代会的形式，为一段时间内全国文艺工作设定方针、政策和任务，是中共执政后管理文艺事业的主要方式和手段[21]。文代会的召开是构建中国当代文学范式的仪式，也是中国当代文学范式嬗变的标志性事件[22]。

• 从 1949 年第一次文代会的召开至 1966 年 5 月文革爆发之前，可称为中共文化政策的建构阶段（以下简称"1949 建构期"）。第一次文代会对中共"十七年"的文学体制中几个重要构成要素的生成起到相当重要的作用[23]。

• 从 1966 年 4 月〈部队文艺工作座谈会纪要〉的发表到 1976 年文革结束，可称为中共文化政策的激进阶段（以下简称"1966 激进期"）。中共对电影的改造过程，由一元化和一体化建立、冲突、调整、强化、逐步走向激进主义[24]。

• 从 1979 年 10 月第四次文代会的召开到 1989 年六.四事件的第三阶段可称为文化政策的调整阶段（以下简称"1979 调整期"）。

第四次文代会是中国社会经济、政治和文化转型发轫的特殊时间节点，是中共十一届三中全会之后召开的规模最大、级别最高、内容最为复杂、过程甚为曲折的大会，对中国的思想文化和文学发展进程产生了复杂而深远的影响[25]。

• 从 1991 年 3 月出台〈中共中央宣传部、文化部、广播电影电视部关于当前繁荣文艺创作的意见〉以及 1991 年 7 月出台〈国务院批转文化部关于文化事业若干经济政策意见的报告〉至 2012 年可称为中共文化政策的转型阶段（以下简称"1991 转型期"）。中国电影逐步形成以主旋律电影为主体，其他电影为辅的多元结构[26]。

• 从 2012 年习近平担任中共最高领导人开启习时代，并于 2014 年中央全面深化改革领导小组第二次会议出台〈深化文化体制改革实施方案〉至今，可称为中共文化政策的强化阶段（以下简称"2014 强化期"）。

2）文化政策的文本

表 1. 本研究采用以下资料作为文化政策的文本

时期	政策文本	字数
1942 延安期	毛泽东《在延安文艺座谈会上的讲话》	19,000
1949 建构期	第一次文代会"郭沫若的发言""陆定一的发言""周恩来的发言"[27]	16,500
1966 激进期	〈林彪同志委托江青同志召开的部队文艺工作座谈会纪要〉	7,200
1979 调整期	第四次文代会"邓小平的发言""茅盾的发言""夏衍的发言""周扬的发言""大会决议"[28]	44,000
1991 转型期	中宣部、文化部、广播电影电视部印发〈关于当前繁荣文艺创作的意见〉的通知、国务院同意文化部〈关于文化事业若干经济政策意见的报告〉[29]	10,800
2014 强化期	〈文化部明确 2014 年文化系统体制改革实施方案〉[30]	7,300

注：六个时期的文化政策文本共有约 105,000 字。

3）文本挖掘法

对于文化政策文本的分析，一般的方法是采用定性分析法，由研究者仔细阅读各时期的政策文献，从而归纳出各时期的重点和特征。定性分析法的缺点之一是，由于采用人工的方法，如果文献的数量很大，需要耗费大量的人力。本文采用近年来迅速发展的计算机辅助的"文本挖掘法"（Text Mining，简称 TM）。文本挖掘是一个跨学科的研究方法，涉及多个领域，包括数据挖掘技术、信息抽取、信息检索，机器学习、自然语言处理、计算语言学、统计数据分析、线性几何、概率理论和图论等。文本挖掘法是数据挖掘方法在文本数据上的运用，目的是从大量非结构化的文本中挖掘信息，从中获取有价值的信息和知识。

文本挖掘（也称为"从文本中发现信息"，Knowledge Discovery from Text，简称 KDT）是由两位美国学者[31]在 1995 年首先提出的，而手工的文本挖掘研究出现得更早，（如"逐字解释的内容分析技术"，Content Analysis of Verbatim Explanations，简称 CAVE）在上世纪的 80 年代即已出现[32]。由于数据存储技术和互联网的不断发展，数据正以前所未有的速度增长。这些数据记录了人们的行为态度、交往过程和互动关系，为研究人们的社会化行为提供新的可能。传统研究方法在当前海量文本内容分析中已不再适用。文本挖掘可以利用机器学习、自然语言处理等计算机技术从大量文本数据中发现模式、规律、趋势等，为学者以定量手段进行社会科学研究提供新的方法。文本挖掘在社会科学领域研究中的应用得到了越来越多的关注[33]。随着计算机技术的发展，越来越多的学者开始借助文本发掘技术进行研究。例如，国内有大量的学者对《红楼梦》从不同的角度，如程度副词，心理动词，非词语化，副的重叠等，进行分析[34]。

本文的分析对象限于文字本身（词汇），涉及分词。成熟的分词软件有多种，比较出色的是"结巴分词"。本文的中文处理采用 R 软件[35]，统计分析采用 SAS 软件[36]。

4）结果

本文对六个时期政策文本分别进行词频统计，以下是各时期按降序排列的 30 至 40 个高频词（见表 2）。

表 2. 各时期政策文本中的高频词

时期	高频词（降序）
1942 延安期	文艺，群众，革命，资产阶级，人民，艺术，文学，政治，工农，同志，无产阶级，普及，阶级，马克思，知识分子，根据地，立场，人民大众，团结，敌人，抗日，党，爱，人性，歌功颂德，改造，大众，农民，工人，统治，文化，封建，鲁迅，作家，军队，延安，服务，八路军，出身，新四军
1949 建构期	文艺，人民，革命，文学，艺术，领导，运动，部队，代表，改造，人民解放军，新文化，敌人，毛泽东，统一战线，团结，政治，农民，国民党，群众，解放区，新民主主义，资产阶级，斗争，反动，工人，无产阶级，民主，建设，人民大众，五四运动，封建，文化，帝国主义，普及，反封建，反帝
1966 激进期	毛泽东，社会主义，思想，资产阶级，作品，创作，京剧，部队，斗争，无产阶级，文化，英雄，江青，两条道路，群众，人民，工农，艺术，军队，领导，错误，历史，现代化，党，敌人，反对，黑线，著作，电影，文化战线，修正主义，方向，才华，林彪，马克思，题材，影片，反党，反动
1979 调整期	文艺，人民，艺术，社会主义，革命，文学，作家，创作，历史，四人帮，文化，斗争，作品，现代化，思想，政治，批判，群众，精神，马克思，林彪，毛泽东，民族，理论，创造，领导，实践，传统，无产阶级，团结，建设，电影，服务，现实主义，运动，思想解放，自由，解放思想，党中央，科学技术，世界观，浪漫主义，民主，百花齐放，百家争鸣，苏俄，意识形态
1991 转型期	文艺创作，创作，艺术表演，文化部，部门，文化部门，繁荣，影坛，管理，广播，组织部，人员编制，事业单位，学校，群众斗争，上层建筑，演剧队，规划，提高警惕，条例，制度，党，生活理想，宣传部，经济，专业化，社会保障，思想道德，政策措施，人民大众，提炼，马克思列宁主义，理论工作者，毛泽东思想，深入基层，作曲，经费，财政部，传播，整风，法制，民族风格，执政党，资金投入，统一战线，中央财政，业务费，政治部，中外合作

2014 强化期	文化，企业，文化产业，市场，改革，艺术，对外，管理，文化遗产，投资，财务司，国有，融资，金融，体制改革，用地，产品，试点，增值税，电影，改制，经营，优惠政策，扶持，创新，公司，技术，开发，税收，资本，资产，财政，基金，监督，品牌，事业单位，投入，文化交流，专项资金

由于高频词未进行整理归类，各时期之间存在的联系并不一目了然，仅有一点较为明显：1966 激进期时，"毛泽东"一词的频率最高，突显当时毛的地位，为文革十年的极左路线铺平了道路。我们对各时期的高频词进行分类如下（见表3）。

表 3. 各时期高频词的分类和分布

类别	高频词	时期					
		I	II	III	IV	V	VI
斗争	革命、反封建、反帝、抗日、帝国主义、阶级、斗争、无产阶级、资产阶级、两条路线、修正主义、黑线、反党、两条道路	有	有	有	有		
马列	马克思、列宁、马列主义	有		有	有		
民众	人民、大众、工人、农民、工农、人民大众、知识分子	有	有	有	有	有	
军队	军队、部队、解放军、八路军、新四军	有	有	有			
毛泽东	毛泽东、毛泽东思想	有	有	有	有	有	
民主	自由、民主、思想解放、解放思想、百家争鸣、百花齐放、人性	有	有		有		
体制	体制、改制、人员编制、条例、制度、组织部、事业单位、法制、体制改革、编制					有	有
经济	经济、财政、经费、对外、合作、交流、中央财政、作价、业务费、资金投入、财政部、中外合作、优惠政策、财务司					有	有

注：（1）I、II 至 VI 分别表示 1942 延安期至 2014 强化期；（2）由于是关于文化政策的文本，各期均有文化、艺术、文学等高频词，表3未列。

如表 3 所示，从 1942 延安期直至 1979 调整期，"斗争"一类的词汇占上风，但是进入转型期后，斗争、革命的重要性日趋下降，让位于经济改革。马克思、列宁及马克思列宁主义在 1991 转型期之前仍为主旋律之一。1949 建构期虽未形成高频词，却仍有提到。但是进入转型期后，马列主义的重要地位终被经济和改制取代。人民大众一直是各期文化政策的重点，但是，进入强化期时，也逐步失去往日的关注。毛泽东及毛泽东思想在强化期之前一直占据重要地位，特别是 1966 激进期占据首位，但是在强化期，毛泽东也被迫退出中国的文化舞台。

尽管中共是一个专制的国家，但是在它夺取政权以前以及刚刚掌握政权时，中共还须打出民主和自由的旗号。但是在激进期，民主让位于两条路线的斗争，虽然此旗号在调整期又一度重新返回，但在转型期和强化期也让位给经济和改制。特别值得一提的是有两类高频词仅存在于调整期和强化期，这就是"体制"和"经济"。转型期和强化期明显地侧重文化系统的体制改革，而且经济问题被提到议事日程上来。尤其是强化期，主要精力放在市场，投资，融资，金融，用地，产品，增值税，经营，优惠政策，扶持，税收，资本，资产，财政，基金，投入，专项资金等方面。

以上是对各时期之间关系的分析，我们再来研究各时期各自具有的独特之处。表 4 列出了仅在某个时期出现，而在其他时期并未出现的词汇。

表 4. 各时期独有的词汇

时期	独有的词汇
1942 延安期	人性，功利，同盟军，超阶级
1949 建构期	人民解放战争，官僚资本，群众团体，政治协商会议，美帝国主义，土地改革
1966 激进期	样板，党性原则，白虎团，毒草，沙家浜，威虎山
1979 调整期	四人帮，思想解放，解放思想，极左，意识形态，革新，伤痕，安定，篡党，流毒

1991 转型期	资金，财力，转业，筹集，法规，著作权法，资助
2014 强化期	企业，文化产业，市场，财务司，融资，金融，用地，增值税，改制，机制，科技，优惠政策，开发，资本

如表 4 所示，中共夺取政权以前，为争取民心，其政策还提到人性（当然是所谓的无产阶级人性）、同盟军。而到了建构时期，关注更多的是土地改革、国内战争（第一次文代会时并未完全结束）、政治协商会议。进入激进期时，其特点是样板戏和批判所谓的毒草。调整期的特色是解放思想、反对"四人帮"、安定团结。转型期以经济、转型为特色有异于其他各期。强化期则以改制、进一步强调经济为其特色。

概言之，中共的文化政策经历了从强调阶级斗争转向注重经济和加强体制的过程。

五、中共对电影的管控

毋庸置疑，强化期注重改制和经济并不意味着中共放弃或放松对文化的管控，而是因为通过数十年几代共产党人的经营，严密的政治控制已经完全建成。中共历来重视舆论和宣传，对电影自然不会不倍加重视。电影作为一种艺术形式，教育性是其重要的特性之一。电影自引进中国以来，教育性一直备受重视。尤其是在中共电影发展的过程中，教育性的内涵发生过变化，集中反映在电影教育所蕴含的政治、道德、审美、娱乐等诸功能元素在实际发展的过程出现排位的变化，呈现出某些功能的突显、倾斜与扩张[37]。

革命伦理和道德教化体系，是中共在上个世纪逐步构建和发展起来的。考察文革前的教育成长主题电影，会发现无论是革命小英雄模式，还是后进变先进模式，都将个体成长与中共的革命联系在一起，诠释了革命伦理与道德化体系对个体的构建和生成作用。电影创作既受到政府意识形态的强大影响，自身又作为意识形态的一个方面，在宣传政府意识形态方面扮演一个重要角色[38]。

文军[39]对"红色电影"在中小学生爱国主义教育中的作用及运用进行分析，发现利用观看红色电影的形式能够起到较好的教育和启发效果。文军结合中小学生爱国主义教育的现状以及红色影视的优势进行探讨，认为学校要想达到较好的教育效果，就要选取合适的影片，引导学生们获得爱国主义思想的升华。

"主旋律电影"是弘扬国家主流政治意识形态和主导文化价值观的一类电影，是中共电影中提倡的、能够促进所谓社会主义精神文明建设的电影作品的总称[40]。中共建政后，主旋律电影以其特有的存在方式，一直在中共的电影市场上占据重要地位。具有鼓舞振奋风格的主旋律电影，传达着中共意识形态的思想内涵[41]。何梦云[42]通过分析长春电影制厂的历史，发现主旋律电影具有"一种特殊的意识形态"的本质、"意识形态国家机器之一"的效用，凸显主旋律电影本身的意识形态宣传性。

中共传统的思想政治理论课教学侧重理论灌输，缺乏实践认识，强调教师的主导性，忽视学生的主体性。近年来，大学引进的"微电影"既不是简单的政治宣讲，也不是传统的理论灌输，实现了高校思想政治理论课的思想课、政治课、道理课的统一，成为学生自我教育的有效途径[43]。还有学者发现，红色电影作为党史教育的传播载体，在巩固意识形态主导地位、党史教育阵地建设、提高大学生政治素养等方面具有重大价值，并在党史教育内容、教育方式和教育效果等方面发挥着独特功能[44]。

中共一方面用红色电影和主旋律电影强制推行其意识形态，另一方面对不合其意识形态的影片进行无情的打压和摧残，大量的优秀影片被禁。例如，田壮壮执导的《蓝风筝》（1993）、张艺谋执导的《活着》（1994）、韩倞和高富贵执导的《天安门》（1995）、陈冲执导的《天浴》（1998）、王兵执导的《夹边沟》（2010）等被中共当局以各种理由禁映。

六、实例分析

本节以两个实例[45]，陈凯歌等人执导的《长津湖》（2021）和吴京执导的《战狼 2》（2017），来分析中共是如何通过电影来推行其意识形态的。

1）影片《长津湖》

"长津湖之战"是朝鲜战争中，中共军队发动的第二次战役中的重要一仗。1950 年 6 月 25 日，北朝鲜军队越过三八线入侵韩国，挑起朝鲜战争。在精心准备的北朝鲜军队面前，毫无戒备的南韩军队不堪一击，迅速败退，逃至南韩国的最南部地区。6 月 25 日，联合国安理会通过决议，认定北朝鲜军侵略，敦促其撤至三八线。苏联在此期间缺席会议，没有动用手中的否决权。7 月 7 日，联合国安理会通过关于组织统一司令部的决议，美国的麦克阿瑟将军被美国总统任命为"联合国军总司令"。数月后，来自 18 个国家的军队陆续到达朝鲜半岛援助韩国。

为解釜山之围，联合国军于 9 月 15 日在仁川港登陆，切断了北朝鲜军队的后路，联合国军乘胜直奔中朝边境，大有全歼北朝鲜侵略军之势。中国不宣而战，于 10 月 19 日派志愿军秘密入朝解救溃不成军的北朝鲜军。中共此举纯属替人火中取栗[46]，对于这场战争的正义性，因篇幅和本文论题范围的限制，笔者不做更深入的讨论，看看现在的北朝鲜和南韩，答案不言自明：如果当年联合国不出兵，南韩人将过上北朝鲜人的生活；如果中共不出兵，北朝鲜人就会过上南韩人的生活。

联合国军未料到中共会出兵，也没有收到任何中共军队跨过鸭绿江的情报，被打得措手不及。11 月 25 日，中共志愿军在长津方面由宋时轮第九兵团（约 150,000 人）发起第二次战役，企图歼灭美军第十军下属的第 1 陆战师等部约 30,000 人。中共志愿军虽然人数上占据优势，却因准备仓促、后勤补给困难，遭受巨大非战斗减员（主要是冻伤）。同时，在联合国军的强大炮火和空中支援打击下，志愿军损失惨重。由于中共的参战，联合国军取消攻势，撤离北朝鲜，美国决定打一场"有限战争"[47]。长津湖一战，中共一个兵团的兵力围住美国陆战 1 师，没有能够歼灭，没有能够击溃，却付出巨大的代价，让美军全建制地撤出战斗，还带走所有的伤员和武器装备，总共有 193 艘满载人及物资的船只退回南韩，当中包括 105,000 名士兵、98,000 名平民、17,500 部车辆及 350,000 吨物资被送往釜山。在撤往釜山的船上，包括后来成为南韩总统的文在寅的父母[48]。

影片《长津湖》的主要情节讲述了志愿军战士伍万里（易烊千玺饰）在朝鲜战争中成长蜕变的故事。通过伍万里的视角，观众了解并感受到朝鲜战争的残酷和志愿军战士"少钢多气"的精神，引起观众的共鸣。长津湖之战中，志愿军的很多士兵在零下 30 多摄氏度的极端天气下，端着枪呈战斗队形冻死在阵地上，有三个连队的全体官兵以此方式献身，后人称之为"冰雕连"。

电影《长津湖》的制作方博纳影业，最早是在 2019 年 7 月，接到国家电影局关于拍摄朝鲜战争题材的任务。该影片在中共中央宣传部和国家电影局的直接指导下策划创作拍摄，得到中央军委政治工作部宣传局、北京市委宣传部及辽宁省、河北省委宣传部等方面的大力支持。该片是一次主旋律电影商业化的尝试，作为一部具有浓厚政治色彩的主旋律献礼片，该片是一部体量巨大的商业大制作电影。首先是阵容豪华，由著名导演陈凯歌等坐镇执导。演员阵容则由吴京和易烊千玺这两位国内极具票房号召力的演员领衔主演，还有多位中新代优秀演员加盟参演。整部电影投资超过 13 亿，拍摄近 200 天，7,000 名剧组人员，工作总人数达 1.2 万，超过 7 万人次群众演员参演，其中包括大量的解放军士兵，超大规模的服（装）化（妆）道（具）投入，堪称国产电影有史以来最大规模的战争片。

中共几十年来一直不提长津湖战役，是因为此战并未取得真正意义上的胜利，而且付出巨大代价。令人想不到的是，现在突然拍成电影加以宣扬。几年前美国人也拍了一部有关长津湖的纪录片《长津湖战役》，如实记录战役的起因，当事人的回忆，双方死伤等。中国拍的电影却将"悲惨的历史拍成励志的英雄史诗"。同一个话题的电影，美国重叙事，聚焦个体生命的惨剧，中共则重煽情，书写中共的威风。

中共掩盖事实、丧事当喜事办的手法在该片中表现得淋漓尽致。影片对朝鲜战争的真正起因只字不提，再次重弹"保家卫国"的老调。而中共不顾下级官兵的死活，致使很多官兵在极端严寒中没有御寒衣，被冻伤甚至活活冻死的悲剧却被描写成英雄之举。甚至编造出志愿军用火箭筒打飞机，在战场上抢走美军坦克与之飙车、并以炮弹打偏对方射来的炮弹，用卡车载着标识弹诱使美军飞机轰炸自家坦克等，离奇而又违反军事常识的闹剧。如果作为娱乐片，这些荒诞不经的桥段可以理解，而作为以历史背景为题材的严肃片，这样的安排就显得不可思议了。

尽管该片粗制滥造、赶工痕迹明显，质量不尽如人意，但是在国内的效果却出人意料得好。影片《长津湖》累计票房近 57 亿，成为中国内地票房最高电影，并刷新多项中国影史纪录。该片在国内上映后好评如潮，评分竟达 7.4 的高分。很多国内观众认为，该部影片场面震撼宏大，摄影很有新意，剧情起伏有戏剧化，值得一看。还有观众从民族情感方面点评，认为那些牺牲在冰雪中的战士，不应该被遗忘，后辈一定要牢记前辈为保家卫国做出的牺牲，砥砺前行。中共洗脑的目的达到了。

2) 影片《战狼 2》

如果说影片《长津湖》是基于史实的故事片的话，那么由吴京执导的《战狼 2》基本上是没有根据的瞎编了[49]。该片的剧情如下：冷锋（吴京饰）送战友的骨灰回老家，将坏人踢成重伤。因此被开除军籍、并被判刑，期间未婚妻龙小云（余男饰）向其求婚，却在前往边境执行任务时失踪。冷锋寻找龙小云时，在非洲被卷入某非洲国（连个国名都没有的臆想国）的动乱，冷锋率众人逃往中国大使馆。撤离到中国海军舰船上后，得知需要解救仍被困的中国工人，冷锋只身赴险前去营救。冷锋等人几经周折打败雇佣军和反政府武装，解救出工厂里的两国员工，并带领他们穿越交战区，返回中国军舰所在的港口。

《战狼2》取得票房和口碑的双丰收，是中国大陆主旋律电影类型化的成功作品之一。影片在中国大陆的票房总计近57亿人民币，是中国大陆上映的首部总票房突破50亿的电影，曾一度保持中国影史票房总冠军的纪录，是全球第一个非好莱坞制作且进入全球总票房前100行列的电影。

该片票房的成功得益于天时、地利与人和的相助。为了扶植国产电影，中共当局把每年的6月至8月定为国产电影保护月，全国各院线全力支持国产影片，不鼓励引进海外分账大片。其次，2017年恰逢解放军建军90周年，该片成为"八一建军节"的献礼片。为彰显对解放军的爱戴情怀，很多观众应时应景地选择观看电影。而一个月前的6月，印度武装入侵中国西藏非争议区事件，使得民众的民族情绪高涨，在一定程度上刺激了观众的观影热情和观影期待。有的年轻人观后表示，希望长大后可以成为像冷锋一样有责任、有担当、有勇气的男子汉。

据统计，中产阶级聚集的北上广深一线城市仅为该片贡献了19%的票房，而普通工薪阶层和劳动者聚集的三四线城市票房占比却达到40%。剧中主人公冷锋是一个胸怀大义、褪去军人光环的草莽英雄，而不是体制内的人物。他的诙谐、潇洒、自嘲、酗酒、狂奔踢球、展示肌肉这样的人物形象，突破了以往对正面英雄脸谱化的认知。这样的小人物凭一己之力，成为救众人于水火的英雄，让很多来自工薪阶层劳动者的观众产生共鸣，成为影片超高票房的重要来源[50]。

同济大学文化批评系教授朱大可认为，电影《战狼》系列非常清楚地凸显爱国主义，与中共所宣传的主旋律完全一致。该影片以"犯我中华者虽远必诛"为口号，展现中国军队在海外远距离执行任务保护国民震慑敌人的能力。一位观众看完后说道：中国人就该这样！得让老外知道一下我们的厉害！还有网友评论认为，中国军队让中国公民自信心满满，冷锋式的好男儿让中国人走到哪儿都心里有底。

然而，现实却很骨感，如果仅从互联网和影视剧看，中国现在无疑是最有血性的时代。不少人一开口就是民族的生存、国家的安危与世界的格局。网络上总是热血沸腾，今天灭日本，明天干美帝。但一触碰到现实，一走出电影院，一离开互联网，面对眼前的社会，中国人就怂了。正如朱大可所说，这是极度的精神分裂，这种分裂不仅是导演和整个制作团队的问题，也是中国国民现状的一种反映。打着爱国主义的旗帜，其实是民族主义的心态。民族主义的崛起是因为长期以来中国一直陷于一种民族自卑。如果是一个非常自信的民族，它就不需要用这种方式强调自己牛逼。越是强调自己牛逼的，都是内心非常深刻的无法摆脱的自卑[51]。

影片《战狼》不由使人联想起发生在华侨身上的悲剧。1975年，中共支持的红色高棉（即柬共）攻入金边，各国外侨纷纷到自己国家的大使馆躲避。其中最多是美国侨民，他们乘坐直升机到停在海上的美国军舰，撤离柬埔寨。金边的华侨更多，他们涌到中国大使馆前，但是大使馆大门紧闭，室内窗帘落下，任凭华侨涌在门前叫喊，使馆人员充耳不闻。后来，约20万至30万华人被柬共屠杀，无数华人开始大逃亡。部分华人侥幸逃到泰柬边境，过境后，他们拉起横额，"宁做美国狗，不做中国人！"

1998年5月13日至15日，印度尼西亚发生震惊世界的大规模有组织的、极其残暴的排华暴乱，首都雅加达市内有27个地区发生暴乱。暴徒们惨绝人寰的兽行令人发指，整个雅加达恰如人间地狱。

据不完全统计，不到三天的时间，仅印尼首都雅加达就有 5,000 多家华人工厂、店铺、房屋、住宅被烧毁，2,000 多名华人被杀。更令人发指的是，印尼暴徒还在光天化日之下，以极其残忍的手段丧心病狂地强暴数百名华人妇女，其中有 20 多名华人妇女因此而重伤死亡，包括一名 9 岁和一名 11 岁女童。同时发生在梭罗、巨港、楠榜、泗水、棉兰等地的类似暴乱所造成的华人生命财产损失更是无法估量。

美国、加拿大、香港、新西兰、澳大利亚、马来西亚、菲律宾、台湾等国和世界各地的华人民间组织纷纷表示极大的惊骇和愤怒，严厉谴责印尼政府，要求印尼政府迅速查清事情真相，对犯罪分子绳之以法，保护华人的合法权益，并对受伤的华人妇女表达了深切的关怀。

美国大使馆敦促其侨民离开雅加达，安排两架波音 747 包机，协助侨民撤离。美国政府认定该事件为种族歧视，批准了部分华人的避难请求，使这部分华人得以以难民身份进入美国。台湾籍侨民有 32,000 人准备撤离，台湾长荣和华航增加专机前往雅加达，由于雅加达机票难求和哄抬票价，长荣航空指示印尼职员，对无现金支付机票的台商、旅客和侨民，可以先登机，回台后再补交票款。中华民国外交部长胡志强在 7 月 29 日约见印尼驻台代表提出强烈抗议。香港国泰航空公司改派波音 747 客机飞行，每日增加 200 个机位，协助滞留在印尼的港人返港。香港特区的抗议群众更用黑漆涂抹印尼领事馆大门。新加坡唯一的一个机场 24 小时昼夜不停地营救难民。

而中共对印尼的态度却是"不干涉印尼内政"！中国大陆所有媒体一律禁止发表印尼"排华"事件，网络上出现的有关内容也多遭删除，北京大学学生组织的抗议行动被制止。对印尼的野蛮行径采取不报道，不谴责、不干涉的态度，甚至如期送给印尼政府四亿元贷款，使本来惊恐万分的苏哈托大受鼓舞。不仅如此，中国国内的各大报纸也似乎断绝了消息来源，对印尼发生的暴行非常陌生，好像印尼华人血管里流的不是中华民族的血液，摆出一副莫管闲事的姿态。最后，还是美国武力出面，阻止印尼惨无人道的屠杀行为，派出军舰从印尼接回大量华人。被救的印尼华人在抵达美国时，在船上打出了"宁做美国狗，不做中国人！"的横幅，成为中华民族历史耻辱与羞愧。

这就是"宁做美国狗，不做中国人！"的由来，中共的丑行狠狠地打了《战狼》的脸！

七、结语

吴京可能不会想到，他的影片《战狼》会以另一种方式扬名世界。当"战狼外交"成为新名词，国际社会印象深刻的不是该影片的台词："无论你在海外遇到了怎样的危险，请你记住，你的背后有一个强大的祖国"。而是中国外交官从以往常挂在嘴边的套话，变为咄咄逼人的恶语狠言。

习近平在 2012 年首次提出"世界正发生前所未有之大变局"，"当今世界正面临着前所未有的大变局，中国特色社会主义进入了新时代"。习近平对"百年变局"的判断是："时与势在我们一边，这是我们定力和底气所在，也是我们决心和信心所在"。百年变局是"中华民族伟大复兴"的"中国梦"。随着中国梦的实现，世界领导权将从西方让位于东方，加上全球疫情对欧美国家的影响，东升西降是时势所趋。中共也将中美关系从"新型大国关系"改为"新型国际关系"，其核心是以中国为中心的国际新秩序。

受宣传者不是无辜的受害者，中国大陆的大众文化为中共的专制政权提供了基础。中国人民需要再一次的洗脑，才能真正地融入世界。中共可以堂堂皇皇地对西方国家进行文化渗透，而中共依靠其严密的"防火墙"（如"防火长城"）阻止中国民众获得西方的信息。

目前，中国与西方世界的对峙是一场不对称的博弈。西方自由国家受文明的约束不会毫无顾忌地行事，而专制的中共却可以为所欲为。这就像两个摔跤手，一个是被绳索捆绑的大汉，另一个是手脚放开的莽徒，前景令人担忧。除非西方世界制定出有效的方法和措施，否则最终结局西方将负多胜少。

注释：

1　爱德华·享特（Edward Hunter）名为记者，实为美国战略情报局（Office of Strategic Services，OSS）成员，坚定的反共人士。.

2　Edward Hunter, *Brain-washing in Red China: the calculated destruction of men's minds*, New York: Vanguard Press, 1951.

3　Ryan Mitchell, "China and the Political Myth of Brainwashing", *Made in China*, 3, 2019, pp. 48-53.

4　同上。

5　Ron L. Hubbard, "The Brainwashing Manual", 1955, www.Abika.com.

6　David Salinas Flores, "Mind Control: From Nazis to DARPA", *SM Physical Medicine & Rehabilitation*,（2018）: 1-7.

7　Massimo Introvigne, "Brainwashing Theories: The Myth and the History of Mind Control", *Bitter Winter: A Magazine on Religious Liberty and Human Rights*,2021.

8　Jacques Ellul, *Propaganda: The Formation of Men's Attitudes*, Translated from French by Konrad Kellen and Jean Lerner, New York: Vintage Books, 1965, p.xi.

9　Nuno Rodriguez, "The War for the Public Mind Propaganda", *Journal of the Americas*, Second Edition（2020）: 120-132.

10　Garth S. Jowett and Victoria O'Donnell, *Propaganda and Persuasion*, Fifth Edition, Thousand Oaks, CA: Sage,2014, p.7.

11　Haroro J Ingram, "Propaganda During Conflict: Lessons for Counter-Terrorism Strategic Communications", *ICCT Research Paper*, 2016. www.icct.nl/sites/default/files/import/publication/ICCT-Haroro-Ingram-Brief-History-Propaganda-June-2016-LATEST.pdf.

12　约翰·福特，艺名 John Ford, 本名 John Martin Feeney (1894–1973), 美国著名的电影导演、海军军官。

13　T. P. Doherty, *Projections of war: Hollywood, American culture, and World War II*. New York: Columbia University Press, 1993, pp.25-26.

14 Herman, Edward S. and Noam Chomsky, *Manufacturing Consent: The Political Economy of the Mass Media,* New York: Pantheon Books, 1988.

15 Jason Stanley, *How Propaganda Works,* Princeton University Press, 2015.

16 Cull, Nicholas J., "Counter-Propaganda: Cases from US Public Diplomacy and beyond", *Transitions Forum,*（2015）, www.prosperity.com.

17 王晓云：〈中国当下主旋律电影与审美教育：以影片《建国大业》《建党伟业》《辛亥革命》为例〉，《电影文学》，2012 年第 7 期，页 28-29。

18 David Edwards, "Propaganda: The Formation of Men's Attitudes By Jacques Ellul", 2023. www.academia.edu/32348584/Propaganda_The_Formation_Of_Mens_Attitudes_By_Jacques_Ellul.

19 胡惠林：《文化政策学》，太原：苏海出版社，1999 年，页 3。

20 林洛：〈红色文化政策导言〉，博士后申请材料，2022 年，未发表。

21 王广锋：《中国文学艺术工作者第四次代表大会研究》，博士论文，中共中央党校，2016 年。

22 徐玉松：《中国当代文学范式的嬗变（1949－1985）：基于第一次至第四次文代会的考察》，博士论文，苏州大学，2016 年。

23 斯炎伟：《全国第一次人代会与十七年文学体制的生成》，博士论文，浙江大学，2007 年。

24 启之：《人民电影（1949-1966）：一个制度与观念的历史》，美国华忆出版社，2019 年，页 3。

25 邓小琴：《第四次文代会与当代文学结构的转型》，博士论文，浙江大学，2016 年。

26 尹鸿、凌燕：《新中国电影史（1949-2000)》，长沙：湖南出版社，2002 年，页 8。

27 选自《中国文艺网》，www.cflac.org.cn/wdh/cflac_wdh-1th.html。

28 同上。

29 选自《北京法院法规检索》fgcx.bjcourt.gov.cn:4601/law?fn=chl226s093.txt&truetag=1905&titles=&contents=&dbt=chl，《中国改革信息库》，www.reformdata.org/1991/0410/17322.shtml。

30 选自《人民网》，http://culture.people.com.cn/n/2014/0411/c172318-24885590.html

31 Feldman, R. and I. Dagan, "KDT - knowledge discovery in texts", In Proc. of the First Int. Conf. on Knowledge Discovery (KDD),1995, pp. 112-117.

32 如 Christopher Peterson, Barbara A. Berres, and Martin E.P. Seligman, "Depressive symptoms and unprompted causal attributions: Content analysis", *Behaviour Research and Therapy*, Volume 23, Issue 4, 1985: 379-382. Schulman, Peter, Camilo Castellon, and Martin E.P. Seligman, "Assessing explanatory style: The content analysis of verbatim explanations and the attributional style questionnaire", *Behaviour Research and Therapy*, Volume 27, Issue 5, 1989, pp. 505-509.

33 徐德金、张伦：〈文本挖掘用于社会科学研究：现状、问题与展望〉，《科学与社会》，2015 年 Vol. 5 Issue (3)，页 75-89。Hotho, Andreas, Andreas Nürnberger, and Gerhard Paaß. "A Brief Survey of Text Mining"，2005：pp.19-62，https://www.researchgate.net/publication/215514577_A_Brief_Survey_of_Text_Mining.

34 尹雪璐：《〈红楼梦〉程度副词计量研究》，硕士论文，河北大学，2011 年。周晓凤：《〈红楼梦〉心理动词多维度研究》，博士论文，吉林大学，2017 年。杨建军：〈定量分析法在中国现当代文学研究中的运用〉，《厦门大学学报（哲学社会科学版）》，2016 年第 4 期，页 35-43。

35 R 语言是一种免费软件，主要用于统计分析、绘图、数据挖掘和文本挖掘。R 开始由新西兰奥克兰大学的统计学家罗斯·伊哈卡和罗伯特·杰特曼开发，现在由 R 核心小组负责开发，同时也有其他用户编写诸多外挂的软件包，如本文发掘使用的 tm，tmcn 等。

36 SAS 统计分析系统（Statistical Analysis System），于 1966 年至 1976 年北卡罗来纳州立大学由两位生物统计学研究生编写和制定，最早只是一个数学统计软件，1976 年由 Jim Goodnight 及 John Sall 博士等人成立统计分析系统公司，并且正式推出相关软件。

37 熊立：〈教育性：中国电影的社会理性〉，《艺术探索》，2017 年第 31 卷第 1 期，页 123-128。

38 杜霞：〈革命伦理教化体系中的十七年教育成长电影〉，《东岳论丛》，2009 年 Vol. 30 No. 4，页 60-65。

39 文军：〈论红色电影在中小学生爱国主义教育中的作用及运用〉，《求知导刊》2017 年 10 月，页 13。

40 佟光耀、杨淑萍：〈主旋律电影的社会道德教化功能及实施路径〉，《思想理论研究》，2022 年，页 29-32。

41 王晓云：〈中国当下主旋律电影与审美教育：以影片《建国大业》《建党伟业》《辛亥革命》为例〉，《电影文学》，2012 年第 7 期，页 28-29。

42 何梦云：《主旋律电影推动意识形态宣传研究：以长影为例》，硕士论文，上海大学，2019 年。

43 田鹏颖：〈高校思想政治理论课实践教学新探索：关于微电影教学模式的若干思考〉，《河北大学学报（哲学社会科学版）》，2022 年 Vol 47，No 5，页 44-51。

44 罗海英、于秀文：〈红色电影融入新时代大学生党史教育的多元路径：以《1921》为代表的红色电影为例〉，《通讯师范学院学报》，2022 年 Vol 43，No 3，页 55-61。

45 本节论述参考了《维基百科》《百度百科》《豆瓣电影》等网站资料。

46 沈志华：《冷战在亚洲：朝鲜战争与中国出兵朝鲜》，九州出版社，2013 年 。

47 乔晞华、张程：《星火可以不燎原：中国社会问题杂论》，美国华忆出版社，2021 年，页 112-4。

48 以上敍述参考维基百科。

49 也有人认为是基于中共近年来的几次撤侨行动。

50 于超：〈现象级电影《战狼 2》的成功因素分析〉，《全球电影产业发展报告（2018）》，蓝皮书数据库。

51 何塞：〈战狼 2：票房冠军兼爱国强心剂？〉，2017 年，《文化经纬》，www.dw.com/zh/。

中共对囚犯的洗脑工程

杨子立

背景介绍

根据中国司法部提供数据，2012 年中国关押犯人 164 万[1]，与美国差不多。不过，看守所每年要关押 80 万人左右[2]。另有分析指出，如果考虑到中国的拘留所、戒毒所和学习班之类黑监狱，以及美国的受管制人员中有相当大的比例是缓刑、假释状态，那么中国被强制剥夺人身自由的人数将大大超过美国[3]。据劳改研究基金会提供的数据，中国的囚犯在 2009 年大约 300-500 万人[4]。

中国的囚犯除了在监狱服刑的囚犯，还包括在看守所被刑事拘留的犯罪嫌疑人、留在看守所服刑的犯人、在拘留所被行政拘留的违法人员、在戒毒所接受强制戒毒的人员，在少管所服刑的未成年犯人。此外，由于中国是个非法治国家，还有监禁法轮功和所谓邪教的各种学习班、强制转化学校，以及关押访民的黑监狱。对于中共官员以及特殊政治犯，中国还有无名看守所，或者借用宾馆，对中共官员进行双规，或者对政治犯进行可以长达六个月的指定居所监视居住，其实就是秘密失踪。

近些年中共对新疆穆斯林进行了大规模监禁，美其名曰职业培训，美国国务院估计总的被监禁人数超过 100 万[5]。

对于剥夺政治权利和缓刑、假释的犯人，中国也有社区矫正的政策，并且于 2020 年 7 月 1 日实施《社区矫正法》。进行社区矫正的犯人通常不丧失人身自由，主要由当地司法行政机构，比如司法所监控。因此进行社区矫正的人不在本文讨论的囚犯之内。

在历史上，除了以上强制剥夺人身自由的机关，另外还有劳教所，用于关押被判劳动教养的囚犯。1957 年 8 月 3 日，中华人民共和国国务院公布了《关于劳动教养问题的决定》，可以不经法院审判而剥夺公民人身权利，显然这是严重的侵犯人权。被劳教的人待遇跟被判刑的人待遇类似，尽管被认为是所谓的"人民内部矛盾"。经过公民社会的抗争，劳教制度于 2013 年被废除[6]。

更往前，中国还有收容遣送制度（1961—2003），所谓的无业游民可以被政府强制收容，被关押在收容所的人也相当于没有犯罪的囚犯，除了没有人身自由，往往也要被强迫劳动。2003 年发生了著名的孙志刚事件，由此触发要求取消收容遣送的公民权利运动，当年的胡温政府将收容遣送取消。

现在正式关押囚犯的地方是监狱、看守所和少管所。管理监狱和少管所的法律是《中华人民共和国监狱法》，而管理看守所依靠《中华人民共和国看守所条例》。在 1990 年之前，管理监狱和看守所依靠的法规是 1954 年中国政务院颁布的《中华人民共和国劳动改造条例》。1990 年 3 月 17 日国务院颁布了《看守所条例》，同时《劳改条例》中有关看守所的规定作废。1994 年 12 月 29 日开始实行《监狱法》，但《劳改条例》直到 2001 年 10 月才被国务院明文废除[7]。

中国政府对囚犯的劳动改造理论

总的来说，中共政府对囚犯实行的是劳动改造政策。《劳动改造条例》规定的劳动改造机关包括看守所、监狱和劳动改造管教队，简称劳改队。看守所用于关押未决犯，而监狱和劳改队用于关押已决犯。当时的劳改队主要分为劳改工厂和劳改农场。囚犯通常按照户籍所在地到当地监狱服刑，但是也有专门"流放"到西北或东北的做法。

中国现在的监狱、看守所系统来自历史上的劳改系统，而且中国的司法机关也承认在目前的监狱管理系统和先前的劳改系统是一脉相承的[8]。所以有必要先说清楚中共的劳动改造理论。

劳动改造的理论早在中共建政前就由毛泽东在《论人民民主专政》中提出过："对于反动阶级和反动派的人们，在他们的政权被推翻以后，只要他们不造反、不破坏、不捣乱，也给土地，给工作，让他们活下去，让他们在劳动中改造自己，成为新人。"[9] 可见，毛泽东是基于无产阶级专政（人民民主专政被认为是中国特色的无产阶级专政）理论，要把所有"反动阶级"进行强迫劳动进行改造。中共建政后，相当于临时宪法的《中华人民共和国政治协商会议共同纲领》沿用了毛的说法："对于一般的反动分子、封建地主、官僚资本家，在解除其武装、消灭其特殊势力后，仍须依法在必要时期内剥夺他们的政治权利，但同时给以生活出路，并强迫他们在劳动中改造自己，成为新人。"[10] 政协的这一规定是制定《劳改条例》的基础。所以从理论上说，中共的劳改系统，与其说是惩罚犯罪分子的场所，不如说更像纳粹德国的集中营，囚犯并非仅仅因为犯罪而是因为身份而被剥夺人身自由。

之所以叫"劳动改造"，首先当然是劳动，也就是压榨和剥削劳动力。其次是改造，也就是改造为服从中共统治的人，美其名曰改造为"社会主义新人"[11]。

中共是这样解释其劳改制度对囚犯的好处：

从事有益于社会的生产劳动，对于罪犯有着特别而重要的意义。第一，通过生产劳动，使罪犯了解社会财富来之不易，可以培养其热爱劳动、习惯劳动的思想，树立"不劳动不得食"的观念，矫正好逸恶劳、贪图享受等恶习；同时在劳动中可以培养其社会责任感和遵纪守法的精神。第二，组织他们从事适宜的劳动，可以增强体质，保持健康，避免在单纯的监禁中，长年无所事事，导致他们心情压抑、意志消沉、精神颓废，甚至萌生逃跑、自杀和重新犯罪等念头。第三，通过生产劳动使罪犯尽可能地掌握一种或几种生产技能及知识，可以为刑满释放后的就业谋生创造条件。防止他们因恶习不改或生活无着落而重新犯罪。第四，组织罪犯从事与正常社会条件和形式相同或相近的劳动，可以培养罪犯与他人或社会组织的协调和合作精神，使之在回归社会后能够尽快地适应社会环境。

——摘自《中国罪犯改造状况白皮书 1992》[12]

当然，劳改的目的不是为了犯人好，而是如何巩固中共的统治。劳改基金会出版了一套黑色文库[13]，里面大部分是劳改幸存者讲述的在监狱和看守所中的遭遇。在出版这套丛书的〈出版缘起〉的说明部分，是这样介绍劳改制度的：

1949 年中共夺取政权之后，参照了当时苏联的劳改制度，在斯大林派来的"古拉格"专家指导下，融合了毛泽东的"改造与生产结合"的思想，发展出这套具有中国特色的监狱制度。劳改是一套政治工具，一方面要消灭犯人的独立人格和意志，剥夺其人身和思想的自由，并美其名曰为"改造"。另一方面要利用这项庞大的无偿劳动力，为共产政权创造财富。[14]

1950 年代苏联派顾问进行"社会主义建设"也包括建立劳改系统。劳改基金会的网站收了若干篇苏联顾问普高夫根的讲话和答疑，传授劳改知识。针对中共建政初期的各种不规范，苏联顾问提供的主要意见就是规范化、制度化。这一方面要严格管理犯人，比如看守所要严格禁止未决犯与外界联系，要杜绝在监狱或劳改场所的犯人自由外出甚至回家探亲等现象；另一方面也提出过要保证犯人权利、不要酷刑殴打等野蛮管理办法。

残酷的劳动改造

劳动改造首先是强迫劳动。中共对囚犯的强迫劳动是非常残酷的。虽然根据苏联专家指定的《劳改条例》对囚犯的劳动时间、劳动环境有一定要求，但是由于中共的阶级专政理论，囚犯被认为是阶级敌人。在被认为是国家主人的农民都被奴役化的年代，囚犯遭受的折磨可想而知，这些在诸多的囚犯回忆录中都能看到。写这些回忆录的人往往也是一身伤病，九死一生，靠着运气和顽强的求生意志成为中共劳改的幸存者。

比如，《劳改条例》规定，"犯人每日实际劳动时间，一般规定九小时到十小时，季节性的生产不得超过十二小时。"这个规定时间已经很长了，但实际上囚犯农场的囚犯从天不亮干到天黑，尤其是在秋收时期，甚至只能睡一两个小时。囚犯不但时间长、劳动强度大而且受到监管人员的虐待，很多囚犯根本等不到释放那天就病饿而死。

中共官员当然不愿承认残酷的现实，但是官方文件偶尔也会透露。比如 1954 年，苏联顾问普高夫根在全国第二次劳改工作会议上讲："1953 年仅湖北沙洋农场就死了 609 名犯人，华东新人农场 1952 年冬至 1953 年因寒冷和饥饿就死了 165 名犯人，广东连县 1953 年死去了 593 名犯人，占犯人总数的 31%。"[15]

在饥荒年间，普通农民还大量饿死，那么囚犯的生命更难以保证。以甘肃的夹边沟劳改农场为例，1958 年关押的超过 3000 人当中，到 1960 年底活下来的只有 500 多人[16]。

劳改的残酷性除了体现在官方对囚犯的体制性压榨，还因为生存条件恶劣，导致囚犯之间为了一点点活命的资源而进行生死搏斗。比如吴弘达在其《昨夜雨骤风狂》中讲述其在延庆铁矿劳改队每到分发餐食的时候都要几个人严格保护窝头和菜汤，一不小心就被人抢走，就算追上，窝头也被人吃下肚里没有办法了。而 1961 年其到了清河农场后遭遇饥荒，犯人之间连争抢的力气都没有了，只能静躺着等死。除了看管警察的虐待，囚犯的头目也会欺压其他囚犯，那些最软弱的囚犯当然也就最先死去[17]。各种各样的残酷场景在诸多的回忆录中都有描述。

劳改队的囚犯洗脑

劳改改造所谓的改造，本质上就是洗脑。洗脑的第一步就是伏法认罪。不认罪就表示囚犯不服从中共的统治秩序，这是要严厉打击的。

由于中共的统治建立在不允许批评一党专制的基础上，所以大量根本不是犯罪的行为被当作犯罪。尤其是在毛泽东统治时期，大量的知识分子因为说了真话被打成右派，接受劳教和劳改。普通老百姓也往往因为得罪了中共官僚而被构陷政治罪名。所以很多有良心有骨气的人不愿意认罪。同时，由于中共长期迷信暴力，擅长刑讯逼供，也导致大量普通刑事犯罪的犯人被冤枉入狱，其中很多人不愿意违心认罪。

劳改系统对于不认罪的囚犯会加重惩罚力度，这叫"抗拒改造"，要受到酷刑甚至增加刑期的惩罚。毛统治时期枪杀的众多政治犯的判决书的用词中，除了"罪大恶极"，往往还有"不堪改造"，也就是说不接受改造是可以作为被杀理由的。比如李九莲案。李久莲在1969年因为给男友的信中表达了对刘少奇的同情（那时刘已经被打倒）而被告发被捕。1972年因林彪失事而获释。1974年李九莲到处呼吁反林彪无罪，要求给自己平反，反而遭到当局再次逮捕，并判刑15年。1976年文革结束，李九莲继续写信抗议对自己的迫害，但是继而在1977年以反革命罪名被判处死刑，并在处死前下颚和舌头被戳竹签以防呼喊[18]。

除了认罪，劳改机关少不了政治教育。在囚犯写的会议录中，往往都是一笔带过，因为那纯粹是走形式。一种形式是集中起来听机关干部做报告，也经常犯人小组讨论学习上面的指示和精神。犯人在劳累一天后还要专门学习讨论不能休息，也是一种变相折磨。学习会虽然是走形式，但是如果囚犯厌倦中共这套形式主义，坚持自己的人格就可能遭受酷刑。比如叶少华记载湖北沙洋农场劳改时期，有个难友每次开学习会一言不发，结果遭到组长（犯人头目）毒打，去取药时又受劳改医生刁难，于是上吊自杀[19]。

犯人努力完成生产任务是劳动改造的主要内容。囚犯都是干的重体力活，在毛泽东时代作为专政对象，更是吃不饱饭。在那种丛林环境中，囚犯自然会消极怠工甚至逃跑、自杀，犯人之间打斗、偷盗也很常见。所以劳改机关的洗脑主要围绕防止犯人不服从管理规定展开。从制度上讲，基本上也是胡萝卜加大棒两手。所谓胡萝卜就是对于服从管理，卖力劳动的犯人给予减刑等奖励。而对于不服从规定的则有加戴戒具、禁闭、加刑等惩罚。但是在毛泽东时代，减刑是很少的。在那个时代坐牢的回忆录里基本上没有正常减刑的记载。笔者有位北京第二监狱的狱友韩春生先生，在青少年时代曾经因为所谓"反革命宣传罪"判处15年徒刑，他也认罪正常服刑劳动，也是一天没有减刑。

在实践中，中共的劳改机关使用的惩罚手段当然不限于书面所列，其他主要是各种酷刑。对于"犯错误"的囚犯，进行吊打、群殴、饿饭、捆绑折磨、冷冻、暴晒各种酷刑。通常不需正式管教干部动手，自有其他囚犯充当打手。此外，对于需要利用的犯人，只需多给一点吃的，就足以令犯人感激涕零，死命效忠。

毛时代的劳改队除了压榨囚犯的劳动力，还可以把囚犯作为资源进行压榨的，就是唆使囚犯之间互相诬告，然后动用酷刑屈打成招，迫使囚犯承认莫须有的"反革命罪行"，比如攻击了毛、林领导人、贿赂腐蚀干部、企图逃跑等。如果死不承认，那就朝死里折磨，反正打死囚犯顶多算是个小错误，基本上不会追究，而一旦认罪，那就成为监狱干部升官的资本[20]。

中共的劳改本来是想把犯罪分子改造成有道德的"新人"，从政策上，改造也是要使坏人精神面貌一新，不再做坏事。但是在其阶级斗争理论指导下，大量坚持良心和正义的好人被抓进劳改队，而那些服从中共统治但利用这种极权体制做坏事的人却飞黄腾达。况且，真正的劳改队就是一个弱肉强食的丛林世界，尤其是食物短缺到危及每个囚犯生命的时候，囚犯们盗窃、告密、抢夺、助纣为虐成为普遍现象。《劳改条例》规定，"劳动改造必须同政治思想教育相结合，使强迫劳动逐渐接近于自愿劳动，从而达到改造犯人成为新人的目的。"[21] 实际上，劳改只能达到压榨劳动力的目的，而思想道德改造则是彻底失败的。

劳改对思想改造的失败原因当然也包括中共干部的特权和腐败。比如，文彻赫恩在《苦难的历程》中描写在青海林场劳改后强制劳动期间，看到干部们享受着各取所需的共产主义生活，劳改犯给他们提供免费的肉、菜、打制家具和各种服务，他写道："这样的土皇帝似的共产党干部在劳改队里要把我们都改造成社会主义新人，不是天大的笑话吗？"中共的腐败是制度性的，不仅仅体现在具体中共干部的贪腐上，也体现在制度性的包庇上。文彻赫恩的妻子被共产党干部强奸，但是中共为了维护自己的面子反而对受害者施加酷刑逼迫其承认诬告，所有的证人也都不敢说话[22]。下面这段话摘自丁酉的《往事追忆——荒原的隐私（八）》：

> 罗雀、捕鼠、挖野菜、抓蜥蜴，凡是咬得动的东西都往嘴里塞，这样的人活下来了，一点野外生存能力都没有的人大批死亡，豁出脸皮去偷去抢的人活下来了，还想洁身自好的人先入鬼门关。那是一场与死神捉迷藏的游戏，那是一场真正的"思想改造"。你若能彻底忘了那些"忠孝仁爱，礼义廉耻"只把自己当作一头动物，也许你还能在这场游戏中成为"胜者。[23]

如果说劳改还有一点效果的话，那就是囚犯们被切断了外界信息来源，而且在胡萝卜加大棒的政策下，自觉不自觉的相信中共向他们灌输的那套"革命道理"。比如，文撒赫恩是一名满族右派，被发配到青海农场劳改。为了立功受奖，他导演了《白毛女》《洪湖赤卫队》等歌剧，成为中共洗脑的宣传者。甚至他出狱后已经看清中共的残酷和欺骗而写下回忆录，也把三年大饥荒的原因归结为"苏修逼债"，因为即便他知道共产党会欺骗，但是因为信息封锁也难免接受部分被洗脑的结果。

通过劳动改造对囚犯洗脑基本上是一个回归野蛮时代的过程。那些要改造囚犯的中共干部大部分早就练出了铁石心肠，反而是那些抗拒中共洗脑保持良心的囚犯还能在残酷的洗脑中体现出人性来。叶少华的《红尘白浪》记载了1960年逃难的老百姓路过沙洋农场，在农场收获后的地里捡拾遗漏的麦穗救命。干部们坚持没收老百姓的所得，而包括作者在内的几个囚犯反而把省吃俭用节约下来的食物救济老百姓[24]。

当代中共监狱的洗脑

与劳改队同时存在的是监狱，根据《劳改条例》，监狱跟劳改队的主要区别是"主要监管不适宜在监外劳动的已判决死刑缓期执行、无期徒刑的反革命犯和其他重要刑事犯。"

1994年实行监狱法以后，中国劳改农场和劳改工厂也逐渐改称监狱，但是其劳动改造的理论和实践都没有改变。只不过一方面是称呼上与国际接轨，同时也为了改变"强迫囚犯劳动"的国际形象。

与劳改时代相比，专政对象从"反动阶级"变成了判刑的囚犯本身。笔者曾经在北京市第二监狱服刑，管理监区的警察就公开对囚犯训话："我们是人民民主专政国家，你们就是专政对象，刀把子在我们手里。"

由劳改队改名来的监狱仍然有工厂和农场。如果说毛时代的劳改队压榨囚犯劳动力是为了国家政权，那么现在市场经济条件下，监狱压榨囚犯主要为了监狱和监狱管理局的小金库部门利益和具体的官员的个人利益。处于市场经济下的中国监狱有了自身的经济利益，所以压榨囚犯劳动力的动力更强，只是在中国走向世界过程中受到外界关注不得不有所收敛。21 世纪初，笔者同案张宏海在浙江乔司监狱被强迫劳动，如果完不成繁重的任务仍然会受到禁止休息甚至殴打等惩罚。监狱利用无偿劳动力不仅给国内市场造成不公平竞争，甚至还出口国外。劳改基金会创办人吴弘达曾潜入中国搜集了中共出口劳改产品的证据，并因此而坐牢。

因此，中共监狱也往往同时经营企业。比如浙江监狱管理局同时也是浙江省东联集团有限责任公司的法人，局长、副局长等人同时也是公司的董事长、董事。如下图浙江省监狱管理局党委书记、局长王争的职务陈列：

王争

职务：

省监狱管理局党委书记、局长，省东联集团有限责任公司党委书记、董事长。

电话：0571-88256908

分管范围：

主持局党委和行政全面工作；负责省东联集团有限责任公司董事会工作。

简历

省司法厅党委委员、副厅长，省监狱管理局党委书记、局长，省东联集团有限责任公司党委书记、董事长王争，男，汉族，1969年11月出生，大专学历，中共党员。

图片来源：浙江监狱管理局官网

如果说中共监狱在 21 世纪跟毛时代相比有一些文明进步，那就是 2001 年加入了联合国《经济、社会文化权利国际公约》，同时为了与世界接轨，承认联合国《囚犯待遇最低限度标准规则》，并开始重视 1988 年就加入的联合国《禁止酷刑和其他残忍、不人道或有辱人格的待遇或处罚公约》，2005 年联合国酷刑问题特别调查专家诺瓦克来到中国在不经政府批准的情况下会见囚犯，这是至今唯一的一次。笔者 2004 年到北京市第二监狱服刑时，听犯人说，从 2003 年起，狱警随意电击殴打犯人的情形得到明显改善，监狱在劳动时间方面也有所规范，在胡温时代囚犯的人权成为人权评价标准之一。但是到了习近平上台，随着法治的倒退，中国的监狱管理更加不受联合国和外国人权机构监督，囚犯人权自然也在恶化，比如浙江长湖监狱政治犯吕耿松受到虐待被国际关注后，当局反而变本加厉剥夺其正常接见家属的权利。

监狱洗脑跟劳改洗脑一样，首先要求犯人认罪伏法。如果不认罪悔罪，那么即便立功受奖，也不会减刑。笔者在北京二监难友曾先生以贪污罪名判处死缓，因为觉得自己被冤枉了，不断上诉，笔者被释放时他已经坐牢 15 年但是还面临 16 年刑期，但假如认罪，以他受到的奖励，可能还有两三年就可以出狱，不至于后来病死在狱中。

监狱常见的洗脑方式包括：背诵监规、看新闻联播、写思想汇报、不定时训话、听讲座报告，以及其他文化教育活动。背监规是初进监狱的人都要求的，背不下来就要牺牲休息时间或受到更严厉的处罚。我在北京天河监狱及北京第二监狱的时候，新闻联播是囚犯们每天必看的，可见新闻联播本身就是洗脑工具，里面的内容不是为了让观众明白发生了什么事情，而是为了给观众塑造中共什么都好，外国什么都坏的印象。思想汇报也是要求每个犯人都写，如果不写，不但影响减刑假释，还影响宽管和严管分级，受到严管就施加更多限制。犯人如果打小报告，也就写在思想汇报里面。绝大部分思想汇报都是走形式，笔者坐牢时虽然没有认罪，但是也写思想汇报，每次六个字"本周平安无事"，以便干部们向上交差。干部训话几乎每天都有，普通训话是传达政策、通报事项、布置任务，如果要通过惩罚囚犯杀一儆百也是在训话时进行。有时候监狱也会组织囚犯集体听外来的中共干部做报告，效果跟新闻联播类似。

当代的中共监狱也鼓励囚犯自学考试，如果有囚犯得了学位，也是监狱领导干部的成绩。当然这是在不能影响压榨剥削囚犯劳动力的基础上，由囚犯在自由活动时间自学。因此，监狱允许家属或律师给囚犯送学习类的书，但是对于开启民智的所谓"不利于改造"的书籍则不予放行。因为狱警文化水平有限，有时也闹过笑话。我的律师朋友给我送书时，《围城》不能送入，但《联邦党人文集》却放行了，因为朋友说那是一本"爱国主义教育"的书。

洗脑的很重要形式是重复。刚进监狱的新犯人被要求歇斯底里地练习大喊"报告""到""是"这些服从命令的短语。还有就是练队列、叠被子、唱红歌，跟新兵训练差不多。通过这些训练让囚犯养成服从的习惯以及对红色政权条件反射式的拥护。

中共监狱除了直接给犯人洗脑，还通过囚犯中的"改造积极分子"向其他囚犯洗脑。这些积极分子可能是通信员、宣传员，也有的监狱叫"宣鼓"。这些囚犯宣传分子办黑板报、监狱刊物，对中共、对监狱管理机构、对狱警竭力美化称颂，当然囚犯们也知道这些人也仅仅是为了获得奖励而已。互联网兴起后，有些囚犯甚至上网为官方充当五毛，把洗脑工程扩展到全世界。

监狱中的政治犯和坚持申诉的囚犯虽然不再像劳改队时期当作"抗拒改造"加重刑罚，但是在购买食品、打亲情电话、与家属团聚同居等待遇上还是低人一等。这也体现了当局一贯的阶级专政思维，对于拒绝接受洗脑的囚犯还是要进行惩罚。

中共的监狱法虽然规定了"教育和劳动相结合的原则"，但是由于监狱变成了企业，而且使用的是几乎无偿的奴工，所以"教育"仅仅成了形式，赚钱成为第一位的[25]。监狱的看守也尽力使用囚犯为其个人服务。比如作者在北京第二监狱的时候，囚犯除了利用个人能力和关系为监狱牟利，而且还有为狱警打扫卫生，甚至替狱警填写加班记录。社会上的腐败在监狱里表现得更加明显，此处不再细述。总之这样的环境下要想把囚犯改造好是不太可能的。

看守所的洗脑

看守所是关押嫌疑犯的场所。现在看守所关押的囚犯叫"嫌疑人"，跟劳改时期叫"未决犯"相比，似乎体现了无罪推定，但实践上跟以前差不多。跟监狱相比，看守所没有自己的工厂，通常囚犯也不进行生产劳动。但是有些看守所也会私下承揽一些手工活交给囚犯完成，近些年推行规范化管理，看守所强化了配合审讯的功能，而剥削囚犯劳动力的现象有所减少。

由于监狱归司法局管辖，而看守所归公安部门管辖，所以看守所对嫌疑人的洗脑主要目的是配合审讯，让其承认指控的罪行。根据从看守所出来的人的各种记录，国内大部分地方看守所都人满为患，条件比监狱更恶劣，因此嫌疑人也有动机赶快认罪判刑离开看守所。由于刑讯逼供普遍存在，加上看守所的环境恶劣，家属禁止接见（只有少数留所服刑人员可以有家属接见），导致了躲猫猫死等各种稀奇古怪的死法。虽然在胡温时代由于公民社会活跃并且当局有意与世界接轨导致社会监督增多，对于改善看守所的人权所有帮助，比如北京的看守所普遍安装了空调暖气等设施，但是习近平上台后的司法倒退使得嫌疑人权利更加没有保障。网上可以查到各种惨死于看守所却无人负责的事件。

看守所对囚犯的洗脑方式首先是恐吓，常见的"坦白从宽、抗拒从严"只能对没有经验的罪犯有效。看守所环境的恶劣其实也是一种恐吓，即便是无罪释放者也会对再进看守所怀有深深的恐惧，从而有利于当局的维稳。跟监狱一样，背诵监规也是人人必过的坎，通过机械背诵来训练囚犯的服从习惯。看守所通常也要每晚强迫囚犯收看新闻联播进行洗脑。此外当然也鼓励囚犯互相检举揭发其他犯罪嫌疑人。检察院通常在看守所有个驻所办公室，理论上囚犯是可以检举揭发看守所的警察虐待囚犯的，但是驻所检察员跟看守所警方通常关系很好，不会真正受理。看守所的囚犯通常也要写思想汇报或者认罪反省一类的材料，这些也被当成看守所警察的"成绩"。

表面上看守所也要对囚犯"进行法制、道德以及必要的形势和劳动教育"，但由于看守所严酷的丛林状态，导致很多良心未泯的人在里面变得冷酷、麻木甚至心狠手辣，往往出来后二次犯罪。即便是有些知识分子良心犯，关押得久了也会培养出"兽性"来。比如大学老师闵和顺本来是受尊敬的老师，但是在看守所里不是靠学养，而是靠野蛮恶斗才能保护自己不受欺凌[26]。仅从这点就可以看出看守所对囚犯的洗脑即便也是失败的。

笔者曾经因参加学生社团组织"新青年学会"被北京市国家安全局抓到其所属的看守所监禁三年。那里关押的一半是所谓危害国家安全罪的嫌疑人，一半是借押的经济犯。安全局更加注重政治洗脑。一进看守所大厅，就是"对党绝对忠诚"六个大红字。除了看新闻联播、写思想认识，还有思想管教时常谈话了解囚犯的思想动态。安全局看守所也知道短期的关押期间不可能真正让囚犯，尤其是政治犯转变思想认识，因为经常关押外国人，所以不便使用暴力洗脑，主要手段是防止异端思想在囚犯们之间传播。笔者就因为在监室里谈论共产主义危害而整个监室在盛夏停止开空调。平常囚犯也没有纸笔可供书写记录真正的思考。在北京国安局看守所囚犯只能看一份报纸《北京日报》，囚犯只能通过这份党报和新闻联播了解外部信息。当时发生 911 恐怖袭击时，不但警察连囚犯都大多数幸灾乐祸，这里就有洗脑的部分效果。大部分囚犯被告知：离开安全局看守所的时候所看到的、所听到的都是国家机密，不准对外讲。

习近平上台之前和之初，学者们认为看守所归公安部门管辖是刑讯逼供的根源之一，建议转归司法部管辖。但是习的权力巩固后就没有了这些议论，而且由于言论环境日益严酷，揭露刑讯逼供也日益艰难。

学习班的洗脑

学习班兴起于文革，本来目的是促进造反派之间联合，但是在"阶级斗争为纲"气氛下成为整人和洗脑工具。任何人都可能被送进"学习班"，遭受批斗、侮辱、刑讯逼供，"学习班"成为遍布全国的牢笼，导致数不清的悲剧[27]。到了改革开放时期，学习班被取消。

到了江泽民时期，为了对付法轮功和所谓的"邪教"，中共当局又拾起了历史沉渣，大办学习班，强行拘禁信教群众进行洗脑。

对于法轮功修炼者这样的不服从群体，如果是个别人，当局会送到拘留所、劳教所、戒毒所关押，再严重的则判刑送监狱。如果是群体性的，当局就会开办所谓"学习班"进行强制洗脑。据法轮功修炼者描述，如果坚持信仰不悔改，会遭到各种惨无人道的酷刑，直到非法处死。法轮功的网站对这些酷刑有详细的描述[28]。法轮功的另一份报告〈中共酷刑虐杀法轮功学员调查报告〉[29]则收录了3653个已被证实的被中共迫害致死法轮功学员案例。发生这些酷刑的场所，除了看守所、监狱等正式囚禁机关，也有相当多的发生在"学习班"。

由于学习班关押无罪公民的便利性，也成为中共政府滥用的一个工具。比如在强制计划生育高潮中，很多地方多生孩子的家庭成员被送进学习班，交够了罚款才能出来。有些多生子女的父母逃跑了，其亲属甚至邻居被关进学习班，直到本人"投案自首"。比如引发陈光诚案的临沂暴力计生[30]名义上是学习计划生育政策，实际上就算虐待和惩罚。

此外，中共当局对于少数民族也采用办学习班强制洗脑的办法。2017年以来，中共在新疆建立了大量的"再教育营"，自称职业培训学校，关押了数万到超过100万以维吾尔人为主的穆斯林民众[31]。中共对外宣称办培训学校是为了反"恐怖主义"和"极端主义"（对内宣传则加上"分裂主义"，合称"三股势力"），但是这些所谓学员因为被剥夺了人身自由，其实等于囚犯，只不过要被迫接受中共的汉化及反宗教洗脑教育。并且这些学员被要求接受采访或者拍摄视频时按照官方的要求说谎[32]。由于引起了广泛的国际关注，读者可以通过维基百科的有关词条[33]找到大量相关的报告和研究。

其他监管机构的洗脑

劳教所。劳教场所是实行劳动教养的场所。劳动教养被中共说成是人民内部矛盾，所以不需要判刑就可以剥夺公民人身自由最长 4 年。劳动教养跟劳动改造本质上是一样的，跟判刑的犯人一样进行高强度劳动。管理上稍微松一点，比如对于表现好的囚犯可以回家探亲。但是在毛泽东时代由于滥用劳教，而且有些戴着右派或坏分子帽子的人一旦进入劳教根本没有停止期限，所以劳教跟劳改没多大差别。吴弘达在自传中描述了自己被劳教后抢着进劳改队的情景[34]。1957 年开始实行的劳教制度只是根据国务院的一个决定[35]，目的是"为了把游手好闲、违反法纪、不务正业的有劳动力的人，改造成为自食其力的新人"，实际上这些模糊用词本身就赋予了政府可以剥夺公民人身自由的权力。著名的马三家女子教养院关押了大量含冤上访的女访民，里面充斥着各种酷刑虐待，还有人为此拍摄了纪录片[36]。2013 年 12 月 28 日，第十二届全国人大常委会通过了《关于废止有关劳动教养法律规定的决定》，劳动教养制度正式废止。劳改队的那些洗脑措施完全适用劳教所，当然其洗脑效果也是失败的。

少年犯管教所。这是关押少年犯的地方，跟监狱类似，也要进行劳动改造，只是劳动强度没有那么高，而且更多是手工活。少年犯可以在里面学习初中文化课，这是区别于成人监狱的地方。据网上流传出来的描述以及笔者在监狱时听到的情况，少年犯因为精力旺盛往往更容易在狱中以折磨人为乐趣，只要别太过分，警察一般也不管。不过，少年毕竟可塑性大，如果碰到好的警察，很多少年犯还可能改邪归正。

拘留所。拘留所是实施行政处罚中的拘留措施的地方。通常拘留时间为 3 到 15 天。因为时间短，除了背背监规，没有限制人身自由之外的特别措施。

戒毒所。这是强制戒毒的地方。通常戒毒所的管理类似看守所，被强制戒毒的人不算犯罪，类似以前的劳教，属于行政处罚，通常一到两年可以释放。

由于拘留所和戒毒所是行政处罚，无须开庭审判那么麻烦，地方政府往往把根本没有违法行为的良心犯送到拘留所关押或者送到戒毒所进行强制洗脑。根据各地不同情况会施加或多或少的酷刑。

精神病人监狱和精神病医院，病人监狱则是收治年老、有病、不能劳动的囚犯，如果囚犯有精神病通常会送到病人监狱。按说有病应该保外就医，但实际上只有少量有特殊关系或者濒死的囚犯才能保外就医。精神病医院本是看管治疗精神病人的，但是近年来越来越多的维权人士被政府当成精神病人送入精神病医院接受强制治疗。笔者在北京市第二监狱时，同案徐伟因为所谓的反改造行为被捏造精神病送入接收精神病囚犯的延庆监狱，而且因为不吃药被绑在铁床上长达半个月。北京维权人士张文和被五次送入精神病院看管起来。

黑监狱以及不具名看守所。黑监狱是临时性羁押受害者的地方，可以是旅馆、机关单位的空房、临时租借的住房，也可以是任何一处可以方便看管的地方。地方政府为了维稳，普遍使用黑监狱对付访民，有时候在"敏感日"用于对付政治异议人士。北京的政治犯李海曾在两会前被临时关押在一个地下室，经过抗议后来再到"敏感日"改为待遇较好的"被旅游"。设立黑监狱本身就是违法的，所以通常连形式上的教育也没有，只有为了关押方便切断受害者一切外部联系。为了让关押者感到恐惧，加上看守的低素质，对访民的虐待倒是家常便饭[37]。中共官员受到双规或者政治犯刚被逮捕受到指定居所监视居住，也会送到黑监狱，以便刑讯逼供且不为外界所知。官员和政治犯有时候会送到不知名的看守所接受审讯。笔者的一个政治犯朋友曾经在北京小汤山附近的一处无名看守所受到审讯和酷刑，那里有武警近距离监控，禁止任何闲谈，据推测可能是军队看守所。

小结

中共对囚犯的洗脑首先体现在服从性，无论是暴力洗脑还是宣传重复，让囚犯服从命令是首要的，在此基础上，达到剥削囚犯的劳动、听从官方管理、乃至拥护中共领导的目的。表面上的教育也包括了促进囚犯放弃恶劣习惯、培养健康心理、提高道德水平、学习知识技能等良好目的，但是在一党专制造成的黑暗统治下，囚犯只能在暴力强迫下部分接受服从命令的洗脑，至于提高道德水平这些目标则是完全失败的。

注释：

1　〈全国共有监狱 681 所押犯 164 万〉，全国人大网，2012 年 4 月 25 日，www.npc.gov.cn/zgrdw/huiyi/cwh/1126/2012-04/25/content_1719250.htm

2　〈聚焦看守所〉，财新网，2010 年 4 月 1 日，magazine.caixin.com/2010-03-29/100130180.html?p1

3　〈究竟哪个国家在系统性地制造人权灾难？〉，www.cdp1998.org/file/2015112301.htm

4　《劳改——中国特色的罪与罚》，吴弘达主编，纽约：安博拉奇出版社，2009 年，页 27。

5　美国国务院：《2019 国际宗教自由报告》。

6　2013 年 12 月 28 日，第十二届全国人大常委会通过了《关于废止有关劳动教养法律规定的决定》。

7　〈国务院关于废止 2000 年底以前发布的部分行政法规的决定〉，中国政府网，《国务院公报》2001 年第 32 号 www.gov.cn/gongbao/content/2001/content_61147.htm

8　〈中国共产党领导下中国监狱改造罪犯的初心和使命〉，司法部官网，2021
　　年 6 月 25 日，www.moj.gov.cn/pub/sfbgw/jgsz/jgszzsdw/zsdwzgjygzxh
　　/zgjygzxhxwdt/202106/t20210625_428859.html

9　见"中文马列主义文库"，www.marxists.org/chinese/maozedong/marxist.org-
　　chinese-mao-19490630.htm

10　〈中国人民政治协商会议共同纲领〉第七条，中国政协网，
　　www.cppcc.gov.cn/2011/12/16/ARTI1513309181327976.shtml

11　〈中国的劳改制度：历史与宗旨〉，劳改研究基金会，
　　laogairesearch.org/%E5%8B%9E%E6%94%B9%E5%88%B6%E5%BA%A6/?
　　lang=zh-hant

12　国务院新闻办公室：《中国改造罪犯的状况》（白皮书），法律出版社 1992
　　年 8 月版，页 5。

13　劳改研究基金会出版的电子书网址，laogairesearch.org/publications/，可以
　　免费下载。

14　这套丛书每一本都有相同的"出版缘起"，比如第一集，徐文立：《我以我
　　血荐轩辕》，华盛顿：劳改研究基金会出版，2001 年，页 009。

15　劳改纪念馆网上数据库，laogairesearch.org/archives/soviet-adviser-
　　pugaofugens-remarks-at-the-second-national-conference-on-laogai-work/

16　赵旭：《夹边沟惨案访谈录》，华盛顿：劳改研究基金会出版，2008 年，页 18。

17　吴弘达：《昨夜雨骤风狂》，华盛顿：劳改研究基金会出版，2003 年，页 100-
　　122。

18　《维基百科》词条：〈李九莲〉，https://zh.wikipedia.org/wiki/%E6%9D%8E%E4%
　　B9%9D%E8%8E%B2

19　叶少华：《红尘白浪》，华盛顿：劳改研究基金会出版，2004 年，页 161。

20　文彻赫恩：《苦难的历程》，华盛顿：劳改研究基金会出版，2003 年，页 126。

21　《百度百科》词条：〈中华人民共和国劳动改造条例〉，第二十五条，
　　https://baike.baidu.com/item/%E4%B8%AD%E5%8D%8E%E4%BA%BA%E6
　　%B0%91%E5%85%B1%E5%92%8C%E5%9B%BD%E5%8A%B3%E5%8A
　　%A8%E6%94%B9%E9%80%A0%E6%9D%A1%E4%BE%8B/18561657?fro
　　mModule=lemma_inlink

22　文彻赫恩：《苦难的历程》，华盛顿：劳改研究基金会出版，2003 年，页 115-
　　122。

23　丁酉：〈往事追忆 荒原的隐私（八）〉，《华夏文摘》，刊登在 2010 "华夏
　　快递"栏目，http://archives.cnd.org/HXWK/author/DING-You/kd101222-
　　3.gb.html

24 叶少华：《红尘白浪》，华盛顿：劳改研究基金会出版，2004 年，页 231。

25 慕彦臣：〈中国监狱人权状况恶化的经济原因〉，《中国劳工通讯》2005 年 12 月 28 日，clb.org.hk/zh-hans/content/%E4%B8%AD%E5%9B%BD%E7%9 B%91%E7%8B%B1%E4%BA%BA%E6%9D%83%E7%8A%B6%E5%86%B 5%E6%81%B6%E5%8C%96%E7%9A%84%E7%BB%8F%E6%B5%8E%E5 %8E%9F%E5%9B%A0

26 闵和顺：《我和我的三个半奴隶》，华盛顿：劳改研究基金会出版，2005 年，页 162-168。

27 张杰：〈文革学习班：遍地牢笼〉，《爱思想》，www.aisixiang.com/data/56379.html

28 〈明慧二十周年报告：酷刑折磨〉，《明见网》，www.ming-jian.net/千古奇冤/ 中共为什么迫害法轮功/7443-明慧二十周年报告：酷刑折磨. html

29 原文链接：www.minghui.org/mh/articles/2013/12/7/中共酷刑虐杀法轮功学员 调查报告-1--283668p.html

30 《维基百科》词条：〈临沂计划生育事件〉，zh.wikipedia.org/wiki/%E4%B8% B4%E6%B2%82%E8%AE%A1%E5%88%92%E7%94%9F%E8%82%B2%E4 %BA%8B%E4%BB%B6

31 联合国人权高专办报告，OHCHR Assessment of human rights concerns in the Xinjiang Uyghur Autonomous Region, People's Republic of China | OHCHR，转引联合国消除种族歧视委员会报告中的人数， www.ohchr.org/en/ documents/country-reports/ohchr-assessment-human-rights- concerns-xinjiang-uyghur-autonomous-region

32 联合国人权高专办报告，第 39-44 节。

33 链接是：https://zh.wikipedia.org/wiki/新疆再教育营。

34 吴弘达：《昨夜雨骤风狂》，华盛顿：劳改研究基金会出版，2003 年，页 85- 87。

35 〈国务院关于劳动教养问题的决定〉，百度百科，baike.baidu.com/item/%E 5%9B%BD%E5%8A%A1%E9%99%A2%E5%85%B3%E4%BA%8E%E5%8 A%B3%E5%8A%A8%E6%95%99%E5%85%BB%E9%97%AE%E9%A2%98 %E7%9A%84%E5%86%B3%E5%AE%9A

36 杜斌：《小鬼头上的女人》（纪录片），www.youtube.com/watch?v=sFEl7oophB0

37 RFA：〈访民在驻京办黑监狱受虐待令人发指〉，www.rfa.org/mandarin/ yataibaodao/fangmin-20080122.html

IV

国际视野下的极权和洗脑

国际外交中的中共洗脑宣传

余茂春

　　谢谢夏明博士，也谢谢我的老朋友宋永毅先生邀请我出席这个重要的会议。我也感到很高兴能在这里重逢久违的其他旧识，结识新的同仁和学者。近几年因为太多事务缠身，失去了和朋友保持联系的不少机会，尤其是中文圈子里面的朋友，更是相见甚少。所以我今天在这里有如鱼得水的兴奋之感。

　　会议主持人请我讲讲对洗脑的看法，尤其是洗脑在中国的国际交往中间的一些实际的操作和运用。今天我就来简单谈一谈我的一点心得体会，希望大家不吝指正。

　　我认为洗脑是一个很残暴，让人细思极恐的词汇。头脑本是人类精神活动的中枢，是思想和灵魂界域的核心，是认知世界的关键领域。一个人的认知世界通常是随着环境的变化，年龄的增长，身体的发育和教育的获取而不断变化，趋向成熟、理性和智慧。但是通过系统的政府政策措施，强行的暴力和恐吓来改造和控制人的精神和灵魂，操纵人的思维的全社会工程则是二十世纪共产主义运动的突出劣迹。自由世界对共产主义运动的空前绝后的大灾难的研究通常都是集中在其对人类肉体和生命的巨大摧残和毁灭之上，但是在对共产主义运动对人类思想精神和灵魂认知上的改造、破坏和掌控则缺乏足够的研究和讨论。

　　我们现在身在自由的美国，对大多数的美国人来讲，洗脑这个词是在七十年前的朝鲜战争之后才开始熟悉起来的，其词源就是中共公开宣传的"思想改造"。对于在自由的认知环境里生长的美国人来讲，当时十分令人震惊的是居然有二十一位朝鲜战争中被俘的美国士兵愿意背叛自由，在 1953 年选择战后去到共产党中国。这些人在中国被中共强行举办学习班之后，还自觉自愿地赞美欣赏共产主义制度，美国人民对此无从理解，自然地认为这些人的脑筋被共产党洗刷过了。于是当时中共公开宣传的"思想改造"（Thought Reform）一词就在美国被直接翻译成"洗脑"(Brainwash)。

共产党的洗脑在当时的美国造成了巨大的恐慌。原因之一是这样一来，共产主义对美国政治社会制度的威胁，就已经超越了肉体、种族和国界。而这种威胁很可能来自于就在你身边受过共产党洗脑的邻居、同事、甚至亲戚，让你无法辨认，更无从反击，因为被洗脑的这些美国人看似平常，但实际上是听命于中国共产党，其新的人生使命就是摧毁美国的民主制度，颠覆美国的自由。

这种对中共洗脑战术的恐慌，不仅反映在美国政府和国防情报系统，更重要的是它也反映在美国的大众文化里面。其中最有代表性的，就是 1959 年出版的一本书，叫作《满洲竞选人》(The Manchurian Candidate)。作者康登（Richard Condon）在这本轰动一时的畅销书中，讲述了一个貌似虚构，但很大一部分美国人都有切身感受的故事：几个美国大兵在朝鲜战争中被共产党的突击队抓获，然后共产党把这一群美国战俘押送到中国东北的满洲进行"思想改造"。该书对共产党的洗脑手法、理论和具体的操作，有令人毛骨悚然的细致描述。通过系统的洗脑之后，这些美国战俘回到了美国，重新融入美国社会，似乎没有任何异样。其中一名叫作萧（Raymond Shaw）的战俘，还因为在洗脑过程中共产党为他精心编造的战斗表现，回国后获得了美国政府授予的最高荣誉奖章（The Medal of Honor）。但是，实际上萧是一个由共产党控制的，经过彻底洗脑的卧底间谍。在平时，他是一个普普通通的美国人，但是一旦接收到共产党下达的暗号命令的时候，萧就会心甘情愿地、毫不犹豫地去执行所交给的任务。

338

而直接掌控这个共产党卧底间谍的人，竟是他的有共产党特工身份而又阴险毒辣和蛮横霸道的妈妈。他的妈妈嫁给了一个美国参议员，而共产党交给萧的任务就是通过他妈妈的支持让她的参议员丈夫去竞选美国总统，从而让共产党完全掌控白宫。其具体计划是这个参议员去作为副总统搭档竞选人，然后由萧去暗杀总统候选人，这样该参议员就会成为总统竞选人，获选之后就会成功地让美国总统服务于共产党政权。虽然这个阴谋后来被萧的一位老战友识破而破产，但是通过这本小说，共产党的洗脑术对于美国政治制度的巨大威胁，让全美国都倒吸了一口凉气。这本小说在三年之后被好莱坞搬上了银幕，立刻成为举世经典，让全世界对共产党洗脑的理论和行为有了更广泛的全球共识。有趣的是，四十二年后的 2004 年，好莱坞在这个经典影片基础上以原名改编成新片，由 Denzel Washington 和 Meryl Streep 等大明星主演，又造成轰动，只不过那个被用来替共产党服务去竞选美国总统的参议员由原来的共和党籍变成了民主党籍。

但是比美国人对共产党的洗脑术有更深刻的认识和具体体验的人，是欧洲的一些曾经发誓为共产主义献身，后来因为幻想破灭而成为共产党的死对头的知识分子和活动人士。他们把洗脑和共产党的制度必然性联系起来，认为自十月革命以后，共产主义运动对世界文明的摧残的最重要的一个方面就是改造独立人格和统一思想，是对自由民主制度的最大的挑战。

这方面最有代表性的一个人物就是乔治·奥威尔。作为一个曾经的、狂热的社会主义分子，奥威尔在他的《一九八四》这本经典著作中具体地描述了共产主义的洗脑对于一个正常的人所发生的根本性的变化。在这本书中，主角是一个叫温斯顿·史密斯的人，他在真理部里面工作，专门负责审查篡改新闻报刊，使党中央的政策在新闻和发行物中间得到彻底的贯彻，使之符合党的意思。史密斯对这种做法开始时出现了本能的抵抗，还曾秘密地发展了他的情侣一起企图造反。但是，党组织对史密斯这样的反贼有非常有效的对付的方法，以杀鸡儆猴的手段对史密斯实施心理上的恐吓和威慑，让他在生存下来和背叛良心之间做出一个选择。最终，史密斯屈服于恐吓，心甘情愿地为党组织和"老大哥"服务，而且忠心耿耿，对党的领袖万分的崇拜，毫无二心——一个典型的洗脑作业就此完成。

但是我要更进一步讲，奥威尔的分析当然有一定的深度，但是他还没有从共产主义意识形态来加以进一步的阐述。就绝大多数的共产主义组织和国家洗脑的理论和实践来看，除了强制性的明目张胆的威胁和胁迫之外，更重要的是共产党的洗脑往往是基于一种核心的意识形态理念，一个人只要认同了这个颇有活力和貌似理性的理念，洗脑就完成了一半。

那么这个貌似理性的理念是什么呢？

共产党洗脑的意识形态根源存在于经典的马克思主义理论中。马克思主义认为，每一个人都带有特有的阶级属性。这种阶级属性叫阶级觉悟。不同的阶级有不同的觉悟。不同的觉悟，是由不同的个人的经济基础和物质环境决定的。更广义一点来讲，这就是大家非常熟悉的所谓"生产关系决定上层建筑"的马克思主义经典教条。这里所谓的生产关系，当然包含了独立的、个人的物质和经济条件。一个没有财产的人的经济基础是非常低下的。但是在马克思的眼睛里面，这种低下的经济基础恰好是最先进的阶级觉悟的先决条件，因为他的贫穷并不是由他个人的能力或者努力造成的。恰恰相反：一个经济基础非常低下的人是创造了最大程度的物质财富的劳动者。他之所以有如此低下的经济基础，是因为在资本主义制度下，他被剥削、被压迫。他的劳动所带来的财富，不仅没有给他带来幸福和快乐，相反，他所创造的财富反而成了压迫他的根源，形成了劳动者和他的劳动所带来的财富和资本的非人道的分离，这就是马克思哲学范畴里面很重要的所谓"异化"论。而共产主义的最终目的就是要消灭这种异化，通过无产阶级的革命行动，来实现劳动和财富的完美结合，达到人性的彻底复归。

这是一个编织得很美丽的乌托邦神话，颇具诱惑力。但是马克思主义无法解决一个根本的问题，那就是，无产阶级革命并没有像马克思所预言的那样在异化最严重的资本主义国家发生。相反地，在马克思1883年死去的时候，世界资本主义和劳工之间的冲突，也就是所谓的异化，不但没有增加，反而趋于缓和。这对马克思主义的信誉带来了空前的威胁。

在这种理论危机下，出现了列宁和列宁主义。而列宁主义对马克思主义的最大的修正，就是重新解释了资本主义社会的内在逻辑。列宁认为，资本主义已经进入了最高阶段，也就是所谓的帝国主义阶段。而帝国主义是一个全球的系统，由一块块链条组成。在这个全球链中间，有资本主义最强的地方，也就是资本主义经济最发达的国家；也有一些微弱的、资本主义不怎么发达的国家，比如俄国和中国。而在资本主义欠发达的国家首先搞共产主义革命才最有希望。所以在列宁主义中，最有希望引发共产主义革命的不是最发达的工业国家，而是无产阶级和工业生产都欠发达的国家。

那么怎么样在这些欠发达的国家把微弱的无产阶级强化起来，从而取得共产主义革命的胜利呢？列宁说，最最关键的因素，就是要建立一支无产阶级的先锋队，也就是一个强有力的，组织性极强的共产党。这就是为什么二十世纪以来的所有的各国共产党，不仅仅是马克思主义的信徒，更主要的都是彻头彻尾的列宁主义政党，非常强调党的集中领导。当然，这个党的阶级属性是伟大、光荣、正确的，其首要任务是通过各种各样的手段来提高广大的不发达的地区的人民的阶级觉悟。而"提高觉悟"是一个庞大的工程，这个列宁主义的工程就叫作"思想改造"，是共产主义革命能否成功的关键所在。

在世界历史上，思想改造最成功的典范，就是中国共产党，而且中共的洗脑运动比奥威尔的警示还要早得多。中共在延安的十二年，是国际共产主义运动中洗脑运动最彻底、最成功的大事件，走火入魔，登峰造极。延安以及延安整风运动就像一个巨大的洗脑机器，成千上万的人排着队挨个受洗，而且人人过关，无一漏网。延安整风的这种洗涤运动不是一般的温良恭俭让、舒舒服服的淋浴和搓澡，也不是在浴缸里面泡一泡，抹一抹那样清闲雅致，而是充满了暴力和恐惧，把每个人的脑袋拧下来做彻底的挫骨扬灰、敲山震虎的冲刷消毒和清洗等，再把这个脑袋装回原处，这个人的脑袋已经被彻底程序化，与党中央高度一致，对最高领袖毫无二心。

中共建政之后，更是按照马克思的异化理论和列宁的提高阶级觉悟的训导，搞全民洗脑。笃信马列的中共，认为人性之所以沉沦，阶级属性之所以低下，是因为一部分人有不劳而获的特权，所以理所当然地决定，拯救人性和提高阶级觉悟的唯一办法就是劳动，只有劳动才能改造思想和灵魂；所以，劳动改造，即劳改，在中华人民共和国是一个兴旺发达的共产主义巨大工程。因此说共产主义理论正是中共庞大而血腥的劳改制度的意识形态根源一点没有错，几千万人在这种以劳动来改造思想的洗脑制度下遭受无以言喻的苦难甚至死亡。在二十一世纪的今天，劳改制度不仅阴魂不散，而且还在新疆等地大肆推展，成为以思想改造和洗脑为目的、规模巨大的少数民族集中营。

在中共权力有绝对控制的地方和区域，比如说中国大陆、新疆、西藏和香港，洗脑是不需要遮羞布的，是直接通过暴力和强制性的手段来完成的。在中国，洗脑和宣传是密切关联的。宣传这个词，在中国是一个褒义词，是凌驾于真理和事实之上的概念。为了做好宣传，真理和事实必须被修正和篡改。对于这一点，中共没有任何道德上的犹豫和自责，而自认是堂而皇之、天经地义的事情。中共中央设有名正言顺的宣传部，其权力和资源都无可匹敌。在宣传被合法化的一个国度里，信息绝对没有自由地流通的可能性，也不可能有真正的言论自由。这就是为什么"记者无国界"这个组织历年以来认定中国的新闻自由度都是全世界垫底的。2023 年四月该组织刚刚公布了 2022 年度的全球新闻自由指数，中国是 180 个受评估的国家的倒数第二，其新闻自由的恶劣程度，比倒数第一的北朝鲜只有微弱的差距。而没有新闻自由的国度，其国民被洗脑的程度，是最彻底的。所以，在北朝鲜和中国，我们可以清楚地看到洗脑和思想改造对国民素质的悲剧性的影响多么的令人不寒而栗。

但是中国共产党的洗脑工程并不仅仅受限于中国的疆土。中共的使命是解放全人类，而中国共产党认为在所有的世界共产主义运动的尝试中，自己一花独秀，唯我独尊，奉有改天换地、建造人类命运共同体的历史责任。正因为如此，作为中共运作灵魂的洗脑术不只是局限于中共直接管辖的区域，在其全球范围的国际交往中，洗脑也起了举足轻重的作用。

可是在国际范围内，暴力和强制性手段通常是行不通的。但中共对于国际洗脑并不因为这一障碍而加以放弃，反而是变本加厉，投入更大的资本和人力，采取完全不同的手段，其中主要的方式方法是统一战线和大外宣。

毛泽东曾经讲过，中国共产党取得政权有三大法宝，这就是统一战线、武装斗争和党的建设。在这里，毛泽东把统一战线列在三大法宝的首位，可见其极端重要性。大家也都知道，在中共的官僚体制中，统战部是有极大权力的，往往是由中共最高权力机构的政治局常委中的一位直接主管，其地位高于中共庞大官僚体制里面的绝大部分机构和部委。

中共的统战工作，非常的细致，而且不惜血本，其手法也数不胜数。其中之一是"精英抓捕"，也就是所谓的 Elite Capture；另一个就是收买，拉拢第二、第三阶梯的对手来全方位地孤立和打击中共的头号敌人，等到头号敌人完蛋之后，第二、第三阶梯的敌人也被一锅端。我把这种策略叫作"集中力量打孤立战"。

先讲"精英抓捕"。在这方面，中共做得炉火纯青。在国内把所有的文化和社会精英都奉养起来，笼络在所谓的民主党派和政协里面，进行集中管控。这种办法也用来统治香港。1997 年中共接管香港以来，基本上就是运用精英抓捕的方式，把香港的金融、财政、房地产、制造业和文化精英拉拢收买，搞精英治港。在对付自己的死敌中华民国的时候，也是靠收买精英来最大限度孤立政府最高层。

在国际上，精英抓捕也是中共惯用的手法。以美国为例，中共统战部门对大批美国前政府官员下了非常大的功夫。正是这一群人，成了中共在美国政界、财界、甚至军界的代言人。他们为一己私利替中国政府和中国国营公司做说客，影响美国的对华政策，长期以来对美国的国家利益造成了严重的伤害。这一群非常有影响、有势力的中国说客集团，即所谓的 China Lobby，肆虐美国对华政策制定的程序长达将近半个世纪，一直到 2016 年川普总统上台以后，才有了根本性的改变。

除此之外，中国的统战部门对几乎所有的在美国有成就的华裔人士也大下功夫，把他们其中的不少人变成替中共说话，影响美国对华政策的另一群代言人。尤其是像"百人会"（The Committee of 100）这样的组织，中共更是不遗余力地加以渗透和控制。由中共中央统战部直接管辖的"和平统一促进会"，在美国有三十几个分支机构，分布于美国各大城市，严重干扰华裔社团的言论和结社自由。在川普政府时期，美国政府将其中最猖狂的华盛顿支部列为"外国使团"，才将这个机构的气焰打了下去不少。

除了"精英抓捕"之外，中共统战策略的第二个重要手段，是集中力量孤立主要对手，以达到擒贼先擒王和树倒猢狲散的目的，其惯用方法是用大外宣来进行全球洗脑。为了达到这一目的，中共不择手段，对其定准的头号对手进行毫无道德准则的舆论攻击、污蔑和诋毁。比如说，在中国的国际大战略中，美国成了中共的头号对手，所以中国政府不遗余力地在全世界煽动蛊惑，把世界上所有重大问题都描绘成美国所为，为人类公敌。其目的是想欺骗世界舆论，把中美关系中因为政治制度和价值观的冲突而带来的双边关系的冷却全部归罪于美国，而忽略一个最根本的事实，那就是，有关中国的问题，根本就不是中国和美国两个国家之间的问题，而是中国这个独裁专制的统治模式与全世界所有的自由民主制度之间的根本冲突。中共的对台政策，也是出自一个模式，一心一意集中打击台湾民主选举的最高领袖。今天聚集在这里的各位肯定对中共集中火力打击对中共政权持批评态度的外国知识分子的做法有切肤之感。这样的例子举不胜举，从早期对林语堂、胡适、高罗佩（Robert Van Gulik）、赛珍珠（Pearl S. Buck）等的攻击，到后来对林培瑞、余英时、宋永毅以及对我本人的污蔑和制裁，无一而足。

但是，中国共产党的终极目的是把共产主义的专制独裁的统治模式向全球推广，最终让自己成为世界霸王。多年来，这种统治模式的精髓和核心概念以各种诱人的包装逐渐在自由世界渗透，甚至生根发芽。这是一种很高级、很潜移默化的制度性的洗脑，已经对美国社会产生了深刻的负面影响。这种影响也许不是明显的，但是它埋伏在美国社会的深处，其潜在的危险是不可估量的。

如今主导美国左翼政治的因素之一，是所谓的"进步人士"（The Progressives）。这个概念是完完全全从马克思那里搬来的。在马克思主义里面，人类社会分成进步与反动两大阵营，两者势不两立，绝对不可妥协。在这些"进步人士"眼里，反动分子一无是处，应该向马克思所倡导的那样被扔进历史的垃圾桶。这种激进的斗争情怀是美国目前两极分化、党派意识严重的重要因素。中共的大外宣趁机大力助长这种分裂，不遗余力地借用美国"进步人士"的激烈言辞来对美国民主自由制度进行全面的推翻和否定，借机推销中共"安定团结"的独裁统治模式。

而美国的"进步人士"也是中共洗脑策略的直接受害者。不少中国共产党的洗脑策略所输出的一些重要概念也成了他们的座右铭和行动纲领。其中很有名的一个影响美国的中共洗脑理念，直接原于延安整风时期思想改造的主要手段，即"提高觉悟"（Consciousness Raising）。这个概念是几十年来美国女权运动的最重要的行动纲领，它直接来自于延安。

美国二战期间《时代》杂志驻华记者白修德（Theodore R. White）曾经在他 1969 年出版的名著《追寻历史》（*In Search of History*)中，详细描述了"提高觉悟"这个中共思想改造的概念是怎么样由延安传到美国而风行起来的。白修德在书中有一段讲他 1941 年在延安和八路军副司令彭德怀的一段对话。彭德怀对白修德说，"从前线回来的同志必须要把他的脑袋洗干净，要重塑他的意识形态。开始的时候，也许他觉得只需要三个月的时间来重塑他的思想，但是现在他明白了，做这件事必须要花整整一年的时间。大脑被改造之后，才能让他去做其他的事，比如学习军事方面的，经济方面的课题，以及解决其他有关休养和管理方面的问题。"彭德怀的翻译和我一时间找不到恰当的词汇来描述"重塑大脑"这个概念。最后彭德怀的翻译终于想好了一个词汇，叫作"提高觉悟"（Raise the Level of Consciousness）。这是我第一次听到这个词汇。而正是这个词汇，后来跑出了中国，在六十年代美国的大街上成为了全美国的时尚。

那么为什么像"提高觉悟"这种充满血腥的洗脑概念会在美国这样的自由国度里面轻易地盛行起来呢？原因是多方面的。

其中之一，是因为一般的美国人对中共的马列主义性质、它的斗争策略、它的奋斗目标等等，没有一个真正的了解，只能从字面上非常肤浅地去理解而欣然接受。来自中国的一些听起来无关痛痒而实际上杀气腾腾的概念和理念，如"统一思想""人类共同命运共同体""双赢""共同富裕""祖国统一"等等，在几十年的时间里基本上没有在国家政策上受到正确的分析和提供应对的方法。

最近十几年来，中共输出自己统治模式的一个很重要的方式就是在世界各国设立所谓的孔子学院，借儒学之名搞渗透和国际洗脑，美其名曰占领国际舆论高地和控制"话语权"（The Discourse Power）。中共最高领袖习近平说得更直截了当，叫作"讲好中国故事"。实际上，孔子学院在世界各地把教书育人的崇高使命，变成了灌输中共党控的学术原则，和美化中共恶行的思想改造机构。在所谓的孔子学院中，中文教学一般要有中方对内容的审批和限制，课内课外活动一定不能有中共不认可的话题，如人权、西藏、台湾、自由民主等等；而且在人员的任命上，也通常让中共有决定权。这种机构在自由、学术平等的社会里面是不能接受的。其实孔子学院与提倡儒学、学习中国传统文化，没有什么必然的联系，是中共暗度陈仓的一种高级的洗脑手段而已。

另外一个麻痹西方世界的重要概念，是中共所极力倡导的所谓"中国特色的社会主义"。习近平还加了一个"新时代"来助劲，其实新旧无差，都是一个货色。它听起来好像不痛不痒，无伤大雅。一般的美国人听到"中国特色的社会主义"是很放心的，因为它似乎是表明中国共产党只关心在中国国家范围之内实行所谓的有中国民族色彩的社会主义。确实真正懂得中共政权本质和它的理论基础的人，会有完全不同的理解。对中共的"中国特色的社会主义"的正确的理解，应该是中国共产党所奉行的社会主义，而不是有中国民族色彩的社会主义。

那么什么是中共所奉行的社会主义呢？这就必须要懂得国际共产主义运动的历史。中共自认为在国际共运中是最具有马列主义原教旨主义色彩的，是最纯真的马列政党。它从建党初期，一直到今天的一百年时间里，一直是在和不纯洁的马列主义的修正主义做斗争。而在世界上所有存在过的，以及现存的马列主义政党中间，如前苏联共产党、西欧的参与议会民主选举的各国共产党、越南共产党、朝鲜共产党、古巴共产党，等等，都是没有出息的，而最终能够实现因特纳雄耐尔的，就只有中国共产党，因为它永远是伟大、光荣和正确的，是纯纯正正的马列毛的嫡系党，最有资格和能力把全球变成赤旗遍插的世界。这才是中共津津乐道的所谓中国特色的社会主义的真正含义。

其次，美国人对东方社会尤其是中国社会缺乏整体的深层了解也是对中共的洗脑方式掉以轻心的原因之一。不少人到中国去看到高楼林立，车水马龙的中国大城市，再逛一趟苏杭和桂林，到成都去看一看大熊猫，喝一杯星巴克北京分店的咖啡，和吃一顿重庆麦当劳，就马上认定中国的城市管理和政治文化，和美国纽约、芝加哥和洛杉矶没有什么根本的区别。这种十分普遍的美国社会心态，给中共的洗脑策略提供了一个钻空子的大好机会。

一个有意思的例子，就是中国政府出大钱，让美国哈佛大学的一个研究中心在中国做所谓的民调。这个民调一本正经地总结说93%的中国民众都认可和拥护共产党的领导。这个哈佛大学的民调，多年来成了中国政府糊弄中国老百姓和世界民众的护身符，经常被中共外交部和中共为控制舆论和不厌其烦地引用。其实这是一个欺世盗名的经典例子。这个哈佛大学的研究中心在中国搞的所谓民调，并不是它自己搞的，没有任何一个外国研究机构能被允许在中国大陆进行独立的民意调查，那是要犯间谍罪的。真相是这个拿了中国不少捐助的哈佛大学研究中心委托一个在中国国内注册，总部设在北京的"零点研究咨询集团"（Horizon Research Consultancy Group）来捉刀代笔和代办，其真实性可想而知。因为在中国这样一个完全没有个人言论自由的国度，根本不可能有反映真实民意的舆论调查。这不仅反映出美国一些名望很高的研究中心的道德水准的沉沦，也反映出中共国际洗脑技术的良苦用心和不择手段。

另外。中共高层领导人有很重要的一个心理特征，就是喜欢附庸风雅、引经据典、玩弄深沉。但是中共领导人基本上是没有什么学问的，说起话来往往空话、套话连篇。由于与他们交往的很多外国领袖对中国的语言文化和政治文化不是很了解，所以往往被他们糊弄，让不少人觉得中共领袖常常挂在嘴边，故弄玄虚说出来的俗套化和官僚化的中国成语和俗语，是充满哲理和智慧的箴言。这些外国领袖回国后往往不断引用来自中共领袖的空话和套话，好像已经获得了东方文明的最高结晶。其实真正在中国的语言文化和政治环境中间生活过的人都知道，中共领袖的引经据典大多是一些普普通通的习惯表达，没有任何指导意义和隐藏的哲理。一位美国前总统曾经花了五分钟时间给我讲他是如何对邓小平和江泽民的博学多才所感动。尤其是有一句成语，让他铭记心怀。这个成语是"解铃还需系铃人"。我听了半天后是一头雾水，最后我对他说，这是在中国连小学生都天天会用的一句俗语，没有任何深层的东西在里面。在尼克松总统1972年去见毛泽东的时候，他毕恭毕敬地期望从这位伟大领袖的口中听到划世纪的醒世名言。结果，这种强烈的期望心态使尼克松把毛泽东的一句口水话当作了至理名言，还在自己的书里面和演讲中间不断地引用。这句毛主席赠送给尼克松总统的俗套得不能再俗套的话就是："一万年太久，只争朝夕。"

我常常在想，中国共产党对中国语言文化的摧残当然表现在很多地方，但其中一个少为人们注意的方面是中国在国际交流中利用翻译来为全世界进行思想改造。这是一个很复杂的问题，也是一个非常重要的问题。中共训练翻译人员是有系统的，有强烈的政策指导的，绝对不是只是学会"信达雅"的语言翻译技能。我所接触的所有中共正规的翻译人员都有非常坚强的党性，很能在翻译过程中把握政策的尺寸，按照党的意志对关键的字词和概念，该翻译的就翻译，不该翻译的就漏翻或赤裸裸地误翻。这是非常危险的做法，对中美战略交流和政策互动有不可估量的危害。

对于这一点我深有感受。我发现，在我参与的大大小小的与中方政界、军界的接触中，中方的翻译人才都非常地杰出，但政治性很强。在关键问题上，他们都表现了职业道德的缺陷。

但是搞战略糊弄实际上是中共的一贯的拿手好戏。这就是为什么在1971年和1972年尼克松和基辛格与毛泽东和周恩来的所有的重要会晤和谈话时，中共坚持不能有美方的翻译参加。所有在中南海、人民大会堂和外交部的口译都必须只能由中方人员担任。结果我们看到的会谈记录，都没有亲临其境的美方翻译专家的核实和验证。

而更加不可思议的是尼克松和基辛格居然同意了这种蛮横无理的安排。这对美国的国家安全和世界和平是十分危险的。

口头翻译当然有问题，但是通过笔译来执行洗脑任务的例子更是举不胜举。2004 年，当时的美国副总统切尼(Richard Cheney)访问中国。他坚持要在复旦大学对学生进行演讲，中国政府被迫答应。但切尼的条件是对他的演讲的报道和稿件不得有任何的审查和篡改。对此中方欣然答应。结果演讲之后的第二天，新华社、《人民日报》发表了切尼在复旦大学的演讲稿，还清清楚楚地标明是"全文"的字样。但是，中共的官方的"全文"版本对切尼副总统的演讲进行了毫不害羞的、大面积的删除和篡改，多达几十处。在演讲中，切尼多次提到美中关系的一系列重要文件，其中包括三个中美公报和《台湾关系法》，指出这些是处理美、中、台关系的基本文件。但是在中共发表的中文"全文"版本中，所有提到《台湾关系法》的地方被全部删除。切尼还讲到，东亚和东南亚的很多国家都放弃了独裁，拥抱了自由。这些词句也统统被删掉。当时中共利用国际反恐联盟的机会，在新疆和西藏以反恐的名义实施更加恐怖的民族镇压。切尼在演讲中警告中共不能以反恐的名义实施内部镇压。这些词汇，这些段落，也在中共公布的所谓"全文"稿中全部消失，不翼而飞。不明真相的中国老百姓读了被篡改后的美国副总统的演讲，感觉跟阅读中共总书记的美中关系演讲基本上差不多。这就是赤裸裸的、光天化日之下的洗脑运作。

但是在中共进行国际洗脑的行动中间，核心的工作重点是向世界隐瞒中国仍然是一个不折不扣的马克思列宁主义的共产主义政权这个基本现实。在这方面，北京下的功夫着实不浅。为了兜售共产党在西藏解放了农奴的大外宣，中共在世界各地的使、领馆散发大量印有美丽西藏风景和有甜蜜蜜笑容的藏族妇女的宣传品，还大张旗鼓地鼓励西方人到西藏去旅游。但是，实际上，西方人要获得去西藏的旅游签证是难上加难，即使你获得了去中国大陆的旅游签证，也无法轻易地获得去西藏的许可。所以这是一种不择不扣的大外宣手段。

很不幸的是，由于种种历史的和文化意识方面的原因，有不少美国的政策精英和政治领袖顽固地拒绝接受中国共产党是一个彻头彻尾的马克思列宁主义的政党这个事实。他们由衷地认为，马克思列宁主义这种现代共产主义意识形态，是西方人的发明，而东方人搞这一套并不是为了实现这种意识形态的终极目标，而是借用共产主义意识形态来实现民族独立和国家的解放。换句话说，这些人认为中国人不可能成为真正的现代西方意识形态的真正信徒，中国不可能有真正的共产主义分子，而逻辑推理当然是中华人民共和国并不是一个共产主义政权，中国人只想回归历史的辉煌。带这种有色眼镜来制定对华政策，使美国吃了将近八十年的亏。结果，每一次美国政策的重大转变都基本上没有搞对。

在 2019 年，我们向国会递交了一份美国对华新战略的文件，其中明确指出美国自尼克松总统以来的对华政策基本上是失败的。具有讽刺意味的是，在 1972 年尼克松重新制定美国对华政策的时候，也说过同样的话，他认为以前的几十年来，美国对华政策也是不对的，需要改变。更具有讽刺意味的是，1948 年美国国务院发表了上千页的"中国问题白皮书"，其中心思想也是说美国到那个时候为止的对华政策也是错误的。所以总的来讲，在川普政府以前，美国对华政策基本上都是错来错去的。这是一个非常悲惨的历史。之所以如此，我想当然原因很多。但是我个人认为，这和美国的政府精英无视中共是一个马克思列宁主义的政党和中国是一个彻头彻尾的共产主义国家有重大关系。换句话说，川普政府以前的七、八十年间，美国的对华政策，着重于自我审视，无视中国的现实，只考虑美国自己如何改变自己的对华方针和态度，认为只有这样才能使中美关系稳定发展而达到两国互利。但实际上，这样做不现实，完全忽视了一个基本事实，即决定中美关系最主要因素根本不在华盛顿，而在北京的中国共产党；如果中共不改弦更张，完全不可能有中美关系的良性发展。不直面这个事实，中美关系将在长期内不会回到正轨。

可喜的是，过去的六、七年以来，我们重新确认了中共对中美关系的性质和走向的主导关系。面对中共是马列主义政党这个现实，对它的行为主张、战略意图，以及进攻性的实力发展，都有了非常现实的、两党派一致同意的重新认识。这在美国这个党派之争非常严重的国家里面是十分少见而宝贵的，实在值得庆幸。我们每一个美国公民，都有责任和义务，尽我们最大的努力，确保这种党派一致的对华共识能够持续下去。这不仅是美国的国家利益所在，而且最应该受益的是被中国共产党统治的广大的中国人民，因为中国共产党的利益和中国人民的利益有严重而不可调和的冲突。

谢谢大家！

2023 年 5 月 30 日，拉斯维加斯

中国对台湾认知战中的"疑美论"分析

李酉潭　杨琇晶

一、前言

1949 年以来的台湾历经国民党准列宁主义党国戒严统治，于 1987 年解严才开始启动自由化，历经 1991、1992 年的国会全面改选，以及 1996 年总统直选的民主化以后，终于完成民主转型，成为主权在民的自由民主国家。2000、2008 年虽发生二次政党轮替，但直到 2016 年民进党才第一次在国会取得过半席次。2023 年《自由之家》评列台湾为全球第十七名的自由民主国家[1]，《经济学人》全球民主指数评比台湾排行第十名[2]，但台湾毕竟仍然属于年轻的自由民主国家，不仅司法改革很难进行，转型正义进行不彻底，更严重的是台湾有一项维系民主最重要的因素缺乏，那就是民主理论大师 Robert A. Dahl（罗伯特·达尔）所提出有利于民主的三项关键性条件之一，即不存在强大的敌视民主的外部势力[3]。（另外二项也是不可或缺的因素为军队、警察控制在由选举产生的官员手里，以及民主的信念和政治文化）。

达尔（Dahl）在《论民主》一书中指出：一个国家如果受到敌视民主的强大国家支配，其民主制度不太可能获得发展，或者中途夭折。例如，二战以后苏联干预之下的捷克、波兰和匈牙利的民主皆夭折，一直要到苏联垮台以后才能发展出稳固的民主制度[4]。然而，出版于 1998 年的《论民主》一书未能处理俄罗斯民主发展并不顺利，普京上台后于 2004 年就从部分自由的选举式民主（electoral democracy）崩溃回不自由的威权政体后，屡次威权扩张，进而于 2022 年全面入侵乌克兰，致使其自由与民主皆发生严重倒退的现象。

的确，目前全球最受瞩目的重大危机就是俄罗斯侵略乌克兰，以及中共国一直想要对台湾侵略并吞所实施的文攻武吓。而显得相当荒谬的就是依据《经济学人》与《自由之家》的测量评比，全球民主排名倒数第 11，自由分数只有 9 分的中国，却一直想要统一全球民主排名第 10，自由分数高达 94 分的台湾[5]。

极权专制中共政权对台湾极限施压所使用的手段就是，以武力威胁为后盾的统战、超限战、信息战与认知战等。现在，全球正聚焦于台湾即将在明（2024）年举行的总统与立法委员选举，本文拟从认知战中最受瞩目的"疑美论"来加以分析，中共国现阶段对于台湾人民洗脑的情形。

二、疑美论

1）中共疑美论认知战中的"羡憎交织"

"疑美论"在台湾选举期间无论是总统大选或大型地方选举，在民进党执政期间最常形成亲中舆论操作的观点，且此类言论经常与"弃台论"相互贯穿成似是而非的逻辑，再由台湾名嘴和偏蓝媒体露出渲染，使台湾阅听群众难分真假，进而对台湾本土政权的反共路线产生怀疑。"疑美论"成为假讯息操作主轴，必须将其置于美、中、台三方历史渊源框架下来讨论。"敌视美国"本来就是大中国民族主义的重要成分，而台湾同样存在该主义，其中也有反美、憎美的元素，只是比较隐晦[6]。除此之外，疑美论还包含了厌恶民主的成分。余英时在 1996 年曾举社会学家 Liah Greefeld 的论述指出，中国民族主义者的憎美不完全是憎恨，当中还充满着"羡憎交织"（ressentiment）的情绪，对美国的民主夹杂着羡慕和攀附。因此，从中共对台统战的角度看来，疑美论的舆论和假讯息操作，不仅止于诉诸台独势力分裂中国，也进一步将"分裂活动"和"外国势力的干涉"紧密地联系在一起[7]。

从中共对台认知作战欲达成的目的，或可透析疑美论之操作手法和模式。所谓认知作战(Cognitive Warfare)，美国国家民主基金会的定义为："利用争议讯息，破坏社会既有网络及深化对立。"然而，在网络科技快速变动时代，对台湾的认知作战也不断地快速出现新形态。洪子伟 2022 年的研究指出，在疫情大流行与美中贸易战后，中共认知战由过去的正面宣传经济利多，转为负面情绪动员，且由实体交流转化以网络为主，针对特定族群设计不同的喜好与议题，以潜移默化的方式，渐使台湾阅听民众改变想法与行为[8]。他举例，中国许多新闻式的内容农场网站，如每日头条（kknews）原先只是讯息杂乱的内容农场，近来中共将其内容改写、包装成内嵌有意识形态的知识百科，用以宣传"美国如何背弃盟邦""美国亚裔与非裔如何受到歧视"等"美帝"的恶劣作为，意图挑拨民主国家的同盟关系[9]。

另一方面，俄乌战争爆发后，中共对台湾认知战中的疑美论操作力道更加猛烈。董立文 2023 年分析，中共全力发动疑美论认知作战包含了三段式论述："美国人不会来""蔡政府没准备"以及"国军没能力"，其结论就是要台湾人投降的"投降论"，意在催眠台湾人不要相信民主自由的价值[10]。北京从乌克兰抗俄过程中发现，必须断绝台美之间的所有关联，中国才有可趁之机。林颖佑则认为，中共将频繁实施"虚实并进"的"灰色作战"，当中"虚"的部分，就是以大量不实讯息与网络攻击，包括"毁台论""弃台论"等，皆为弱化台湾人对于国家团结抵抗意志的手法[11]。

中共刻意操作疑美论，其实并非近来美中关系紧张时才出现，自超过半世纪前，中共就以疑美论作为主要心战主轴。1958 年 10 月，八二三炮战后，由毛泽东起草、当时中共国防部长彭德怀名义发出的两篇《中华人民共和国国防部再告台湾同胞书》，向当时美国支持的国民党喊话，内容便多次提及要求台湾要团结一致对外，"与美国一起是没有出路的""美国人总有一天肯定要抛弃你们的""我们只是希望你们不要屈服于美国人的压力，随人俯仰，丧失主权，最后走到存身无地，被人丢到大海里去"云云。而现今由于俄乌战争的爆发，国际上民主阵营与极权阵营加倍分道扬镳，"乌克兰之于俄罗斯 vs. 台湾之于中国大陆"的讨论，成为全球关注焦点。台湾内部的亲中、亲美、反美、反霸权等的争论，也因区域地缘政治的紧张而更加分歧。中共抓准时机，疑美论的认知战，从过去心战文宣进化到媒体与网络社群的精密操作。

综上所述，中共的认知作战中，"疑美论"的操作囊括了以下几种成分：疑美、憎美、厌憎民主；以及台湾投降论、（美国）毁台论、弃台论等。

自 2016 年以降，由于中美贸易战越趋激烈，半导体与芯片是世界兵家必争领域，不只牵动美、中、台角力，更左右地缘政治轻重。在台湾 2022 年期中选举期间，全球最大芯片制造商"台积电"赴美设厂举动全球关注，也成为选举攻防关键议题。本研究以选举期间台积电赴美设厂新闻为例，检视中共如何操作疑美论来影响台湾媒体舆论，并试图揭露其传播手法与路径，盼提供日后台湾民众接触到该类讯息时的警戒。

2）台湾 2022 年九合一选举疑美论传播路径

中国刻意挑动台积电赴美的疑美论，主因是台积电是半导体行业的领导者，被视为是台湾抵抗中国攻击的最强"硅盾"（Silicon Shield），若中国军事犯台，将严重干扰全球相关产品的供应，使美、日、欧相关企业的市值蒸发数兆美元，中国的军事行动必然引发美国为首的全球干预，以保护信息科技产品供应链[12]。因此"台积电被美掉空论"在台湾选举前夕，中共信息战操作大举疑美论，一方面攻击美国，同时助长台湾人反美情绪，降低台湾民众对台积电的信心。

为了了解疑美论在台湾舆论中的渗透程度，以及如何透过台湾的传统媒体与 KOL（Key Opinion Leader，关键意见领袖）作为内应来扩大认知信息战的影响力和真实度，本研究透过检视台湾目前政治立场倾向偏蓝，且传统上具有舆论影响力的大型媒体的新闻为例，包括电视新闻媒体《TVBS》收视率最高的政论节目《少康战情室》、由电视转为网络影音新闻媒体《旺旺中时》、以及在台湾在 2022 年收到网络实际金钱"赞助"最多的名嘴 KOL，在选举前的一个月期间，对于台积电的相关议题的内容走向来分析，疑美论的信息战在台湾的传播途径。

表 1：TVBS 政论节目《少康战情室》
2022 选举前后以台积电赴美为议题之节目内容（本研究自制）

日期（2022 九合一选举日前一个月 10.26~11.26）	TVBS 政论节目《少康战情室》谈论台积电与疑美论相关主题
2022.10.21	从不会战争变 2023 台海临战 国安局长料敌搞发夹弯？
2022.11.01	【沈富雄/郭正亮/黄暐瀚】台积电美国厂掀芯片战新篇章 中美肉搏蔡政府变工具人？
2022.11.01	【完整版上集】台积电"东移"拜登亲自出席 芯片战台湾佣兵团助美抗中？
2022.11.02	【完整版中集】苏贞昌：台湾独立是一个事实...苏院长质询不忘偷渡台独？
2022.11.10	【沈富雄/郭正亮/黄暐瀚】美国学者：共和党赢期中选举对华更强硬 台海危机升？
2022.11.10	台积电一句话蔡英文原形露？中国鹏不辞立委郑文灿好累？ 新闻大白话 20221110
2022.11.11	【沈富雄/尹乃菁】"美国军事捍卫台湾"拜登不说卖关子 G20 美中画台海红线？
2022.11.14	绿桃竹竹苗候选人当护国群山后盾 掏空台积电搞抗中保台？
2022.11.15	【沈富雄/郭正亮/黄暐瀚】台湾问题是"第一条"不可逾越红线 中美会晤不寻常细节？

2022.11.17	台积电7奈米高雄厂最新进度曝后 投资客剉咧等？柯志恩周日合体韩国瑜尬陈其迈大造势 翻转高雄在此一举？
2022.11.22	【今日精华抢先看】网：台湾科技产业惨了 台积电美国整碗捧去酿隐忧？
2022.11.22	台股跌近600点、台积电挫36.5元 美芯片禁令成黑天鹅？
2022.11.22	张忠谋:5奈米或是3奈米 曝台积电美厂扩大投资？
2022.11.22	【完整版上集】张忠谋爆料3奈米赴美 知情人曝台积电南科受冲击？
2022.11.24	韩国瑜叹台积电被大卸八块 蔡英文扯绿赢给力量守台海
2022.11.24	【完整版中集】蔡英文高喊"台湾队互挺" 制造对立挑仇中情绪催基本盘？

表2：《中时电子报》报道台积电与疑美论相关新闻（本研究制表）

日期（2022九合一选举日前一个月10.26~11.26）	《中时电子报》报道台积电与疑美论相关新闻
2022.10.26	台积电鼓励员工多休假 股价创新低
2022.10.30	《中时社论》战争与和平 蔡总统一念间
2022.10.31	半导体业恐去台化？名嘴警告台积电：恐沦下个东芝
2022.11.01	《中时社论》景气衰退并发地缘病 经济危矣
2022.11.02	台积电移机典礼 成美战略大内宣
2022.11.02	半导体去台化成真？郭正亮曝老美盘算：反害惨台积电
2022.11.02	台积电沦为外交伴手礼
2022.11.04	台积电远赴美国设厂 蓝委惊爆：蔡政府有想过这件事吗
2022.11.11	台湾正摸着石头过海
2022.11.20	台积电先进产能不排除赴美 张忠谋曝亚利桑那厂12／6开幕 "邀请这些人"
2022.11.21	台积电双手奉上给美国？蔡正元：台湾有"1个人"可谈判
2022.11.21	台积电被美国整碗捧去？张忠谋一席话让网崩溃：台2产业惨了
2022.11.21	张忠谋爆料3奈米赴美！台积电南科受冲击？知情人曝内幕

2022.11.22	台积电3奈米制程将赴美 罗智强：蔡政府对美中关系束手无策
2022.11.22	《时论广场》 "护国神山"被愚公移山？
2022.11.22	这3人把台积电推入火坑？蔡正元怒：不折不扣的汉奸集团
2022.11.23	台湾硅晶圆一哥赴韩设厂 遭1通电话拦胡 韩媒暴怒：狂轰背后凶手
2022.11.23	张忠谋抛求救讯号？台积电恐被美掏空 前外交官揭真正帮凶

2022年11月选举前夕，当月1日"台积电赴美包机起飞"，以及选前一周21日"张忠谋证实3奈米会在美生产"，两大新闻议题在偏蓝的新闻和政论节目上，在这两个时间点前后的讨论热度冲高，偏蓝的传统电视政论和网络新闻，操作疑美论包括两大主轴：其一，美国将台湾视为棋子，不只掏空台积电，台海若发生危机只愿撤离台积电工程师；其二，执政党民进党为了自身利益出卖台湾安全，只为了迎合美国。接着，中共在台湾人主要使用的社群媒体平台，包括Facebook、YouTube、LINE，以及中国的微博等，大量发布转贴相关文章，指台积电赴美为美方的阴谋论，尔后中国官媒立刻跟进，指控台湾执政党正在美国帮助下，掏空台积电[13]。

我们同样以台积电为主题，观察2022年"九合一"选举前后，网络意见领袖朱学恒[14]在YOUTUBE上的频道《朱学恒的阿宅万事通事务所》直播关键词，发现其主轴与上述偏蓝的传统电视媒体的立场几乎如出一辙，皆以疑美论为贯穿，无独有偶，参与其直播的来宾，如郭正亮等，与传统蓝营电视台所邀请的政论评论员，重迭性超过九成。

表3：朱学恒YT频道《朱学恒的阿宅万事通事务所》
2022选举前后以台积电赴美为议题之节目内容（本研究自制）

日期（2022九合一选举日前后）	朱学恒YOUTUBE直播节目谈论台积电与疑美论相关主题
2022.10.11	最会吃鱼的郭正亮来吃鱼啦！台湾要陷入美国的焦土战略了吗？ ft.郭正亮

2022.10.13	翁履中副教授果然先知，去年就谈美方好心规划的台湾焦土策略啦！撤退的道路上没你没我，只有台积电工程师和高官！
2022.10.30	翁履中：美国一中政策从未改变，但台派却一直自顾自的开心
2022.11.01	郭正亮又来大吃大喝了！美国的极化状况越来越严重了！ft. 郭正亮
2022.11.16	朱学恒、张善政捅破郑运鹏最大谎言 为了选举谎称台积电一奈米落脚桃园的骗局！
2022.11.19	台积电1奈米落脚龙潭 "唬烂"？张善政曝：竹科根本没接到通知
2022.12.13	郭正亮出击！纽约时报都说了这将逆转半导体往亚洲的趋势，台湾还在大内宣说台积电各国建厂不痛不痒？是不是当国民都跟你们一样笨？ft. 郭正亮
2022.12.18	翁履中：先进制程移去美国的台积电 还是台湾的护国神山吗？
2022.12.27	郭正亮警告 台积电赴美 硅盾弱化 台湾地缘政治风险上升
2023.01.05	台积电二度下修资本支出 陈凤馨忧硅盾分拆先进制程还能守得住？
2023.01.10	美国人让台湾防御战术从境外决战变成本土玉碎，台湾人怎么这么倒霉？ft. 郭正亮

《台湾民主实验室》的调查亦发现，无论是台积电包机赴美或台积电三奈米先进制程事件，皆有不少具有舆论影响力的前立委、政治评论员等分享谈论并扩大上述言论，进而引起更大的舆论讨论。其中包括国民党立委温玉霞、前国民党立委蔡正元、政治评论员黄智贤；粉专频道《韩黑父母不崩溃》《高雄林小姐》《工程师看政治》《触极者》等，在实体反对党的选举宣传和造势中，也将疑美论当成煽动支持者的演说主轴，强调不可相信美国及民进党[15]。例如立委郑丽文在高雄助选的谈话内容，就环绕该议题[16]。

民进党对于2022年"九合一"选举的败选报告中提及，网络社群的操作失当与假讯息，是选举失利的外部不利因素之一："在议题设定及网络社群经营部分须深切检讨的事项包括：未能主动设定议题、假讯息防守不及扩散速度、各社群平台存在操作困境、封闭式社团扩散假讯息，我方涉入程度有限、KOL 合作创造社群声量低。"[17] 以上述媒体与网络社群的成效分析对照，在选举过程中，绿营支持者对于媒体言论的主动接触较少、投票热情度亦较不显著，两者互为因果，因此显得相对立场的言论，包括疑美论的操作，得以在网络与偏蓝的电视媒体中的声量被放大。

本研究访谈了民进党在选举第一线操盘网络社群的"A 主任"，他发现在 2022 年选举中，中共采用认知作战或类似疑美论的假讯息传递样态，以传统媒体和网络社群媒体的中介路径而论，与前几次选举已有转变。过去在台湾网络媒体新闻尚未蓬勃的时期，传统媒体为主要新闻舆论产出的第一步，传统媒体先报道，网络媒体接着才会发酵，进而在网络上延续讨论。另一种直接在网络上流传的假讯息，过去则是明显由中国的"内容农场"产出的文章，当中有显著的简体字、中国字词用法、不流畅也不符合台湾人阅读习惯的文笔。

但在"九合一"选举中的假讯息或来自中国的操作路径，已有所转变。首先会从网络名嘴、KOL 以"爆料"方式抛出议题，接着藉由网络匿名粉专大量在各网站和私人社群中转载，在网络造成讨论声量后，传统媒体就跟进报道。网络新闻议题的最初来源虽难以查证，但由于在台湾社群中发酵，传统媒体便找到合理化的报道和讨论空间，也因为传统媒体一向被视为较有引导能力与正当性的新闻来源，让台湾民众取信的程度大大上升。

尤有甚者，在本次选举中亦发现，来自中国内容农场的讯息也快速"进化"了。内容已经不用简体字，可能用 AI 学习台湾人的叙事方式，或是以"半真半假"的事实掺入文章中，让人难以分辨是否为认知操作，疑美论的讯息便是此模式。A 主任认为，现代人看网络新闻讲求快速实时，尤其是台湾网络新闻充斥的时代，阅听人不自觉会以"网络新闻标题"两句话就对该新闻事件心有定见："当一个事件有先入为主观念的时候，后续无论多少澄清，都很难扭转回来，尤其是对于平时没有关心政治新闻议题的'中间选民'来说，他们不太清楚前因后果，也不想再回头去了解，就让中共和有心人士想操作的假讯息和议题导向，更容易传递散布，最后对投票行为产生影响"。

图 1：中共认知战透过传统媒体与网络社群传递路径转变
（本研究自制）

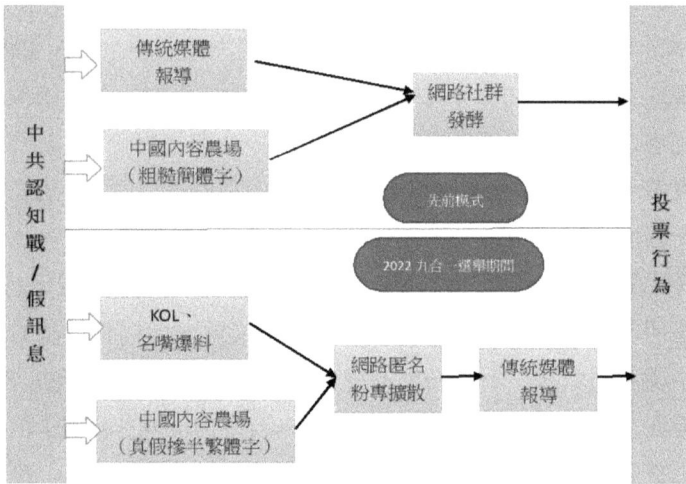

即便这些媒体、网红或政治人物仅在散布言论，并非实际收取中共红利的信息战操作者（或没有证据显示），但台湾新闻媒体特殊的竞争环境，加上蓝绿长期政治极化现象，使得中共操作类似疑美论这类的认知战，得以更轻易取得切入点的原因，也不自觉成为广义的"在地协力者"。

3) 台湾媒体为何成为中共疑美论认知战协力者

日本学者小笠原欣幸不久前预测，"疑美论"可能成为台湾 2024 年总统大选的胜负关键议题。若是"疑美论"更加深入人心，国民党的胜选几率会提高，而如果疑美论能被有效控制的话，则对民进党有利[18]。由于中国在过去几次大选中加强文攻武吓，对选举结果证实都造成了"反效果",因此若藉由扩散疑美论影响的话,会被认为是"美国理亏",因此 2024 年总统选举中,对中、对美关系和台湾定位两大议题,中共操作方式将与往年有不同之处。

疑美论在台湾究竟渗透程度有多少?在 2022 年台湾"九合一"选举前后,几个大型民调数字可看出端倪。首先,中研院在 11 月投票日前,针对台湾民众对于美、中、台关系的调查,有 83%的民众认为中共威胁加剧;58%的民众认为近年美国增加对台湾安全的支持。对于美国或中国"讲信用"的程度,只有 9.4%的民众认为中国是讲信用的国家,但对于美国,也仅有 34%认为美国讲信用、56%的台湾民众不认为美国是讲信用的国家,显示台湾人普遍对美国的信任度呈现两极化观感。此些不信任美国者的比例,可能会在中共的认知作战中受到较为严重的影响[19]。同样针对美、中、台局势,中华亚太精英交流协会在 2023 年选后三个月所做的民调亦显示,虽然台湾民众对美中两国的好感度,以满分 10 分计算,对美国为 5.78 分,偏好感,对中国平均 3.76 分,偏反感;也有 69%的比例认为中国对台湾的威胁严重。不过,这当中却还是有将近四分之一比例、25.8%的民众觉得中国对台威胁"不严重"。台湾民众依旧存在如此思维,便足以让中共可操作疑美论、美国毁灭台湾计划、亲中、和中等舆论有发酵空间[20]。

疑美论对于台湾的年轻族群影响更甚。根据台湾民意基金会在 2023 年 1 月的民调中,20 岁以上台湾人中,相信美国会派兵协防台湾的占 42.8%、但不相信美国会派兵协防台湾的比例更高,有 46.5%。当问及"近来美国对台空前友好,提供各种军事或非军事援助,这早晚会将台湾推向战争。"请问您同不同意这种说法?"不同意"53.4%的比例虽超过半数,但结果呈现"同意"还是占 38.1%,将近四成,尤其是 20 到 24 岁年轻族群[21]。是否与年轻人更常使用社群软件,或更长接触网络媒体有关,值得更进一步研究关注。

从上述民调推测,疑美论在台湾渗透程度确实不低,且对 2022

年"九合一"选举的产生实质影响，势必也将左右 2024 年的总统大选投票行为。我们衍生出两大台湾需要迫切认知处理的问题：未来台湾的总统大选和地方选举，是否更受到疑美论假讯息操作的影响，使得亲中政党在选举中得利？再者，为何台湾某些媒体在疑美论的新闻舆论操作上，会成为中共的本地协力者？台湾该如何因应和预防？两者势必成为联动效应。

首先，从媒体扮演的角色来分析。台湾的特殊媒体环境，包括新闻台的过度竞争、壁垒分明的媒体立场等，也让收视市场呈现越来越极端的蓝绿光谱，于是台湾媒体对于网络新闻操作的急速改变，使得假讯息、刻意操作的新闻得以在尚未成熟的媒体环境中发酵。尤其在选举期间，新闻媒体操作民粹主义与排他激情下所获得的收视率，也导致台湾蓝绿意识形态各自按照身份认同和意识形态去主动选择媒体或网络意见领袖（KOL）的言论影音来收看。政媒众多复杂因素的纠结，也反映出台湾资本主义与民主政治结构的缺陷，形成不同立场群体之间难以相互理解和对话、甚至造成社会对立和撕裂的政治极化（political polarization）现象，导致人们不再根据"事实"（facts）、而更多地依赖自身的"价值观"（values）来理解和诠释世界[22]。

政治极化现象也反映在台湾选举期间媒体"收视率"上和网络名嘴的"点阅率"上。2022 年 11 月的"九合一"选举，选前的超级星期六（11 月 19 日），除当天全台收视率最高为金马奖颁奖的 3.09 之外，新闻台与政论节目都在转播各政党的造势大会。偏蓝电视台 TVBS 为当天各新闻台的第一名，收视率 1.33、偏本土立场的三立新闻台收视率 1.12。如统计当天全天全台湾前十名新闻台的新闻及政论节目，偏蓝 TVBS 占 5 名、三立 3 名，另一偏绿媒体民视占 2 名。对照选举结果，国民党拿下 13 个县市首长，大胜民进党史上最惨的 5 席（无党籍 2 席、民众党 1 席）。

另一实例，同年年初 1 月 9 日，为基进党立委陈柏惟被罢免后的台中市第 2 选举区立委补选，以及台独立场鲜明无党籍立委林昶佐罢免案的投票日。选举结果中二选区由民进党的林静仪胜出；林昶佐的罢免案未通过。观察当天自下午四点开票和晚上八点两个时段的收视率，偏绿电视台三立，分别是 2.31 与 2.13，为各新闻台的第一名；同样是本土电视台的民视新闻，也以 2.01 与 1.84 占据第二。偏蓝立场的 TVBS 新闻台，收视率则为四点的 1.21 以及八点的 1.18。

台湾的网络社群媒体上的名嘴、网络 KOL 亦有同样现象。2022 年全年的 YOUTUBE 频道斗内（英文 Donate 之意）金额，以"监督执政党""反塔绿斑直播频道"为要求的偏蓝名嘴朱学恒，粉丝赞助金额破千万，位居全台第一名，也是唯一名。位居二、三名的也是被 NCC（国家通讯传播委员会）不予发给电视新闻执照而转战网络平台的中天新闻、以及以支持国民党前总统候选人韩国瑜起家的"韩粉"直播主"钧钧大实话"[23]。台湾前十大 YOUTUBE 频道的观众回馈热度，2022 年完全没有一个挺绿的频道。

以上种种现象可视为台湾政治与媒体有高度的联动性，电视台和网络社群的收视率、点阅率，可相当反映出当时的政治氛围。也就是说，蓝绿选民对于投票倾向的热情，会导致其选择媒体的"主动性"，尤其在网络媒体新闻的时代，原先的政治立场更不易受媒体影响而变动，反而是加深了选择与解读媒体内容的框架，更坚定其信仰体系，"顽固阅听人（obstinate audience）"理论在台湾选举期间更加显著。

其次，我们从言论自由、媒体第四权的角度、或就台湾在国际政治上的特殊地位的博弈赛局上来看，媒体人"质疑权威"（Questioning Authority）难道不允许存在任何质疑美国的言论吗？若没有放在"中共对台湾主权造成威胁"的前提下以及"台湾尚未成为正常的民主国家"这两个框架下来看，这个问题在世界任何"正常国家"答案当然是肯定的。但为何台湾某些媒体和名嘴网红大量散布疑美论点，成为中共在地协力者是刻意还是意外？第一线操作的台湾大型电视媒体与网络新媒体的资深媒体主管（以下简称"受访者 B"[24]）认为有两个主要因素。首先，网络媒体的快速发展导致台湾原本就竞争激烈的媒体环境快速产生质变：

> 目前新闻的发酵方式，跟以往不同。以前是电视媒体为主流，扩散到网络发酵；现在则是每一秒网络都有新消息，网络新闻先出现，晚间的电视政论节目再来跟。因为讯息太多太大，大多数的新闻工作者，没有时间也无法去查证来源在哪、求证真实性的过程被"抢推播"的压力缩短到几乎不可能，实际第一线的主管遇到一个突发消息，以前是先打电话猛查证，而现在，就是"先发出去再查吧！"导致假的讯息，太容易在网络媒体领军的环境中传递。

难道台湾阅听人和传统媒体，无法分辨什么是假新闻和认知战吗？台湾传统媒体编辑室的层层把关，难道无法认知到哪些新闻信息是来自中共的操作吗？台湾当务之急能做些什么？最主要的关键点，就媒体新闻第一线操作的角度来看，关键在于，目前认定假信息越来越困难，是否来自中共手法，从媒体平台无法得知，阅听人的"顽固性"，越来越大于媒体平台供应者。当务之急的第一线自然是透过法令管控，长期而论，台湾受众民主素养的坚定程度，才能真正不受中国认知作战威胁。B 媒体主管说出台湾新闻信息转动迅速下的认知战漏洞：

> 对媒体来说，我们当然有基础知识能判断哪些讯息来自中国，或是这对台湾的地位有太不合理的诋毁和丧失主权的说法等等，这些太明显，台湾媒体绝对不敢直接采用。
> 但是当无法得知是否是来自中国时，就像我前面提到，对蓝媒来说，就是一个不错的攻击民进党的题材，采用之后，所有媒体都是看收视率、网络看声量和点击率的。当名嘴和电视台、网络新闻，操作这些角度而获得点阅率的直接收看收听群众的回馈时，自然就会继续操作好几天，直到红利消失为止。为何有收视率？有观众呀！现在是"随选"和"主动"媒体影音的时代，几百的电视频道，无远弗届

的网络世界，没有人逼观众要看什么，都是主动选择。

其实就电视和网络的操作都有一样的结果，每次选战蓝绿媒体的收视率相对的好坏，大致就可以猜到该次选举结果。

目前电视台已经在民进党执政下，真正被定义亲中的电视台已经关台，本土亲绿的电视台已经是相对多数。为何多数群众选择主动看网络上的被认定为假讯息的新闻和名嘴节目？我认为考验的还是台湾民众的民主素养，以及是否依旧对中国抱有幻想。台湾民主之路，还要持续深化才行。中国共产党的方式就是分化、裂解、斗争，这套也用在信息战上，因为中文的共通性，他们认为操作起来成本太低太低了！[25]

若以数量二分法来看，目前台湾的偏本土立场的传统媒体确实为相对多数，但以选举结果来看，显示网络社群媒体对于舆论的影响力逐渐扩大。中间选民与使用网络接受新闻为主的年轻选民，成为认知作战中最容易受动摇的一群，也是台湾选战中经常左右选举结果的关键选票族群，根据民进党 A 主任预估，目前大约 300 万人。扣除这些中间选民，其余不同立场的意识形态，在选举期间，还是会回到各拥其主的归队蓝绿的状态，网络社群舆论便形成了同温层的回声室效应（echo chamber），会主动靠拢符合自身脉络的媒体和讯息来收看。

中国短影音是从 TikTok 抖音开始，虽台湾目前使用率不高，于是短影音的路径，在台湾这次选举发现，是从 LINE 的"封闭群组"流传，以及 YOUTUBE 关键词的购买，来大量"洗"这些短影音。

不是民进党没有做澄清的短影音影片，只是偏蓝的封闭群组进去不了，他们也不会传绿营的影片。中国认知作战和假讯息的操作方式，"每年都在变"，如何防堵只能靠自己（指民进党）希望在未来重大议题上，提升"预判能力"，比对方先释出正确讯息。

三、结论

林培瑞教授最近指出，"洗脑"的意思是一个站在众人上面的权威，为了自己的某种利益，往下强加概念和价值观，惩罚出轨者。中国共产党的洗脑工程是历史上规模最大的，而且侵入人们的意识比苏联的还厉害，甚至能够比肩邪教[26]。

根据瑞典歌德堡大学发布的 2023 年 V-Dem（VARIETIES OF DEMOCRACY）研究报告指出，台湾是全球受境外假讯息影响最严重的国家，且已经蝉联 10 年榜首[27]。疑美论意在离间美台之间的合作，让台湾在面对中共侵略时，失去了国际社会最大的支持力量，只能放弃抵抗投降，沦入共产独裁牢笼[28]。随着中共以攻台恐吓来影响台湾选举之深化和加强，台湾内部的"疑美论"也铺天盖地而来。以往是论述美国不会防卫台湾，2022 年是指美国会掏空台湾，部分论者并扭曲台积电赴美设厂是另类弃台。现又指美国纵然军事支持台湾，也会像乌克兰，把台湾当成美中战场，牵制与消耗中共国力，由此延伸台湾不当棋子[29]。

中共对台的认知战，一方面要求台人在中国严格遵守其国安规则，包括不能发表与"一中原则"相违背的言论，但另一方面，却是堂而皇之利用台湾的言论自由、媒体自由、采访自由、新闻自由等，来进行情搜、收买、色诱，甚至威胁恐吓等，这无疑是一场"不对称作战"，利用民主制度来颠覆民主政体。而拜科技应用工具之所赐，近年来，除了透过传统地方交流、赴台学习、新闻驻点、宫庙宗教活动等来进行渗透与颠覆外，还会透过内容农场、深伪技术、加工讯息等有趣短影音（抖音为主要媒介），来博取台湾民众眼球并制造人民对执政党或特定议题的错误认知[30]。

台湾民主实验室于 2023 年 3 月 24 日举行记者会发布"中国影响力指数"，理事长沈伯洋说明，研究结果发现台湾在调查的 82 个国家中，中国影响力指数排名为第 11 名，而社会与媒体两个领域的被影响程度则为全球排名第 1 名[31]。毋庸否认：认知战能够发挥效果的最重要因素就是透过媒体来操作。2019 年 5 月，中共政治局常委、全国政协主席汪洋接见出席两岸媒体峰会的台湾媒体负责人时表示，希望共同努力实现和平统一、一国两制。他还说，现在时与势都在中国，台湾当局可能连两年后的事都保证不了，台独是走不通的，台独想要靠美国人是靠不住的。台湾出席峰会者包含旺旺中时媒体集团董事长蔡衍明、旺旺集团副董事长胡志强、世新大学校长吴永干、中时电子报社长赖岳谦、中华新闻记者协会理事旷湘霞、专栏作家郭冠英，及《中国时报》、中天、中视、《联合报》《经济日报》、TVBS、东森电视等台湾媒体高层。他们所获得的最重要指示就是台湾不要当美国的棋子，这就是近年来中共对台湾认知战的主轴[32]。

曾经坐过中共监狱五年黑牢的李明哲，2022 年 12 月 6 日在其脸书上发表帖文来提醒大家，台湾社会有一个相当严重的问题，那就是：敌视民主的外部势力一直有在地协力者的配合。他以亲身经历明白地指出：

> 这五年在中国监狱学习过程中，常常被迫收看"海峡两岸"，那节目有一些固定的台湾朋友获邀"代表"台湾人的声音，例如：唐湘龙、陈凤馨、王鸿薇、游梓翔、赖岳谦、邱毅、黄智贤，这些人也是台湾一些媒体政论节目的固定来宾或者主持人，这或许是我们更应该关注并且警惕的。这些人的言论常常伪装成"理性、中道、爱台湾"，但其实只不过认为自己是中国人，必须为了中国的伟大复兴做贡献罢了。[33]

的确，台湾民主面对的最大危机就是，一直有敌视民主的外部势力，还有在地协力者的配合，使得民主运作不顺畅，也使得一般民主国家可能发生的政党轮替现象显得不正常！台湾面临的困境就是：若武力侵犯台湾，中共政权有可能会倒台；但只要中共不倒台，就不可能放弃并吞台湾！因此，诚如前美国副国家安全顾问博明（Matt

Pottinger）莅临政治大学，以〈惊涛骇浪中的自由：台湾准备好了吗？〉为题发表演讲所指出的：

> 美国与台湾和盟友密切合作，目的是阻止两岸战争的发生，因为战争无论对哪一方都是灾难性的。美国国父华盛顿曾教导我们："为了确保和平，……必须让人知道，我们已经做好随时作战的准备。"无论是台北和华盛顿目前都应将此当成睿智的共识。台湾的民主实验会不会是昙花一现呢？美国的民主又是否能够永续呢？台湾和美国面对着相似的强敌，正对我们的民主虎视眈眈。我们需要不断努力，遏制来自敌人的威胁。我们不可以屈服，也不应当对敌人视而不见。[34]

然而，如何破解疑美论？笔者认为美国做的还不够。1996 年台湾透过民主化确立为主权在民的自由民主国家，美国却一直尚未调整一个中国政策。除了承诺以武力防卫台湾之外，美国仍需制定以下议程（Agenda）：

1. 明确告诉中共，若对台动武，马上与中华民国台湾建交。
2. 帮台湾在国际上正名为台湾，协助立陶宛、捷克先设立台湾代表处。
3. 协助台湾加入国际组织，尤其是世界卫生组织（WHO）。[35]

当然，台湾也必须构建好"民主防卫机制"，提防中共藉台湾的民主机制颠覆台湾的自由民主！我们一定要认清，中共统治的本质就是"暴力加谎言"，所以对台以武力为后盾，从事统战和认知战乃是必然的，其标准做法就是台湾"黑熊学院"执行长何澄辉所说的，"打台湾不如买下台湾、买台湾不如骗台湾、骗台湾不如吓台湾"[36]，不过，笔者要进一步强调的就是中共可以同时进行"打、买、骗、吓"，不论是统战或认知战，中共现在对台已经达到"超限战"的规模，就是以武力为后盾，对一切无限施压。因此，笔者认为，面对中共无所不用其极的"超限战",政府应当成立一个像 COV-19 疫情指挥中心一样,能统合各部会的机构,并且每周向全民报告,说明中共"超限战"的最新手法,尤其是澄清相关的假讯息。

附录

一、受访者编码

编码	职务经历	身分属性	受访日期
A	民进党前社群中心主任	本土政党在 2022 选战第一线操盘者	2023/1/19
B	偏绿电视台与其新媒体中心主管	台湾最大电视媒体与新媒体新闻长期主导者	2023/2/6

二、受访者 A 访问内容全文

问:2022 年大选发现中国假新闻、假讯息,对选举影响与之前如 2020 年有何不同?

答:新样态是现在的假讯息并不会让你发现是从中国来的,以前还会是中国用语,一看就知道,比如当年假公文事件。但现在难以防备的原因是,根本不知道从何而来,也无法证实是否来自中国。因此影响台湾人比之前深刻。

问:认知作战或是假讯息的操作的样态,由这次选举为例,你们操作选举时发现有何新转变?

答:最新路径我们观察到,

1.名嘴爆料➡网络匿名粉专放大操作➡传统媒体跟进报道,引导能力强〈疑似境外势力配合〉

2.现代人看网络讲求"实时"，以及习惯只看"网络新闻标题"，两句话就定调，真假难辨，传播快。

跟先前路径不同，传统媒体先报道➡网络再发酵；中国"内容农场"产生假讯息➡再以扩散。

问：假讯息制成大量短影音的传播，如何对选举产生影响？

答：中国短影音是从 TikTok 抖音开始，虽台湾目前使用率不高，于是短影音的路径，在台湾这次选举发现，是从 LINE 的"封闭群组"流传，以及 YOUTUBE 关键词的购买，来大量"洗"这些短影音。

不是民进党没有做澄清的短影音影片，只是偏蓝的封闭群组进去不了，他们也不会传绿营的影片。

问：（承上问题追问）既然蓝的群组不会传绿营的正确影片、绿营群众也不会相信蓝的在传的假新闻影片，那么对台湾选举版图来说，不就还是回到信者恒信、蓝绿归队的基本盘状态，那么认知战、假讯息真正的冲击在哪里？

答：对，是信者恒信没错。因此这次选举来看，就是那中间的 300 万票受到影响。他们可能是习惯只看网络标题，或是平常根本没在关心政治新闻的年轻群众，到了有"重大议题"时，就会被简单几个字的网络新闻标题影响，他们可能不知道中间新闻发展攻防过程，但是容易形成对某事件或某人物的"既定印象"，再扭转就很困难。

问：（承上问题）有这次经历之后，能够有确切如何防堵的解决方案吗？

答：中国认知作战和假讯息的操作方式，"每年都在变"，如何防堵只能靠自己（指民进党）希望在未来重大议题上，提升"预判能力"，比对方先释出正确讯息。

问：除了假新闻部分，这次选举还有发现其他自中国认知战的新途径吗？

答：有，就是"陆配网红"的反串。模式：嫁到台湾的陆配，有不少人经营 YOUTUBE 频道和脸书，现在看来内容都在称赞台湾的好、台湾多民主。

但是这是假象！有陆配来爆料，其实这些陆配背后都有"高层势力"在支撑她们拍片，故意要她们平常称赞台湾，博取台湾人认同。等到下一次选举或是"关键时刻"，高层就会要求她们"带风向"，如开始骂民进党和本土势力等等，这样台湾人就会相信。陆配爆料说，她们从台湾回中国探亲，都会被人找去"喝咖啡"，要求他们每个月发多少篇文章、多少只影片。因为她们的家人都在那边，所以大多数都会遵从。

三、受访者 B 访问内容全文

问：以 2022 年选举为例，学者专家与民进党普遍认为，中国操作假讯息与认知战、信息战，是造成台湾本土政党大败的主因。就国内大型媒体的角度来看，认为假讯息是关键吗？

答：就媒体角度而论，假讯息的定义可能跟一般人认知有点不同，其实应该要定义清楚。比如，民进党方面所谓的假讯息，泛指"与绿营立场观点不同的新闻和讯息"，但是这可能无法确认来自中国或是国民党阵营，观点不同不能定义为假新闻。这也是问题所在，我们无法分辨。

就目前看来，中国操作的"假"的方式，并非是杜撰一个新的事件，而是将原本台湾就发生的新闻事件，以加油添醋、反串的方式，变成台湾人族群中的另一种观点来呈现，假装好像"台湾人里头真的很多人这样认为"的假象。因此，就媒体角度而论，本来台湾的媒体就壁垒分明蓝绿立场清楚，当偏向蓝的媒体看到能攻击执政党的角度，只要是媒体人，就会放大来操作，变成政论节目讨论议题。

问：目前所为的认知战，就是分化台湾，有学者认为中国当前唯一的目的就是先下架本土政党民进党的执政，因此加强力度。就你认为和了解，台湾的传统电视媒体和网络媒体，真有所谓的"在地协力者"？或是跟中国沆瀣一气的媒体吗？

答：全世界都在关心中国的渗透，尤其是 TIKTOK 这种，或是大量短影音的洗脑。我分成两个角度来观察。

首先，我操作过电视媒体也操作过网络新闻媒体，就媒体角度来看，当然不能不怀疑有媒体是直接跟中共高层有联系的，这个也在NCC（国家通讯传播委员会）和司法调查中揭露过。目前新闻的发酵方式，跟以往不同。以前是电视媒体为主流，扩散到网络发酵；现在则是每一秒网络都有新消息，网络新闻先出现，晚间的电视政论节目再来跟。

因为讯息太多太大，大多数的新闻工作者，没有时间也无法去查证来源在哪、求证真实性的过程被"抢推播"的压力缩短到几乎不可能，实际第一线的主管遇到一个突发消息，以前是先打电话猛查证，而现在，就是"先发出去再查吧！"导致假的讯息，太容易在网络媒体领军的环境中传递。我先前看过美国前总统奥巴马的专访，他也提起一样的担忧，认为 FOX 电视台帮川普传递太多假讯息，即使民主党候选人到处澄清、和其他电视台帮忙解释事情不是那样的，但是效果实在远不及假的消息传播速度，他也在担忧美国该怎么面对这样的状况。

我想，全世界都在面临网络世界所带来的后座力。

刚刚提到 FOX 电视台，为何奥巴马会点名？FOX 就是全美收视率最好的新闻台！同一个逻辑，为何执政党所谓的假讯息，能让台湾多数人投票给亲中政党？你说靠一两个在地协力者，能这么大范围的扩散所谓的假新闻，而让执政党选举大败吗？我认为关键还是在"台湾民众本身的民主素养"。

对媒体来说，我们当然有基础知识能判断哪些讯息来自中国，或是这对台湾的地位有太不合理的诋毁和丧失主权的说法等等，这些太明显，台湾媒体绝对不敢直接采用。

但是当无法得知是否是来自中国时，就像我前面提到，对蓝媒来说，就是一个不错的攻击民进党的题材，采用之后，所有媒体都是看收视率、网络看声量和点击率的。当名嘴和电视台、网络新闻,操作这些角度而获得点阅率的直接收看收听群众的回馈时,自然就会继续操作好几天,直到红利消失为止。为何有收视率?有观众呀!现在是"随选"和"主动"媒体影音的时代,几百的电视频道,无远弗届的网络世界,没有人逼观众要看什么,都是主动选择。

其实就电视和网络的操作都有一样的结果,每次选战蓝绿媒体的收视率相对的好坏,大致就可以猜到该次选举结果。

就电视媒体人的角度,我们或许可以用另一个角度思考所谓的认知战和假讯息这件事:如以这次选战为例,会不会是大多数的民众比较"不想"接收到什么讯息而不去看?还是真的假讯息的量太多,不看到都不行?

目前电视台已经在民进党执政下,真正被定义亲中的电视台已经关台,本土亲绿的电视台已经是相对多数。为何多数群众选择主动看网络上的被认定为假讯息的新闻和名嘴节目?我认为考验的还是台湾民众的民主素养,以及是否依旧对中国抱有幻想。台湾民主之路,还要持续深化才行。中国共产党的方式就是分化、裂解、斗争,这套也用在信息战上,因为中文的共通性,他们认为操作起来成本太低太低了!

问:中国的短影音等,近来大量流入台湾洗脑,民进党也开始制作许多短影音,但是他们评估成效不彰,您就媒体专业的角度来看,中国如何洗脑?台湾如何因应?

答:中国的抖音是大型平台,一开始其实并非就是要灌输政治语言。台湾小朋友也很流行拍跳舞的短影音,或是跟着看中国来的娱乐内容、游戏挑战内容。如果都是唱歌跳舞游戏,为何是世界要紧张?

因为它们的模式是:先砸钱砸人,先从平凡无害的跳舞唱歌中扩散影响力,有影响力、阅听人被黏着之后,再悄悄置入政治性的议题,让人不自觉就收看和被洗脑。这也是一种中国文化的洗脑,就像为何很多年轻人会不自觉使用中国用语,认知战是全方面的,点点滴滴的,只是对台湾比较充满政治层面的意义。

至于民进党执政党也做了很多短影音，为何影响力没出来。一方面台湾缺乏自己的大型平台，当依靠的都是国外的影音平台如META、YOUTUBE甚至抖音，你的内容审查权都在别人手中，要他们交出中国的信息、金流、不要乱审查等等，其实它们都是生意人，市场还是关键。或许台湾政府可以开发出一个台湾制的影音或社群平台，比如南韩有 SNS 等等，就不需受制于人，不须受到中国的侵害。上述提到中国的短影音是从平凡到关键时刻置入政治洗脑，但民进党现在开始制作的短影音，内容大多直接就是政治性内容，当缺少了娱乐包装，原本的目标 TARGET（锁定）年轻人，反而不太想看这种纯政治的影片，变成只能局限在同温层的群组中流传，缺乏扩散性。

此外，中国非常积极在网络上培养 KOL（关键意见领袖），一样的模式，从平凡无奇的议题中，关键时刻再插入政治文洗脑于无形。目前绿营的 KOL 或是名嘴，就媒体角度观察，同构型过高，同温层效应太集中，影响力还是不够。以上是对比中国的网络操作模式而论的。终究还是得靠台湾人本身的民主的观念持续深化。

注释：

1　"Global Freedom Scores"(2023)自由之家网站, freedomhouse.org/countries/freedom-world/scores

2　《经济学人》, www.eiu.com/n/campaigns/democracy-index-2022/

3　Dahl, Robert. *On Democracy.* Yale University Press, 1998，pp.146-148.

4　同上。

5　同注 1 和注 2。

6　此为陈弱水的看法。www.facebook.com/joshui.chen.5?fref=nf。2023/3/5 检索。

7　余英时：〈海峡危机今昔谈——一个民族主义的解读〉，颜择雅（主编），《余英时评政治现实》。台北：印刻文学生活杂志出版股份有限公司，2022 年。

8　Hung Tzu-wei. "How China's Cognitive Warfare Works: A Frontline Perspective of Taiwan's Anti-Disinformation Wars." *Journal of Global Security Studies*, 2022: 7 (4). academic.oup.com/jogss/article/7/4/ogac016/6647447.

9　中央社:〈中研院分析中国认知战模式 示警年轻人易受干扰〉，2022 年 7 月 29 日，www.trader168.com.tw/page/58696/report/213442。

10　〈"疑美论"是一套组合拳！俄乌战争周年启示：中共侵台前会做 3 件事〉，《今周刊》2023 年 2 月 27 日，udn.com/news/story/6839/6997526。

11　同上。

12　Craig Addison. *Silicon Shield：Taiwan's Protection Against Chinese Attack*. Fusion Press,2001.

13　Hunter, Gregor Stuart, *TSMC's Turning Point, The Wire China*, 2023. www.thewirechina.com/2023/03/05/tsmc-turning-point/

14　2022 年全年台湾 YOUTUBE 频道 "斗内"（英文 Donate 之意）赞助金额第一名，也是唯一一个台湾网红靠网友赞助收入破千万的意见领袖。朱学恒以 "监督执政党" "反塔绿斑直播频道" 为要求，立场偏蓝。

15　台湾民主实验室:〈2022 台湾选举：境外信息影响观测报告〉。medium.com/doublethinklab-tw/2022%E5%8F%B0%E7%81%A3%E9%81%B8%E8%88%89%E5%A2%83%E5%A4%96%E8%B3%87%E8%A8%8A%E5%BD%B1%E9%9F%BF%E8%A7%80%E6%B8%AC%E5%A0%B1%E5%91%8A-879a4c470017. 2023/3/8 检索。

16　〈柯志恩+郑丽文~立法院国民党将郑丽文：台积电宣布暂缓高雄设厂~但已高涨的房地产让人民头抱着烧〉，非常新闻（2022 年），www.youtube.com/watch?v=_diJHQyL1Pg. 2023/3/8 检索。

17　Newtalk:〈上万字败选检讨报告出炉！民进党认了林智坚论文案未实时止血…黑金、民生问题、抗中失灵全入列〉，2022 年 12 月 28 日，www.businesstoday.com.tw/article/category/183027/post/202212280070/。

18　〈小笠原欣幸观点 2024 总统大选关键因素：怀疑美国弃台、对美不信任的 "疑美论" 蔓延背景〉，关键评论网，2023 年 3 月 6 日，https://www.thenewslens.com/article/181392。

19　中研院欧美所:〈美台中关系重点研究计划〉，2022 年 11 月 15 日至 20 日透过政大选举研究中心，以问卷方式调查 1234 名台湾成年民众。载《自由时报》news.ltn.com.tw/news/politics/breakingnews/4183366。

20　该民调由中华亚太菁英交流协会委托大地民意研究公司于 2023 年 2 月 22 日至 23 日进行，访问 1035 位全国 22 县市年满 20 岁以上的民众，在 95%

信心水平下抽样误差正负 3.05%。《自由时报》

news.ltn.com.tw/news/politics/breakingnews/4222277。

21 该民调由台湾民意基金会游盈隆教授负责问卷设计、报告撰写、研究发现的判读及相关公共政策与政治意涵的解析。山水民意研究公司受基金会委托，主要负责抽样设计、电话访谈与统计分析。访问期间是 2023 年 1 月 9 日到 11 日 3 日，以全国为范围的 20 岁以上成年人，抽样方法是以全国住宅电话用户为抽样架构，以系统抽样加尾数 2 码随机方式抽样，有效样本 1085 人，抽样误差在 95%信心水平下约正负 2.98 个百分点。《新新闻》www.storm.mg/article/4699457。

22 罗世宏：〈关于"假新闻"的批判思考：老问题、新挑战与可能的多重解方〉，《信息社会研究》，2018 年，35 期，页 51-85。

23 PLAYBOARD，https://playboard.co/en/youtube-ranking/most-superchatted-all-channels-in-taiwan-total?period=1672704000，2023/3/8 检索。

24 参见附录一，其身份为"偏绿电视台与其新媒体中心主管"。

25 同上。

26 林培瑞：〈洗脑和洗嘴之间〉，《縱揽中国》网站，2023 年 4 月 10 日，www.chinainperspective.com/default.php?id=73485。

27 〈瑞典研究：台湾境外假讯息全球最严重 连 10 年榜首〉，公视新闻网，2023 年 4 月 2 日，news.pts.org.tw/article/630354。

28 〈疑美论、反美论系出同源〉，《自由时报》社论，2023 年 3 月 20 日，talk.ltn.com.tw/article/paper/1572979。

29 余茂春：〈余茂春：对台海局势的三大错误认知〉，《自由时报》，2023 年 2 月 19 日，talk.ltn.com.tw/article/paper/1567852。

30 蓝去芜：〈投书：赖清德的对中政策应以「民主防卫机制」为根基〉，《上报》，2023 年 4 月 23 日，www.upmedia.mg/news_info.php?Type=2&SerialNo=170720&utm_source=newsshare-link。

31 〈台湾民主实验室：台湾社会、媒体受中国渗透全球排名第一〉，《自由时报》2023 年 3 月 24 日，news.ltn.com.tw/news/politics/breakingnews/4249705?utm_source=LINE&utm_medium=APP&utm_campaign=SHARE。

32 〈2019 两岸媒体人北京峰会 台湾媒体参访团完整名单〉，《大纪元》2019 年 5 月 12 日，www.epochtimes.com.tw/n281198/。

33 李明哲脸书。www.facebook.com/mingchel0210/posts/pfbid02w38mK9u2U56EvBQqUvpp1DmV4x1F24YAjHUSP4RceWEXLj1gCgSpRQPpGtWUukTRl

34 三立 iNews：〈［访问完整］"台湾意志力越涣散 越鼓励北京行动"！前参谋总长李喜明．美前副国安顾问博明谈台海安全 台湾加强战备易掀战争？博明：北京认知战像臭豆腐一样臭〉，youtube.com/watch?v=-kbWNX1XwZ8&feature=shares。2023 年 4 月 15 日检索。

35 李一平：〈破除"疑美论"，李教授提出良方〉，youtu.be/TgLjWQwxXXk。2023 年 4 月 20 日检索。

36 China Change：〈Taiwan Interviews_No.1: Ho Cheng-hui, CEO of Kuma Academy / 台湾访谈(一): 黑熊学院执行长何澄辉〉，www.youtube.com/watch?v=o0KIO8S3jlM。2023 年 4 月 20 日检索。

意识形态因素在苏联后
俄国民主转型失败中所起的重要作用

郭伊萍

一、前言

　　俄国全面入侵乌克兰战争于 2022 年 2 月爆发后，中国清华大学政治学教授刘瑜就俄国民主转型失败话题出了一篇文章[1]，评论说，俄国民主的失败是一种很经典的失败，因为俄国民主是不自由的民主。我认为，这值得进一步追问、更重要的问题是：为什么俄国民主会成为不自由的民主，是因为俄国人不懂得民主必须以自由为基础吗？

　　事实上，民主与自由形影相随的理念早已在几乎所有向往民主人士心间成为常识。西方媒体大多将乌克兰人英勇抵抗俄国入侵的行为说成是为了保卫民主而战，有时又称其是为保卫自由而战，这两种说法在多数西方人眼里相互等同、可以互换。美国人在自豪地表述美国代表着什么时，更是民主与自由不分，一会儿说美国是民主的灯塔，一会儿又说美国是自由的灯塔。俄国人在追求民主时，对自由的重视也一点不亚于西方人，苏联解体后的第一任俄国总统叶利钦曾经宣告，要给予俄国人民以最大限度的自由[2]。西方学界和媒体界至今仍然广泛认为叶利钦是一位真正相信民主自由的政治领袖，叶利钦时代的俄国也确实一度存在过自由，可是，叶利钦于 1999 年底宣布辞职之前，亲手挑选了普京作为自己的总统接班人，将俄国推上了政治不自由的道路。一位相信最大自由的政治领袖为什么会做出将国家政治道路引向不自由的举动呢？这种从最自由到不自由的转换是怎么发生的？

我对以上问题的回答可以用一言以蔽之，即，因为叶利钦不懂得什么是自由，换句话说是，叶利钦对自由的理解出了大错。这种对什么是自由的错误理解在受红色教育长大的中国人当中也相当普遍，所以，回顾苏联解体后的俄国是如何走回了专制道路的，研究俄国的民主转型为什么会最终转成不自由的民主，对帮助中国人走出洗脑教育所带来的思维误区具有重要的借鉴意义。吸取俄国的失败经验教训，可以让中国避免跌入俄国式的专制者系统性地破坏人民思想素质、人民又不懂得该如何提高自身思维水平的循环命运，使中国未来有可能可以更顺利地摆脱专制、走向民主。

二、叶利钦如何从最自由走向不自由

叶利钦崛起的时代，哈耶克主义正风行于美国和英国，叶利钦作为一位生长于苏联之人，从小接受的是苏联式洗脑教育，缺乏独立思考能力，他照单全收了美国总统里根所推崇的哈耶克式自由观，埋下了让俄国走回专制道路的祸根。哈耶克主义从本质上讲，是资本主义至上论，资本主义自由被哈耶克尊为是自由的最高境界，政府对资本主义的约束被说成是对自由的侵犯、是通向专制和奴役之路，那些主张限制资本主义、以防止社会问题恶化的西方知识分子们则被哈耶克斥为是假自由派，在哈耶克看来，只有让资本主义走向彻底的放任自由才能算是真正的自由。这种对自由一词的极其狭隘的定义，导致有些西方人错误地将自由与民主的相互伴随解读为自由市场与民主的伴随，以至于他们认为，只要有了自由的资本主义市场经济，民主就会自然而然地接踵而来。这一自由市场经济必然通向民主的理论被美国耶鲁大学历史学教授 Timothy Snyder 形容为是一种 politics of inevitability[3]，即，政治发展必然性学说。这种政治发展具有必然性的说法，对在中国受教育长大的人来讲，听上去会觉得颇为耳熟，因为这与马克思主义理论中的历史发展必然性之说如出一辙。事实上，哈耶克主义与马克思主义有许多相似和相通之处，历史发展必然性只是其中之一，两者的相似和相通是为什么苏联式国家的人很容易被哈耶克主义吸引的一个重要原因。

正是在哈耶克主义自由观的影响下，叶利钦开始了他在苏联解体后的俄国所进行的体制改造，改革的重点被放在了推行经济私有化上，所谓"最大自由"，重点在于给予资本主义以无限自由，如何改造权力腐败泛滥的苏联式政治体制问题被严重忽略。苏联体制下的权力腐败从苏联刚建国的列宁时代起就已经非常严重，进入列宁之后的斯大林时代，腐败变得制度化、合法化，再到苏联后期的勃列日涅夫时代，腐败更是达到了登峰造极的地步，可以说，70 年苏联历史是苏联官员的 70 年腐败史 [4]，这是列宁创建苏联体制时完全没有考虑设立监督和制衡权力机制的反科学设计所带来的必然结果。可惜，在分析专制问题的根源时，哈耶克缺乏对历史的深入透视，未能抓住东西方阵营的根本差别在于一方是专制政治制度、另一方是民主自由制度的实质。他被苏联宣传迷惑，将东西方对抗理解成是社会主义与资本主义两种经济制度的对抗，由此得出了社会主义经济体制会导致专制的结论，并进而认定，只要有了资本主义私有化经济，就可以防止专制。出于这一错误结论的指导，叶利钦在尚未建立起具有监督和制约权力功能的健全政治体制情况下，过早地开启了对苏联公有经济体制的资本主义私有化改造，原先的社会主义公有财产迅速变成了少数寡头的私有财产。苏联时代的腐败主要是所谓"公有"变成了官有，但这种官有毕竟与官职相连，有其暂时性，而在政治体制不健全条件下所进行的私有化改造，使得"公有"很快变成了政府官员们的永久私有。这一错误的改革道路选择，造成苏联垮台没能带来腐败的终止，反而进一步合法化了腐败，叶利钦时代以及随后普京时代的俄国官场腐败不仅一点不亚于苏联时代，而且变得更加直接、更赤裸裸，许多美国的俄国通们将叶利钦时代的俄国称为是寡头们偷窃国家资产的时代[5]。而腐败在苏联垮台后的俄国继续延续，直接导致了民主自由无法在俄国被真正建立起来，因为官员们害怕实现了民主自由，自己的腐败会遭到清算。叶利钦挑选普京做总统接班人，其出发点正是从如何确保自己离位后可以逃脱因腐败被起诉的法律安全角度考虑，克格勃官员出身的普京由于具备对上司格外忠诚的特点，被叶利钦看中，至于普京拥有什么样的价值和理念追求，他是否有能力推动俄国继续走民主自由的道路，这些关系到俄国未来前程的重大问题，对腐败缠身的叶利钦来讲，根本就顾不上考虑了。

普京在苏联解体前是克格勃派驻东德的一名工作人员，柏林墙倒塌后，普京回到家乡列宁格勒（后恢复旧市名圣彼得堡），被克格勃派往他的母校列宁格勒大学工作。他的母校导师索布恰克于戈尔巴乔夫时代在市政选举中当选为列宁格勒市市长，普京通过师生关系当上了市长特别助理。进入叶利钦时代后，继续担任圣彼得堡市市长的索布恰克于 1994 年将普京提拔为第一副市长。普京作为市长助理和第一副市长，主管对外贸易，常常是卖出国的货物运出去了，说好要买进来的东西却不见运进来，因此有人怀疑市政府腐败严重，还有人指控索布恰克在房产私有化过程中贪污严重，主张调查。1996年，索布恰克在新一轮市政选举中落选，不久便因执政期间的腐败嫌疑面临检察官的起诉。在即将被召唤出庭的前夜，索布恰克突然心脏病发作，家人提出让他去国外治疗的请求，称如果在俄国接受治疗，他有可能会被政敌暗杀。普京为此亲自出手相救，安排了将索布恰克送往国外的救援行动[6]，坐在轮椅上的索布恰克被推上一架私人飞机，飞往法国。普京的举动，叶利钦看在眼里，记在心上，叶利钦知道，自己一旦下台，也将面临被追究腐败罪的危险局面，普京对恩人的忠诚之心和大胆相救之举，成为叶利钦重用普京、最终挑选他做总统接班人的主要因素。

叶利钦推行的"最大自由"政策不仅导致官场腐败恶化，而且造成贫富差距加深，少数富人富得流油，俄国开始出现亿万富翁，多数底层民众却被推入了生活极其贫穷困难的境地，原先苏联政府为人民提供的社会福利被严重削减、或甚至被取消。俄国人均寿命出现明显下滑，从苏联解体前八十年代末的 69.13 岁，下降至九十年代末的 65.7 岁，到 2000—2005 年，俄国人均寿命降到最低点，只有64.95 岁。相比之下，中国八十年代末时人均寿命为 68.92 岁，比不过苏联，可是，从九十年代上半期起，中国人均寿命开始超越俄国，到九十年代末时爬升为 70.86 岁，进入 2000—2005 年，中国人均寿命上升到 73.11 岁，远远好过俄国[7]。多数情况下，人均寿命明显下降往往是战争造成，可是，叶利钦的"最大自由"经济政策，与列宁的战时共产主义政策、和斯大林的农业集体化政策一样，皆为一场灾难性的经济实验，使人民的生命在和平条件下蒙受了巨大损失。

在极度"自由"、政府什么都不管的叶利钦时代里，不仅上面的人乱来，下面的人也乱来，社会上抢劫率和谋杀率大幅度上升，城市街头被黑帮控制，做生意的人面临敲诈勒索，必须向黑帮上缴保护费，否则轻则店面被砸，重则有可能丧失性命。这种"最大自由"所带来的政府腐败泛滥、犯罪率急剧上升、街头黑帮横行、以及底层老百姓生活水平严重下降，使得多数俄国民众对普京上台后陆续收回自由之举，抱着完全无动于衷的态度，因为在他们看来，自由不是一个好东西，给自己生活带来的全是坏处。

当然，叶利钦时代的自由不仅仅是经济自由，还包括一定程度的言论自由和政治自由，但是，对老百姓来讲，他们大多分不清此自由与彼自由的区别，只看到自由造成的实际结果。不过，自由在俄国的消失并非民众选择的结果，民众只是抱无所谓态度而已，自由在俄国消失是叶利钦一手造成。叶利钦先是将普京提拔为 FSB（克格勃的后身）第一把手，普京主持 FSB 期间，公布了一段嫖娼录像，录像中那位与两个年轻女子同床寻欢的中年男人看上去像是正在调查叶利钦腐败案的检察官。影片质量极差，让人难以断定其中的男人是否真是那位检察官，但普京一口咬定，那个男人就是检察官。面对即将被判嫖娼罪的威胁，检察官不得不同意放弃对叶利钦及其家人的腐败调查和起诉[8]。

叶利钦要确保自己下台后不被清算，就必须保证普京能够顺利当选俄国总统，为此，叶利钦于 1999 年 8 月任命普京为俄国总理，并公开表示希望普京成为自己的接班人。普京当上总理后不到一个月内，莫斯科等三个俄国城市连续发生了四起公寓楼爆炸案，造成三百多人死亡。案发后，普京迅速得出结论，称爆炸案是"车臣恐怖分子所为"，他以极其强硬的言辞，发誓要将车臣恐怖分子"淹死在臭屎坑里"。1999 年 10 月，借口车臣分离分子挑衅，普京发动了车臣战争，采用类似于他如今攻打乌克兰的残酷手法，几乎炸平了车臣首府格罗兹尼，打赢了战争，将闹分离的车臣收回俄国。联合国于 2003 年发行的一份文件称，格罗兹尼是地球上损毁最严重的城市，国际特赦组织于 2007 年公布的一份调查报告则报道说，有多达 2 万 5 千名平民死于普京发动的车臣战争[9]。普京对待车臣恐怖分子的无情态度、以及他不计代价打赢车臣战争的战绩，使他在俄国民众当中人气大升，厌倦了混乱的叶利钦时代的俄国人，此时盼望着有一个强人来解救俄国。

虽然普京通过打赢车臣战争树立了强人形象，叶利钦对普京当选下一任总统仍然不敢掉以轻心，他进一步部署一系列操纵手法，以加强普京当选的机会。1999 年底，尚未服完第二任总统任期的叶利钦突然宣布辞职，指定普京接任代理总统，让普京在参加竞选之前先沾上一些总统的光环。叶利钦辞职的另一层意图是为了将 2000 年俄国总统大选日期出人意料地提前三个月，使没有心理准备的反对派参选对手措手不及。叶利钦一派还通过操纵媒体，为普京打造形象。

叶利钦时代的主要媒体大多是私营，掌握在几个寡头手上，有一定的自由度，但是，由于叶利钦时代钱权勾结问题严重，有权就有钱，有钱的也离不开有权的，私营媒体并不完全独立于权力。靠腐败发了不义之财的寡头们与叶利钦一样担心自己被清算，因此他们力挺叶利钦扶持普京之举，他们掌控下的媒体在塑造普京的高大全形象时，掺和了许多虚假成分，为普京当选总统立下了汗马功劳。普京在参加2000 年的俄国总统大选之前，从未参加过任何一个级别的民主选举，他被叶利钦任命为总理时，大多数俄国人根本不知道他是谁，可是，通过当权者及其同伙的一系列相助和操纵，他在几个月内从一位名不见经传的政治无名小卒火速上升为政治明星，于 2000 年 3 月在俄国总统大选中赢得 53%的选票，当选为俄国总统。

三、普京执政导致俄国民主自由严重倒退

普京上台后的第一个重要举动是将几家最大的私营媒体收归国有。当时，连一些俄国知识分子都支持媒体国有化[10]，因为拥有媒体的寡头大多钱财来路不正，也没有什么价值和理念追求，他们掌控下的媒体常常是为有利于寡头敛财的权力服务，帮助普京竞选成功正是明证。真正具有独立思想的俄国媒体大多是一些缺乏赞助者的小媒体，在俄国收视率不高，因此，俄国知识分子并不将寡头们私营的媒体看成是言论自由的希望所在。而媒体国有化也不一定意味着言论自由的消失，英国最大媒体 BBC 即是国有媒体，曾经长期占据英国媒体的主导地位，英国却是西方国家中最早实现言论自由、并长期保持高言论自由度的国家。英国议会专门立有法律，明文规定政府官员不得干涉 BBC 发表的内容。关键是，如果政治精英素质差，法律再怎么规定不得干涉，也不过是一纸空文。同样，如果媒体人素质差，缺乏价值追求和独立思想，那么，无论是私营还是国有，也都将难以建成独立自由的媒体。在叶利钦时代，由于后者素质低，俄国私

营媒体自甘堕落地充当了为权力服务的角色，到了普京时代，前者素质低问题变得更加突出，国有化后的俄国媒体被迫做权力的宣传话筒。那些真正独立的媒体人在普京时代面临被迫害、被毒杀、被监禁的危险，俄国的言论自由走向了恶化。

普京上台后做出的另一个举动是立刻恢复了学校的军训[11]。每一名学生必须参加军训原本是苏联时代的传统做法，戈尔巴乔夫和叶利钦执政时，这一传统被取消，普京却找回了这一苏联时代的做法。普京还大幅度增加了俄国的军费开支，开始了他的强军之路。

在外交政策上，普京最初并没有放弃叶利钦向西方靠拢的做法，他刚上台时与英国首相布莱尔和德国总理施罗德关系打得火热，美国总统小布什去莫斯科访问时，普京也曾故意向小布什透露自己对基督教的虔诚信仰，以博取小布什的好感。普京发动全面入侵乌克兰战争之后，许多西方人在震惊之余，不断地询问：普京从上台之初讨好西方、到如今与西方为敌，这期间到底发生了什么？是什么原因使普京越来越背离西方？英国前首相布莱尔在接受CNN电视台采访时表达了他对此问题的看法，认为，普京缺乏承担在俄国继续推动改革任务的能力，改革对普京来讲太难了，因此他寻找了一条容易的捷径，将俄国推向了民族主义化的道路。

普京走民族主义化道路的理论依据来自俄国著名知识分子索尔仁尼琴的思想[12]。索尔仁尼琴曾因写下《古拉格群岛》等作品、揭露苏联政府的对内残酷镇压，获得了诺贝尔文学奖。有意思的是，索尔仁尼琴恰恰是普京最喜爱的精神导师，普京于2007年在克里姆林宫向索尔仁尼琴颁发俄国最高奖——俄罗斯联邦国家奖时，称赞索尔仁尼琴"将一生都奉献给了祖国"，索尔仁尼琴对普京也欣赏有加，在一次采访中歌颂普京为俄罗斯带来了"缓慢而渐进的复兴"。索尔仁尼琴是一位极端民族主义者，不将乌克兰视为一个独立的国家，认为苏联之后的俄罗斯必须包括乌克兰，他在一篇文章中写道："所有关于自9世纪以来就存在并拥有自己的非俄语语言的独立乌克兰人民的言论都是最近捏造出来的谎言。"索尔仁尼琴虽然痛恨苏联体制，却反对俄国走西方式道路，他说："如果有人问我，我们国家是否应该以今天的西方为榜样，坦率地说，我不得不给予否定的回答"。他预言："下一场战争很可能将永远埋葬西方文明"。普京曾特意去索尔仁尼琴家中拜访自己心目中的大师，告诉对方说，自己对俄罗斯未来的规划与大师的看法是如此一致。美国《Politico》杂志记者将普京自 2008 年以来不断侵略他国之举解读为是在一丝不苟地遵循着索尔仁尼琴为俄国设计的新帝国主义复古议程。索尔仁尼琴的例子说明，我们不能只看一个人反对什么，同样重要的是要看这个人支持什么。

俄国著名女记者叶夫根尼娅·阿尔巴茨从苏联时代起就是一位持不同政见者，在普京执政下的俄国，她是仅存不多的一家俄国独立媒体《新时代》周刊的主编。她于大约 2017 年接受美国 PBS 电视台记者采访时称，普京是一位斯大林主义者，是一种轻型版北朝鲜领袖，她说，普京不怕打仗，甚至不怕打核战争[13]。阿尔巴茨说这些话时，在普京全面入侵乌克兰之前五年，五年后，普京因侵略乌克兰受阻，发出了使用核武器的威胁语言，听上去像是北朝鲜领袖，使人不禁感叹，还是俄国人最了解普京，阿尔巴茨对普京的描述是如此准确。阿尔巴茨后因坚持报道俄乌战争真相，于 2022 年 7 月被当局扣上"外国代理人"的帽子，即将遭刑事起诉并被逮捕，迫使她离开了俄国、流亡到美国。

普京时代的俄国，社会上犯罪率明显下降，街头不再有黑帮，老百姓为之拍手称快。许多俄国民众对提倡"最大自由"的叶利钦充满了微词，对专制的普京却更为支持。不过，普京时代的俄国官场依然腐败泛滥，普京禁止了街上的黑帮，自己却用黑帮手段统治俄国，用英语讲，叫作 kleptocracy，即盗贼统治。一群听普京话的新寡头崛起，不听普京话的寡头财产被没收、被国有化，敢于公开表达不同意见的寡头甚至被判刑、被关监狱。许多偷窃了俄国国家资产的寡头们利用西方资本主义经济在西方各国洗钱，有些干脆移民到西方生活，英国伦敦如今被人称为是小莫斯科，因为有相当数量的俄国寡头现在生活在那里。购置美国房地产也成为俄国寡头们洗钱的一大渠道。

除了政治专制和官场腐败严重，普京时代与苏联时代的另一个相同之处，是城乡差距、地域差距巨大，首都莫斯科极为光鲜发达，小城镇和偏远地区依然贫穷落后。俄国经济则非常单一，主要靠卖自然资源（如石油和天然气等）维持。俄国优秀人才纷纷移民他国，流失严重。在一个腐败的政治体制下，不可能发展出健康发达的经济，因为利益的大头流入贪官的口袋，优秀人才缺乏创新和勤奋工作的动力。

另一方面，尽管俄国经济发展单一，而且，石油业等一些决定政府财政收入的行业在普京时代被大批国有化，仍然有西方学者认为，普京的政绩之一是在一个原本没有资本主义基础的国家里建立起了一套运转还算顺畅的资本主义经济体系，其运行成功的一个重要表现是，俄国从原先苏联长期依靠进口粮食来防止斯大林时期大饥荒的重现，转变成为今天的一个农产品出口国[14]。贫富差距问题在普京时代依然十分严重，但俄国普通人的生活水平相对于叶利钦时代得到了广泛的改善也是事实，当然，这背后的原因不完全是普京经济政策的功劳，很大程度上是出于运气，普京上台时恰逢世界石油价格大涨，给俄国经济助了一臂之力。俄国人均寿命从 2005 年起开始回升，到 2015 年回升到苏联解体前的水平，至 2019 年又上升到 72.9 岁，名列世界第 109 位，不是什么好名次，可是，比起叶利钦时代来，仍然是很显著的进步。这种资本主义经济成功与政治专制化的同行，并不是俄国特有的现象，纳粹德国和今天的中国也是证明资本主义经济完全可以与专制政治共存的另两个例证。事实上，正是资本主义经济的成功为普京发动侵略战争提供了充足的金钱基础。而普京的侵略战争，已造成俄国年轻人大批死于战场，这必将导致俄国人均寿命再一次出现明显下降。

在意识形态上，普京用保守主义替代了苏联时代的共产主义，他拒绝来自于西方的普世价值观，坚持说俄国拥有自身独特的传统文化，与西方不同，不可能走与西方一样的道路。普京的保守主义思想核心是一种基督教、民族主义和传统帝国意识的混合物[15]，其目标是要将俄国建成为一个能够与西方抗衡的主导欧亚大陆的强国。普京之前的叶利钦在废除苏联意识形态之后，干脆放弃了尝试寻找新的意识形态替代物，除了鼓吹建立资本主义市场经济，叶利钦没有提出任何能够对人民产生吸引力的意识形态理念[16]，使俄国社会陷于意识形态真空。这种要么是意识形态真空、要么是重拾沙皇时代的落后意识形态，是俄国民主转型走向失败的主要因素之一。

普京于 2000 年第一次当选为俄国总统的那一场选举，固然充斥着当权者的种种操作和其他问题，但在一定程度上，还算是自由的选举，有真正的反对派对手参选。普京上台后的历届连任选举，成了没有竞争对手的假选举，选举过程作弊也日益严重，在有些地区，普京的得票率甚至超过百分之百。任何有可能挑战普京权力的竞争对手不是被暗杀，就是被关进监狱，那些坚持调查普京在圣彼得堡市政府工作期间外贸有出无进问题的人、以及执意追究可疑的莫斯科等地公寓楼爆炸案真相的人，同样是轻者被关监狱，重者被毒杀。普京还于 2004 年取消了省长选举，省长职位变成了任命制。俄国宪法原本规定总统只能连续担任两届，普京到 2024 年却将当满 20 年的俄国总统。他自 2000 年当选第一任总统、并连任第二届后，于 2008 年将总统职位出让给了忠诚于他的下属梅德韦杰夫。2012 年，普京重回总统职位，再任两届，宪法中的总统任期则从原先的四年被修改为延长至 6 年，使他可以执政到 2024 年。2019 年，普京再次修宪，根据最新宪法，他可以继续参加 2024 年（他将年届 72 岁）和 2030 年（年届 78 岁）的总统竞选，普京因此有可能成为实际上的俄国终身总统[17]。

可以说，自普京上台之日起，俄国的民主自由转型就注定走向了失败。在《经济学人》智库发布的 2021 年世界各国民主指数排行榜上，俄国名列第 124 位，被归入专制（authoritarian）国家的行列。民主并不意味着只有投票的形式，一个不自由的民主实质上就等同于专制。否则，据从北韩逃到南韩的脱北者 youtuber 介绍，朝鲜民主主义人民共和国（即北韩）的领袖还是通过人民投票选举产生的呢，问题是，北韩选票上每一个职位都只有一名候选人，没有竞争对手，更可笑的是，北韩人没有不投票的自由，你如果不去投票，会被逮捕，所以，北韩选举的投票率和北韩领袖的得票率都是百分之百。

美国前总统克林顿于 2000 年访问莫斯科与俄国新总统普京面谈后，曾推心置腹地告诉叶利钦说："普京心中没有民主"[18]。对当时已经离职的叶利钦来讲，他可能早已认识到自己建立民主的失败，他面临的更急切问题是，自己与家人在他离职后会遭遇什么样的命运，普京上台，对解救他和家人至关重要。普京于 2001 年 2 月签署了一项法案，赋予前总统及其家属以法律豁免权，保证了叶利钦和他家人的法律安全。叶利钦扶持普京之举取得了他所期望的回报，他的个人利益得到了保护，可是，换取叶利钦个人利益的，是俄国人民的民主自由前程，正是这样一位相信"最大自由"的政治领袖亲手葬送了俄国走向自由的机会。叶利钦辞职时曾公开向俄国人民表达抱歉之情，他或许真像许多西方人所说的那样，真心相信民主自由，可惜的是，他缺乏独立思想能力，盲目地跟随在英美右派观点之后，不具备建设民主自由的领导水平。叶利钦以为自己是在建设一个民主自由的制度，最后建成的却是一个腐败专制的制度，这与当年列宁创建苏联时是一样的状况。列宁也以为自己是在打造一个世界上最先进的国家，可是，由于列宁思想上盲点多，看不见制度设计需要符合人性、需要讲科学的重要性，使得他建成的苏联式体制成为一种极其腐败落后的体制。所以，建国时或转型时的第一代政治领袖的思想水平和政治素质，对新建体制的性质有着决定性的影响作用。

四、俄国意识形态问题的历史和文化根源

俄国民主改革失败经验给我们带来的一个重要教训是，民主政治所需要的自由绝不等同于市场自由或资本主义自由，盲目轻信哈耶克式自由观，不仅会带来贫富差距和地球环境问题的恶化，而且会导致腐败泛滥，而一个腐败的政府是不可能建立起真正的民主自由的，哈耶克所指的道路才是一条真正会通向奴役和专制的道路。中国如果未来有机会推翻苏联式体制，绝不能立刻进行国有资产的私有化改造，而是必须首先致力于健全权力监督和权力制约的政治功能，以防止原来的"公有"变成官员们的私有。

俄国民主转型失败带给我们的另一个教训是，追求民主自由单凭一腔热情是远远不够的，虽然民主并不像中共所说的那样是一项如此之难、以中国人的素质无法实现的事业，但是，民主也不像有些天真浪漫的人所以为的那样是一个如此容易、不需要智慧、不需要人们的努力、只需凭借着某种必然发展规律就可以轻轻松松自然而然到达的仙境。民主是一个人类理想，也是一门科学，是一项系统工程，建设民主需要领导者有高超的思想和智慧、有考虑周全的科学性制度设计和法律建设，还需要有来自政府和民间、尤其是政治精英和社会精英们的共同努力，才可能完成。

那么，当一个社会中大多数人的思维素质长期遭到专制者破坏时，怎样才找到或形成一股有智慧、有独立思想水平的领导力量来带领人民走向民主呢？如果说叶利钦领导能力不足是苏联式洗脑教育造成，产生苏联式教育体系的源头又来自哪里？为什么俄国总是会涌现出一代又一代缺乏智慧的领导者？为回答这些问题，让我们先从俄国人意识形态观易于出问题的历史和文化根源谈起吧。

从地理位置和人群种族成分上讲，俄国属于欧洲国家，但由于其所处地点远离欧洲文化中心，尤其是远离政治和经济都比较发达的西欧，在古代那种交通和信息通讯极不方便的情况下，西欧思想向俄

国的渗透非常有限，使俄国自沙皇时代起便落后于多数欧洲国家一大截。这种地理位置造成的思想自然渗透的稀缺，到了近代和现代，可以通过主动学习来弥补。比如，从距离上讲，日本离西欧更远，但是日本很早就开始主动学习西方，成为亚洲最早成功的国家。俄国其实一直将自己定位为欧洲国家，曾多次尝试学习西方，最有名的一次是沙皇彼得一世于十八世纪初发起的一场西化改革。彼得一世将俄国首都从更内陆的莫斯科迁到位于俄国最西边的一块沼泽地上，建立起新首都圣彼得堡，此举的象征意义正是要表明俄国下决心向西方靠拢、向西方学习。彼得大帝规定，俄国政府里的男人们不得穿俄罗斯民族服装、不得留胡子，圣彼得堡的许多宫殿请意大利建筑师来设计、充满了欧洲风情。问题是，俄国人学西方，学的都是一些表面的、容易学的东西，穿西装、剃西式发型、造西式大楼、信基督教、跳芭蕾舞，这些容易学的东西俄国人都学会了，可是，西方文化中的精华，即，起源于希腊古典文明的理性思维，和产生于西欧启蒙运动的自由思想、独立思考、以及对普世价值观等现代更高理念的追求，这些西方文化中最好却又最难学的东西，俄国一样也没有学会。沙皇对西欧启蒙思想怀抱的是严加防范的态度，实施极为严格的言论审查制度，禁止这些新思想流入俄国。沙皇宣称，俄国是基督教国家，只相信上帝，而人是罪人、恶人，不可信赖，绝不能依靠他们的理性和人性[19]。这种思想上的长期禁锢，导致俄国人普遍思维水平低下，精英素质差，在一定程度上，俄国是启蒙之前的欧洲中世纪的活化石。

与沙皇的选择形成鲜明对照的是，日本统治者在学习西方时拒绝了基督教。日本人对宗教的态度大多宽容，道教来了，他们接受，佛教来了，他们也接受，不同宗教同时存在、和平共处。可是，当基督教传教士来到日本，宣称基督教是唯一的正教，其他宗教都是歪教、邪教时，日本天皇大怒，认为基督教传教士是在破坏日本社会的和谐，下令将他们驱逐出日本。如今，日本成功、俄国失败，展示出统治者的历史选择对国家未来所产生的重大影响。当然，以现代眼光看，只要没有政教合一，基督教徒们的唯我独尊未必会对社会和谐产生多大的破坏作用，不过，日本人的选择至少说明日本在学习西方时没有将不重要的东西误当成宝贝，保持了自己的思想多元化传统。

沙皇坚持以基督教教义为国家指导思想的选择，将俄国人的头脑局限在低层次的宗教式思维方式上，他们一般只会盲从、缺乏独立思考能力，因为宗教是一种不问为什么的意识形态，来自上帝旨意的《圣经》上是如此说的，就解答了一切问题。除了不问为什么，宗教式思维的另一大特点是思想上的统一化和标准化，排斥不同观点。后来苏联推行的洗脑教育，基本上照抄了宗教教育的方法，也是不解释为什么的重复灌输型教育、以及具有强烈排他性的思想一元化教育。洗脑教育的另一大特点，即，它是强迫受教育者接受的强制性教育[20]，在宗教教育中也可能存在，但在政教分离情况下，宗教教育的强制性不如洗脑教育那么严重。所以，我们可以说，洗脑教育实质上是一种强制性宗教教育，大多存在于政教合一体制当中。苏联式教育不仅具有宗教教育的灌输性和思想排他性特点，而且在具体形式上，也照搬了基督教的许多做法，比如，苏联式国家里党支部书记要定期开大会、做报告，学的是基督教牧师的每周布道，苏联式国家的国民必须参加政治学习并发表学习心得，模仿的是基督教的查经会，苏联式领袖的语录或选集被捧为指导人民思想的红宝书，与基督教教徒对待《圣经》的态度非常相似。

列宁创建的苏联除了在思想教育方法上与沙俄体制一脉相承，在政治手段上，也继承了许多沙俄传统。沙皇拒绝启蒙思想所带来的最不幸结果是，这造成其统治理念落后，解决问题时易于被一些简单、粗暴、短见的方法吸引。从沙皇到列宁再到叶利钦和普京，俄国一代又一代统治者领导水平低下，是宗教式意识形态所产生的直接恶果，如果说叶利钦是苏联式洗脑教育的受害者，那么列宁就是沙俄式宗教教育的受害者。这种意识形态水平低下导致的统治者领导能力低下，使得沙皇在治国时只会一味地依赖于强制性暴力手段，缺乏更理性、更高瞻远瞩、更具备软实力的政治思想指导。每一次面对俄国社会问题的爆发，沙皇的对策总是先用暴力强行镇压下去，过后再收紧政府对社会的控制，许多起初是经济或文化原因引发的民间事件常常由于警察过度镇压，迅速上升为政治对抗事件。渐渐地，沙俄政府将社会上每一个人都看成是威胁沙皇权力的潜在敌人，政府警察雇佣的密探渗透到社会的各个角落，严格监视民众，以保证将任何可能危及政权稳定的民间活动扼杀在萌芽状态，沙俄因此成为人类近代史上最早的一个警察国家，可以说，沙俄政权是后来苏俄政权的雏形[21]，只不过苏俄政权在使用暴力时更上了一层楼。

苏联解体后，俄国在叶利钦时代一度有过言论自由，这原本给了人民从传统思维方式中走出来的机会，可惜，当时的俄国改革受错误理念的指导，只看重建立资本主义经济，完全忽视了思想进步的重要性，让时机错过。进入普京时代后，重拾旧传统的保守主义被树为官方意识形态，改造传统教育方法和传统思维习惯之事就更不可能发生了，因此，俄国人的思想至今大多停留在低层次水平上。

与不问为什么、只会盲从的低层次宗教式思维迥然不同的，是强调培养独立思考能力的自由思想。自由思想的最主要特点是，鼓励思想多元化，反对盲从权威，提倡凡事要问为什么、要寻找为什么背后的答案，在寻找答案的过程中进行独立思考、发展出认识事物的独立观点。这样一个鼓励探索的学习过程，使得自由思想者对理念的认识一般不停留在知其然的水平上，而是上升到了知其所以然的水平，理解为什么自己相信的理念更加合理、更有利于人类社会。因此，自由思想者信奉某种理念与宗教信仰者信奉某种理念层次非常不同，自由思想者的信念更富有深度、更高瞻远瞩、更具备扎实的事实基础和理性支柱，也更平衡、更理论联系实际、不容易走极端。自由思想者认识理念时的知其所以然水平，还使得他们思考问题更加灵活自由，不会过于拘泥于教条的约束，从而成为思想自由的自由派。

相比之下，用宗教方式思维的人大多有以下几种特点：一，他们信奉理念出于盲从、不知其所以然，因此，大多思想僵化死板，不善于理论联系实际，会变成以意识形态为纲，成为固守教条的保守派；二，思想上的不知其所以然还导致他们对人文概念的理解肤浅表面，判断事物时停留在看标签的水平上，两种实质上截然不同的事物被人贴上相同的标签，他们就往往分不清真假，会轻易地被骗子欺骗；三，分析问题简单粗犷，易于犯一刀切的错误，缺乏深入分辨细节的能力，以至于常常得出黑白颠倒的结论；四，不善于进行立体式思考，思想上大多只有一个维度、很容易走极端；五，只会抱怨问题、却提不出解决问题的方案，只擅长于反对、而不擅长于在批评的同时提出建设性意见；六，反理性、反科学，这是宗教教育或洗脑教育的根本问题所在，前面所列特点实际上皆为反理性和反科学的更具体表现。以宗教方式思维的人还存在许多其他思想缺陷，限于篇幅，不在此一一列数了。

需要补充说明的是，并不是所有人都有能力成为自由思想者，自由思想是一种更难、更复杂的思维方式，而宗教式思维相对简单、易于掌握，不识字的人也可以信上帝，思维能力低下者照样可以背教条，而要真正树立起独立思考能力、对概念理解达到知其所以然的程度，需要一定的思维水平，只有善于进行高层次思维的人才能掌握，这是为什么西方社会里也存在反理性和反科学的人。

五、走出洗脑教育所带来的思维误区

当我们了解了俄国人思想易于出问题的根源后，就可以找到如何帮助中国人走出洗脑教育思维误区的出路，这个出路在于思想的启蒙。专长于研究西方启蒙运动的著名英国历史学者乔纳森·以色列曾经说："改变人的思维，就能改变人的存在状况"[22]。而人的思维的改变，起源于知识分子思想的改变，西方启蒙运动正是由一群知识分子发起、参与，他们的思考和努力改变了西方人的思想，进而改变了西方、也改变了世界。启蒙运动对西方思想进步有三大重要贡献：第一，倡导思想上的宽容和多元化，主张容忍不同观点的存在，为自由思想的发展提供了环境；第二，反对宗教式盲从，鼓励独立思考，提倡培养批判性思维能力和用科学化方法分析问题的能力；第三，提出了以平等、自由和民主为核心理念的普世价值观。如果没有启蒙运动，西欧与俄国就不会有多大差别。

中国从清末到民国时期曾经经历过一定程度的启蒙，可惜，共产党政权成立后，中国被拖向了倒退，中国的思想教育被完全俄化、宗教化。今天的中国需要经历一场重新启蒙，启蒙的责任像西方那样只能落在知识分子的肩膀上。中国知识分子们应该先自我启蒙，摆脱苏联式教育所带来的盲从习惯，学会独立思考，建立起能够承担启蒙大众责任的能力。只有知识分子率先提高自身思想水平，克服洗脑教育造成的思维缺陷，然后再教育自己的学生、读者、或听众，带动社会各界，包括政治精英们，抬高他们的思想水平，这样，才有可能让中国从专制者破坏人民思想素质所造成的恶性循环中走出来。

洗脑教育对思想能力的最大损害之一是，它导致人们认识概念时头脑一团浆糊，易于跌入将概念含义极端化甚至曲扭化的陷阱，这种认识概念能力的缺乏进而带来价值判断能力的缺乏，以至于他们评判事物时常常黑白颠倒、分不清是非对错和真假善恶。像列宁、叶利钦、普京、以及习近平这样的受洗脑教育长大的领袖，他们思想上的一大共同特点是概念混乱，虽然他们有时是故意混淆概念，以欺骗民众，但多数时候，他们自己实际上也没有能力深入认清概念的真正含义。因此，中国知识分子们需要承担的最重要启蒙任务之一是，帮助人民澄清各种基本人文概念的含义，尤其需要加深理解到底什么是自由。

自由一词如今在不少中国人的口中被捧上了天，几乎成了一个悬在空中的崇拜物，可是，多数人对什么是自由的理解停留在看标签的水平上，很容易被乌托邦式的空想主义理论吸引、或被骗子欺骗，有人（比如哈耶克）给自己的学说贴上个"最自由"的标签，很多中国人就盲目地拜倒在这一"最最自由"的旗帜之下，正像当年有人（即列宁）给自己贴上"最先进"的标签，有些中国人就信以为真，跟在其后闹革命，以为自己真的是在建设一个"最先进"的国家。

受苏联式洗脑教育长大的中国人在理解自由时除了思想易于停留在标签化水平上，还常常会以非此即彼的单向化和一维化视角来看待自由，他们大多将平等、自由、和民主这三个普世价值核心理念之间的关系视为相互孤立、甚至相互排斥，比如，他们将自由与平等说成是不可共存的状态，要自由就必须以牺牲平等为代价，要平等就必须牺牲自由，甚至有些人将自由与民主分裂开来，以至于提出自由高于平等、自由高于民主等说法，据说中国国内有一批自称为"自由主义者"的学者们梦想要建立一个没有民主的自由宪政，却完全罔顾这个世界上是否存在没有民主的自由国家的事实。还有一种在中文界广为流传的将自由孤立化的说法是，右派看重自由，左派看重平等，在我看来，这是对左右之争的极大误解。撇去一些极端政治流派不谈，西方社会左右派之间的差别并不在于谁更看重自由，而是在于双方对什么是自由的理解互不相同，左派对自由的看重丝毫不亚于右派，关键是左派所说的自由与右派所说的自由常常不是同一回事。这种同一个人文概念在不同人心目中意味着不同的含义，是为什么说文科比理科更难的主要原因之一。理科概念的定义往往相对来讲比较客观简单，可以遵从某个权威机构或专家的统一定义，文科概念却由于人类思想和行为的复杂性与多变性、以及人类社会条件的多维性与流动性而呈现千姿百态的状况，因此，难以有统一、简洁的定义。一些缺乏理解复杂概念能力、无法进行立体思考的人会用狭隘的方式去简化人文概念定义，使理念变得绝对化、极端化，另一些人则会利用文科概念的千姿百态性故意搅浑其含义以达到某种政治目的，所以，我们在判断人文事物时决不能停留在看标签的水平上。我们不能因为列宁党将"社会主义""左派""平等"和"先进"等标签贴在自己身上，就让列宁党占有这些概念，同样，我们不能因为哈耶克和一些美国右派给自己贴上"最自由""真正的自由主义者"等标签，就把自由的头衔出让给他们，正如我们不能因为普京给乌克兰人贴上"纳粹"的标签，就支持普京的侵略战争一样。每一个人都愿意将好听的标签贴在自己的身上，把贬义的标签贴在对手或敌人的身上，如果判断事物时只会看标签，就注定常常会被骗子欺骗，或被思想水平低下者误导。

正是由于左右派对自由的概念有着不同的理解和定义，带来了左右派对平等价值重要性的不同认识，左派所追求的自由不需要以牺牲平等为代价，右派所主张的自由却往往为保护少数人的自由而牺牲其他人的自由，西方右派与许多中国人一样，大多将平等视为对自由的威胁。作为政治上的左派，我认为，不讲平等的自由，只能是极少数人的自由，反过来，不讲自由的平等，也只能是一小撮人的平等，正像民主与自由相互依靠、缺一不可一样，平等与自由的关系也是相辅相成、缺一不可，只有平等的自由才是真正的自由，反过来，也只有自由的平等，才可能实现名副其实的平等。平等、自由、和民主这三个名词常常被同时写入现代国家宪法、或人权宣言中，原因即在于这三项权利是同一个立体概念-人权的三个不同之面，缺了任何一面，其他之面就会倒塌。以列宁式国家为例，列宁党将平等的口号喊得震天响，列宁式体制却剥夺人民的民主自由权利，使得列宁式国家恰恰是一个极度等级化、极度不平等的国家。

中国人理解自由时容易掉入的另一个思想陷阱是像哈耶克那样，从极其狭隘的视角定义自由，自由被他们当成是等同于放任自由，等于政府什么都不管，属于一种极端化的绝对自由观。实际数据表明[23]，当今世界上大多数发达国家属于政府花销占 GDP 比例较高的大政府国家，而发达国家的一个重要标志就是民主自由指数高，这说明，大政府更有利于提高民主自由指数，只有政府将该管的部分管好了、将该约束的领域约束住，人民才更自由。有意思的是，中国政府也是一个大政府，中国的民主自由指数却跻身于世界最坏国家行列，这说明，并不是任何大政府都有利于改善民主自由指数，如果大政府将不该管的领域管得死死的，该管的地方却不管，人民就既没有自由、也没有平等，中国恰恰如此。而什么该管、什么不该管，才更有利于自由，这样的细节分析，是许多中国人缺乏分辨能力之处。中国人的自由观，大多容易处于两极，要么主张极端自由、政府什么都不管，要么因害怕天下大乱而倒向极度不自由、一管就管死，这两种绝对化的认识方法不需要分辨细节、不需要价值判断，是最容易的思维方式，用这种简单思维方式来指导国家政策的制定，不管是处于哪一种极端，都必定会给社会带来祸害。正如平等的概念不能被绝对化一样，自由的概念也不能被绝对化。同时，我们在理解民主的概念时也要注意不能走过头，不能将其绝对化，这是为什么现代民主政治制度是民主代议制，而不是直接民主制。

许多中国人对言论自由的认识同样易于处在极端化和绝对化的水平上，他们认为言论自由就是任何人说任何话写任何文章，都值得发表，都可以被推上首页，许多身处自由世界的海外中文媒体毫无社会责任感和价值追求，让人很难想象，这样的"自由"媒体能对建设民主自由有什么帮助作用。每年发布世界各国言论自由指数排行榜的无国界记者组织，在衡量言论自由指数高低时使用的标准既包括政府对言论的压迫程度，也包括民间传播假信息的任意度，其中一个评估标准是看自由是否被滥用。滥用自由所导致的假信息广泛流传会让人们不知道真相是什么，从而破坏民主制度的正常运作，所以，滥用自由最终会带来破坏自由的后果。滥用自由还可能造成大多数人的自由被牺牲、让少数坏人获得更大自由，从而恶化社会风气、加重人与人之间的互害。可以说，许多海外民间中文媒体是滥用言论自由权利使得假信息广为流传、价值观曲扭现象泛滥、以及语言戾气横行的典型范例，叶利钦时代的俄国私营媒体与权力沆瀣一气、通过作假帮助普京登上总统职位更是民间滥用自由导致自由被破坏的清晰例证。

中国人理解自由时还常常误入的一个思想误区是看问题一刀切、分不清此自由与彼自由的区别，比如，很多人将经济自由与政治自由混为一谈，连不少中国知识分子也如此，中国的哈耶克主义者们大多简单地自称为自由主义者，好像这个世界上只存在经济自由这一种自由。自由主义中的自由一词，到底指的是什么自由？是思想自由、言论自由、政治自由、社会自由、还是经济自由？不同自由之间如果相互发生冲突，哪一种自由最根本、最重要？这些是我们在理解自由概念时需要深入思索分析的问题。一个以政治自由为上的自由主义者，与一个以经济自由为上的自由主义者，在制定国策时有可能立场相互对立，所以，所谓自由主义可以被区分成许许多多的流派，哈耶克主义所提倡的经济自由最大化，最多只能算是自由主义中的一个分支。事实上，如果从政治自由为根本自由的角度衡量，哈耶克恰恰是一位反自由主义者，因为他反对民主、将民主看成是多数人暴政，对那些认为民主与自由不可分割、民主即自由、自由即民主的人来讲，哈耶克对待民主的态度使他站到了自由的对立面。

六、澄清自由的真正含义

回到如何定义自由、到底什么是自由的问题，启蒙时代的著名德国思想家康德曾经说，自由就是做最好的自己。在康德看来，只有当人们自觉遵守道德规则时，人才是自由的，自由的意义在于人们遵守的是自己心中自愿认同的道德标准。康德认为，如果一个人只是出于欲望想做什么就做什么，就没有自由可言，因为这时人会成为各种欲望的奴隶[24]。也许有些人会认为康德对自由的定义境界太高、自己作为常人达不到像康德那样的思想水平，不过，自愿地做最好的自己至少可以作为衡量自由的一种标准，如果某项政策带来的是鼓励更多的人自愿地做最好的自己，那么，这种政策就可以被称为是有利于自由的政策，而有些政策哪怕自贴"自由"的标签，结果却导致社会上人与人互害加重，这样的政策就是反自由的政策，从这个意义上讲，哈耶克主义思想指导出来的政策往往是反自由的。

做最好的自己不等于否认合理追求欲望的权利。人不可能没有欲望，完全压制欲望也未必有益于做最好的自己，关键是要掌握好追求欲望和做最好的自己之间的平衡。做最好的自己也不等于要求做完美的自己，而是每一个人在自己力所能及的范围内做到最好，如果自己做不到更好，至少支持和宣扬那些有能力做到更好的人，尤其是在投票时将选票投给他们，将政府大权交到素质更高的好人手中。如果像哈耶克式自由观那样，把无限制地追求欲望当成是真正的自由，欲望被捧到最高地位、被推向极限，一切任由欲望来驱动，人就会成为欲望的奴隶和受害者，社会将退化成弱肉强食的丛林世界，政府大权会落入自私腐败的最坏者手中，地球环境会遭受严重破坏，最终使人类被自己不受限制的欲望毁灭。

在自由社会里，做最好的自己是自愿选择的，而不是被强迫的，因为自由的一个重要含义就是不被强迫。尽管自由社会里的法治带有强迫的意义，但法治限制的是下限，是不可逾越的底线，而人们向上追求到什么程度，是人民的自由，靠的是自愿，也只有靠自愿，人们才可能向上追求得更高。另外，怎样才算是最好的自己，对不同的人有不同的要求，对底层民众来讲，遵纪守法常常就足够好了，可是，越往上的人，越是有影响力的人，对他们的要求就应该越高，绝不能仅仅要求他们不犯法。

要形成人与人互益的良好社会风气，既离不开合理的制度、政策和法律，也取决于人民的自觉努力程度，这是为什么说民主制度不是保证国家成功的充分条件，而只是必要条件。为鼓励更多的人民自觉向上追求得更高，建立起一套符合人性、富有吸引力、能让优秀人才心甘情愿追随的意识形态理论体系，可以起到极为关键的帮助作用。

有些国家由于传统宗教、或传统文化习惯的强势阻碍了更高意识形态的发展,压制了人民做最好自己的自觉性,造成这些国家哪怕实现了民主制度,也难以走向成功,印度是最典型的例子,俄国是另一个例子。而台湾民主的成功则透露出孙中山三民主义思想的优越性,也证明,只要与现代民主政治制度相结合,中华传统文化便会展示出其有利于人民自觉地做最好自己的一面。

自由还意味着挣脱思想枷锁,摆脱无知、偏见、和盲从。思想的自由和解放是做最好自己的一个重要条件,只有摆脱无知、偏见和盲从,学会独立思考,才可能获取更强的分辨是非对错和真假善恶的能力。

自由的另一层含义是多元化,我有做左派的自由,你有做右派的自由,有主张进步的自由,也有主张倒退的自由;可以信基督教,也可以信佛教、伊斯兰教,还可以信无神论,甚至可以信共产教。那么,在一个政治主张多元化、每一个人心目中的理想世界互不相同的情况下,怎样才能达成共识呢?这时就需要有民主程序,需要人们共同承认和遵守民主规则,民主投票结果证明大多数人主张进步,社会就向前迈进,选票证明大多数人主张倒退,社会就向后复辟。如果大多数人投票支持进步,规则却让那些坚持倒退的少数人说了算,这就成了强迫,自由就出了问题,这是为什么说民主与自由不可分割、民主即自由、自由即民主的原因之一。

民主与自由不可分割的另一个原因是任何少数人统治的制度必定会面临社会维稳难度大大增加、言论自由需要受到限制的局面。没有一个政府能够做到十全十美,政府推行的政策总是会有得有失、甚至有成有败,如果放开言论自由,在少数人统治条件下,批评政府之过的人多于为政府成败负责的人,大多数人的怒气会冲着少数人而发,少数人反过来会担心自身安全,造成少数人害怕大多数人,统治者因此必须管制言论自由,以减少人民心中的怒气,所以,少数人统治与言论不自由必然相随。只有一人一票的民主制度才可能既保证言论充分自由又便于维护社会稳定，因为这时批评的人与负责的人合二为一，可以让社会既充满批评与反对之声，又在反对的动态中维持着稳定。

七、结语

总之，中国人应该从俄国民主转型失败的经验中吸取教训，思考如何让中国未来避免俄国式的专制循环命运，即，专制者系统性地破坏人民的思想素质，人民又不懂得该如何提高自身思维能力，导致国家无法从专制的怪圈中走出来。要提高人民的思想能力，必须依靠知识分子，只有知识分子首先自觉地做最好的自己，率先加深对人文概念的理解，尤其需要加深对平等、自由、和民主这三个普世价值核心理念含义的理解以及对三者之间关系的认识，才有可能带领人民从低思想水平中走出来。西方国家之所以相对优秀发达、成为世界各国竞相学习的榜样，根源就在于西方知识分子思想优秀，带来了西方社会中思想水平高的人比例较高、尤其是西方精英里优秀人才比较多。如果中国知识分子的思想大多停留在索尔仁尼琴那样的水平上，如果中国知识分子像叶利钦时代的俄国私营媒体人那样不在乎做最好的自己，中国就会与俄国一样，陷在专制的循环圈里难以自拔。幸运的是，比起苏联解体时的俄国人来，今天，人们拥有更发达的信息交流技术，中国人在西方留学或生活的数量也已相当可观，为中国人更深入地了解西方民主制度运作提供了方便，俄国民主转型失败又可以作前车之鉴，台湾民主的成功则可以作学习的榜样，因此，今天的中国知识分子们应该比苏联解体时的俄国人有更好的机会来提高自身思想水平。

值得提醒人们的一点是，说西方知识分子思想优秀，不等于说西方存在某个完美的知识分子或某种完美的理论体系，有些中国人总是喜欢在西方知识分子当中捧某个大师、或在西方著作中捧某个最高经典。我们需要认识到，西方是一个言论自由的社会，没有统一标准的观点，讲什么样的话的人都有，我们学习西方，重点应该放在学习西方知识分子的思维方式上，学会自由思想、独立思考、和科学地分析问题，而不是盲目地跟随在某家西方思想流派、或某个西方大师之后。西方知识分子的优秀是一种群体的优秀，是从古到今、来自不同时代和不同国家的西方知识分子集体智慧的传承、互补和结合，才使得西方思想的整体水平相对较高。而西方社会中从事教育和媒体等行业的大批知识分子们富有理想主义情怀、自愿地做最好的自己、自觉承担提高民众思想水平的社会责任，虽然他们每一个人未必完美，他们所说的每一句话也未必全对，但是，他们的集体智慧，他们作为一个群体所进行的不懈的共同努力，是西方为何优秀的一个不可或缺的根本因素。

注释：

1 刘瑜：〈不自由的民主〉，CND.ORG 网，
   hx.cnd.org/2022/03/31/%e5%88%98%e7%91%9c%ef%bc%9a%e4%b8%8d%e
   8%87%aa%e7%94%b1%e7%9a%84%e6%b0%91%e4%b8%bb

2   FRONTLINE PBS, *The Putin Files: Michael McFaul*, youtu.be/CiKZPRoqOpg

3 Timothy Snyder, *Timothy Snyder Speaks, ep. 14: Politics of Eternity, Politics of Inevitability*, youtu.be/Eghl19elKk8

4 沈志华：《一个大国的崛起与崩溃》，北京：社会科学文献出版社，2009 年。

5 FRONTLINE PBS, *The Putin Files: Julia Ioffe*, https://youtu.be/b1HWNc
   LDK88

6 Philip Short, *Putin*, New York：Henry Holt and Company, 2022, 251-252 页

7 Wikipedia, *List of countries by past life expectancy*, https://en.wikipedia.org
   /wiki/List_of_countries_by_past_life_expectancy

8 Philip Short, *Putin*, 264-265 页

9 维基百科：〈第二次车臣战争〉，zh.wikipedia.org/wiki/%E7%AC%AC%E4%
   BA%8C%E6%AC%A1%E8%BB%8A%E8%87%A3%E6%88%98%E7%88%
   AD

10 FRONTLINE PBS, *The Putin Files: Yekaterina Schulmann*, youtu.be /0TDO8IWvSRw

11 FRONTLINE PBS, *The Putin Files: Masha Gessen*, https://youtu.be/ Kk9igTqTx9s

12 Peter Eltsov, *What Putin's Favorite Guru Tells Us About His Next Target*, Politico, February 10, 2015, www.politico.com/magazine/story/2015/02/ vladimir-putin-guru-solzhenitsyn-115088/

13 FRONTLINE PBS, *The Putin Files: Yevgenia Albats*, youtu.be/iqY-ufUZsDc

14 Philip Short, *Putin*, p. 666.

15 Fiona Hill with Clifford G. Gaddy, *Mr. Putin: Operative in The Kremlin*, Washington, D.C.: Brookings Institution Press, 2015, pp. 255-256.

16 Timthy J. Colton, *Yeltsin: A Life*, New York: Basic Books, 2008, p. 261.

17 Philip Short, *Putin*, pp. 635-636.

18 FRONTLINE PBS, *Putin and the Presidents (full documentary) | FRONTLINE*, youtu.be/aJI8XTa_DII

19 Mark D. Steinberg, *A History of Russia: From Peter the Great to Gorbachev*, Part 1 of 3, Chantilly, VA: Teaching Co., 2003

20 林培瑞：〈洗脑和洗嘴之间〉，CND.ORG 网，hx.cnd.org/2023/04/18 %e6%9e%97%e5%9f%b9%e7%91%9e%ef%bc%9a%e 6%b4%97%e8%84%91%e5%92%8c%e6%b4%97%e5%98%b4%e4%b9%8b% e9%97%b4/

21 Richard Pipes, *A Concise History of the Russian Revolution*, New York: Vintage Books, 1996.

22 Jonathan Israel, *Democratic Enlightenment: Philosophy, Revolution, and Human Rights 1750-1790*, New York: Oxford University Press, 2011.

23 伊萍：〈从数据看是小政府好还是大政府好〉，CND.ORG 网，hx.cnd.org/2022/05/29/%e4%bc%8a%e8%90%8d%ef%bc%9a%e4%bb%8e%e 6%95%b0%e6%8d%ae%e7%9c%8b%e6%98%af%e5%b0%8f%e6%94%bf%e 5%ba%9c%e5%a5%bd%e8%bf%98%e6%98%af%e5%a4%a7%e6%94%bf%e 5%ba%9c%e5%a5%bd/

24 Wikipedia, Immanuel Kant, https://en.wikipedia.org/wiki/Immanuel_Kant.

阴谋论与觉醒文化：
殊途同归的美国两极政治[1]

郭 建

就民众的政见而论，当下的美国是一个分裂的国家。在红、蓝两大阵营中，对民意影响最大的是来自右翼的阴谋论和来自左翼的觉醒文化。在前者的影响下，有大约 40% 的美国选民认为 2020 年大选川普失败、拜登获胜是舞弊的结果，所以不承认当下的政府为合法政府[2]。而后者则是"取消文化"、肤色性别身份政治、以及一系列导致禁言和自律的极左思潮和行为的思想基础。

然而，我选择的题目是有关美国社会左右两极的"洗脑"问题，但美国又并非极权主义国家，所以，在进入正题之前，我觉得有必要做一点说明：根据我们的亲身经历和由此而来的通常理解，在政治意义上的"洗脑"是自上而下的、强制性的政府行为，而我要讨论的美国社会的"洗脑"——一个连官方媒体都不允许存在的国家的"洗脑"——并非强制性的政府行为，而是在民主体制下仍然能够出现的蛊惑人心的宣传与教化，是某些个人或群体推销政治商品的行为，目标在于影响民意，或以自身的政见和意识形态同化大众（尤其是年轻人）的头脑。

一、右翼势力的宣传、蛊惑和群众运动：川普革命

川普本人是一个没有任何政治立场和意识形态的、自我膨胀到不断有妄想溢出的商人，以至于政治上的"左"与"右"对他来说并没有任何意义。他与右翼势力联手，靠右翼势力当选和执政，不过是一种偶然。而他搞民粹、蛊惑群众的本领却是地道的右翼政客望尘莫及的，以至于共和党为得到选票而被川普绑架至今。

1.堪称"阴谋论"的"大谎言"比小谎言更能惑众

这句话听起来实在有点违背常识，但是，历史经验和心理学研究却一再显示弥天大谎的强有力的蛊惑性和"洗脑"功能。试举眼下美国的两个几乎尽人皆知的例子：一，以神秘的暗语 QAnon 自命的阴谋论宣称，一个包括民主党头面人物和一些电影明星在内的阴谋集团拐骗儿童，吃这些孩子的肉以返老还童（这个细节不由得让人想起《西游记》里对唐僧垂涎欲滴的众多妖怪）；同时，川普正在向这个已经篡权的阴谋集团发动一场秘密战争，风暴将至，横扫这些牛鬼蛇神。善于与群众互动的川普本人也曾说过，QAnon 的信仰者"爱我们的国家，"他们"很喜欢我。"[3] 我无意讨论这个耸人听闻、荒诞不经的谎言，但还是忍不住要提及两个令人吃惊的数字，以显示弥天大谎的蛊惑性：根据美国公共宗教研究所在 50 个州组织的有近两万人参加的民调，在川普落选以后的一年多时间里，从 2021 年 3 月到 2022 年 3 月，QAnon 的信仰者从民调参加者人数的 14%增长到 18%，而绝对不相信 QAnon 阴谋论的人从 40%下降到 30%[4]。

我要举的第二个阴谋论的例子更为简单，也更为重要：川普在没有任何证据的情况下宣称，2020 年美国大选拜登获胜是舞弊的结果（他使用的词是"rigged"，或者"stolen"，即选举"被操纵"或"被盗窃"。按地道的中文翻译，当今的美国总统岂不成了"窃国大盗"！）。

如此危言耸听的指控，关系到政权的合法性，当然要查清。两位总统候选人票数接近、选举结果被质疑的几个州，选票重新数过，有的甚至数过不止一次，包括川普公然向州务卿凭空索要 11,780 选票的乔治亚州，选举结果再次被确认，而且拜登的票数还有所增长[5]。尽管如此，大选结束两年之后，在 2022 年冬美国中期选举之际，仍有 40%的美国人认同川普的指控，认为当今的美国总统是因为舞弊而当选的[6]。正因为川普有这样的群众基础，共和党政客中的大部分人，明知川普谎言连篇，却不敢向他的谎言挑战。

也正因如此，作为保守派中少数敢于直言者之一的前法官卢狄格先生（John Michael Luttig）才字斟句酌，为众议院一月六日冲击国会事件调查委员会写了一篇声明记录在案。他在声明中指出，为了能执掌权力，川普与其同伙挑起了一场对民主的战争，制定了一个"不惜一切代价推翻 2020 年总统大选的完善计划，一月六日就是执行这个计划的最后决定性日子。"[7] 卢狄格在众议院听证会上警告：

> 唐纳德·川普及其盟友和支持者是对美国民主明显而现实的危险。他们试图推翻 2020 年的选举，他们将试图以同样的方式推翻2024 年选举。虽然他们在 2020 年失败了，但他们可能在 2024 年取得成功。我并非轻易说出这些话。我宁愿这辈子都不说这些话，但是，这的确是前总统和他的盟友们正在告诉我们的。[8]

卢狄格先生所说的"对美国民主明显而现实的危险"的确存在：2023 年三月的民调显示，76%的注册的共和党选民仍然希望川普在2024 年再次当选总统，尽管川普的所说的 2020 年大选舞弊早已被证明是谎言。这样的谎言如何能够如此持久地惑众？也许正是因为它是弥天大谎，而不是小谎言。

对于大谎言的蛊惑性以及当下川普的惑众手段，心理学家沃尔特·朗格（Walter Langer）为二战期间美国战略服务办公室写的对希特勒心理概况的归纳很富于启示性，如下：

他的主要规则是：永远不要让公众冷静下来；永远不要承认任何错误；永远不要承认你的敌人可能有一些优点；永远不要给其他选择留下余地；从不接受责备；一次专注于一个敌人，把所有的错误都归咎于他；人们更容易相信大谎言而不是小谎言；如果你经常重复它，人们迟早会相信它。[9]

把这段描写用到川普身上，不是惟妙惟肖吗？

大谎言比小谎言更有欺骗性这个判断来自希特勒的自传《我的奋斗》。希特勒写道："谎言的可信度与其大小有关。作为大众成员的一般人容易在情绪上被煽动，但不太会有意作恶；他们头脑原始、简单，在大谎言和小谎言之间，更容易相信前者，因为他们自己一般只在小事情上撒谎，不齿于撒大谎；面对弥天大谎的时候，就很难想象会有人编出这样不着边际的谎言来骗人；在这种情况下，你就是拿出事实来证明那是谎言，他们还会找出别的解释来说服自己：不，那不是假的，而是真的。"[10] 希特勒及其同伙就是利用了一战后德国民族的屈辱心理，靠编造耸人听闻的阴谋论嫁祸于犹太民族和左翼政党，蛊惑德国民众，攫取国家大权，挑起第二次世界大战的。

但是，如果把希特勒的话理解成他在说他自己为蛊惑大众，会编造弥天大谎，那就错了。他在讲这段话时，是在污蔑犹太人，说他们就是用这样伎俩欺骗大众的。按照心理学的解释，这应该是希特勒本人的内心投射，即将自己本性中的恶在潜意识中转嫁他人。像希特勒和他的宣传部长戈培尔这样的大骗子是绝对不会承认自己骗人的。广为人知的戈培尔名言"谎言重复百遍便是真理"也基本属于讹传，没有任何证据证明他说过这句话，他只是说过，搞宣传的人"必须坚持宣称宣传是真实的。这并不意味着他没说过谎，但是，只有低级的宣传家才会公开说他要说谎了。"[11]

川普也从来没说过，恐怕也永远不会承认，他对 2020 年大选结果的指控是谎言。他一直声称，他当选的结果"被盗"，称戳穿这一谎言的新闻为"假新闻"，而 40%的美国选民仍旧相信他的谎言。历史的轨迹与近九十年前的德国竟如此相似！更令人警觉的是川普居然向他的办公室主任约翰·凯利（John Kelly）抱怨他的政府工作人员不像希特勒手下的将领一样对统帅"绝对忠诚。"[12]

从川普与凯利的对话来看，这位前总统未必了解纳粹德国，也未必知道希特勒对大谎言功效的判断。但是独裁者和羡慕独裁的领导人之间心有灵犀、不谋而合也并不奇怪。在大谎言和小谎言之间，群众更容易相信大谎言，这个判断可能是希特勒的首创，也是川普的感悟。心理学界对此也有各种不同的解释。但是，有一点是明确的：制造并不断重复弥天大谎，被证明是很有效的惑众手段，有很强的"洗脑"功能[13]。

2. 民蛊领袖（demagogue），民粹主义，意识形态遮蔽（mystification）

小标题中的英文 demagogue 是一个从希腊文借用的词。希腊原文由 δῆμος（人民、群众）和 ἀγωγός（领导、领袖）两个字组合而成，这个词的本义是正面的，至少是中性的，指群众领袖或为民请命的雄辩家。但是在后来的使用过程中，它的负面意思和用法逐渐占了上风，指那些为获得权力或扩大自己的利益和势力，毫无原则地讨好大众，甚至不惜煽动暴民激情和偏见的政治鼓动者[14]。我尚未看到这个词的中文通译，姑且把它译成"民蛊领袖"，取蛊惑民众者之意。

西方史学界对民蛊领袖现象关注已久，对其特征的研究有不少积累，比如：这样的人物一般出现在民主体制下，以人民领袖自居；煽动群众挑战精英，推翻既定的政体、法律和行为规范；有反智倾向，善于拉拢教育水平较低的群众；激发大众的狂热，淹没理性思考的空间；通过在非主流群体中寻找替罪羊来煽情；用谣言制造、夸大危险以引发恐惧；回避讨论真正的问题，向所有的人开空头支票；煽动种族、宗教、阶级偏见；主张立即采取强有力的行动来解决危机，同时指责温和而深思熟虑的反对者软弱或不忠诚；试图解除宪法对行政权力的限制，并将民主制度转变为独裁制度[15]。

以上所列的民蛊领袖现象，几乎无一不在当下的美国再现，尤其表现在川普身上。川普是一位反智、反精英、反体制的民粹领袖。一方面他本人的无知、无修养使他心虚，知道那些有知识、有文化的人与他话不投机，而且看不起他，所以他尽量避免在政府中录用有学识者（例如，有人提名 H. R. McMaster 当他的国家安全事务助理，他很迟疑：我听说他可是写过一本书啊，能行吗？）[16]。这种对有识之士的戒心，以及似乎与此相对的夸张的、挑战式的傲慢，是典型的自卑情结的两面。对于一向逃避自省的川普来说，理解这一点似乎很困难。另一方面，他很清楚他的群众基础在哪里：在他的支持者中，文化程度较低、经济地位较低的工人和农民占了相当大的比重，他们的居住区多半在幅员广阔的郊外，以至于美国以红（共和党）蓝（民主党）为标志的政治版图显示出在地域面积上相差悬殊的大片农村红色根据地包围城市蓝区的景象。现实如此，川普也就知道如何讨好他的支持者："我就爱那些教育程度低下的人。"[17]

出身富商、身为富商的川普何曾接触过"教育程度低下"的蓝领阶层？更不用说"爱"。但是，他知道他的语言和作态中自然流露的反智、反精英文化的倾向会与这个阶层共鸣，而且，这也和美国本身的反智土壤有关：资本主义时代欧洲大陆的新富，附庸风雅也好，倾心仰慕也罢，多半要用旧贵族所拥有的文化装点自己。美洲"新大陆"的文化环境则不同：在这里，文化上的欠缺给暴发户的压力远逊于大西洋彼岸的"旧世界"，他们甚至可以自比西部牛仔，并为大众所接受，甚至赞扬[18]。

川普惑众的成功还有一个历史的契机。一方面随着现代社会科学技术的高度发展，文化教育水平越来越成为竞争的重要资本。如阿尔文·古德纳所分析的那样，由技术精英、管理人员、教师、医生、律师等组成的知识阶层迅速崛起，挑战拥有金钱和产业的资产者在资本主义社会的统治地位，教育资本与物质资本的抗衡改变了以劳资矛盾为主要冲突的社会格局[19]。

另一方面，在这个以知识为本的新阶级随着信息革命的浪潮取得重大成功的时候，教育程度较低的蓝领阶层的生计和地位正受到全球化的严重冲击，制造业工厂外移使很多人面临失业。而且，新阶级普遍的、显然同教育程度有关的自由主义倾向，也使在文化上趋于保守的蓝领阶层感到不适，尤其在堕胎、控枪、免疫、移民政策、性别认同等问题上。再加上"种族替代"（great replacement）阴谋论的传播以及它引起的恐惧，川普看到了他在政治上的"商机"。

这也就是川普敢于公开贬低文化教育价值，破坏民主规范，甚至宣扬暴力，却得到将近一半美国大众支持的原因。他甚至公开在竞选集会上说："就算我站在第五大道上开枪打人，我仍然不会失去任何选票，信不信？"[20]这位无师自通的民粹领袖，懂得如何利用群众的弱点与群众互动，为自己造势。他自称是一个"非常稳定的天才"，可以在电视台、交易所及政坛称雄。在全球化造成美国工人失业或地位下降的情况下，他以救世主自居，打出"让美国再次伟大"的民族主义旗号，说只有他能拯救美国。他的支持者不仅相信了这一点，而且很多信仰基督教的群众，宁肯忽略川普的诸多失检渎神行为，认定他是上帝特选特派的领袖，负有领导他们对抗现代社会道德沦丧的神圣使命。这场由总统领导的反智、反文化、反体制的运动自然会将美国社会引向愚昧、粗俗、仇恨和暴力，正如川普竞选集会上频繁出现的愤怒与喧嚣以及 2021 年 1 月 6 日川普支持者冲击国会山时的暴行所显示的那样。

川普惑众成功的一个最具有讽刺意味的悖论是：它是一场由一个资本雄厚的地产商领导，有许多穷困的工人、农民参加的右派革命。如上所述，全球化对美国工人生计和地位的负面影响的确给川普造成了机会，使他的"救国"的口号对下层群众有很强的号召力。与此同时，富于文化教育资本的白领阶层的兴起、壮大和成功也使蓝领阶层感到不平和无奈，前者的自是自满和倾向于世俗化的自由主义观念也使在文化上趋于保守、虔诚的蓝领阶层感到不适，以至于本是民主党基础的许多工农大众倒向共和党，成为川普的支持者。当然，这也可能是马克思在一百多年以前就指出的意识形态遮蔽现象（mystifikation）[21]，据此，我们可以想象资本主义社会主流意识形态的强大影响力。马克思认为，它可以使一个受富人剥削压迫的穷人坚定地相信，只要勤奋努力，一定能实现梦想，甚至成为川普。类似的意思，英国诗人威廉·布雷克通过"地狱箴言"表达出来，就难免恶毒："受创之蚯，原谅犁头"[22]。

勒庞（Gustave Le Bon）和弗洛伊德（Sigmund Freud）等心理学家对大众心理的研究，可以帮助我们理解川普和群众的关系：这些群众作为个人，多半都是很好的人，甚至是很可爱的邻居。但是一旦卷入有领袖领导的群众运动，感情就会膨胀到不让理性有任何空间，集体的非理性就会驱逐个人的清醒判断，群众的头脑就会变得异常轻信，甚至成为领袖本人的头脑，或称"被洗脑"[23]。这就是为什么当下美国至少有40%的人罔顾事实，相信川普所说的大选舞弊，从而视拜登政权为非法。如此众多的选民失去了对真假的判断能力，失去了对民主的信心，这是川普革命对美国民主体制的最大威胁。

3.右翼新闻媒体的极端走向与社交媒体平台上的广播、推送（feed）和回声效应（echo chambers）：以福克斯新闻（Fox News）和推特（Twitter）为例

对于美国的先贤们来说，新闻媒体对于他们正在进行的现代民主制度实验如此重要，以至于托马斯·杰弗逊说："如果我们必须在报纸和政府之间做选择的话，我宁愿舍弃政府而选择报纸。"[24] 也就是基于这一对公民知情权和知情度重要性的认识以及由此而建立的传统，美国的新闻媒体是民间的，不允许有宣传之嫌的官方媒体存在（"美国之音"一类的新闻媒体是对外的，而政府部门的网站是互联网产生以后为提供信息而产生的，并非新闻媒体）。而川普因反感于

大部分新闻媒体对真相的执着和对总统的批评，在当选后的第二年就开始对"主流"新闻媒体大肆攻击，说它们传播的都是"假新闻"，称它们为"美国人民的公敌"[25]。这种说法本身就是对民主基本原则的挑战。

但是，川普并非不需要新闻媒体，他只是要那些能够成为他的宣传工具的媒体。而且，事实证明，真正制造和散布假新闻的美国政客中，川普本人首当其冲；真正致力于制造和传播假新闻的是川普所依赖的，以福克斯新闻为代表的右翼媒体。对这位不读书、不看报的总统来说，福克斯电视新闻还是他的信息来源。最近由在选举中被广为使用的投票机的厂家多米宁投票系统（Dominion Voting System）起诉福克斯新闻而引发的一系列事件对我们理解川普总统、其支持者和右翼媒体之间的关系提供了一个典型的范例。

多米宁投票系统起诉福克斯新闻，控告诽谤，索赔损失费 16 亿美元，是因为福克斯散布大量谣言，说多米宁投票机被操纵，计票结果偏向拜登。多米宁投票系统诉讼的起源是大选舞弊这一谣言，而川普正是这一谣言的始作俑者。落选的总统一旦如是说，他的支持者便开始帮他寻找"证据"来圆谎，他的律师团队捕风捉影，首先从投票机入手，声称某些地方的投票机或删掉大量川普选票，或将川普选票转换成拜登选票。如福克斯和"一个美国"（One American News Network）这样的右翼媒体马上跟进，利用报道和采访川普同盟者等方式传播谣言。川普随即也以他自己的方式，尤其是利用社交媒体平台推特（推特的"洗脑"功能稍后再议），扩大影响……[26]

然而，就在这段公案就要开庭审判的前夕，福克斯突然与多米宁庭外和解，赔款索赔数目的一半（近八亿美元），却无认错道歉之举。显然，没有任何证据证明多米宁投票机及其操作有任何问题，而有足够的证据显示福克斯新闻造谣中伤；为了避免在法庭出丑，避免有罪判定，福克斯总部才做出庭外和解的决定。据报道，这个决定还和近期披露的福克斯的一些主播和公司上层人士有关大选结果的私下议论有关：这些议论显示，他们很清楚选举结果是公正的，而且对川普颇有微词，但在新闻报道中他们却质疑，以至于否认选举结果。

以明星主播塔克·卡尔森（Tucker Carlson）为例：他在新闻节目中散布各种谣言和阴谋论，为川普造势，而且嫁祸于人，污蔑一位叫瑞·艾普斯（Ray Epps）的老人是联邦政府特工，在 2021 年 1 月 6 日煽动暴民冲击国会[27]。但私下里头却对同事说："我痛恨川普，"并说川普是一种"恶魔的力量，毁灭者。"[28] 在多米宁索赔案准备期间，卡尔森发送的一些私人信息记录在案，但其中的一些涉嫌种族主义、极具攻击性、煽动性的言论在法律文件中被删节。直到审判前夕，福克斯董事会才知晓此事。据新闻界的分析，担心这些露骨的言论在法庭上公之于众，很可能是福克斯急于寻求庭外和解的重要原因[29]。几天以后，卡尔森便被福克斯新闻辞退。次日，福克斯新闻收看率大跌。有研究者认为，有如川普在政界，卡尔森已成为新闻界的民蛊领袖，在群众中大有影响。福克斯新闻在卡尔森之前，也辞退过几任右翼主播，所以仍可能会找到像卡尔森那样的主播继任。而卡尔森，鉴于他的群众基础，则未必会像他的前任那样，因离开福克斯而销声匿迹[30]。

多年来，福克斯新闻在它的观众和美国右翼政客之间起了中介的作用：福克斯一方面是右翼政治的传声筒，一方面也为保持其新闻收看率领先的地位取悦于观众，为此目的往往罔顾事实，甚至编造谣言，结果使观众不辨真假，更容易被右翼的宣传影响，的确起到了"洗脑"的作用。右翼政客们当然也试图利用媒体的这一作用，有时甚至公然违反安全规则。例如，新上任的众议院议长凯文·麦卡锡（Kevin McCarthy）将未经安全保卫部门检查过的 2021 年 1 月 6 日暴乱前后国会大厦的监控录像，共 41,000 小时，交予卡尔森和他的团队观看并使用，但并没有给其他任何一家媒体这样的观看和使用权。结果，福克斯新闻精选了录像片段，编造出一个电视节目，显示1 月 6 日在国会山发生的是和平示威，而不是暴乱，并声称调查 1 月

6 日的众议院特别委员会欺骗美国公众[31]。

福克斯新闻的这种配合右翼的宣传不仅加剧了美国民意的两极化，而且，在新冠疫情期间，直接影响到了公共卫生和公民的健康。尽管福克斯的绝大部分雇员都注射了新冠疫苗，但在新闻节目中却一直质疑疫苗的有效性，甚至传播疫苗有害的谣言[32]。在这种宣传的影响下，到 2023 年 3 月 13 日为止，美国只有 68%的人接种疫苗，居世界各国第 69 位。新冠感染死亡人数为 1,130,662，比例远高于许多医疗条件低于美国的国家。据 2022 年 9 月美国国家经济研究局的统计，在整个疫情期间，共和党人的超额死亡率（excess deaths rate，即在自然死亡之外的死亡率）比民主党人高 76%。不同国家、地区和人群的新冠死亡率显然与疫苗接种率相关，而美国的疫苗接种率偏低又显然与右翼媒体的宣传有关[33]。

在那个报纸几乎是唯一的公共传媒手段的美国建国时期，杰弗逊，如前所述，曾为建立一个知情的、开明的公民社会而宁要报纸，不要政府。其实，就是在那个时代，杰弗逊的理想主义诉求也会面临纸质宣传品的挑战，更不用说现代社会多种媒体（在报纸之后有广播、电视、互联网、社交媒体、自媒体等不一而足）的信息传播对社会的全面渗透了——不管信息是真、是假、还是模棱两可、真假难辨。这些传播渠道也自然被政客、商家及所有欲己见广播于世者所用。我在前面所举的福克斯新闻的例子基本上属于电视媒介，互联网辅之。下面我想简单讨论一下另一个曾为川普总统有效使用的传媒手段：作为社交媒体的推特（Twitter）。

在《上帝助我》一书中，川普的副总统麦克·彭斯回顾白宫时光，写道，每天川普见到他时打招呼的话经常是："你看到我的推文了吗？"川普曾多次告诉他："如果没有推特，我很可能选不上总统。"从 2015 年 6 月 16 日他宣布参加竞选到 2016 年 7 月 22 日成为共和党总统候选人，川普平均每月发推文 276 次（转推除外）。彭斯也认为，社交媒体平台推特对川普如此重要，它实际上为川普提供了"与美国人民的直线电话"[34]。在 2020 年 12 月 19 日的一次长达六小时、被一位白宫助手称为"精神错乱"的白宫办公室会议之后，川普走上社交平台，发文召唤推友："1 月 6 日在华盛顿特区有大示威。要去啊，会很猛烈的！"此时他在推特的追随者，或称"粉丝"，已有 89,000,000 之众[35]。

民主体制下的总统自然不会有极权专制下独裁者掌控国家宣传机器、向全民发号施令、进行思想灌输的特权。但作为公民之一、享有公民权利的总统，公共媒体毕竟可资利用。在科技高度发展的现代社会，大众聚首交谈、乐此不疲、甚至分秒不离的社交平台，当然也可以成为总统的广播站和他与大众的联络处。对于川普总统来说，如我前面举的几例所示，推特就是这样的一个宣传工具。在这个平台上，他与所有追随者的距离只有一键之遥。

推特（以及类似的社交媒体，如 Facebook、Instagram、Reddit、TikTok）的基本功能远不止于迅速广播信息，更重要的是它一方面为用户提供极为方便的互动条件，如点赞、反馈、分享、评论、转推等，另一方面它的算法设计（algorithms）还主动给用户推送（feed）他并未追随但观点相近的人的文字或信息。这种由算法设计替代用户做出的投其所好的信息选择、定向传播还同时起了过滤器的作用：像防火墙一样阻挡异见，屏蔽用户所不愿看到的推文和信息。社交媒体的这些功能在观点相同或相近的用户之间产生了一种奇特的回声效应，好像他们生活在一个"回音室"（echo chamber）中，只听到一种最悦耳的声音：自己的声音；之所以是自己的声音，是因为所有的人都异口同声，和自己的声音毫无区别，越听越爱听。

有研究者把这个语境中的"回音室"定义为"这样的一个环境，在这种环境中，由于与具有相似倾向和态度的人的反复互动，他们的观点、政治倾向或信念便得到巩固和加强。选择性曝光和确认偏见，即为坚持已有观念而寻求信息的倾向，可以解释为什么社交媒体上会出现回声室的现象。"[36] 它使人感受到"一种[符合自身]偏见的、量身定制的媒体体验，这种体验消除了对立的观点和不同的声音。由于社交媒体算法确保我们只看到符合我们喜好的媒体，我们发现自己处在一个舒适、自我确认的信息流中。"[37]

可见，这是一个既可以自觉"洗脑"、自我陶醉，又可以与志同道合者抱团取暖的环境，可笑、可悲、也很可怕。其可怕之处就在于它可以成为民蛊领袖传播谣言、呼唤追随者、甚至煽动暴乱的工具。这就是为什么在 2021 年 1 月 6 日暴乱之后，推特和脸书（Facebook）暂停了川普的使用权。但是，已经在实践中看到社交媒体巨大功用的川普自然不会放弃，大约一年以后他便创建了自己的社交媒体平台"社会真相"（Truth Social）。虽然这个平台有"推特克隆"的绰号，但是它同众声喧哗的推特不同，因为它并非一个可资利用的公共空间，而是一个基本上在川普控制之下的右翼宣传机制。一位跟踪"社会真相"数月的记者发现它是一个"任右翼发泄不满的超现实游乐场"，充斥了"超保守信息圈的愤怒和怪诞"[38]。不难想象，"社会真相"会如何与真相背道而驰，而成为一个自我封闭的"回音室"。

二、觉醒文化：以肤色为标志的压迫者/受害者两分法、历史修正主义、政治正确论及其他

"觉醒"（woke）是当下美国政治话语中最为流行的词汇之一。将"woke"这个本界定于生理范畴的词（意思是从睡眠中"醒来"）赋予政治含义，源自二十世纪二、三十年代兴起的泛非主义运动和黑人民族主义运动。这些运动的领袖们痛感美洲的大部分黑人对自己受白人欺压的现实麻木不仁，被白人至上的社会洗脑，在精神上处于沉睡、死亡状态，亟待思想上的觉醒[39]。"Woke"在规范英语中是动词"wake"的过去时，把它当作分词或形容词字使用，如"stay woke"（而非规范的"stay awake"），是黑人英语中的习惯用法。在现有的语言记录中，它首先出现在美国黑人歌手里德·贝利（Lead Belly）

1938 年创作的抗议歌曲 "Scottsboro Boys" 的口语后记中[40]。这个词（包括派生出的 wokeness、woke-ism 等）的政治含义在当代英语中指"警惕种族的或社会的歧视和不公正"，"了解并积极关注重要的社会现象和问题（尤其是种族和社会正义问题）"[41]。

由于近年来美国民意、政见的两极分化，"觉醒"在使用中因人而异，也有负面含义，甚至成为右翼眼中政治自由主义的代名词[42]。我下面所要讨论的觉醒文化与传统的自由主义无关，只是着重于分析以"觉醒"自命的左翼政治中的极端倾向；更确切地说，是从传统自由主义的角度审视左翼阵营中的极端倾向。它尤其表现为教育界、知识界、文化界的极左思潮，对社会也颇有影响。对于正在成长的年青一代来说，它还有教化功能，难避思想灌输或"洗脑"之嫌。

觉醒文化与传统知识界普遍认同的人道主义、自由主义和多元化划清界线，认为后者尊重的个性、客观、以才取人/任人唯贤（meritocracy）和去种族化意义上的"色盲"（colorblindness）掩盖了种族主义社会的现实："一个色盲的宪法所维护的就是白人至上的美国。"[43] 作为左翼思潮，它也有别于以经济地位和生产关系定义人类阶级属性的传统马克思主义，因为它强调所有的有色人作为受压迫者的身份认同，称其对立面为白人特权（white privilege）。这一思潮的开创者和信仰者以进步派（progressives）自诩。

觉醒文化现象举例如下。

1. 奴隶制原罪论和种族主义历史宿命论

2019 年 8 月 14 日，《纽约时报杂志》刊出"1619 课题"（1619 Project）专辑，纪念四百年前一艘载有"二十多个黑人奴隶"的海船抵达当时的英国殖民地弗吉尼亚[44]。这个百页专辑包括十篇文章和一些诗歌、小说和图像。尽管"奴隶制"这一说法当时在殖民地的法律上尚未成立，这些从非洲抢来的、完全失去人身自由的黑人被当作"契约佣工"（indentured servants）买卖，实际上与奴隶无异。所以，

"1619 课题"的编辑和作者将 1619 年定为北美奴隶制的开端。这一课题的提出很自然地使我们想到美国知识界、思想界不断以批判的眼光重审和反思自身社会历史的优秀传统。

但是，"1619 课题"的具体内容和主题、结论却令熟悉美国历史的读者震惊。专辑的领军人物和首篇文章作者妮克尔·汉娜·琼斯写道：一直排除在美国"建国神话"之外的事实是那时的"殖民者之所以要从英国独立的基本原因之一是他们想要维护奴隶制。"[45] 杂志编辑亚克·西尔弗斯坦为强化这一主题，后来又补充道：奴隶制"时常被称作美国的原罪。但实际上不仅如此，它还是这个国家的起源。"[46] 也就是说，"1619 课题"的主旨是要颠覆美国大革命建立世界上第一个现代民主共和国这一历史认知，重新建构（reframe）美国历史，以 1619 年取代 1776 年作为美国建国的开端，即奴隶制才是美国真正的建国基础。

再者，与其文章标题"我们的建国民主理想在其付诸文字时是虚假的。美国黑人一直在为实现它而奋斗"相呼应，汉娜·琼斯在文章中写道，为实现自由平等，"在大多数情况下，美国黑人一直是在孤军奋战"；他们是"这个国家真正的'国父'（founding fathers），比任何一个民族都更是国旗的主人。"[47]

问题是，以上这两个双重主题并非对历史事实的重新阐释，而是明显地违背历史事实本身。"1619 课题"发表以后，有五位历史学家联名致信《纽约时报杂志》，明确指出以上的两处重大事实错误，并驳斥"课题"作者对林肯总统在种族和人权问题上的片面指责。他们还批评"课题"站在种族立场上"以意识形态取代历史认知，"并要求《纽约时报杂志》对"课题"中的事实错误予以更正[48]。

但是"课题"的编辑和作者都没有做任何更正。编辑西尔弗斯坦写了一篇很长的回复为"课题"辩护。作者汉娜·琼斯随后还扩充了"课题"内容，主编了将近六百页的作品集《1619 课题：新起源记》，在序言中对历史学家的批评含糊其词，仍旧坚持"课题"原作的观点。在她的以"民主"为标题的文章中，汉娜·琼斯重复了杂志版中的美国黑人"孤军奋战"那句话以后，加上稍做补充修正但仍旧不符合事实的半句话："从未能使大多数美国白人参与和支持他们争自由的斗争。"[49]

"1619 课题"的传播甚为广泛，除了纽时杂志的印刷版、网络版、广播片、播客和以上提到的论文作品集外，还有各家报纸的评论、解释和争论文章、有图解的儿童读物、为中小学教育设计的历史课程等等。汉娜·琼斯还因为她的那篇纽时杂志版文章获得 2020 年的普利策评论奖。

尽管如此，也许"1619 课题"仍旧并不那么广为人知，但是对于我要讨论的美国当下的觉醒文化来说，这个课题对事实的态度，它的基本观点、论证方式，以及它所反映的左翼知识界的思想状况，却都很有代表性。经历过中国文革的人都知道，在那个时代，事实是服务性的，只有经过政治和意识形态过滤的"事实"，哪怕是子虚乌有，才可被称作事实；在用这些"事实"来佐证所需的政治观点时，回避或歪曲历史背景、断章取义、从无人敢挑战的"正义"制高点宣示结论等等，都是司空见惯的手法。虽然"1619 课题""重构"美国历史的方式远不及文革大批判那样武断，但"以意识形态取代历史认知"（如五位历史学家所言）、以政治取代事实的性质是一样的。

关于美国革命是为维护奴隶制的说法，离事实相差太远，恕免驳论。而原罪论及其影响，因为抽象，倒是更值得进一步讨论。"原罪"本是在圣奥古斯丁影响下形成的基督教传统观念，根据这个观念，由于亚当和夏娃偷食禁果，人类作为他们的后代便生而有罪；而且，因为这个罪是人本性之罪，受诱惑而越界行有罪之事的倾向永存，再虔诚的人也无法只靠自己的力量获得救赎，人的脱罪再生最终是上帝才能给予的。如果说奴隶制是美国的原罪，实际上是说由奴隶制产生的对黑人的压迫、歧视和白人的特权在美国会是一个永久的现实。或者说，如果你是白人，你的特权是从胎中来的，无可改变的；不管你是否意识到你的特权，也不管你在意识到以后，如何感到深深的内疚，而且尽力用实际行动来改变现状，白人和黑人之间的不平等现实终究是不可能因你的努力而改变的。结果，原罪论便成为宿命论。

当然，有人会说，"原罪"不过是一个隐喻，并非现实。但是，这个隐喻却像文革中诅咒的剥削阶级罪恶、由血统传下来的劣根性和永远不可忘记的阶级斗争一样，成为当下美国在种族问题上的社会现实的背景，甚至现实本身。比如，在因奴隶制给黑人退赔议题上颇有影响的作者塔·内西斯·科兹认为美国欠黑人的这笔债是永远无法还清的[50]。循着这个思路，接着就有人说，这笔债务不光是经济上的计算问题，因为它根本不可能消除奴隶制给黑人造成的精神上的痛苦[51]。

再比如，当下十分流行的美国"制度性（systemic）种族主义"的说法。应该承认，种族偏见仍旧很普遍：在个人身上，在意识或潜意识里，或在某些民间组织中，在某些小区的习惯势力中。由种族偏见导致的歧视现象，尤其是对黑人的歧视甚至警察暴力，也的确存在，以至于美国黑人在 2013 年提出"黑人的命也是命"（BLM: Black Lives Matter）的抗议口号。2020 年 5 月乔治·弗洛伊德惨死于警察之手，这个种族主义暴力事件在全国范围内引起公愤，白人和其他有色族裔的民众同黑人一起将 BLM 抗议运动推向高潮。

但是，以上所列的种族主义例证，包括骇人听闻的弗洛伊德惨案，并不是准确意义上的"制度性种族主义"所包含的内容，因为制度所指的是联邦或州的法律、成文的条例、政府部门和规范等等。美国历史上奴隶制当然是最为严重的制度性种族主义例证，但是，从 1863 年的废奴宣言和 1865 年的第十三修正案开始的大约一百年时间里，一系列被称作 Jim Crow 的种族歧视、种族隔离法律被逐渐废除。二十世纪六十年代的民权运动和以肯尼迪、约翰逊两届总统行政令形式出现的平权法案的广泛推行至今，使妇女和包括黑人在内的少数族裔成员的地位有了很大的提高。也就是说，自独立战争以来，美国在全民和政府的共同努力下，在种族问题上已经有了长足的进步，不仅法律意义上的种族歧视已经消除，而且教育界、文化界、新闻界、知识界在种族问题上对全民的启蒙成绩斐然，奥巴马能当选并连任总统难道不是证明吗？所以，说当下美国社会的种族主义是制度性的，不仅模糊了有形的制度和无形的意识之间的界线，模糊了既定的法律规范和违规的个人行为之间的界线，而且也忽视了美国人民和政府多年来力争种族平等的巨大成果。

2. 身份政治（identity politics）和种族主义批判的激进化

美洲的早期移民称欧洲为"旧世界"，那个世界与王权、贵族、宗教势力密切相关的文化传统、等级制度以及由此而决定的各阶层的经济地位，在相当程度上帮助他们形成了对自己脚下的这片土地的想象或自我意识：与欧洲这个"他者"相对，作为"新世界"的美洲是一片原始的、大自然的天地，一个新伊甸园；在这片土地上没有等级，人人自由，人人平等，每个人都可以凭自己的力量和智慧开创自己的家园。个人自由和人人平等是民主理想的两个侧面，如美国诗人惠特曼在《草叶集》首篇写的那样："我歌唱一个人的自我，一个单一的个别的人/但我发出的声音却是民主、全体。"惠特曼最著名的长诗《自我之歌》以"我"开头，以"你"结尾。这就是"美国梦"的内涵，也就是说，美国是一个多民族融合的、多元的国家，每个人的定位首先在于个人，并承认他人的自由和尊严。

当然，这只是"梦"、想象、理想，而不是现实。在美国独立宣言和宪法发布的时候，奴隶制还存在；废奴宣言发布和宪法第十三修正案通过以后，南方各州还制定过一系列种族隔离法律；直到 1920 年，妇女才在全美范围内获得选举权；某些州对黑人选举设置的各种障碍，也是在 1965 年约翰逊总统签署投票权法案以后，才最终被扫除……尽管如此，美国历史上向理想目标的进步，毕竟也是现实的一部分。

但是，左右两极对现实的看法，却未必有历史的、发展的角度。十九世纪中叶以降，右派倾向于信仰社会达尔文主义优胜劣败的丛林法则，把人类社会分成"胜利者"和"失败者"两部分，永远如此；而左派所见则多半是若非"压迫者"，便是"受害者"。马克思主义老左派从普世的、社会发展阶段论（历史唯物主义）的角度，以经济地位和生产关系为基础，视现代社会的资产阶级为压迫者，无产阶级为受害者；而当下美国认同觉醒文化的新左派，则将压迫者-受害者两分法从阶级分野转向以肤色为标尺的群体归属："身份政治"。在他们眼中，美国至今仍旧是一个白人至上的种族主义社会，白人的特权生而有之，所以白人也就是有意无意的压迫者。而黑人及其他所有的有色族裔都是这个社会中的受害者，仅仅有色族裔身份本身就使他们有独特的"有色之声"（voice of color），以此来向白人讲述白人不太可能了解的种族主义现实[52]。

左翼的大多数实际上并非祖上曾受奴隶制压迫的黑人，而是白人知识阶层和学生，他们倾向于接受源于身份政治的批评，检讨自身的特权地位，有很深的负罪感，坚定地反对种族主义。这一点其实挺感人的。然而，对于左翼中的激进派来说，这样做是远远不够的，甚至这种立场和态度本身就是"种族主义"的。罗宾·迪安杰罗在《白人的脆弱：为什么种族主义的话题对白人如此困难》一书中开宗明义："我们在民权运动中的所有进步都来自身份政治。"[53] 白人是一种身份，有色人群是另一种身份，两者之间的关系是压迫和被压迫的关系，歧视和被歧视的关系。作者所谓"白人的脆弱"基于她观察到的白人对种族问题的过敏和规避种族焦虑（racial stress）的特需："哪怕是些微种族焦虑都难以忍受，以至于引发一系列的自我保护反应，包括明示的情感，如气恼、恐惧、内疚，以及如争论、沉默、回避等行为方式。"[54] 迪安杰罗是白人女性，以进步派自诩，并说此书就是为"我们白人进步派"而作，言辞谦卑恳切。她认为，因为"白人进步派认为自己不是种族主义者，至少不那么种族主义……并把精力用在让别人相信我们已经超越了种族主义，"所以，"白人激进派每天给有色人造成的伤害最大……白人激进派的确是在支持和延续种族主义，但是我们的自卫机制和自信实际上使我们无法向自己解释我们是如何这样做的。"[55] 这是一种自我解构的，有后殖民理论背景的、处在循环逻辑中的、不可证伪的身份政治论和文化心理分析。如同前面提到的原罪说和种族主义宿命论，或者如同曾在太平洋彼岸流行一时的"阶级烙印"说（又称血统论或出身论）：白人出生在一个白人至上的社会，仅因其白人身份，便不可能摆脱种族主义。按照这个类似第二十二条军规的逻辑，如果一位进步派白人说："我痛恨种族主义，所以我绝不是种族主义者。"这个否定句本身就证明，他一定是种族主义者，因为他并没有检讨自身的种族主义烙印，思想不正确，缺乏在灵魂深处闹革命的彻底性。

前面提到的黑人作家塔·内西斯·科兹在 2015 年出版了《在世界与我之间》，连续三周居《纽约时报》畅销书榜首，而且很快成为许多高等院校学生的必读书。他在书中提到，上大学的时候读到过索尔·贝娄的一句话，这句话为他浓缩了西方社会的种族主义。科兹写道："贝娄俏皮地说：'谁是祖鲁人的托尔斯泰？'托尔斯泰'白'，所以托尔斯泰'重要'，就像所有其他的白的东西'重要'一样。……我们黑，在光谱之外，在文明之外。我们的历史低下，因为我们自身低下……与这一理论相反的是我的马尔科姆。……还有格里格·塔特、毛主席、和只比我大一点的梦·汉普顿，他们创造了一种我以本能就可以理解并用来分析我们的艺术和我们的世界的新语言。"[56]

其实，科兹引用的那句话并不见诸贝娄的写作，而是来自 1988 年一月《纽约时报杂志》的一篇关于阿兰·布鲁姆的专题报道[57]。布鲁姆和贝娄同是芝加哥大学的教授，又是邻居和知交，记者采访布鲁姆时，贝娄在座。当时的议题是有关"经典作品"的争论：什么作品可称经典？经典作品选读是否应当是大学本科生的必修课？也就是说，这是学术之争，或关于文学作品是否有普世评判标准之争。但是科兹对贝娄的批判却无视这句话的背景，把顶多能说成是文化保守主义的学术观点上纲上线到种族主义；应该说是无限上纲，因为在当下的美国，任何谴责的分量都很难超过说某人是种族主义者。

科兹在这一段议论中以讽刺手法表现出的情绪，在关于 9/11 的议论中变成了愤怒与仇恨。2001 年 9 月 11 日晚上，他站在曼哈顿的一座公寓顶上，望着仍在弥漫的硝烟，并没有为现代美国最大的恐怖事件感到震惊，而是"心冷"，因为"我有那么多我自己的灾难。"他想到"他们"曾经在世贸大厦下面的土地上贩卖黑人奴隶，他想到那里还有一片土地曾经是黑奴的墓地，他尤其想到一年以前他的一位叫普林斯·琼斯的黑人大学校友死在警察的枪下，而警察以"自卫"为由被判无罪……科兹写道："在枪杀普林斯·琼斯的警察和眼前这些死去的警察和消防队员之间，我看不出任何区别。对我来说，他们都不是人。无论黑、白、或其他什么，他们都是天然的凶险物；他们是火，是彗星，是风暴，这些东西不需要任何理由都能摧毁我的身体。"[58]

在近些年出版的旨在唤醒有色人觉悟的著作中，科兹的《在世界与我之间》是文笔最好的、最有影响的一本，如前所述，在精神意义上的"觉醒"观念源自二十世纪二、三十年代兴起的泛非主义运动和黑人民族主义运动。这些运动的领袖们痛感美洲的大部分黑人对自己受白人欺压的现实麻木不仁，被白人至上的社会洗脑，在精神上处于沉睡、死亡状态，亟待思想上的觉醒。科兹在书中多次提到的"我的马尔科姆"（Malcolm X）当时还是孩子，后来成为穆斯林牧师、泛非主义者和黑人民族主义运动最著名的领袖之一。在美国六十年代的民权运动中，他和马丁·路德·金代表了两种不同的路线。马丁·路德·金的诉求是通过非暴力抗争反对种族歧视，使美国这个多民族的国家成为一个"不以肤色，而以品格视人"的平等社会。而马尔科姆则认为美国的种族主义已经不可救药，他不相信白人和黑人能够和平共处，他要唤醒黑人群众，放弃梦想，成为"愤怒的革命者"，在美国南部或非洲建立黑人自己的国家。1963 年 8 月 28 日，在首都华盛顿有二十五万人参加的抗议集会上，马丁·路德·金发表了著名演讲〈我有一个梦〉。当时马尔科姆也在场。事后他称这个白人黑人携手并肩反对种族歧视的集会为"华盛顿的闹剧"，对马丁·路德·金的"梦"也不以为然，因为要有梦，先得处于睡眠状态，不能醒着，况且"美国的黑人群众曾经，而且正在，经历一场噩梦。"[59]

马丁·路德·金和马尔科姆的分歧不由得使人想起十九、二十世纪之交两位著名黑人领袖之间的争论：教育家华盛顿（Booker T. Washington）主张以温和、忍让、宽容，并通过教育和经济独立来改变黑人的不平等地位，社会学家杜波伊斯（W. E. B. Du Bois）相信包括激烈行为在内的政治抗争才是通向平等之路。杜波伊斯晚年对美国彻底失望，移居非洲，成为加纳公民。

如今已经很少有人关注华盛顿的主张，但马丁·路德·金仍旧是众望所归，只是右翼保守派和左翼激进派对他的思想的诠释大相径庭：保守派认为一个去种族化的"色盲"的美国是他的理想，激进派则认为他有明确的"色意识"（color-aware），因为"色盲"这个说法本身遮盖了美国社会的真相，有种族主义之嫌。相比之下，有更强烈斗争意识的杜波伊斯和马尔科姆越来越被激进左派所推崇，成为他们的先驱和旗手。当下觉醒文化的流行也显示了，至少对激进左派来说，马丁·路德·金的"梦"实际上已经被马尔科姆"觉醒"所取代。

在今天的美国，最能代表觉醒文化的当属"种族批判理论"（critical race theory）。它起始于二十世纪八十年代法学界左翼对宪政中立原则的批判（因为现实中没有真正的中立），挑战作为自由主义基础的启蒙理性和平等理论（因为它们都是脱离现实的假设），认为种族主义并非反常或异端，而是当今社会无处不在的"包括人的情感和潜意识层面的、极难克服的常态"。这个社会的结构是"白人至上，有色人居下的制度"，在这个结构中白人的"利益重合"："白人精英阶层在物质上获益于种族主义，白人工人阶层在心理上获益于种族主义，所以这个社会的许多层面都没有消除种族主义的动力。"种族批判理论家们认为种族的概念是人的创造，实际上是"白人"以"有色人"作为对立面或"他者"来定义自身。这样的身份对立也就是"有色之声"的根据：肤色非白的"少数民族身份本身就赋予讲话者独特的能力，向白人讲述他们很难了解的种族主义问题。"这个理论一方面批评自由主义和任人唯贤服务于个人利益，批评去种族化意义上的"色盲"和多民族融合的社会理想掩盖了白人至上的现实，一方面支持各个少数族裔强调相互差异的"文化民族主义"运动[60]。

种族批判理论家们很坦诚地说，他们所做的不仅是学理方面的阐释、分析和批判；他们还是社会活动者，旨在从结构意义上改变这个社会。但是，在揭露和批判了启蒙理性、法学思维、平等意识以及诸多普世价值所掩盖的种族主义内涵之后，除了一再强调种族主义是社会常态，极难克服之外，并不能给出建设性的社会模式。在左翼运动史的大背景之下，人们看到的是从阶级向种族的转换，以有色族裔与白人特权的激烈对抗取代了无产者与有产者的阶级斗争而已。

3. 脱离历史环境的"取消文化"（cancel culture）

"取消文化"是近年来很流行的一个词汇，它多半被用来指称民间力量或公众舆论对名流或历史人物因其不良行为而做出的惩罚：取消对他们的支持，将他们驱逐出公众视野，在历史中打入另册。这种"取消"有赖于公众的言论自由以及言论表达的媒介，如社交媒体，所以和民主的氛围有关。但是，也因为同样的原因，激奋的群众，加之意识形态的影响，是可以喊出诸如"打倒""取缔"之类的口号的。由于后者的例子较多，"取消文化"这个词在使用时多半是贬义，或云修正历史、历史虚无主义。下面我想借用这个流行词汇，讨论近期美国左翼激进派在重审历史的议题下所施行的"取消"行为。先举几个例子，然后重点讨论有关第 16 届美国总统亚伯拉罕·林肯的评价问题。

在最近的几年中，美国有一股拆除历史人物塑像的风潮。最早的是 2020 年夏天俄亥俄州首府哥伦布市市长下令拆除市政厅前的哥伦布铜像，原因是群众抗议哥伦布参与早期（十五世纪末）西印度群岛的贩奴。由于这座塑像是哥伦布故乡意大利的热那亚市民的赠品，哥伦布市长的这一决定遭到很多意裔公民的反对。此后的几个月内，有三十多座哥伦布塑像在美国的其他城市被拆除。类似的多处"取消"也发生在下面的例子中，原因也都是群众压力，恕不赘述。

2021 年秋天，内战时南方军队统帅罗伯特·李在弗吉尼亚首府里奇满的巨型雕像被拆除，因为他在战争中代表并保卫南方奴隶主的利益。

同年冬初，独立宣言起草者、美国第三、四届总统托马斯·杰弗逊的塑像从纽约市政厅拆除，因为他是奴隶主。

2022 年年初，富有重视自然保护、建立国家公园盛名的美国第 26 届总统西奥多·罗斯福在纽约市美国自然博物馆门前的塑像被拆除，原因是塑像的设计——他骑在马上，站在两边的是一个印第安人和一个黑人——表现了种族的上下尊卑。

美国第一任总统乔治·华盛顿和签署废奴宣言的亚伯拉罕·林肯总统也未能幸免被"取消"的命运：旧金山学区改换了以这两位总统的名字命名的两所学校，原因是一位是奴隶主，另一位推行过黑人殖民政策[61]。我下面将重点讨论针对林肯的"取消文化"，并进一步解释黑人殖民政策的问题。

首都华盛顿国会山上的"解放纪念"铜像（Emancipation Memorial）是由站立着的、手握废奴宣言的林肯和一个单腿下跪、刚被解放的黑人奴隶这两个形象组成的，设计和制作铜像的绝大部分资金来自曾经是奴隶的众多黑人的捐赠，铜像于 1876 年林肯遇刺 11 周年时正式落成。三年以后，获益于波士顿博物馆创始人的捐赠，这座铜像的复制品便矗立在波士顿的一个城市公园里。尽管"解放纪念"作者托马斯·波尔的原意是要塑造一个"正在向自由升起"的黑人形象，但在一百多年以后的今天，很多人都认为这个形象更像是在"下跪乞怜"，仍旧显示了黑人低下的地位。在一万两千多名波士顿市民联名呼吁之下，市艺术委员会在 2020 年底把铜像从公园挪进了仓库[62]。

实际上，拆除波士顿的"解放纪念"铜像，并不仅仅是因为黑人处于低位的形象；更深层的原因是，在激进左派的眼中，林肯本人有严重的种族主义历史问题，政审不过关，当属清理对象。这就是为什么威斯康星大学麦迪逊校区的两个学生组织在 2020 年 6 月联名请愿，呼吁校方拆除校园里的林肯塑像。一位学生领袖说，林肯的确"做了些好事，但他干的坏事肯定比好事多"；他在校园制高点的塑像是"独一无二的白人至上的象征。"[63]

近期对林肯历史问题更为具体的清算见于前面提到的"1619 课题"。"课题"发起者妮克尔·汉娜·琼斯的关注点集中在 1862 年 8 月 14 日林肯和五位黑人领袖在白宫的约见。当时，美国的南北战争已经开始一年多，北方陷于困境，作为总统的林肯十分焦虑，正在考虑宣布解放南方各州的黑人奴隶，并允许他们参战反抗奴隶主；但同时他又知道，当时北方和南方的白人大部分还不能同意黑人与他们平等。按照汉娜·琼斯的叙述，林肯请黑人领袖入白宫议事，唯一的目的就是告诉他们他已经让国会筹款，好将获得自由的黑人殖民于由政府出资和民间捐款建立的殖民地，希望这几位黑人领袖能够同意。他还说，如果没有奴役黑人的制度，这场战争也不会发生；但是，取缔奴隶制，黑人获得自由以后呢？现实的状况是，白人和黑人共处，"双方都痛苦。"由此，汉娜·琼斯得出结论："反对黑人的种族主义存在于这个国家的基因里。同时，人们还相信，如林肯准确地表达的那样：黑人是民族统一的障碍。"[64]

由于汉娜·琼斯并没有把林肯与黑人殖民问题放在具体的历史

和政治环境中来讨论，给人的印象似乎是：林肯是黑人殖民政策的始作俑者，或者至少是在战争的危机中束手无策，孤注一掷。其实，这个殖民项目由来已久，始自 1816 成立的民间组织"美国殖民协会"（American Colonization Society）。鉴于美国的种族冲突和迅速增长的自由黑人人口，协会的宗旨是在民间集资，在非洲和南美建立殖民地，在自愿的前提下资助黑人移民。利比里亚就是在这个宗旨之下，由协会买下，按照美国的政体建立的黑人殖民地。这个殖民项目在启动以后曾得到独立宣言起草者杰弗逊、被称为"宪法之父"的麦迪逊、在任总统杰姆斯·门罗、在任国会议员亨利·克雷等著名政治家的支持，在十九世纪三十年代，麦迪逊还当过协会的主席。这都远在林肯之前，而且杰弗逊和克雷又是林肯最敬重的前辈。作为总统的林肯，在南北战争早期，也是认同这个政策的。但是，在他签署了解放宣言以后，毕竟放弃了这项政策。

据此，一些坚持从历史和发展的角度看待林肯的学者，认为他在黑人殖民这个问题上的看法有一个逐渐成熟的过程，最终认识到这个政策不仅不现实，而且黑人有正当的权利居住在这片土地上，更不用说林肯是签署解放宣言、结束奴隶制的总统，所以，他的基本立场是种族平等。更有学者从政治的角度来解释为什么在南北战争的紧要关头，在 1862 年的最后一天，林肯一边对废奴宣言做最后的修改，准备次日正式签署，一边批准了一项资助五千黑人殖民海地附近一个岛屿的方案："林肯利用黑人殖民的前景使保守派更容易接受废奴的主张，而当他签署解放宣言，走出废除奴隶制的最有决定性意义的一步以后，便放弃了黑人殖民政策的所有措施。"[65]

林肯的"取消"者，如汉娜·琼斯，不愿意从以上所举的发展的和政治的角度在具体的历史环境中看待林肯，而是仅以黑人殖民政策为依据，判定林肯为种族主义者，罔顾林肯在历史上的最伟大的功绩：废除奴隶制和维护国家的统一。这种攻其一点，不及其余的大批判方式和以意识形态取代历史认知的基本原则也同样用到了前面列举的其他历史人物身上，拆除诸多塑像的现象不过是这种激进思维方式最为粗略的表现形式而已。

说到大批判方式和政治取代历史的原则，毛时代的无产阶级文化大革命又何尝不是一种"取消"文化呢？几乎所有的历史名人都属于非无产者的剥削阶级，因此都是清算对象。清算也是从扫荡偶像的运动开始的，称"破四旧"。释迦牟尼在北京颐和园佛香阁内的塑像首当其冲，不久以后，孔夫子在山东曲阜的雕像也无一幸存。数年以后的批林批孔运动给孔子扣上了奴隶主阶级代言人的帽子，他的"克己复礼"的仁道竟被说成是要复辟奴隶制……

当然，美国当下的"取消"文化并非真正的文革，同当年中国的破四旧、大批判不可同日而语，而且，把历史送进仓库毕竟还算是文明之举，远不像彻底砸烂和付之一炬那样暴烈。但是，由于两者的历史虚无主义倾向是共同的，中国的文革应当被视为前车之鉴。

4. 不成文的"政治正确"语言规范导致禁言和自律

自从 1791 年美国宪法第一修正案通过，保护言论自由就成为美国民主的最重要的原则之一。约翰·密尔在《论自由》中对言论自由的宽度做过经典的界定：以不造成对他人的伤害为准。随着时间的推移和社会的发展，这个界定的尺度由于"伤害"的进一步具体化而愈加有争议，比如，在种族、性别、性取向等问题上如何界定"仇恨言论"和"冒犯性言论"，如何在法律意义上判断其伤害的程度，如何定义"有敌意的环境"等等。近年来随着左翼思潮影响的逐步扩大，一套不成文的"政治正确"的语言规范也逐渐形成，以至于言论自由的宽容度缩小，语言禁区扩大，迫使人自律的压力愈强[66]。

在二十世纪五十年代右翼势力猖獗的麦卡锡时代，很多人三缄其口，不敢公开政见，以至于有"沉默的一代"的说法。1954 年，哈佛大学的一位社会学教授做了一个民调，提出的最关键的问题是："你是否觉得可以像以前那样自由地表达自己的想法？"有 13% 的人给出了否定的回答。同一个问题在以后的民调中多次重复，2019年的民调中竟有40%的人给出了否定的回答，三倍于1954年。最令人惊讶的是，教育程度越高，自律的程度越深：有27%的初中生，34%的高中毕业生，和45%的大学生给出了否定的回答[67]。卡托研究所2020年7月的民调显示：有62%的美国人因为顾虑不良后果，不情愿与人分享自己的政见。有三分之一的参调者，无论左右，都担心，如果他们公开了自己的政见，就可能失去工作或求职机会[68]。《纽约时报》在近期以来第一次以编辑部名义发表长篇社论，专门讨论美国的言论自由问题[69]。当下的这种在语言表达上让人感到不自由的压力多半来自左翼意识形态的影响，在文化、教育领域尤其明显，在2021年春天的一个有159所大学的37,000学生参加的民调显示，有80%以上的学生"至少在有些时候"三缄其口，有21%的学生说他们经常如此[70]。在杰弗逊一手创建的弗吉尼亚大学，为杰弗逊辩护的话都需要关起门来说[71]。在高等院校，教授更须慎言，以下面的两个个案为例。

在2021年9月的一次本科生作曲研讨课上，为了让学生熟悉意大利音乐家威尔第创作的歌剧《奥赛罗》的背景，密西根大学音乐戏剧舞蹈学院的盛宗亮（Bright Sheng）教授放映了1965年根据莎士比亚悲剧《奥赛罗》改编的同名英文电影，主人公奥赛罗由英国著名演员罗伦斯·奥利维耶扮演。但是，由于奥利维耶是把面部涂黑扮演摩尔人奥赛罗的，这个形象使观众中的一些黑人学生想起黑面走唱秀（blackface minstrelsy），即由涂黑脸的白人演员滑稽模仿的黑人奴隶歌舞，感觉受到了侮辱[72]。当时就有一位学生以电邮的方式投诉音乐系，称许多学生"因为这个录像和教授不解释选择这个录像的原因，在感情上受到极度伤害。"还有学生说，这个学习环境让他们感到不安全。盛老师在几小时之内就发电邮抱歉，在之后的几周内又以正式致歉的公开信等方式表示歉意，说他对这件不幸事件"做了更多的研究和学习，意识到种族主义之根深蒂固过去是、现在仍然是美国文化的一个危险部分。"尽管如此，他仍然受到来自校方、同事、本科生、研究生等各方面的指责，包括学生联名的公开信，说盛老师致歉信不仅检讨不深刻，还为自己辩护[73]。

在事情发生二十天以后，校方宣布：盛宗亮将自愿停授这门课，以便让学生有一个"积极的学习环境"。然而，就在盛宗亮停课的一天前，一名选了这门课的四年级学生在一家网媒上发了一篇措辞尖刻的长文，文章在推特以及《新闻周刊》、福克斯新闻、《每日邮报》等媒体上转发，使美国高校卷入了一场关于种族、学术自由和言论自由的激烈辩论。针对学校的处理方式，学生联名写了第二封公开信，谴责校方对此事件的反应"助长了造成恐惧和敌意的环境。"与此同时，将近七百名教授和一个学生组织分别写信给音乐戏剧舞蹈学院，呼吁恢复盛宗亮在那门作曲研讨课的教职，并要求校方公开向盛老师道歉。几天以后，校方在学校的网站上发了一个声明，说盛宗亮是学校"尊贵的成员"，并没有受到惩罚，在继续教作曲课（只是一对一的私人课程，那门研讨课仍是同事代授）。但是，学校至今并未向盛老师道歉[74]。

我要讨论的第二个例子发生在伊利诺伊大学芝加哥校区的法学院。在 2020 年 12 月的一次"民事诉讼"课期末考试中，有一道杰森·吉尔本（Jason Kilborn）教授近些年用过多次的考题：假设一家公司的前雇员曾经告诉公司律师："在一次会议上，公司的一些管理人员对她不满，称她'n___'和'b___'（对黑人和妇女的蔑称，这两个字只以首字母表示，并未全拼），会后她便辞职了。"在这个假设起诉公司种族歧视的案例中，被告是否必须向原告提供证据？这只是 50 道考题中的一道，而且是有关律师在现实社会经常碰到的问题。但是，考题中的两个暗示的蔑称使一些学生不满，一位考生说，她感到"极度不适"，甚至"心悸"。于是，法学院黑人学生会便在社交媒体谴责吉尔本先生，并投诉学校的机会与平等办公室。吉尔本的直接反应是惊讶，但表示歉意，并同不满的学生谈了几个小时，没想到竟被学生指责"以自杀相威胁"。校方对此的直接反应是暂时取消他的课程，停职留薪，不允许他涉足校园，并责成机会与平等办公室调查此案。此后半年多的时间里，这个办公室在调查报告和给吉尔本的正式信件中有诸多不实之词，并指责吉尔本老师对学生意见的反应显示了他"对种族主义的麻木和对关注种族问题的声音的敌视，"对调查的不满"可以被解释为制造恐惧和威胁。"尽管如此，双方的交流和争论一直在继续，直到 2021 年 11 月 4 日法学院黑人学生说服了著名黑人领袖杰西·杰克逊牧师同他们一起示威游行，要求校方开除吉尔本老师。杰克逊说："学生应该有一个没有敌意的学习环境。为此我们必须行动起来。"[75]

不知是否因为来自此次示威的压力，12 月中旬校方通知吉尔本老师 2022 年春季停课，要他在 2022 年 1 月去参加一个（被芝加哥大学法律教授莱特先生称作"再教育"的）学习班。这是一个康奈尔大学开设的、针对种族、性别等问题的、关于如何搞"教学多样化"（diverse classroom）的网上训练班，历时八周。在此课程的前五周，吉尔本老师需要完成五个规定题目之下的阅读材料，并"针对具体的提示"写五篇"自省"（self-reflection）文章；其间会有一位持有康奈尔"多样和包容证书"（Certificate of Diversity and Inclusion）的执业律师教练帮助吉尔本，每星期规定 60-90 分钟的时间讨论他的阅读和写作，并评定他"在深入观察、学习和能力方面，尤其是在将课程内容与他作为教师的责任相结合的问题上，是否有进步。"在以后的三周，还有更多的辅助材料要学习，同教练的每周讨论还要继续。最后，吉尔本教授也会在完成学习班课程以后获得一个"多样和包容证书"。校方在写给吉尔本的律师的信里说：安排吉尔本老师参加这个训练班"并非对他的惩罚。但是，我们相信吉尔本教授会获益于这样一对一的训练"，"我们的共同目标是让吉尔本教授能够重返课堂。"[76] 吉尔本老师是否参加了这个学习班，尚未可知。但准确的消息是：吉尔本于 2022 年 1 月 27 日起诉伊利诺伊大学侵犯学术自由[77]。

从以上的两个案例，以及前面提到的民调结果，可以看出，即便在一个民主体制之下，以政治挂帅的思想意识形态，无论左右，都可以走火入魔，培养过敏的神经，制造禁言的环境，走向民主的反面。盛宗亮是在少年时代经历过文革的华裔教授。在给《纽约时报》的一封电子邮件中，他重申了自己的歉意："我诚心诚意地说，我非常抱歉。"同时，他还写道："当然，我在这件事上作为教授判断失误而面临批评，与许多中国教授在文化大革命中面对的经历完全不同。但让人感到不安的是，我们生活在一个有人可以试图通过公开谴责来毁掉别人的事业和名誉的时代。我还没老到不能学习的程度，这个错误已经让我学到了很多东西。"[78] 盛老师的话耐人寻味：那个让人感到不安的环境就是极左思潮造成的、逼人自律的社会环境，他的谴责者是那些"觉醒"的（或说"被洗脑"的）学生，而他要"学习"的就是如何按照"政治正确"的规范发言和行事。言辞中有多少自嘲、心酸、尤奈！

三、极左极右殊途同归的悖论

极左和极右本是政治上的两个极端，两者之间的距离似乎远得不能再远了。但它们却又像孪生兄弟一样形影相随，即便不联手，也是殊途而同归。实际上，这种似非而是的现象在现代历史上已经是屡见不鲜了。先以毛泽东时代的中国、纳粹德国和斯大林治下的苏联为例。

毛泽东的思想和政策，尤其是在文革中推行的一系列政策，连毛身后的中共中央都认为是极左，更不用说文革刚结束时的民众的看法了。但是，以左派自居的毛泽东本人却对美国总统尼克松说，他喜欢右派，喜欢右派掌权[79]。其实，左与右在他那里从来都是手中云雨，"左"放在引号中就成了右。在整肃他的左派同事或打击他的同样是左派的政敌时，他就会说，一种倾向掩盖着另一种倾向，形"左"而实右嘛。周恩来借林彪事件批极左，群众大松了一口气。但毛泽东明白这种倾向的危险，于是说，林彪是极右。是啊，家里挂着孔子语录，还能不是极右？有了这样的最高指示，大批判立刻转向：不光批林批孔，还影射周恩来。在十几年前毛就说周就已经离右派只有五十步了。

在文革期间，有一本流传于民间、颇有影响的"内部发行"读物：威廉·夏伊勒所著《第三帝国的兴亡：纳粹德国史》的中文译本。这本"灰皮书"使一些知识青年看到：被视为极右的纳粹政治竟然和他们开始怀疑，但尚未完全放弃的极左的文革政治如出一辙！他们看到：纳粹德国和文革时的中国都不仅以强权高压对付民众，还以各种文化手段（包括频繁的群众集会和首长讲话）发动群众、宣传群众、教育群众，造就了那些在"水晶之夜"（Kristallnacht）和"红八月"之类的群众运动中以革命的名义行暴的热血青年。他们看到：两时两地的群众狂热都以领袖崇拜的形式出现，数十万、上百万人或一齐向前上方伸出右臂，或一齐挥动"红宝书"高呼万岁。当"红宝书"里的语录成为圣旨，领袖的思想成为每个人的思想时，便没有人感到不自由，而是相信万众一心才是真正的大民主。他们看到：纳粹的种族主义和文革的阶级路线同样都是血统论，"劣等人种"和"黑五类"，"犹太猪"和"狗崽子"，在如此恶名之下，这一部分人就成了非人，牛鬼蛇神，可以被任意处置……也就是说，此书展示的纳粹德国社会现实让文革中的中国读者看到了自身经历的影子。那时，左是正，右是负，批左等于否定自己，何其难矣！所以，当一个左右契合的历史见证出现在读者眼前时，其震撼程度可以想见。这就是为什么一部写纳粹德国的书会成为帮助中国读者从文革噩梦中醒来的启蒙读物。

有"纳粹桂冠法学家"称号的卡尔·施米特自然是右翼，他曾对自由主义和民主政体做过细密的剖析，指出自由主义淡化政治、貌似中立、抽空道德价值、以妥协代替斗争、以议而不决的程序代替"实质性决断"。西方当代文化理论界的左翼对施米特的敌我明辨论政治神学颇为欣赏，因为源自启蒙传统的自由主义是他们的共同敌人。在二十世纪九十年代和本世纪初，中国的"新左派"也亦步亦趋，大量译介施米特，称他为"整个二十世纪最重要、最精彩的自由主义批评家。"[80]

在第二次世界大战前夜，希特勒的德国和斯大林的苏联签订条约，结成非神圣同盟，并非只出于战略需要。早在魏玛时期，希特勒就曾谈到在纳粹运动中左右"两极的汇合：左翼的共产主义者和右翼的军人与学生"。希特勒对西方民主社会的敌视使他随时准备与斯大林的极权力量携手，他并不掩饰对斯大林的敬佩，并且认为纳粹德国和共产主义苏联才是真正的对手。直到德苏交战已久的 1943 年，希特勒还在讲，第二次世界大战"是一场资产阶级国家与革命国家之间的战争……那些有意识形态的国家远胜于资产阶级国家……我们东方的对手（即苏联）也有意识形态，只不过是错误的意识形态罢了"[81]。希特勒所谓资产阶级国家没有"意识形态"和施米特所批判的自由主义的各种缺失讲的是同一个问题。

汉娜·阿伦特写《极权主义的起源》，将极右的纳粹德国和斯大林的苏联同样看作极权主义的典型。温斯顿·丘吉尔也说两者是"同样的东西，拼法不同而已"[82]。

以上的这些例子可以说是近期历史对左右两极针锋相对却又形影相随、殊途同归这一悖论的印证。在当下的现实中，如本文所讨论的美国左右两极的问题，两者之间的冲突呈现于民间政见的分裂和激进化，似乎黑白分明到了非此即彼、水火不相容的地步。尽管如此，极左和极右之间的关联和共性仍旧可见，试做简单归纳如下：

两者都与自由主义为敌，走向民主的反面。极左政治一方面以其原罪论、种族主义常态论之类的基本判断挑战基于传统自由主义的平等、客观、公允、中立、多元、任人唯贤等观念，一方面将以同样判断为基础的"正确"政治推向极端，排斥不同见解，压缩宽容范围，实际上形成了一种帽子满天飞，威胁言论自由，逼人自律的专制文化环境。在右翼浪潮推动下兴起的"川普革命"则更为直接地挑战美国的民主体制本身：称独立于政府、为公民知情服务的主流媒体为"人民公敌"，把民主体制下的政府机构看作需要排污的沼泽，颠覆民主选举和认证的程序，破坏和平移交权力的传统，动摇公民对民主的信心……在这个意义上的左右之不同，有如秀才笔墨和兵勇刀剑之比，后者，也就是极右势力的发展，在当下的美国对民主的威胁显然更为直接，更为切近，显然是更为明确而现实的危险。

政治挂帅，"事实"听命。左右两极都在不同程度上为自己的政治目的否认事实或制造"事实"。如"1619课题"以"重构"为名，罔顾事实，创造美国历史起源；又如"种族批判理论"推出"种族主义并非反常，而是社会常态"之类不可证伪的断言。右翼的宣传则更为直白：把新冠疫情爆发说成是欺骗；把经过认证的大选结果说成是舞弊；在自己的断言没有任何事实支持的情况下编造谎言佐证，美其名曰"另类事实"（alternative facts）；甚至制造如QAnon之类耸人听闻的阴谋论惑众。在政治如此极端，民意如此分裂，相对主义如此流行的今天，如果唯一能超越政治的事实这条最后的底线不能守住，作为民主基础的知情公民（informed citizenry）将会作为两极政治的牺牲品而不复存在。

排斥理性，鼓动激情，将某种意识形态简约为口号，作为发动群众运动的工具，这也是左右两极共用的斗争方式。在与群众运动相关的诸多激情中，愤怒居首，一方在给予妇女堕胎选择权、废除死刑、使同性婚姻合法化等问题上的愤怒程度并不亚于另一方对当今社会的贫富不均、种族偏见和警察施暴行为的愤怒程度。这样的愤怒不仅阻碍双方理性的沟通，而且常常导致暴力，包括试图推翻民选政府的暴力和在民间发生的不分青红皂白的打、砸、抢。在愤怒的背后，甚至还有可能酝酿更大冲突的绝望，比如右翼的世界末日灾难论和左翼的种族主义宿命论。

殊途同归的审查方式：禁书、消毒、焚书。这个问题与"洗脑"

的话题有更为直接的联系。鉴于左翼思潮当下在文化界的影响，一些右翼政客列出一系列书单，试图禁止有关性认同、种族认同的少儿、成人读物和理论书籍列为学校教程读物或被公共图书馆收藏[83]。而某些激进左翼人士忧虑的则是在语言上和观念上"不干净"的经典著作。某大学的一位英文教授编辑出版了马克·吐温名著《哈克贝利·芬历险记》的"消毒版"，删去出现 200 多次的对黑人的蔑称"n……"字，尽管这个字在当今黑人说唱歌手的表演中仍旧频繁出现[84]。还有一位老师因为同样的原因建议从中学生读书单中剔除《哈克贝利·芬历险记》、哈珀·理的《杀死一只知更鸟》和约翰·斯坦贝克的《人鼠之间》[85]。更有一些读者因为《哈利·波特》的作者发表过对一些有关跨性别问题的异见，便烧毁她的著作，并呼吁禁止发行基于此书情节的电子游戏，以示抗议[86]。我说这个涉嫌审查制度的问题与"洗脑"话题有直接联系，是因为左右两极在这个问题上的关注点都与"教化"问题相关。

由此可见，尽管左右两极在意识形态上针锋相对，却从各自不同的途径走向现代民主的反面，在颠覆理性、客观、宽容、自由等民主社会的基本价值方面，两者是一致的。而且，两者从各自不同的侧面折射出极权政治的特色。这种相似匪夷所思，却又十分真切。二十世纪左右两极的历史教训应该能够成为对当下两极分化的美国和国际社会的警示。

注释：

1　此文的部分内容曾以〈美国的左派文革和右派文革〉为题发表于《思想》第 45 期（2022 年 7 月）。

2　Giulia Carbonaro, "40% of Americans Think 2020 Election Was Stolen, Just Days Before Midterms," *Newsweek,*

2   November 2022.

3   David Smith, "Belief in QAnon Has Strengthened in US Since Trump Was
     Voted Out, Study Finds," *Guardian*, 24 February 2022.

4   Ian Huff, "QAnon Beliefs Have Increased Since 2021 as Americans Are Less
     Likely to Reject Conspiracies," Public Religious Research Institute (PPRI), 24
     June 2022. www.prri.org/spotlight/qanon-beliefs-have-increased-since-2021-as-
     americans-are-less-likely-to-reject-conspiracies/.

5   Kate Brumback, "Georgia Again Certifies Election Results Showing Biden
     Won," *AP News*, 7 December 2020.apnews.com/article/election-2020-joe-
     biden-donald-trump-georgia-elections-4eeea3b24f10de886bcdeab6c26b680a.

6   Giulia Carbonaro, "40% of Americans Think 2020 Election Was Stolen, Just
     Days Before Midterms," *Newsweek*, 2 November 2022.

7   "Exclusive: Read Judge Luttig's Statement to January 6 Committee," *CNN*, 16
     June 2022.

8   Ryan Lizza and Eugene Daniels, "What Judge Luttig Told Us about Jan. 6,"
     POLITICO, 17 June 2022. www.politico.com/newsletters/playbook/
     2022/06/17/what-judge-luttig-told-us-about-jan-6-00040446.

9   Walter Langer, *A Psychological Analysis of Adolph Hitler: His Life and Legend*,
     M. O. Branch, Office of Strategic Services, Washington, D. C.
     www.cia.gov/library/readingroom/docs/CIA-RDP78-02646R000600240001-
     5.pdf.

10   Adolf Hitler, *Mein Kampf* (1925-1926), trans. Ralph Manheim (Houghton
     Mifflin, 1943) 231.

11   Randall Bytwerk, "False Nazi Quotations," *German Propaganda Archive*.
     www.bytwerk.com/gpa/falsenaziquotations.htm.

12   Peter Baker and Susan Glasser, *The Divider: Trump in the White House, 2017-
     2021* (Doubleday, 2022). Amy B. Wang, "Trump Wanted 'Totally Loyal'
     Generals like Hitler's, New Book Says," *New York Times*, 8 August 2022.

13   Matthew Rozsa, "The Psychological Reason That So Many Fall for the 'Big
     Lie'," *Salon*, 3 February 2022. www.salon.com/2022/02/03/the-psychological-
     reason-that-so-many-fall-for-the-big-lie/.

14   *Oxford English Dictionary* entry: demagogue, *n.*

15   Michael Signer, *Demagogue: The Fight to Save Democracy from Its Worst
     Enemies* (Macmillan, 2009), 32-38. 参见 Reinhard Luthin, *American
     Demagogues: Twentieth Century* (Beacon Press, 1954). Allan Louis Larson,

Southern Demagogues: A Study in Charismatic Leadership (Northwestern University Press, 1964).

16　Bob Woodward, *Fear: Trump in the White House* (Simon & Schuster, 2018).

17　川普 2016 年 2 月 24 日在内华达州发表的竞选演说：https://www.youtube.com/watch?v=Vpdt7omPoa0.

18　Richard Hofstadter, Anti-Intellectualism in American Life (Vintage Books, 1962) 49.

19　Alvin Gouldner, *The Future of Intellectuals and the Rise of the New Class* (Macmillan, 1979).

20　Jeremy Diamond, "Trump: 'I could 'shoot somebody and I wouldn't lose voters'," *CNN*, 24 January 2016.

21　Karl Marx, *Das Kapital. Kritik der politischen Ökonomie* Erster Band (Capital. A Critique of Political Economy. Volume I), 1867.

22　William Blake, *The Marriage of Heaven and Hell*, 1793.

23　Gustave Le Bon, *La Psychologie des Foules* (Psychology of Crowds), 1895. Sigmund Freud, *Massenpsychologie und Ich-Analyse* (The Psychology of Crowds and the Analysis of the Ego), 1921. 又见 Robert Zaretsky, "Donald Trump and the Myth of Mobocracy," *The Atlantic*, 27 July 2016.

24　Thomas Jefferson, January 16, 1787, letter to Edward Carrington, *The Works of Thomas Jefferson*, ed. Paul Leicester Ford, vol. 5 (New York: C. P. Putnam & Sons, 1904) 251-254.

25　川普 2017 年 2 月 17 日的推特，见 Michael Grynbaum, "Trump Calls the News Media the 'Enemy of the American People'," *New York Times*, 17 February 2017.

26　Emma Brown, et. al., "Trump-Allied Lawyers Pursued Voting Machine Data in Multiple States, Records Reveal," 15 August 2022, *Washington Post*. Christopher Giles and Jake Horton, "US Election 2020: Is Trump Right about Dominion Machines?" *BBC News*, 17 November 2020.

27　Alan Feuer, "Man at Center of Jan. 6 Conspiracy Theory Demands Retraction from Fox," *New York Times*, 23 March 2023.

28　Katie Robertson, "5 Times Tucker Carlson Privately Reviled Trump: 'I Hate Him'," *New York Times*, 25 April 2023.

29　Jim Rutenberg, et. al., "On Eve of Trial, Discovery of Carlson Texts Set off Crisis atop Fox," *New York Times*, 26 April 2023. Jeremy W. Peters, et. al., "Carlson's Text That Alarmed Fox Leaders: 'It's Not How White Men Fight'," *New York Times*, 2 May 2023.

30　Jason Zengerle, "Fox News Gambled, but Tucker Can Still Take Down the House," *New York Times*, 28 April 2023.

31　Dominick Mastrangelo, "McCarthy Gives Fox News's Tucker Carlson Access to Jan. 6 Capitol Surveillance Footage," *The Hill*, 20 February 2023. thehill.com/homenews/media/3866648-mccarthy-gives-fox-news-tucker-carlson-access-to-jan-6-capitol-surveillance-footage/. Katelyn Polantz, et. al., "Most January 6 Footage Aired by Tucker Carlson Wasn't Reviewed by Capitol Police First, USCP Attorney Says," *CNN*, 17 March 2023.

32　"Nearly All Fox Staffers Vaccinated for Covid Even as Hosts Cast Doubt on Vaccine," *Guardian*, 15 September 2021.

33　CDC COVID Data Tracker: covid.cdc.gov/covid-data-tracker/# datatracker-home. David Wallace-Wells, "Dr. Fauci Looks Back: 'Something Clearly Went Wrong'," *New York Times*, 24 April 2023.

34　Mike Pence, *So Help Me God* (Simon & Schuster, 2022). Brian Monahan and R. J. Maratea, "The Art of the Spiel: Analyzing Donald Trump's Tweets as Gonzo Storytelling," *Symbolic Interaction*, Volume 44, Issue 4 (November 2021) 699-727.

35　Tom Dreisbach, "How Trump's 'Will Be Wild!' Tweet Drew Rioters to the Capitol on Jan. 6," *NPR*, 13 July 2022. www.npr.org/2022/07/13/1111341161/how-trumps-will-be-wild-tweet-drew-rioters-to-the-capitol-on-jan-6. Kimberly Leonard, "Trump Told Pence He Didn't Think He Would Have Gotten Elected Without Twitter: Book," *Business Insider*, 15 November 2022. www.businessinsider.com/trump-told-pence-that-twitter-helped-him-get-elected-president-2022-11.

36　Matteo Cinelli, et. al., "The Echo Chamber Effect on Social Media," *PNAS* (Proceedings of the National Academy of Sciences), Vol. 118, No. 9 (February 2021). www.pnas.org/doi/full/10.1073/pnas.2023301118.

37　Paige Cabianca, et. al., "What is a Social Media Echo Chamber? And How You Break Out of It.," Moody College of Communication, University of Texas at Austin. advertising.utexas.edu/news/what-social-media-echo-chamber.

38　Nitish Pahwa, "What You'll Find on Truth Social, Where Trump Is Going Nuclear," *Slate*, 31 March 2023. slate.com/technology/2023/03/trump-indictment-truth-social-explained.html.

39　Bijan C. Bayne, "How 'woke' became the least woke word in U.S. English," *Washington Post*, 2 February 2022.

40　Aja Romano, "A History of 'Wokeness': Stay Woke: How a Black Activist Watchword Got Co-Opted in The Culture War," *Vox*, 9 October 2020. www.vox.com/culture/21437879/stay-woke-wokeness-history-origin-evolution-controversy. 在 Lead Belly 演唱的 "Scottsboro Boys" 的歌曲录音之后，可以听到歌手说："I advise everybody, be a little careful when they go along through there—best stay woke, keep their eyes open." 见 John Ganz, "Philip Guston, Lead Belly, and 'Woke' Art," *Unpopular Front*, 6 April 2021. johnganz.substack.com/p/philip-guston-lead-belly-and-woke.

41　*Oxford English Dictionary* entry: woke, *adj2. Merriam-Webster Dictionary* entry: woke, *adjective 1, chiefly US slang.*

42　*Merriam-Webster Dictionary* entry: woke, *adjective 2, disproving.*

43　Ibram X. Kendi, *How to Be an Antiracist* (One World, 2019) 10.

44　"The 1619 Project," *The New York Times Magazine*, 14 August 2019. www.nytimes.com/interactive/2019/08/14/magazine/1619-america-slavery.html.

45　Nikole Hannah-Jones, "Our democracy's founding ideals were false when they were written. Black Americans have fought to make them true." *The New York Times Magazine*, 14 August 2019. www.nytimes.com/interactive/2019/08/14/magazine/black-history-american-democracy.html.

46　Jake Silverstein, "Why We Published the 1619 Project," *New York Times Magazine*, 20 December 2020. www.nytimes.com/interactive/2019/12/20/magazine/1619-intro.html.

47　同注 46。

48　Victoria Bynum, et. al., Letter to the Editor, *New York Times*, 20 December 2020.

49　Nikole Hannah-Jones, et. al., editors, *The 1619 Project: A New Origin Story* (One World, 2021) 33.

50　Ta-Nehisi Coates, "The Case for Reparations," *The Atlantic*, June 2014. www.theatlantic.com/magazine/archive/2014/06/the-case-for-reparations/361631/.

51　John McWhorter, *Woke Racism: How a New Religion Has Betrayed Black America* (Portfolio/Penguin, 2021) 41.

52　Richard Delgado and Jean Stefancic, *Critical Race Theory: An Introduction* (New York University Press, 2001) 9.

53　Robin DiAngelo, *White Fragility: Why It's So Hard for White People to Talk about Racism* (Beacon Press, 2018) xiv.

54 Robin DiAngelo, "White Fragility," *International Journal of Critical Pedagogy*, Vol 3 (3) (2011) 54.

55 Robin DiAngelo, *White Fragility: Why It's So Hard for White People to Talk about Racism* (Beacon Press, 2018) 5.

56 Ta-Nehisi Coates, *Between the World and Me* (Spiegel & Grau, 2015) 43-44. 索尔·贝娄（Saul Bellow, 1915—2005），美国作家，数部小说多次获奖，包括 1976 年的普利策小说奖和诺贝尔文学奖。马尔科姆（Malcolm X, 1925—1965），美国黑人领袖，民权活动家，牧师，黑人民族主义运动"伊斯兰国"（the Nation of Islam）发言人。格里格·塔特（Gregory Stephen Tate, 1957—2012），美国作家、音乐家、文化批评家，《乡村之声》撰稿人，为推广黑人文化和艺术，尤其是嘻哈（hip-hop）音乐和街头艺术，作出卓越贡献。毛主席即毛泽东（1893-1876），其思想，尤其是文革理论，对当代西方文化批评理论有相当的影响。梦·汉普顿（dream hampton, 1972—），美国作家、纪录片制作人、马尔科姆草根运动（Malcolm X Grassroots Movement）成员。制作过多部进步派纪录片，数部获奖，入选 2019 年《时代》杂志百位名人榜。汉普顿名"梦"，小写，取自马丁·路德·金的著名演讲"我有一个梦"。

57 James Atlas, "Chicago's Grumpy Guru," *The New York Times*, 3 January 1988.

58 Ta-Nehisi Coates, *Between the World and Me* (Spiegel & Grau, 2015) 86-87.

59 DeNeen L. Brown, "Martin Luther King Jr. Met Malcolm X Just Once. The Photo Still Haunts Us with What Was Lost." *The Washington Post*, 14 January 2018.

60 Richard Delgado and Jean Stefancic, *Critical Race Theory: An Introduction* (New York University Press, 2001) 3-12.

61 "Lincoln, Washington, Feinstein, Lowell — San Francisco will rename 42 schools", *Los Angeles Times*, 28 January 2021.

62 Gillian Brockell, "Controversial Lincoln Statue Is Removed in Boston, but Remains in D.C.", *The Washington Post*, 29 December 2020.

63 "Students Push to Remove UW-Madison's Lincoln Statue," *PBS Wisconsin*, 29 June 2020. pbswisconsin.org/news-item/students-push-to-remove-uw-madisons-lincoln-statue/#:~:text=A%20group%20of%20students%20are,Hans%20Christian%20Heg. Kelly Meyerhofer, "University of Wisconsin Students Call for Removal of Abraham Lincoln Statue on Madison Campus", *Chicago Tribune*, 30 June 2020. https://www.chicagotribune.com/midwest/ct-wisconsin-

madison-lincoln-statue-bascom-hill-20200630-hhfadge53fethiobylwvklz24q-story.html.

64 Nikole Hannah-Jones, "Our democracy's founding ideals were false when they were written. Black Americans have fought to make them true." *The New York Times Magazine*, 14 August 2019. 又见 Nikole Hannah-Jones, et. al., editors, *The 1619 Project: A New Origin Story* (One World, 2021) 22-29.

65 Michael Vorenberg, "Abraham Lincoln and the Politics of Black Colonization," *Journal of the Abraham Lincoln Association*, Volume 14, Issue 2, (Summer 1993) 22-45.

66 这里需要说明一下："政治正确"（political correctness）这个说法本始于左派自嘲，接着又被右派借用嘲笑左派，所以是一个从开始就有讽刺意味的贬义词。但是，不幸被这个词的通俗用法所指称的某些政策，如平权法案（affirmative action），的确在提高妇女和少数族裔公民的入学、就业机会和社会地位等方面起到了积极的作用。我在这里用这个词，无意讨论"政治正确"的政策含义和各种歧义，只是狭义指称左翼所提倡的"包容语言"（inclusive language）在种族、性别、性取向等问题上的界规，并讨论这些不成文的、潜移默化的界规同言论自由原则的冲突。

67 James L. Gibson and Joseph L. Sutherland, "Americans Are Self-Censoring at Record Rates," *Persuasion*, 31 July 2020. www.persuasion.community /p/americans-are-self-censoring-at-record?utm_source=url.

68 Emily Ekins, 22 July 2020 Survey Reports, "Poll: 62% of Americans Say They Have Political Views They're Afraid to Share," Cato Institute. www.cato.org/survey-reports/poll-62-americans-say-they-have-political-views-theyre-afraid-share#introduction.

69 The Editorial Board, "America Has a Free Speech Problem," *The New York Times*, 18 March 2022.

70 reports.collegepulse.com/college-free-speech-rankings-2021.

71 Emma Camp, "I Came to College Eager to Debate. I Found Self-Censorship Instead." *The New York Times*, 7 March 2022.

72 实际上这个表演形式的起源是中世纪欧洲，1833 年才传入美国。当时，《奥赛罗》在美国东北部巡回演出，主人公也是由涂黑脸的白人扮演的。有一次在此剧演出中间休息时，一位后来以"老爹赖斯"闻名于世的美国白人演员涂黑脸演了一段叫 Jump Jim Crow 的歌舞，此即美国涂黑脸走唱秀的开端。见 "The Othello Whisperer: A Q&A with Ayanna Thompson": https://research.asu.edu/othello-whisperer-qa-ayanna-thompson.

73   Jennifer Schuessler, "A Blackface 'Othello' Shocks, and a Professor Steps Back from Class," *The New York Times*, 15 October 2021.

74   George Weykamp, "Nearly 700 UMich faculty, 60 students petition for SMTD Professor Bright Sheng to be reinstated," *The Michigan Daily*, 31 October 2021. www.michigandaily.com/news/academics/nearly-700-umich-faculty-60-students-petition-for-smtd-professor-bright-sheng-to-be-reinstated/.

75   Andrew Koppelman, "Yes, This Is a Witch-Hunt: A University's Office for Access and Equity Launches a Full-Scale Persecution Campaign," *The Chronicle of Higher Education*, 17 November 2021. www.chronicle.com/article/yes-this-is-a-witch-hunt?cid2.

76   Brian Leiter, "Univ of Illinois-Chicago has gone crazy: the latest on the Kilborn case", leiterlawschool.typepad.com/leiter/2021/12/univ-of-illinois-chicago-has-gone-crazy-the-latest-on-the-kilborn-case.html 参见伊利诺大学律师信：leiterlawschool.typepad.com/files/21-12.16-from-alsterda.pdf.

77   www.thefire.org/lawsuit-professor-suspended-for-redacted-slurs-in-law-school-exam-sues-university-of-illinois-chicago/.

78   同注 73。

79   〈毛泽东和尼克松对谈纪录〉（1972 年 2 月 21 日），宋永毅等编《中国文化大革命文库》第三版（香港中文大学中国研究大学服务中心，2013）。

80   张旭东，〈施米特的挑战——读《议会民主制的危机》〉，《开放时代》2005 年第二期，p. 127。关于中国新左派与施米特思想的关系，参见郭建，〈为了打击共同的敌人—施米特及其左翼盟友〉，《二十一世纪》 第 94 期，2006 年 4 月：19-25。

81   Konrad Heiden, *Der Führer: Hitler's Rise to Power* (Houghton Miflin Company, 1944) 147. Joseph Goebbels, *The Goebbels Diaries 1942-1943*, ed. Louis Lochner (Doubleday, 1948) 355. 又见 Hannah Arendt, *The Origins of Totalitarianism* (Harcourt, Brace & World, 1966) 309.

82   Hannah Arendt, *The Origins of Totalitarianism* (Harcourt, 1966). Winston Churchill, "The Defence of Freedom and Peace" (broadcast speech, 16 October 1938).

83   Jennifer Martin, "The 50 Most Banned Books in America," *CBS News*, 10 November 2022. https://www.cbsnews.com/pictures/the-50-most-banned-books-in-america/.

84   Michiko Kakutani. "Light Out, Huck, They Still Want to Sivilize You," *New York Times*, 6 January 2011.

85   John Foley, "Time to Update Schools' Reading Lists," *Seattle Post-Intelligencer*, 5 January 2009. www.seattlepi.com/local/opinion/article/Guest-Colum nist-Time-to-update-schools-reading-1296681.php.

86   Emma Nolan, "J.K. Rowling Book Burning Videos Are Spreading like Wildfire Across TikTok," *Newsweek*, 16 September 2020. Keza MacDonald, "Pushing Buttons: 'We Can Survive Without It' – The Gamers Boycotting Hogwarts Legacy," *Guardian*, 8 February 2023.

金正恩的偶像化

齐维章　权准泽

在金氏家族三代人之后，朝鲜政权已经从独裁政权转变为王朝独裁政权。关于这个政权的困惑之一是，尽管经济上极端贫困、在国际外交中被孤立、拥有一个独裁政府，其政权还是相当稳定的。尽管政治镇压和军事控制有助于维持稳定，但这还远远不够。与伊拉克、利比亚和叙利亚等其他具有类似特征的国家相比，朝鲜是一个特殊的案例。原因是朝鲜政权不仅在两位经验丰富的统治者金日成和金正日的统治下维持了稳定，而且在年少且没有太多理政经验、又缺乏国内支持的金正恩的领导下，朝鲜政权仍然保持稳定。

笔者认为，金正恩通过一系列精心策划、循序渐进的有效宣传活动，成功地巩固了对政权的控制，这些宣传活动是由他对于政治生存的考虑所驱动的。虽然有些宣传方法是在他统治初期从他的前任那里借鉴的，但有些是他最近发起的，以标志着他的时代的开始。

本文的其余部分将首先讨论为什么独裁领导人会关心在民众中的合法性，以及有利于有效宣传的条件。然后，重点介绍和比较金日成、金正日和金正恩在宣传方式上的异同，以及这些宣传方式背后的政治逻辑。

政权合法性问题

因为独裁社会缺乏自由、公平、定期和竞争性的选举、法治和各种自由，所以独裁者不关心人们的想法，这一论断是不正确的。相反，宣传在这些社会中通常比在更民主的社会中更为普遍的这一事实表明，正是因为专制领导人关心人们的想法，因此他们想要影响和控制它。

在各种民意的议题中，领导者最关心的是自己在民众心目中的执政的合法性。事实上，每一种政治制度都试图产生和维持其合法性。合法性可以被定义为"统治权"或"对一个政权（或一个人）的合法性的信念，即它有权发出命令，使命令得到遵守。人们遵守法令不仅仅是出于恐惧或自身利益，而是因为人们相信这些命令具有道德权威，而且他们相信他们应该遵守"[1]。在民主国家中，领导人和政权的合法性来自选举。在威权社会，领导人也关心他们的合法性。毕竟，正如卢梭所说："再强大的人也永远不可能强大到足以在任何时候保持自己的统治，除非他把自己的力量变成权利，把服从变成责任。"[2]

如何获得政权合法性的策略

统治者产生政治合法性的策略有两种：一种是满足民众需求的策略，另一种是通过意识形态促进信仰体系。第一个战略是以绩效为基础的，其定义包括国家安全、社会福利和司法职能，而不仅仅是经济绩效。正确有效地利用权力促进政治共同体的集体福祉，可以产生政权的合法性。统治者的不佳表现会鼓励人们挑战现任的领导权威。

基于绩效的战略是有风险的，因为绩效受到国内外各种因素的影响。长期稳定的优良表现更难维持。表现不佳会减少领导人在支持者中可分配的利益，并削弱后者的支持。这种损害在一个拥有较小的获胜联盟（winning coalition）的政治体制中尤其严重，因为集中的损失（或利益）更有可能触发行为者之间的集体行动（collective action），以采取行动并保护其利益[3]。

选择理论（selectorate theory）从功利主义的角度解释了领导者是如何获得合法性的。它指出，领导人最关心的是保持自己的权力和政治地位，他们依靠其他政治角色来实现这些目标。领导者的政治生存策略取决于政治系统中的选民（selectorate）规模和获胜联盟。选民是一群有权选择领导人的人，获胜联盟是选民的一个子群体，是领导人继续掌权的必要条件[4]。为了继续掌权，领导人必须通过提供物质或政治利益来获得获胜联盟的支持。

在选民和获胜联盟人数众多的民主国家，领导人被激励以公共产品的形式提供利益。相比之下，威权政权中的选民和获胜联盟通常是个小团体。领导者被激励向获胜联盟提供专有利益（private goods），使他们依赖领导者来获取利益。然而，当选民规模较小时，获胜联盟中的潜在异议者不容易被替代，这意味着他们的忠诚度得不到保证。当一位领导人质疑获胜联盟的支持或忠诚时，他或她需要找到另一种合法性来源。

以绩效为基础的合法性更多的是一个功利的和物质的问题。第二种策略依赖于一个统治意识形态和信仰体系[5]。根据马克斯·韦伯的观点，"每一种权威体系的基础，以及相应的每一种服从意愿的基础，都是一种信念。凭借这种信念，行使权威的人可以获得威望"[6]。因此，统治者需要努力说服民众，并试图在民众中建立一种信仰体系。人们对政权的认同和忠诚是建立在这种信仰体系之上的。因此，这种信仰体系"是通过各种［政治］社会化（或洗脑）的工具传播的，特别是那些政权可以直接控制的因素，如大众媒体和教育系统"[7]。

领导者倾向于同时选择以上两种策略。但是相比之下，基于意识形态的战略更容易被采用和维持，因而受到政治领导人的更多关注。

舆论宣传和媒体作为获取合法性的工具

领导者可以通过控制大众媒体、政治信息、信息流、叙事手段和其他传播形式（如教育）来影响和塑造公众舆论[8]。他们还可以利用爱国主义和民族主义来争取支持，为他们的统治和行动辩护。

在独裁政权中，统治者常常用舆论宣传来操控群众并最终维持权力[9]。政权可以利用宣传，通过扭曲或有选择地提供信息（审查制度）来塑造舆论，从而创造虚假的现实。它还可以用来操纵情绪和引发非理性的信仰和欲望，如恐惧、民族主义、对于领导人的个人崇拜，来获得支持和忠诚[10]。

宣传的一个重要方面是为领导塑造一个英雄的、正确的、不可或缺的、仁慈的、为人民谋利益的公众形象[11]。为了塑造这一形象，有时领导人可能会通过操纵历史或文化符号、夸大或编造有关其成就的叙述、将政治对手或不同声音诬蔑为对国家的威胁或国家的敌人，围绕其统治创造神话或传说。当一个领导人能够在社会中产生紧迫感和危机感或者能够利用人民的挫折和不满时，如果他/她能为人们的问题提供简单而令人信服的解释和明确的前进道路，这种策略能有效地为他/她赢得执政合法性[12]。

金日成和金正日统治下的合法性宣传

金日成的个人崇拜宣传

金日成和金正日都采取过上述的宣传策略。为了塑造一个完美的公众形象，据朝鲜媒体称，金日成在 1926 年为了反对日本帝国主义成立了朝鲜劳动党（和其前身组织）。当时他仅十几岁。后来他又单枪匹马地打败了日本侵略者，领导国家获得独立。而事实是，第一，尽管金日成确实参与了在满洲与日本军的战斗，但他并没有参与解放朝鲜。金日成在东北当了一段时间游击队的野战指挥官之后，就成了苏联军队朝鲜营的指挥官。第二，金日成原名金成柱。根据 Brian Myers 的说法，真正的金日成是一位杰出的游击队指挥官，金成柱是在金日成被杀后获得了后者的身份[13]。第三，劳动党组织是在 1945 年南北朝鲜共产党人一起成立朝鲜共产党时才成立的。由于与苏联的紧密关系，当朝鲜劳动党成立时，金日成被苏联任命为一个由游击队员、中苏朝鲜侨民和韩国共产党人组成的政治联盟的领导人。由于金日成的大部分青春都在中国度过并接受中文教育，苏联不仅要指导他阅读韩文演讲，还要"从零开始建立（金日成领导层）"。这包括通过宣传让朝鲜民众相信，这个留着中国式发型的年轻人就是他们听说的"金日成将军"。

"八月派系事件"发生后，一群党内高层发动政变反对金日成，但没有成功。金日成清洗了每一个可疑的官员，巩固了权力，并建立了社会中和党内的个人崇拜。在他的统治下，朝鲜媒体授予他诸如"太阳""伟大的主席""天国领袖""首领"等头衔。"首领"是金正日被任命负责宣传事务后为他父亲创造的头衔。1994 年金正日去世后，朝鲜媒体授予他"永远的领袖"和"永远的主席"等头衔。

金日成个人崇拜要求（1）对金日成本人的忠诚和臣服；（2）在朝鲜，保护他的威望是最高优先事项。例如，金日成的巨大青铜雕像和马赛克壁画遍布全国。在他死后，每个城镇和学校都建造了纪念他的永生塔。他的肖像（又称为太阳像）几乎可以在每栋建筑中看到，包括家庭中。金日成的生日(太阳节)是朝鲜最重要的国定假日之一。1997 年，朝鲜还将公历改为主体历，金日成的出生年份作为元年（2023 年是朝鲜主体 112 年）。在学校里，孩子们被教导，他们的衣食都是金日成的恩典[14]。

金日成时期的政绩与意识形态合法性宣传

金日成上台后，除了他自己塑造的超人形象外，他还利用了人民对经济增长和民族主义的需求来获得政治合法性。在金日成被苏联任命为朝鲜的新领导人之际，他向朝鲜人民承诺要给他们一个"吃米饭和肉汤，穿丝绸衣服，住瓦屋"的未来[15]。

　　显然，这一承诺在他的统治期间从未实现。但是金日成借用民族主义意识形态来维护自己的合法性[16]。自朝鲜劳动党成立以来，金日成对党内不同的政治派别持谨慎态度。这种戒心在朝鲜战争后更加严重，因为亲中国派，也就是所谓的"延安派"，由于中国对战争的干预而获得了巨大的影响力，而"延安派"成员大多是高级军官。这使金日成感觉到了其政治影响力的衰退。

　　于是，金日成在 1955 年宣布了主体思想。这成为此后朝鲜的官方意识形态。主体思想强调自力更生、政治独立，不受外来干涉。这一思想由三个基本原则组成：自主、自立和自卫。它所强调的"必须把自己的国家利益和特点放在首位"[17]显示出强烈的民族主义特质。

　　主体思想的一个政治功能是削弱甚至消除外国（即中国）在朝鲜劳动党内的影响。另一个功能是在民众中宣传民族主义。毕竟，朝鲜的历史是一部被外国欺压的历史。所以，早期朝鲜共产党人的目标之一就是将朝鲜从外国势力中解放出来。不幸的是，第二次世界大战后，由于外国干涉，朝鲜不仅没有获得解放而且还被一分为二。因此，在朝鲜人中有着强烈的民族主义情绪。

　　金日成的民族主义论调有几个组成部分。首先，金日成政权推行高度种族化的意识形态。它高度重视传统儒家的孝道和"三纲五常"以及朝鲜族人的纯洁性和独特性。金日成将朝鲜人描绘成一个不断受到外敌威胁的善良的、无辜的民族。这种基于民族优越感的宣传帮助金日成巩固其个人在国内政治中的合法性。

　　第二，金日成把自己和他的政权描绘成保护朝鲜人民免受外国压迫的唯一救世主。需要指出的是，朝鲜政权从来没有使用"国家安全"这一词汇来解释其合法性。相反，它使用诸如"捍卫主权""领土完整"或"国家根本利益"等词汇来指代其安全职能。因此，朝鲜人民将金日成及其政权视为能将美国赶出朝鲜半岛、将兄弟姐妹从美国和其韩国傀儡政权手中解放出来的正义力量。

　　此外，金日成政权出于宣传目的歪曲事实。例如，根据朝鲜官方的说法，（1）朝鲜战争是由美国入侵发动的。所以朝鲜打的是一场防御战，（2）朝鲜仍然受到美国的军事威胁。因此，为了生存，人民必须团结在政权之下。

金正日的个人崇拜宣传

作为接班人，金正日很早就开始树立自己的形象。与有战争经验的金日成不同，金正日（在他父亲的支持下）依靠的是一个神话般的执政基础。例如，据称金正日出生于长白山（又称白头山，朝鲜民间传说中的一个神圣的地方）。他的出生使得气候从冬天变为春天，同时又有星星照亮了天空，出现了一道彩虹[18]。又据朝鲜媒体报道，金正日三周大时就学会了走路，在大学期间，他在三年内写了1500本书和六部歌剧[19]。这些"故事"被纳入朝鲜课本作为必修科目。

1973年，32岁的金正日被任命为劳动党组织指导部部长。组织指导部是负责执行"首领"（即金日成）指令和教导的劳动党机关首领。他创造了"首领"一词，并建立了"首领"体系来服务于他父亲的宣传。由于金正日对电影的热爱，他热衷于利用电影进行宣传。在他的指导下，不仅制作了许多宣传片，而且他还写了一本名为《电影艺术》的书，其中讨论了如何利用电影作为工具来"教育"民众。除了宣传工作，他还跟着父亲，在每一个拍照的机会都站在他身边。

应该指出的是，当金日成还活着的时候，金正日的合法性依赖于金日成的合法性。例如，尽管金正日被提升为"党的中心"，但在媒体上却必须让他父亲以"伟大的首领和党的中心"的形式出现。当他被指定为金日成的"唯一继承人"时，官方的理由仅仅是他是金日成的忠实仆人，和他继承了伟大领袖的所有美德。

1994年金日成去世后，金正日开始追求自己的个人崇拜。造成这种变化的一个原因是，朝鲜的外部经济和安全环境在1990年代初发生了巨大变化。一个最主要的变化是苏联的解体（苏联是朝鲜经济和安全的主要来源）。另一个变化是美国在海湾战争中的胜利。这两起事件加剧了金正日对政权生存的担忧。第三个原因是，在依赖金日成几十年并专注于维护个人崇拜之后，金正日在朝鲜没有自己的崇拜或神性地位。例如，金日成被称为"伟大领袖"，但金正日只能被称为"亲爱的领袖"或仅仅是"领袖"。

于是，金正日将宣传机器的焦点从金日成转移到他本人身上。例如，在金日成还在世时，金正日禁止官方建造自己的铜像，也不鼓励在他父亲在世时悬挂他的肖像。但在金日成去世两年后，全国各地都被命令修建金正日铜像，所有学校都必须有一间专门用于教学和研究金正日的教室。教科书中有关金正日的内容也增加到与金日成相同的程度。朝鲜媒体把他描绘成一个仁慈的、关心人民的领导人，并不知疲倦地试图改善他们的生活。

金正日执政时期的政绩与意识形态合法性

尽管有几十年的执政经验，金正日根本上只是金日成手下的高层领导人之一。所以金日成之死造成了朝鲜劳动党内的权力真空，而且金日成的获胜联盟成员也看到了在朝鲜获得更多影响力的机会。此外，由苏联解体引发的经济衰退加上全国饥荒（朝鲜官方称其为"苦难行军"）进一步动摇了党内官员对金正日的忠诚。鉴于仅靠老式的宣传不足以确保金正日的权力，而且他的政权在经济上表现惨淡，他知道他必须找到其他合法性来源。

金正日答案是他的"先军"政策。"先军"顾名思义，就是军事和安全事务优先。这一政策帮助金正日巩固了自己的控制权。在金日成执政期间，他依靠劳动党进行政治控制。因此，他的获胜联盟主要由政党官员组成。金正日的先军政策将军队权力扩大到几乎所有政府职能，包括但不限于经济发展、社区治理和公共卫生。他还显著提高了军队的物质待遇和社会和政治利益。通过加强军队的影响力，金正日削弱了劳动党在执政中的力量，并与军方形成了新的联盟，任命军方将领取代原有获胜联盟中的劳动党官员。此外，金正日利用军队作为准凯恩斯主义的经济干预手段（例如使用军队派发粮食、建造基础设施、提供即时便利医疗服务等等），减轻了一些地区，尤其是居住在平壤的城市人口，的经济压力。

尽管朝鲜国内政治力量平衡发生了重大转变，但先军原则被宣传为是主体思想的发展和延伸。这是金正日对日益恶化的国际安全环境的回应。在安全政策方面，先军体系下的主要政策变化之一就是恢复朝鲜的核计划[20]。成功的核试验也增强了金正日政权在民族主义层面的合法性。首先，尽管受到国际制裁，但朝鲜的成功的核计划和核试验被宣传为一个小国对帝国主义列强的抵抗。这个符合自主和自卫的主体原则。此外，获得核武器技术本身使朝鲜人感到自豪，因为它让朝鲜成为少数几个可以加入"核俱乐部"的小国之一。这同时加强了朝鲜政府对于朝鲜人是一个优越种族的民族主义宣传。

金正恩的个人崇拜宣传

2011 年金正日去世后，金正恩接任了大位。与他父亲接任时相比，金正恩接任时所面临的形势大不相同。金正恩是金正日的第三个儿子。他童年的大部分时间都在瑞士度过。鉴于金正恩在金氏家族中的地位和金正日为他设计的成长路线，有理由怀疑金正恩从没有被当成接班人训练。相比之下，金正日的长子金正男虽然也在瑞士学习过，但在 17 岁时（1988 年）被召回朝鲜，为担任未来的领导人做准备。不幸的是，2001 年，金正男在日本因使用假护照被捕，原因是他想带家人去迪斯尼乐园。这一丑闻令金正日非常难堪，以至于他取消了金正男的继承人资格。至于金正日的二儿子，据说金正日没有考虑他做接班人原因是他看起来太"女性化"了。

金正恩出人意料地被选中继承领导人时，他已 20 多岁，没有任何执政经验，在朝鲜的时间也不长。所以，在朝鲜很少有人知道他是谁，也不知道他长什么样。他的合法性的唯一来源就是他是被金正日钦点的继承人。因此，在金正日死后，金正恩面临着一项艰巨的任务，即建立个人崇拜，建立自己的获胜联盟，并在人民中建立合法性。然而，由于金正恩特殊的经历，他采取的策略也与其前任稍有不同。

建立个人崇拜

2009 年，当金正恩首次在媒体上被介绍给公众时，他被称作为一个"杰出的同志"。人们还被政府教唱赞美金正恩的歌曲。之后，金正日开始了对金正恩的"火箭提拔"。2010 年 9 月 28 日，金正恩被"提拔"为大将（相当于上将级别）。尽管金正恩从未在军队服役，也没有任何军事经验。媒体对其称呼变为"少将"。一天后，他被任命为劳动党党中央委员会副主席。两周后，金正恩陪同金正日出席了劳动党成立 65 周年的庆祝活动。空前数量的国际媒体被邀请参加这次活动见证金正日的新继任者。

在金正日的葬礼过后，朝鲜最高人民代表大会主席团主席宣布："尊敬的金正恩同志是我们党、军队和国家的最高领导人，他继承了伟大的金正日同志的思想、领导、品格、美德和勇气。"[21] 在媒体上，他被誉为"主体革命事业的伟大接班人""党、军、民的杰出领袖""与金正日最高统帅一模一样的受人尊敬的同志""天生一世的伟人"。

在政治上，2011 年 12 月，金正恩当选为朝鲜最高军事指挥官，并担任中央军事委员会主席。他的头衔也改为"尊敬的将军"。需要注意的是，金正恩的迅速掌权（至少在头衔上）并不一定反映出他在党内的政治实力。相反，金正日在世时，如果金正恩得到了党内官员表面上的尊重，这种尊重在金正日去世后很快就会消失，因为金正恩年轻而缺乏经验。例如，在 2012 年 3 月的劳动党第四次会议上，金正日被宣布为劳动党的"永远的总书记"，而金正恩被任命为"第一任总书记"。这是一个专门为金正恩创造的头衔，意味着他还没有达到金正日的级别。在会前，金正日也宣布"向全社会灌输金正日主义是我们党的最高纲领"。这意味着当时金正恩在政治上还没有足够的影响力，需要依赖其父亲留下的政治遗产。

当然，之后我们将看到他是如何克服这个弱点的。但在当时，金正恩面临的政治挑战之一来自高级军事将领。就像金正日受到金日成领导下的党内高级领导人的威胁一样，金正恩也把他父亲手下的军事将领视为潜在威胁。所以他需要一个新的获胜联盟。在这过渡过程中发挥了重要作用的一个人是张成泽。他是金正日的妹夫和金正恩的导师。作为金家的一员，张成泽是金正日政权中权力仅次于金正日的第二号人物，负责党务和经济发展。他帮助了金正恩遏制军方的势力，并选择核部队和劳动党作为他新的获胜联盟。2012 年 7 月，金正恩被提升为元帅，朝鲜军队的最高现役军衔（金日成和金正日的军衔为大元帅）。而后他解除了当时的总参谋长的职务，表明了他完成对军队的控制。

张成泽对金正恩的帮助并非无私的。他是为了追求自己的政治利益。他得到的一个利益是劳动党在朝鲜政治中的影响力被提高。另一个利益是，由于他与中国的关系，张成泽在党内的个人影响力也得到提高。自"苦难行军"以后，金正日积极改善与中国的关系。到金正日时代结束时，中国已经成为朝鲜的主要、甚至是唯一的经济和政治命脉。这一变化使在金日成时代沉寂了几十年的朝鲜亲中国派系复活。张成泽负责对华经济合作多年，自然成为亲中派的领袖。考虑到中国的实力和张成泽本人在朝鲜的影响力以及其作为金氏家族一员的身份，金正恩开始质疑他的忠诚，并最终逮捕并处决了他和他的追随者。原因是他们组成一个反对金正恩的政治派系。金正恩除掉朝鲜第二号人物等于向所有人发出了一个明确的信号：金正恩才是真正的统治者。在此后不久，金正恩就把朝鲜最高人民代表大会中 55%的成员替换为自己的心腹。

第三个政治挑战来自金正男，金正恩的同父异母的哥哥和前继承人。在被剥夺继任者头衔后，金正男大部分时间都在中国度过。然而，金正恩仍对金正男这一潜在的合法挑战者感到担忧。尤其是当朝鲜核计划取得重大进展导致朝中关系恶化后，他害怕中国在失去张成泽后会用金正男来替代他。尽管金正男多次表示对领导层不感兴趣，但金正恩仍下令多次暗杀，并于 2017 年在马来西亚将金正男成功暗杀。

随着最后一个政治竞争者的死去，金正恩完成了个人崇拜的准备工作，并开始了政治统治的新阶段。2021 年，金正恩被选为劳动党总书记。他也第一次在报纸上被称为"总书记"和"首领"（这些头衔以前只被用来称呼金日成，金日成死后才拥有这些头衔）。

党就是家

需要指出的是，金正恩并没有简单地回到金日成个人崇拜的模式。在目睹和经历了各种背叛之后，金正恩将家庭成员植入劳动党内高层，并依靠他们来控制党和政府。一个很好的例子是金正恩同父异母的妹妹金与正。相比于金正恩与其两个兄弟的关系，金正恩曾和金与正一起在瑞士留学，所以对她特别信任。

在金正恩准备接班时，金与正被任命为劳动党的一名初级干部（很可能在他父亲手下担任私人秘书）。金正恩上台后，她先在国防委员会协助金正恩，而后并被迅速提拔为劳动党党中央"高级官员"和宣传鼓动部第一副部长。在宣传鼓动部，她负责偶像化宣传金正恩。以下所述的宣传策略据报道正是由金与正设计的。

"现代"领导者的宣传

在宣传方面，金正恩遵循了前任的剧本。在媒体上，金正恩被描述为一个天赋异禀的孩子，擅长航海和音乐，三岁时就学会了驾驶汽车。金正日去世后，全国各地张贴了许多标语和海报。据报道，其中一个标语有 560 米长，上面写着"金正恩将军万岁，灿烂的太阳！"[22] 金正恩的个人雕像和马赛克壁画在金正男被杀后也被迅速建立起来了[23]。

为了进一步提高人民对他的认可程度，金正恩试图从他祖父那里获得合法性。他改变了自己发型和外貌，通过模仿金日成来提醒人们他和金日成的关系并利用人们怀念金日成时代的情感来获得支持。

除了老式的宣传手段外，金正恩还试图为自己塑造一个新的形象，一个"现代"领导人，一个更平易近人、更友好的"人民首领"的形象。他把他的年轻化为优势。例如，金日成认为，为了维护权威，领导人不能让公众看到他们的私生活[24]。同样，金正日也避免在公共场合讲话。他从不发表电视讲话[25]。相比之下，金正恩会与所有人拥抱和牵手，与家人一起公开露面。他也能自在地发表公开讲话和电视讲话[26]。尽管金正恩像他的前任一样继续"现场指导"，他也做了很多的"常规"的活动，比如拔草和坐过山车。他还被描绘为擅长于科学技术。

此外，金正恩试图建立一个更加透明和负责的政权形象。例如，他有一次公开承认发射卫星失败。这是朝鲜领导人第一次这样做。2014 年平壤一栋公寓楼倒塌后，媒体也罕见地被允许发布详细的伤亡信息，并发表了金正恩的"深切慰问和道歉"[27]。在 2021 年党的第八次代表大会上，他也承认他的经济政策失败了[28]。

基于绩效的合法性

与他的宣传策略类似，金正恩借鉴了金日成的策略。2013 年 3 月，金正恩宣布了"并进政策"。这一政策由金日成首先提出。该政策提出要同时发展常规军事和经济。与金日成的朝鲜不同，金正恩从他父亲那里继承了一个拥有核能力的朝鲜。虽然他的"并进政策"同样提出要发展军事和经济，但是他侧重于发展核武能力。

核武能力一方面使得金正恩可以继续通过核武民族主义来获得人民支持。另一方面，核武器发展允许金正恩去更多地关注经济。他说："过去，只要我们有子弹，没有食物也行。但是现在，我们必须有食物，但不一定非要有子弹。"[29] 2012 年，在金日成总统诞辰 100 周年之际，他宣布"我决不让人民再勒紧裤带"，并在次年的新年致辞中强调"建设经济强国是建设社会主义强国事业的重中之重"。他也重申了金日成给人民一个"白米肉汤"的未来的承诺。2016 年 5 月，他将国防委员会更名为国务委员会，标志着金正恩政府重点从军事发展转向社会发展。在其他治理领域，金正恩采用更多的问责机制。例如，朝鲜在 2020 年遭受台风袭击后，他更换了地方官员，并承诺惩罚那些未能保护居民免受灾害的人。

不幸的是，由于国际和国内的各种原因，金正恩的经济政策未能产生预期的成果。2022 年，朝鲜政府在纪录片《2021 年，伟大的胜利之年》中说，金正恩在 2021 年中因为为人民"受苦"，完成了迄今尚未公开的任务，应对朝鲜面临的"挑战"和"有史以来最严重的困难"。结果，他的身体"完全枯萎"[30]。

基于意识形态的合法性

由于经济崩溃，黑市和走私等非正规经济活动在朝鲜再次兴起。政府开始失去对国内经济活动的控制，因此促使金正恩加强意识形态控制。于是，金正恩主义诞生了。

金正恩主义的出现是不可避免的。作为一个首领，金正恩需要有自己的思想体系。一方面，金正恩主义被认为是建立在主体思想的基础上。另一方面，"主体"一词在金正恩的演讲中已经逐渐消失。金正恩主义强调"以人为本"和"国家第一"的原则。前者着眼于经济发展，后者强调加强政府对社会的控制。2021 年是金正恩执政 10 周年，也是金正日诞辰 80 周年和金日成诞辰 110 周年。庆祝活动的计划提前一年就开始。《劳动新闻》（朝鲜劳动党党报）将金正恩及其革命思想描述为"真正的忠诚者，将革命思想变成信仰和宪法"，"一部完美解答所有理论和实践问题的伟大百科全书"。纪念活动也在全国开展，包括朝鲜革命博物馆开放金正恩档案馆、发行庆祝邮票，和在各地举行关于金正恩主义的讲座。

与此同时，由于媒体技术的进步，许多外国媒体内容（主要来自韩国，一些来自美国）被走私到朝鲜，并在朝鲜中产阶级和精英中传播。朝鲜人多年来一直被教导他们是世界上最幸福和最好的国家之一。但是，当他们通过外国媒体看到真正的现实时，这会破坏金氏政权的绩效合法性。于是，金正恩首先将观看外国媒体定为比金正日时代更严重的罪行[31]。第二，他把宣传论调的重点放在关注资本主义社会的黑暗面上面。引导舆论批评韩国文化不纯洁和资本主义社会的道德败坏。

总结

金氏政权已经从一个独裁政府转变为一个王朝式的独裁政府。本文回顾了三个政权的宣传历史和手法，并展示了金氏家族的政治算计是如何影响其国内宣传策略的。金日成依靠他的战争英雄形象和苏联的支持获得执政合法性。为了加固自己的控制权，他创立了主体思想并在金正日的帮助下的建立了"首领"统治体系。金正日时代朝鲜失去了苏联的支持，而且面临着危险的国际环境和日益恶化的国内经济环境。而且金正日不像当时的许多党内高级领导人那样有革命战争经历。他唯一的合法性就是他是金日成的好儿子。因此，为了政治生存，他为他的政权合法性创造出神话故事，并与军方结成政治联盟。

金正恩经历与其父辈不同。他出人意料地成为接班人。他毫无准备，没有经验，也不为人所熟知。他的政治弱点吸引了许多挑战者。面对朝不保夕的环境，他在后来背叛他的叔叔的帮助下重建了一个对他有利的政治体系。他一方面模仿金日成的样子，进行传统的宣传活动，赢得民众的好评。另一方面，他和他的妹妹创造出一个新的、亲民的形象来赢得大众的支持。他放弃了一个严肃、完美、神圣的朝鲜领导人的传统形象。相反，他揭开了父辈们为统治而设计的神秘面纱。他把自己描绘成一个友好、平易近人的领导者，同时也是一个丈夫和父亲。

尽管如此，"人民领袖"的角色可能只是金正恩为达到政治目的披上的外表。比如，尽管金正恩和他 9 岁的女儿多次在公开场合露面，包括参加导弹试射，但据信他其实有三个孩子，而且另外两个很可能是男孩。如果这是真的，那么金正恩和他的前任其实并没有太大的不同。他的女儿只是他用来塑造公众形象的一个工具。真正的未来接班人却对所有人保密，包括大多数的党和国家领导人。

相同的，尽管金正恩表现得似乎比过去的政府更加透明，并且将经济发展列为优先事项和在公共政策中引入了更多的问责机制，但这并不意味着人们可以真正参与到决策中或者评论政府决策。事实上，在金正恩经济政策失败后，他加强了意识形态控制，继续监禁持不同政见者，并且逐渐把党和政府变成家族事业。这样看来，金正恩的"主义"和其看似"进步"言辞似乎只是空谈了。

注释：

1 Rodney S. Barker, *Political Legitimacy and the State*. Oxford; New York: Clarendon Press; Oxford University Press, 1990, p. 11.

2   Muthiah Alagappa, Ed. *Political Legitimacy in Southeast Asia: The Quest for Moral Authority.* Stanford University Press, 1995. p.1

3   Mancur Olson, *The Logic of Collective Action: Public goods and the theory of groups.* Harvard University Press, 1965.

4   Bruce Bueno de Mesquita, Alastair Smith, Randolph M Siverson, and James D Morrow, *The Logic of Political Survival.* Cambridge, MA: MIT Press, 2003.

5   Han S. Park, *Human Needs and Political Development: A Dissent to Utopian Solutions.* Cambridge: Schenkman Publishing Company, 1984.

6   Stanford Encyclopedia of Philosophy, "Political Legitimacy," April 24, 2017, https://plato.stanford.edu/entries/legitimacy/#:~:text=According%20to%20Weber%2C%20that%20a,virtue%20of%20which%20persons%20exercising.

7   Park, *Human Needs and Political Development*, p.70

8   C. Wright Mills, *The Power Elite,* Oxford University Press, 1956.

9   Jacques Ellul, *Propaganda: The Formation of Men's Attitudes.* Vintage Books, 1973.

10 Edward Herman & Noam Chomsky, *Manufacturing Consent: The Political Economy of the Mass Media,* Pantheon Books, 1988.

11 Bruce Bueno de Mesquita, *The Dictator's Handbook: Why Bad Behavior is Almost Always Good Politics*, Public Affairs, 2011.

12 Eric Hoffer, *The True Believer: Thoughts on the Nature of Mass Movements*, Harper & Brothers, 1951.

13 Jasper Becker, *Rogue Regime: Kim Jong Il and the Looming Threat of North Korea*, Oxford University Press, 2006 p. 44.

14 KBS World Radio, "Kim Il-sung (1912~1994)". web.archive.org/web/20130319020430/http://world.kbs.co.kr/english/event/nkorea_nuclear/general_04a.htm

15 Andrei Lankov, *The Real North Korea: Life and Politics in the Failed Stalinist Utopia*, Oxford University Press, 2013, chapter 1.

16 B.R. Myers, *The Cleanest Race: How North Koreans See Themselves and Why It Matters*, Melville House, 2010.

17 Andrei Lankov, *Real North Korea.*

18 Jasper Becker, *Rogue Regime,* p. 91.

19 Global Post, "Kim Jong Il: 10 weird facts, propaganda", *CBS News*, 19 December 2011. www.cbsnews.com/media/kim-jong-il-10-weird-facts-propaganda/

20 朝鲜的核计划始于20世纪50年代，但在苏联的压力下停止了。

21 "Kim Jong Un Named N. Korea 'Supreme Leader'". CBN.com. December 29, 2011.https://web.archive.org/web/20140309031235/http://www.cbn.com/cbnnews/world/2011/December/Kim-Jong-Un-Named-NKorea-Supreme-Leader-/

22 Staff, "Half-kilometre long Kim Jong-un propaganda message, national post.com/news/half-kilometre-long-kim-jong-un-propaganda-message-visible-from-space e visible from space", *National Post*, 23 November 2012. nationalpost.com/news/half-kilometre-long-kim-jong-un-propaganda-message-visible-from-space

23 Hamish Mcdonald, "North Korea to erect first major monument to Kim Jong Un", *NK News*, 12 January 2017. www.nknews.org/2017/01/north-korea-to-erect-first-major-monument-to-kim-jong-un/

24 "KIM IL SUNG", Archive.today. archive.ph/20140828045348/ http:/ndfsk.dyndns.org/kuguk8/rem/rem-1.htm

25 Jethro Mullen and Tim Schwarz, "In first New Year speech, North Korea's Kim Jong Un calls for economic revamp", *CNN*, 2 January 2013. www.cnn.com /2013/01/01/world/asia/north-korea-kim-speech/index.html

26 Jung H. Park, "The education of Kim Jong-un", *Brookings Institute,* www.brookings.edu/essay/the-education-of-kim-jong-un/

27 同上。

28 Mitch Shin, "North Korea Party Congress Begins with Kim Jong Un's Confession of Failure on the Economy", *The Diplomat*, 7 January 2021. thediplomat.com/2021/01/north-korea-party-congress-begins-with-kim-jong-uns-confession-of-failure-on-the-economy/

29 "Kim Jong-Un Adopts Grandfather's Old Slogan," *Chosun Ilbo*, 7 December 2010. http://english.chosun.com/site/data/html_dir/2010/12/07/2010120700297.html

30 Colin Zwirko, "Kim Jong Un's body 'withered' as he 'suffered' for the people, state TV says", *NK News,* 1 February 2022. www.nknews.org/2022/02/kim-jong-un-completely-withered-as-he-suffered-for-the-people-state-tv-says/

31 Joe McDonald, "China Trade with North Korea Up but Imports Off," *Associated Press*, 6 July 2017, www.apnews.com/0e6c59c30aaf483bba441d9bdbe4757b/China-trade-with-North-Korea-up-but-imports-off.

法西斯主义新人与共产主义新人：
探讨思想改造的新视角

程映虹

共产党革命在实践中的最终目的是改造人性、塑造共产主义"新人"[1]。

这个问题在马克思和恩格斯那里并没有充分的论述或者强调，但却成为从列宁尤其是苏俄共产主义领导人开始经由毛泽东、卡斯特罗等为代表的在落后国家发动共产革命、建立共产党国的重要意识形态口号和社会政策甚至制度目标。之所以有这种差别，是因为前者只是从理论上推演共产主义作为人类社会发展之终极阶段的必然性，虽然他们声称这个革命必须和一切旧传统和观念彻底决裂，在明确要对社会进行全盘改造的同时暗含对人实行改造的推论，但他们毕竟还没有面对这样的现实。而作为共产党革命的实践者，后者充分意识到其"革命"在社会和个人层面遭遇的阻力和反抗，于是改造人性、塑造新人不但在理论上，而且在现实中就变得突出了。

所谓塑造新人，其理论根据是用所谓"彻底的"唯物主义来看待人性，把人视为具有可塑性的原材料，经过制度性的外在的强制和引导，使之最终成为符合体制要求的、具有生命的政治产品。

中国式的思想改造可以说是毛主义革命的特色，虽然它的实质和某些形式在斯大林主义体制下也已经产生，但作为一个完整的概念和系统性的实践则是毛主义革命的特色，是塑造毛式新人的必要

468

手段和必经途径。这个概念也出现于受毛主义模式影响的其他共产党革命，例如越南和柬埔寨革命。它既用于经过了"旧社会"的社会成员，也用于出生并成长于"新社会"的一代；既用于党外的社会成员，也用于党员和党的干部，因为根据毛主义理论，党外的各种思想和观点会反映到党内，所以党员必须不断自我改造，党必须不断自我革新。

思想改造和塑造新人二者的关系是前者服务于后者。前者是手段，而后者是整个体制最终的政治目标。思想改造的形式和手段是多种多样的，既有思想层面的，也有行动层面的，既有以个人为对象的，也有以集体（阶级、阶层等等）为对象的。广义来说，毛式体制下所有的政治组织、学习形式和政治运动都包含从思想改造入手达到改造人性、塑造新人的目的。

对于共产党体制下的思想改造和塑造新人，学术界已经有很多讨论，既有以国别为基础的，也有跨国界的比较研究，在相关问题上也有比较一致的认识。但是作为二十世纪上半期全球范围内突出的政治现象，共产党革命通过改造思想去重塑人性，从而塑造共产主义新人这段历史，其实还有一个重要方面有待认识，这就是与它在时间上几乎重合的法西斯主义和纳粹主义运动也有改造人性、塑造法西斯/纳粹主义"新人"的理论和实践。对后者的一定了解有助于用全球史的背景加深我们对前者的认识。探讨这个问题涉及两个关键词，一是"思想改造"，二是"塑造新人"。虽然"思想改造"一词在法西斯主义和纳粹主义运动中没有完全对应的正式的用法，但在其领袖人物的言论中可以说表达得非常充分，其实质都是用政治权力改造人性，其目标都是消除"资产阶级"意识形态和"小资产阶级思想"对个人的影响。而它们的很多手段尤其是利用各种组织形式和通过运动的方式改造人的思想，和共产党革命是如出一辙的。而"塑造新人"这个说法不但公开见之于法西斯主义意大利和纳粹德国的意识形态话语中，而且一些西方学者对该概念在两国政治实践中的具体表现已经有过相当的研究。

第一次世界大战后崛起于意大利的法西斯主义和德国的纳粹主义，是欧洲极右翼民族主义势力夺取国家政权并称霸世界的政治运动和国家实践。它们和共产党革命分别从右翼和左翼两个方面挑战从启蒙运动以来在西方国家确立的自由、民主、人权的观念和宪政体制，是两次世界大战之间欧洲政治中两个互相呼应、相互启发的、被精心操控的大众政治运动。对共产党国家的思想改造和塑造新人有一定了解的人，如果从探讨这些问题的全球史背景出发，则不难看出这两个运动在体制与个人关系上的相似：法西斯主义要建立的新意大利、纳粹要建立的新德国，和布尔什维克要建立的新俄罗斯以及中共要建立的新中国都提出塑造各自新人类的口号，都为此做过大规模社会实验。两个反民主的政治运动都自认为在"新时代"（"民族/种族生死存亡的时代"和"社会主义革命和胜利的时代"）里彼此都面临建立"新国家"（帝国的复兴/种族国家和"无产阶级国家"）和塑造"新人类"（共产主义和法西斯/纳粹主义新人）的任务。

如果说共产党革命的塑造新人是用共产主义意识形态改造人性，首先确立马克思主义世界观，强调用阶级观点分析问题；那么，法西斯主义和纳粹主义的塑造新人则强调确立民族主义和种族主义的世界观，用民族和种族的观点来分析人类社会。正如西方学者所言："新人"是二十世纪极权主义国家一个集体性的存在，这个集体性的存在，于苏联而言，是无阶级的共产主义社会；于德国而言，则是种族共同体[2]。

除了这个意识形态的差别，二者在其他重要方面都非常类似。首先，它们在对人性的认识上共享一个哲学基础：都把人性视为可塑的物质材料，用在体制下培养的"自觉性"取代人的"自发性"，把其发动的政治运动和所控制的国家政权视为重塑人性的工具，并把这种重塑比附于艺术家在原材料的基础上的创造。其次，它们都批判所谓"资产阶级"和"小资产阶级"的人性表现（例如软弱、同情、怜

悯、多愁善感、优柔寡断等等），要用类似于思想改造的方法和手段
将其从人心中彻底排除，否定这些情感所反映的普世人性，用所谓的
"种族""民族"和"国家"这些宏大的抽象概念和与此相关联的坚
定果断、残酷无情这些为民族和种族的生存所必需的品质取而代之。
这和共产主义新人出于"阶级利益"对所谓阶级敌人必须仇恨到"如
严冬一样残酷无情"如出一辙。培养对阶级和种族"异己"的仇恨教
育是这两种极权体制共有的现象。再次，它们都通过各种组织和仪式
控制个人生活，树立和推广新人的模范，其极致是生活军事化，崇拜
战争英雄，培养以服从和牺牲为美德的伦理道德观念，灌输法西斯美
学和党文化理念。

西方研究法西斯主义和纳粹主义的学者认为，有关新人的神话
是法西斯主义运动和体制的关键因素。墨索里尼早在 1917 年，即他
夺取政权之前五年就说过："意大利人民是宝贵的矿藏和原材料。我
们必须塑造它，溶化它，加工它。这是可以实现的艺术家的工作"。
塑造他们的过程"既要有艺术家的敏感和细腻，也要有武士的力量和
顽强"[3]。1924 年五月，他上台后两年在一次采访中又声称：法西斯
主义代表了意大利历史上塑造"新意大利人"的最伟大的努力，这个
人类学意义上的实验既是手段也是目的[4]。在另外一个场合他还说，
法西斯主义要把"整个国家变成一个巨大的学校，通过改变他们的习
惯、生活方式、心态、个性，最后是构成他们体质的要素，把全体意
大利人培养成完整的法西斯主义者，新人类。"[5]墨索里尼认为出生
和成长于"旧社会"的意大利人在法西斯制度的"新社会"里首先需
要经过一个思想上的改宗或者皈依（conversion，即"脱胎换骨"）
的过程，接受法西斯主义的世界观和人生观，而出生于"新社会"的
意大利人则从一开始就置于体制的系统性的思想灌输和人格培育之
下，更应该成为他所设计的"新人"[6]。法西斯党中央委员会书记斯
塔雷斯（Achille Starace 1889—1945) 1939 年卸任时对继任者强调：
党"始终注重塑造新人的任务，党必须为实现这个目标而全力以

赴。"[7] 戈培尔也说："从事改造现代德国的政治，我们感到自己就像经过授权的艺术家，肩负将德国大众作为原材料塑造成完美的德国种族的重任。"

这些言论和同一历史时期布尔什维克领导人有关塑造苏维埃新人的说教和具体设想非常类似。为了把"工人阶级"转化为"无产阶级"，列宁强调要用阶级的自觉性取代个人的自发性。托洛茨基说，布尔什维克对人的改造不只是用自觉性取代自发性，用阶级觉悟取代个人意识，而是要深入人作为有机体的一面，甚至控制其半意识和下意识，使得生理机制完全服从理性和意志的操控。斯大林也说共产党人是"特殊材料制成的人"，布哈林说布尔什维克革命的目的是要改变人的实际心理，等等。同样，经历过"旧社会"的人首先需要清除旧的人生观和世界观，即所谓"思想改造"，而出生于新社会的一代相比之下则是一张白纸，只需要灌输。两种体制下的意识形态话语中，"青年"都成为一种政治隐喻，意为新人。

和共产党新人话语稍有不同的是，上文中所谓的"人类学"一词在中文语境下似乎有些突兀，但却反映了法西斯运动的欧洲文化历史背景。作为研究人类行为的知识和理论，人类学在十九世纪的欧洲产生后助长了种族主义理论，先后被殖民主义和帝国主义利用于种族和群体分类，论证其优劣，导致通过培育理想种族建设理想社会的乌托邦，或者退而其次，为维护"优秀"种族和群体的支配地位而限制"劣等"种族和群体的权利，为达此目的对某些种族和群体的成员必须实行社会意义上的排斥、限制甚至肉体消灭。在德国，纳粹体制以优生学为理论对某些群体实行强制节育，将他们排除出德国民族的基因库，防止其"污染"塑造中的雅利安"新人"，还剥夺其财产，限制其就业范围。这和共产党革命声称建立无阶级社会，为此把敌对阶级的成员排除出"人民"的范畴、剥夺其"公民"权利（即社会意义上的排斥），限制本人和子女的就业和居住范围，甚至下狱和肉体消灭本质上一样。所以，西方学者用"人类学实验"来描述法西斯和纳粹政权改造人性的实验，强调其乌托邦本质、人为设计和强制性这些特征。墨索里尼的上述言论就充分说明在这个历史背景下，作为法西斯运动的开山祖师，他对重塑人性的"历史自觉"。意大利法西斯的"新人"概念首先是继承历史上曾经伟大过的罗马帝国的传统和罗马人的血统，肩负在当代复兴罗马帝国的使命，其次是在法西斯运动中崇拜墨索里尼为领袖、完全认同法西斯主义意识形态和法西斯国家共同体、拒绝自启蒙运动和美、法革命以来个人主义、自由主义和民主主义这些"西方意识形态"对意大利人精神上的腐蚀，把人完全变成法西斯国家的工具。

在德国，纳粹运动领导人对于何谓人、何谓人性、人"应该"是什么样的、人的现状又是如何、怎样去改变等等这些哲学或者人类学的话题有着特殊的兴趣，希特勒尤其如此。《我的奋斗》充斥着这些内容，在此意义上就是一本有关"人"的书。法西斯体制要把"德意志人"塑造成"雅利安人"，意思是仅仅做一个"德意志人"是不够的，必须把国民意义上的德意志人改造成种族意义上的雅利安人。为此，德国人首先要牢固树立雅利安人是最优秀的人种、负有世界历史性的使命这样的信念。在纳粹意识形态语言中，一般情况下"德国人"和"雅利安人"是混用的，尤其是在和其他人种、其他国民对照的语境下。但细分之下，尤其是在塑造德国新人的问题上，那么德国人和雅利安人就是两个概念或者等级。身为德国人并不等于就是雅利安人，雅利安人是充分意识到自我使命的德国"新人"。正如在共产党话语中，出身工人、农民或者身为工人、农民虽然已经优越于资产阶级或者地主、富农，但并不就等于"社会主义新人"或者甚至"共产主义战士"，要想成为后者还需要通过自我努力去完成。所以在共产党体制下仅仅满足于做工人阶级或者农民阶级的一员是不够的，每个人应该有更高的理想目标。

在共产党国家，"自我"必须不断改造；而在纳粹体制下，"自我"是一个以优秀雅利安人为目标的不断发展的"生物工程项目"

（意为思想和体格都要转变为"新人"），也是一种自我改造。法西斯意识形态话语中的"精神革命""心灵革命""个性改造"都有中国历次思想改造运动，尤其是文革中"脱胎换骨""灵魂深处爆发革命"的意思。纳粹理论家们认为要把全部国民转变成超级的雅利安人是非常艰巨的任务，可能需要几代人才能完成，其胜败成否取决于持久的种族规训和全体人民自我种族觉悟的不断提高[8]。

希特勒虽然没有使用"新人"这个名词，但在《我的奋斗》中，他对如何培养理想的"雅利安人"有长达几十页的长篇大论，强调教育就是把"人类原材料"加工成实现"雅利安人"所需要的"精神成就"的先决条件[9]。纳粹国家强调教育必须为种族政治服务，通过思想上帮助学生确立种族主义的世界观，培养雅利安人的种族本能和种族思维，锻炼其意志和决心，以及从完成任务中得到人生快乐这些途径来造就德国下一代的特殊人性。相比之下，改造教育也是共产党国家从一开始就贯彻的全盘改造社会从而塑造新人的序幕，之所以如此，既和教育对这些体制的重要性有关，也和教育制度似乎是最能发挥国家权力的领域、革命领导人也最能发挥自己想象力的领域有关，他们甚至在夺取政权前就对将来应该有怎样的教育有了充分的设想甚至规划。毛泽东在其青年时期就留下了很多关于教育的"论述"。卡斯特罗也是如此，他在马埃特腊山区打游击时就对美国记者畅谈过他对未来教育的设想，其核心是教育社会化，把它从旧的学校制度中解放出来，新的一代必须从幼年开始就和家庭分离，其成长过程置于国家的直接控制之下，所有课程设置必须符合国家的现实需求，学校教育要通过劳动和军训锻炼学生的体格体能。在这些方面，墨索里尼和希特勒可以说和他们不谋而合。墨索里尼强调把新一代的成长置于完全的国家控制下，最理想的是"从摇篮开始就把他们夺走，一分钟也不给他们以自由[发展的机会]"(take the child in the cradle, and never again leave him one moment of freedom)[10]。希特勒也是如此。他有关教育的观点是在二十年代中期形成的，那时他领导的纳粹革命能否执掌政权还完全是个未知数，然而在《我的奋斗》中，他对未来教育的设想甚至到了对学校教育和课程设置、时间安排做出具体安排的地步。

希特勒在《我的奋斗》里强调和培养意志、锻炼体魄相比，获取科学知识应该处于学校教育的最末端。他对德国传统教育的批判和共产党领袖对旧教育和"资产阶级教育"的态度几乎一模一样，说：在重理论的德国文化传统和唯个人主义为重的资产阶级伦理道德影响下，德国高等教育完全脱离社会现实，培养的不是"人"，而是"意志力薄弱"的官员、工程师、技师、化学家、法官、记者，以及教授，而教授的任务就是维持上述这些职业长生不老（意为在旧制度下高等教育的目的就是为了维护上面这些精英的利益）。他对德国传统教育的厌恶和批判和共产党领袖对旧教育和"资产阶级教育"的态度几乎一模一样，认为培养出来的都是"肩不能挑手不能提"，麦稗不分、风吹即倒的"精神贵族"。

种族主义强调优秀种族的生理和体格特征，所以希特勒对教育在培养雅利安新人具有健康和强壮的"种族躯体"（our national body）这个方面非常着迷，认为雅利安人的内在品质必须表现为外在的完美。按照他的设想，为了保证培养意志和体魄在教育中的优先地位，学校课程设置应该每天上、下午各安排一个小时的体育或者体操，这已经等于或者超过了现代教育制度下主课的课时安排。他甚至也有"首要的是防止青年一代成为温室里的花朵"（It must above all prevent the rearing of a generation of hothouse plants[11]）的说法[12]。纳粹上台后，德国青少年教育中除了军事训练，还充斥着野营、长途行军（类似于中国文革时的"拉练"）和团体操，这些集体性的活动成了常规。希特勒的所有这些说法和想法，经历过毛时代的中国人都是耳熟能详的。所谓"温室里的花朵"这样的说法更是和毛如出一辙。

这张政治漫画刊于 1933 年，希特勒刚上台时，德国的舆论界还容许政治讽刺存在，标题是"希特勒塑造德国新人"，描述大权在握的希特勒面对一个资产阶级的庸人（似有一定的犹太人特征）向他展示的"原材料"（一堆混乱中互相缠斗的"德国人"）充满鄙视和不屑，他先用铁拳将他们砸碎揉捏在一起，然后从中塑造出"雅利安新人"[13]。

纳粹和共产党体制下塑造新人还有一点貌"离"神"合"之处，就是在婚姻问题上要求个人感情服从于阶级/种族标准。共产党体制在其全盛时期，或者说是塑造新人最轰轰烈烈的时候，对个人的婚姻对象要求在阶级成分上"门当户对"，不然会影响个人甚至子女的"政治前途"。纳粹则要求查婚姻对象的三代种族成分，最理想的是纯粹的"雅利安血统"，以保证后代血统的纯正，否则，或者政府不会批准，或者会影响当事人的事业和职业。此外，在纳粹上台前结婚成家的纳粹党、政、军人员如果配偶三代之内有一定的犹太血统，则会面临离婚的压力。党卫军头子希姆莱则说："过去说你应该结婚，而我们现在说你应该和雅利安人结婚"。

法西斯和纳粹改造人性、塑造"新人"还有一个重要方面值得在和共产党革命改造新人的对比中提出来讨论，这就是从性别政治角度对所谓"阳刚之气"和男性气概的推崇[14]。这个问题在德国和意大利都有一定的民族主义背景。德意是西方主要国家中最晚建立民族国家并加入帝国主义对殖民地的瓜分的，民族意识和扩张要求都非常强烈，国家危机感是其民族主义的要素，也是其国民教育的要素。"唤醒民族""向民族躯体注入青春活力"这些口号表面上看超越阶级和社会集团的差异，表达了全民族的利益，不难在民族主义精神强烈的民众中获得同情。所以德、意近代民族主义宣传中都强调尚武精神，和同一时期的日本类似。意大利法西斯运动和德国纳粹运动都继承了这种尚武精神，把刚成为历史的参加一次大战的经历视为重要历史资源，象征着对西方精神的反抗，是本国精神的复活和"国民躯体"的再生，主张和平年代要保持和发扬这种精神。在这两个运动中，一次大战的老兵都是重要甚至骨干力量。

尚武精神在男权主义社会中必然强调传统的男性气概和强健体魄，反对任何被认为是女性气质的表现。而民族主义又是典型的集体主义意识形态，必然导致对个人主义和个人价值的压制。法西斯和纳粹都是本国近代极端民族主义意识形态的继承者，它们的反西方主义由此带有先天的性别政治加集体主义的色彩。它们都反对从基本人权和人人平等这些启蒙运动的原则发展起来的女权要求，主张妇女回归家庭，认为女性参与社会公共事务、发出自己的声音会带来对所谓男性气质和阳刚之气的侵蚀。它们认为现代西方文化充斥着基于个人主义的颓废情绪、悲观主义和对身边各种琐碎事物的关注，以及小资产阶级多愁善感、优柔寡断的女性特征和女性气质，它不但是西方社会衰败没落的表现，是现代性带来的城市化和各种不需要体力的职业的兴起和扩张造成男性阳刚气质的缺乏，也是西方的文化战略，用来对他人实行文化阉割（即"去男性化"）的工具，目的是要让它们变得软弱无力、对国家大事漠不关心。所以意大利和德国，尤其是后者，虽然曾经是二战后西方流行文化的重要发源地，但在法西斯和纳粹上台后都经过了文化革命，清算西方文化的影响。其重要表现之一，就是它们理想中的"新人"形象都是充满阳刚之气和集体主义的，男性性别主义话语在这些体制下和国家复兴的民族主义话语，甚至是培育理想种族后裔的种族主义话语结合在一起。

前文已经提到法西斯尤其是纳粹的新人具有种族主义的特征，即意大利人和德国人都是社会达尔文主义优胜劣汰生存下来的人类种群，不但其社会性优秀，其生物性也优秀，所以理想的新人应该是体格强壮、比例匀称健美的。在意大利，法西斯主义宣传把墨索里尼本人塑造成不言自明的理想。他体格强健，据说喜欢运动，男子气概十足。法西斯媒体回避任何反映他家庭和私人生活的细节，因为这些都被认为不符合"新人"的男子气概。作为新人教育的重要国家项目，法西斯政权建立了专门培养青年领导人的体育学院或称法西斯学院（*Accademia Fascista Della Farnesina*, The Fascist School of Physical Education），从中学毕业生中挑选来自"政治上可靠家庭的"、初具"法西斯灵魂与信念"的，由地方法西斯党的干部筛选并推荐的申请者入学。校园布满了强健的古罗马人雕像，把体育教育、体格锻炼和思想灌输、品格培养相结合，可见其重要性。通过两年的学习后，毕业生分配到全国各地作为法西斯青年组织的骨干。

代表法西斯"新人"的意大利法西斯学院学员[15]。制帽代表法西斯政治身份，裸露上身显示法西斯体格理想，武器显示尚武精神和军国主义。

在德国，纳粹领导人中，其个人形象符合理想中"雅利安人"的乏善可陈，西方有学者认为唯一能上得了台面的，可能就是在德国占领下的布拉格被暗杀的党卫军首领、策划对犹太人"最后解决"方案的莱因哈特·海德里希，但他又不是纳粹领导集团的核心人物。所以在纳粹宣传中，党卫军的集体形象成为了新人的样板。八十万党卫军都是精心挑选的忠于纳粹意识形态、有"纯粹"的雅利安血统、体格强健的男性青年，其雄赳赳气昂昂的形象充斥着各种视觉空间，成为德国青少年膜拜的对象。纳粹宣传着力从体格的角度突出理想的男性新人，上承希腊雕像的古典传统，下接雅利安人的完美种族理想，正如上图希特勒鉴赏他亲手塑造的"新人"。希特勒在《我的奋斗》中设想，将来的德国人从童年和少年开始，必须先经过少年团、青年团、社区服务最后是服兵役这些阶段，全部合格后拿到两张证书，一张是公民资格证，说明持证者在政治思想上是合格的雅利安人，另外一张是体格合格证，证明持证者在血统和健康方面也是纯正的雅利安人，符合结婚并生育后代的条件[16]。这其实就是纳粹"新人"的出生证了。

相比之下，共产党国家的"新人"形象也在很大程度上具有性别主义和身体政治的因素。共产党意识形态表面上反男权主义，提倡妇女走出家庭，貌似激进的反传统主义，实际上是在解放妇女的口号下最大程度实现资源动员和社会原子化，打碎传统社会中家庭对私人生活的保护。这个意图下社会化的"新妇女"形象，在宣传中往往是被男性化了的，被强行赋予男性气质，女性的生理和心理特征被遮蔽，强调"男女都一样"。法西斯和纳粹公共活动中展示的强壮的男性身体，在苏联和中国这些体制下就成为展示男女两性相似的强壮体格，炫耀女性大量从事甚至取代传统上被认为是只适合于男性的体力活动。在塑造共产主义新人的高峰期，例如二十世纪苏联的三十年代和中国的五十、六十年代，共产党宣传中的男女新人典型，往往是缺乏性别特征，其私人生活状况被遮蔽的阶级代表。在文化上，和法西斯以及纳粹一样，共产党的文化宣传也反西方主义，认为西方现代文化和各种先锋艺术的表现充斥了颓废情绪和靡靡之音，是腐蚀人的精神毒品，和"新人"精神格格不入。

此外，意大利法西斯政权和德国纳粹政权的新人实践都建立了符合法西斯极权主义美学的形式，用外在的威武雄壮和整齐划一压制个人主义和独立个性，把个人在外表上完全溶入集体。法西斯和纳粹都对服装非常重视。在意大利，墨索里尼身体力行，在公众场合基本都是身穿军装。意大利法西斯的青少年准军事组织 Opera Nazionale Balilla（ONB 类似希特勒青年团）有专门的制服。在德国，希特勒在公众场合也是基本穿军装，并直接干预青少年的日常服装。在《我的奋斗》中，他特意提出反对德国一战后在西方影响下出现的"奇装异服"和各种时装潮流，例如夏天的瘦腿裤（stove trousers），也就是中国文革初期街头强行剪掉的那种"小脚裤管"，还有高领衫，认为它们都不利于运动。他说"假如古话云'衣着反映人'是真的话，那么'这种潮流'的后果就是灾难性的"。"尤其在青年时期，服装必须为教育的目的服务。"[17] 纳粹体制也为少年和青年组织设计了以军服为模版的各种制服，配有鞋帽，另外还有领巾、臂章或者胸章等等。年岁更长的如果加入了形形色色的法西斯组织，也都会有相应的制服。每个德国人根据其制服就可以知道他/她的政治和社会身份，在强调"精神面貌"的口号下实现了对日常生活的军事化。意大利和德国反对西方的时装潮流，提倡并强制推行军事化的制服；在同一时期的苏联有着完全对应的做法，苏联的少先队、共青团都在服装和配饰上有特殊的规定。毛时代的中国在这方面虽然强制性稍逊，但文革时期对"绿军装"和军帽、解放鞋的迷恋至少可以说渗透了全社会，正在成长中的青少年尤其受影响。

(https://www.historytoday.com/archive/hitler-youth-and-italian-fascists)

上左图，1940 年在意大利北部的城市帕杜阿，一个纳粹希特勒青年团的成员（当中）和两个意大利青少年组织 Balilla 的成员在交谈。1933 年，希特勒上台不久，纳粹就和意大利签署协定，两国青少年组织定期互相访问和交流。当年社会主义阵营内共青团组织之间的定期交流与此同出一辙。右图，Balilla 成员在接受检阅。

综上所述，所谓塑造"新人"不仅仅是共产党革命的特色，也出现于法西斯运动和纳粹革命。二十世纪世界范围内反对自由、民主、人权、宪政的左右两级在有关"人"的问题上共享哲学基础、价值理念和很多具体表现，这一点值得我们深思。西方学者注意到很多人对所谓"新人"在法西斯主义/纳粹主义研究中的重要性的认识仍然存在误区，视之为一个缺乏政治意义的空洞的意识形态口号，或者虽然注意到了其在法西斯/纳粹主义话语中的政治意义，但忽视其在日常运作中的实在性[18]。换句话说，所谓"塑造新人"云云，究竟是意识形态的构建，止于空中楼阁式的想象和说教，还是现实中的政治运作，似乎还是一个问题。其实同样的困惑也存在于对共产党国家塑造新人的看法。很多人或许会说：新人根本就是个神话，不可能实现的，苏联和中国一个解体、一个被迫走上改革之途，就是新人实验失败的明证。同样的情况也存在于对思想改造的认识上。如果就其最终的失败来否认或者贬低它在共产党革命中曾经占有的重要地位，显然不符合历史的实际。对比意大利、德国和共产党国家塑造新人的努力，可以看出，虽然其成效不能在整体上一概而论，而是取决于具体个人以及时间，例如 1943—1944 年既有很多意大利和德国青年仍然效忠于法西斯主义和纳粹主义，也有很多人逐渐认清战争已败的现实，正如八十年代甚至更早在苏联和中国就有越来越多的青年与体制离心离德了。但是最终的成败并不是我们判断一个历史现象重要与否的根据，我们不但要看它在具体历史进程中是否在当事人的意识和行为中受到的重视，也要看它和同时代的其他历史现象之间的关联，从而在更广阔的人类经验的背景下达到对它更准确的定位。何况，同样的目的、手段和方法完全可以在新的历史条件下重演，为体制服务，以前可以是社会主义和共产主义，今天可以是民族复兴和国家强大，这和意大利和德国当年的情况又非常雷同。所以，本文认为，要全面深入理解共产党革命中的思想改造和塑造新人问题，从它们和法西斯/纳粹运动中类似的目标理念和方法手段的对比入手，可能会有新的启发。

注释:

1　有关这个课题，笔者在英文专著 *Creating the New Man: from Enlightenment Ideals to Socialist Realities*（夏威夷大学出版社，2009 年）中有过系统介绍和对比研究，也有中文文章〈"塑造新人"：苏联、中国和古巴共产党革命的比较研究〉发表于程晓农先生主编的《当代中国研究》2005 年第三期。这篇文章可以视为对"新人"话题从二十世纪世界史的角度的扩展。

2　Peter Fritzsche and Jochen Hellbeck, "The New Man in Stalinist Russia and Nazi Germany". Micheal Geyer, ed., *Beyond Totalitarianism* (Cambridge: Cambridge University Press 2012) p. 302.

3　Thomas J. Saunders, "'A New Man': Fascism, Cinema and Image Creation". *International Journal of Politics, Culture and Society*, Vol. 12, No. 2 1998. p. 27-246, p. 227.

4　Jorge Dagnino, "The Myth of the New Man in Italian Fascist Ideology". *Fascism* 2016, volume 5 issue 2, 130-148, p. 131.

5　Saunders, "'A New Man': Fascism, Cinema and Image Creation", p. 234.

6　Alessio Ponzio, *Shaping the New Man: Youth Training Regimes in Fascist Italy and Nazi Germany* (Madison: The University of Wisconsin Press, 2015). P. 5.

7　George Mosse, *The Creation of Modern Masculinity* (Oxford: Oxford University Press: 1998) p. 163-164.

8　Fritzsche and Hellbeck, "The New Man in Stalinist Russia and Nazi Germany". P. 326.

9　Adolf Hitler, *Mein Kampf* (Boston: Houghton Mifflin Company, 1971), p. 407-409.

10 Ponzio, *Shaping the New Man,* p. 7.

11 Hitler, *Mein Kampf,* p. 408-409.

12 Ibid, p. 409.

13 "German Sculptor: Hitler Creates the New German" *Kladderadatsch* 86, no. 49, 1933. In Mosse, *The Creation of Modern Masculinity,* p. 166.

14 Mosse, *The Creation of Modern Masculinity*, p. 158.

15 Ponzio, *Shaping the New Man, p.* 69.

16 Hitler, *Mein Kampf,* p. 414.

17 Ibid, p. 412.

18 Jorge Dagnino, "The Myth of the New Man in Italian Fascist Ideology". *Fascism* 2016, volume 5 issue 2, p. 130; Peter Fritzsche and Jochen Hellbeck, "The New Man in Stalinist Russia and Nazi Germany". Micheal Geyer, ed., *Beyond Totalitarianism* (Cambridge: Cambridge University Press 2012), p. 303.

本书作者介绍

(以论文顺序排列)

宋永毅

美国加州州立大学洛杉矶分校荣休教授。长期从事中国当代政治运动史研究。主编有《中国文化大革命数据库》《中国反右运动数据库》和《中国大跃进——大饥荒数据库》等大型数据库。英文著作有 *Historical Dictionary of the Chinese Cultural Revolution*（与人合著）等；中文著作有《毛泽东和文化大革命：政治心理和文化基因的新阐释》等。

林培瑞

1966 年毕业于哈佛大学，博士。主修西洋哲学系，副修东亚语文系。1973 起在普林斯顿大学的东亚系任教，2008 年普大退休以后再到加州大学河滨分校教书，任多学科讲座教授。他准备 2024 年退休。教学与研究范围包括现代中国语言、文学、通俗文化（相声）、政治文化与人权问题。

夏 明

纽约城市大学研究生中心（CUNY-GC）和斯德顿岛学院政治学教授。曾在复旦大学、新加坡国立大学（东亚研究所/亚洲研究所）、乔治·华盛顿大学、威尔逊国际学者中心任职。著有《二元发展型国家》（英文，2000/2017）、《中国人民代表大会和治理》（英文，2008/2013）、《政治维纳斯》（2012）、《红太阳帝国》（2015）、《高山流水论西藏》（2019）、《明察政道》（2021）等著作。

周泽浩

在上海出生和长大。童年和青少年时期都在毛时代度过。从1973年到1979年经历了"上山下乡"。1979—1983在华师大就学。毕业后在中国大学任教四年后于1987年来美，先后获得了图书馆信息和教育硕士学位和历史学博士学位，从1992年迄今在宾夕法尼亚州约克学院任职。他的学术和研究兴趣包括现代中国、中华人民共和国历史、文化大革命和儒家思想。

陈奎德

1946年生于南京，1985年获上海复旦大学哲学博士学位，留校任教。1988年1月，他应聘任现华东理工大学文化研究所所长，并任上海《思想家》杂志主编。1989年6月5日起陈奎德历任美国波士顿学院访问教授，美国普林斯顿大学访问学者，《观察》网站主编主笔，2005年—2007年国际笔会-独立中文笔会副会长。现任普林斯顿中国学社执行主席兼《纵览中国》网刊主编，劳改研究基金会理事以及自由亚洲电台《中国透视》专题节目主持人。

胡 平

生于北京，长于四川，现居美国。文革期间曾办小报刊载遇罗克文章。下乡插队当临时工；1978 年考入北京大学哲学系研究生班，获哲学硕士学位；1979 年投入民主墙运动，于民间刊物《沃土》上发表《论言论自由》长文。1980 年参加地方人大代表选举，当选为北京大学海淀区人大代表；1987 年赴美国哈佛大学攻读博士；1988—1991 年当选中国民主团结联盟主席，先后在《中国之春》和《北京之春》杂志任主编。现为北京之春荣誉主编。著有《论言论自由》《人的驯化、躲避与反叛》《犬儒病》《毛泽东为什么发动文化大革命》等。

裴毅然

1954 年出生杭州，大兴安岭知青，复旦文学博士，上海财经大学人文学院教授，普林斯顿高研院历史所访问学者（2018），哥伦比亚大学东亚所副研究员（2020），美国历史协会会员，独立中文笔会会长（第九届）。研究领域：中国当代政治运动。

李榭熙

现为美国纽约市佩斯大学（Pace University）历史系教授和环球亚洲研究所（Global Asia Institute）执行主任。主要研究兴趣为中国基督教历史及近代政教关系。主要著作有 *The Bible and the Gun: Christianity in South China（1860—1900）*［中译本：《圣经与枪炮：基督教与潮州社会(1860—1900》］；（与周翠珊合著）《处境与视野：潮汕中外交流的光影记忆》，近作包括：*Christianizing South China: Mission, Development, and Identity in Modern Chaoshan*；（与 Jeff Kyong-McClain 合编）*From Missionary Education to Confucius Institutes*；（与 Amy Freedman 合编）*Empire Competition: Southeast Asia as a Site of*

Imperial Contestation；（与 Lars P. Laamann 合编）*The Church as Safe Haven: Christian Governance in China*；（与 Satish Kolluri 合编）*Hong Kong and Bollywood* 等。

周翠珊

美国普林斯神学院宗教及社会博士学位，专研当代中国新教运动，在美国、香港、台湾、任教美国教会史与中国教会史，著有 *Schism: Seventh-day Adventism in Post-Denominational China*；最近期著作是 "From Persecution to Exile: The Church of Almighty God in China," 载 *Global Visions of Violence*；"Contextualizing a Mission Radio: The Chinese Seventh-day Adventists in Hong Kong（1977—2003）" ，载 *Chinese Christian Witness: Identity, Creativity and Transmission*。

丁 抒

1944 年出生于四川小城合川。抗战胜利后随家人迁居上海。62 年入北京清华大学，68 年赴安徽当涂农场。70 年赴辽宁，任职某研究所。79 年入中国科学院研究生院。80 年赴美，入纽约市立大学获物理学博士。毕业后以授课为业。著有《阳谋》《人祸》等历史著作。现已退休。

裴敏欣

加州克莱蒙学院政府系讲座教授。他的研究领域包括民主转型，中国改革的政治经济，和中共的监视系统。他的主要学术著作有英文版的《从改良到革命：共产主义在中国和苏联的消亡》《中国掉入陷阱的改革：专制发展政权的局限》《中国的权贵资本主义：政权溃败的态势》和《维护专政：中国的监视国家》。他曾经在普林斯顿大学任教和在卡内基基金会担任资深研究员。

徐 贲

江苏苏州人，1950 年出生，美国加州圣玛丽学院英语系荣休教授。著作包括 Situational Tensions of Critic-Intellectuals, Disenchanted Democracy，《知识分子和公共政治》《人以什么理由来记忆》《通往尊严的公共生活》《统治与教育》《颓废与沉默：透视犬儒文化》《犬儒与玩笑》《暴政史》《阅读经典》《经典之外的阅读》《人文的互联网》《与时俱进的启蒙》《人文启蒙的知识传播原理》等。

吴国光

普林斯顿大学政治学哲学博士，中国社会科学院研究生院法学硕士，北京大学文学学士，曾任人民日报评论员，中国政治体制改革研究室研究员，哈佛大学尼曼研究员，哥伦比亚大学东亚研究所鲁斯研究员，哈佛大学费正清中心王安博士后研究员，香港中文大学政治与行政学系助理教授、副教授，加拿大维多利亚大学中国研究与亚太关系讲座教授，现任斯坦福大学中国经济与制度研究中心高级研究员，亚洲协会政策研究所中国分析中心高级研究员。

郝志东

澳门大学社会学系荣休教授，山西省平定县人，纽约市立大学社会学博士。著有《生死存亡十二年：平定县的抗战、内战与土改》；Academic Freedom under Siege: Higher Education in East Asia, the U.S., and Australia（编著）；Macau History and Society；《十字路口的知识分子：中国知识工作者的政治变迁》（著译）；《遥望星空：中国政治体制改革的困境与出路》（编著）；《平定县里不平定：山西省平定县文革史》（合著）；《两岸四地政治与社会剖析》；Whither Taiwan and Mainland China: National Identity, the State, and

Intellectuals 等近 20 本书以及多篇中国政治与社会研究方面的学术期刊和普通报刊杂志文章。

乔晞华

社会学博士，德州司法部资料分析师，研究领域：社会运动学、犯罪学、研究方法论、统计学。论著：《上山下乡与大返城》《文革群众运动的动员、分裂和灭亡》《既非一个文革，也非两个文革》《社会问题 40 问》《总统制造：美国大选》《星火可以不燎原：中国社会问题杂论》《中国电影与时装时尚》《我的美国公务员之路》*Mobilization, Factionalization and Destruction of Mass Movements / Violence, Periodization and Definition of the Cultural Revolution* 等。

杨子立

1989 年就读西安交大力学系，1998 年获北大理学硕士并从事 IT 工作。2001 年 3 月因创办思想网站及参加学生社团"新青年学会"被捕，其后判刑八年。2009 年 3 月出狱后在北京传知行社会经济研究所任研究员，从事农民工权利研究和倡导。2018 年获里根·法塞尔奖学金来美访学。现任独立中文笔会秘书长、《议报》副主编，在中国民主转型研究所工作。

余茂春

伯克利加州大学博士。自 1994 年以来，他一直担任位于马里兰州安纳波利斯的美国海军学院当代中国和军事史教授，及该校的区域研究中心主任。现任哈德逊研究所高级研究员及其中国中心主任。他曾在川普政府期间担任美国国务卿蓬佩奥的中国政策及规划首席顾问，其间就与中国有关的所有重大问题向国务卿及白宫提供政策建议，并参与了美国政府关于对中国和其他东亚国家（包括日本、韩国和台湾）的重大政策和政府行动的审议和制定。他的学术研究主要集中在当代中国史和军事暨情报历史。他的主要著作包括《美国战略情报局二战在华行动》（耶鲁大学出版社，1997 年）和《龙之战争：盟军行动与中国的命运，1937—1947》（美国海军学院出版社，2006年）。他是众多奖项的获得者，包括美国海军学院的最优研究成果奖、美国海军特别行动奖和美国海军功勋奖。

李酉潭

现任台湾政大国家发展研究所兼任教授，高中公民与社会科教科书翰林版主编，前政大社会科学院副院长、国家发展研究所所长。研究主题：政治思想、民主政治、自由主义、民主化、人权、生态主义；长期关心台湾民主化与中国民主化议题，大量参与中国海外民主运动会议。

杨琇晶

台湾三立电视台主持人，博士。

郭伊萍

出生于中国浙江省杭州市，获中国浙江大学电子工程系学士学位和美国得克萨斯州理工大学物理硕士学位，现定居于美国，长期在美国高科技公司从事电子器件研发工作。自 2008 年起，开始尝试中文业余写作，以笔名伊萍，在网上发表了大量讨论中美及其他国家政治和社会问题的博客，并于 2019 年和 2020 年自行出版了《双魔记：毛泽东与斯大林的故事》和《川普是美国生病的症状》两本书。

郭 建

美国威斯康星大学白水校区英文系荣休教授。研究和写作领域包括英美文学、比较文学、六十年代世界思想史、当代文化批评理论及中国现代史。他是 *Historical Dictionary of the Chinese Cultural Revolution:1966—1976* (2006, 2015) 的作者（与宋永毅、周原合作）；《中国当代政治运动史数据库》的编者（宋永毅主编）。他还同 Stacy Mosher 合作，将杨继绳的《墓碑》、高华的《红太阳是怎样升起的》及谭合成的《血的神话》三部历史著作译成英文出版。

齐维章

美国波士顿某大学的政治学教授。他的研究兴趣是封闭社会中的政治和经济自由化（重点是朝鲜和中国）以及东亚的国际关系。

权准泽

纽约州尤蒂卡大学(Utica University)政治学系的副教授。他在佐治亚大学获得了政治学博士学位，在康奈尔大学获得亚洲研究硕士。他的研究兴趣在于比较政治学和国际关系，重点是东亚（包括中国、台湾、朝鲜、韩国和日本）。

程映虹

美国特拉华州立大学历史教授。出版有《毛主义革命——二十世纪的中国与世界》《卡斯特罗传》《红朝小史》、*Creating the New Man—From Enlightenment Ideals to Socialist Realities, Discourses of Race and Rising China*。在 *The China Quarterly, The Journal of Asian Studies, Journal of Chinese History, Modern Asian Studies, Journal of*

World History, Journal of Contemporary China 等英文学术刊物上发表过多篇论文。曾获美国国家人文基金（National Endowment for the Humanities）全年资助和美国全国人文研究中心驻会学者 National Humanities Center Residential Fellow。

www.ingramcontent.com/pod-product-compliance
Lightning Source LLC
Chambersburg PA
CBHW060017030426
42334CB00019B/2081